U0534551

- 陕西省社会科学基金年度一般项目（2016H011）
- 中国博士后科学基金特别资助（2017T100725）

胡耀飞 著

晚期中古史存稿

Articles on Late Medieval History

中国社会科学出版社

# 图书在版编目（CIP）数据

晚期中古史存稿/胡耀飞著．—北京：中国社会科学出版社，2019.7（2022.7重印）

ISBN 978-7-5203-4354-1

Ⅰ.①晚…　Ⅱ.①胡…　Ⅲ.①中国历史—唐宋时期—文集　Ⅳ.①K240.7-53

中国版本图书馆CIP数据核字(2019)第080122号

| | |
|---|---|
| 出 版 人 | 赵剑英 |
| 责任编辑 | 宋燕鹏 |
| 责任校对 | 赵雪姣 |
| 责任印制 | 李寡寡 |
| 出　　版 | 中国社会科学出版社 |
| 社　　址 | 北京鼓楼西大街甲158号 |
| 邮　　编 | 100720 |
| 网　　址 | http://www.csspw.cn |
| 发 行 部 | 010-84083685 |
| 门 市 部 | 010-84029450 |
| 经　　销 | 新华书店及其他书店 |
| 印　　刷 | 北京明恒达印务有限公司 |
| 装　　订 | 廊坊市广阳区广增装订厂 |
| 版　　次 | 2019年7月第1版 |
| 印　　次 | 2022年7月第2次印刷 |
| 开　　本 | 710×1000　1/16 |
| 印　　张 | 27 |
| 插　　页 | 2 |
| 字　　数 | 428千字 |
| 定　　价 | 118.00元 |

凡购买中国社会科学出版社图书，如有质量问题请与本社营销中心联系调换
电话：010-84083683
版权所有　侵权必究

# 目　　录

## 论 文 编

**新出《阿史那明义墓志》所见安史政权中的突厥王族** ………… (3)
 一　《阿史那明义墓志》的录文 ………………………… (4)
 二　从墓志论阿史那明义的世系 ………………………… (5)
 三　从墓志论阿史那承庆父子的官爵 …………………… (9)
 四　安燕政权中突厥王族的动向 ………………………… (13)
 结语 ………………………………………………………… (17)

**杨倞及其行实综考**
 ——兼论《荀子注》的时代背景 ………………………… (19)
 一　杨倞生平考 …………………………………………… (19)
 二　杨倞的交游 …………………………………………… (24)
 三　杨倞撰《荀子注》的时代背景 ……………………… (26)

**上党雍氏考**
 ——藩镇时代下层武将家族个案研究 …………………… (32)
 一　崔涯与河朔雍老 ……………………………………… (33)
 二　雍氏墓志统计 ………………………………………… (40)
 三　隋唐上党雍氏 ………………………………………… (48)
 结语 ………………………………………………………… (55)

## "去已衰之衰，就未王而王"
　　——唐末朱朴《迁都议》发微 ……………………………………（58）
　　一　《迁都议》的产生及其背景 ……………………………………（59）
　　二　迁都襄、邓的可能性 ……………………………………………（64）
　　三　《迁都议》的中寝及其反映的问题 ……………………………（70）
　　结语 …………………………………………………………………（73）

## 姓望与家庭：瓷墓志所见上林湖地区中下层社会（802—998） ……（74）
　　前言 …………………………………………………………………（74）
　　一　瓷墓志所见上林湖地区中下层姓氏 ……………………………（77）
　　二　瓷墓志所见上林湖地区中下层家庭 ……………………………（94）
　　结语 …………………………………………………………………（106）

## 五代十国功臣号研究 ………………………………………………（108）
　　前言 …………………………………………………………………（108）
　　一　唐末功臣号 ……………………………………………………（109）
　　二　五代功臣号 ……………………………………………………（115）
　　三　十国功臣号 ……………………………………………………（136）
　　结语 …………………………………………………………………（145）

## 五代的"通判"与"判"
　　——从福州出土《赵偓墓志》谈起 ………………………………（148）
　　一　赵偓墓志录文及其家族、仕历梳理 ……………………………（149）
　　二　赵偓的"通判"生涯 ……………………………………………（153）
　　三　五代"通判"问题二题 …………………………………………（159）
　　结语 …………………………………………………………………（167）

# 学 术 编

**试论缪荃孙的五代史研究：以《补五代史方镇表》为中心** ……… (171)
 一 缪著体例 ……………………………………………… (172)
 二 缪著与朱著在内容方面的对比 ……………………… (182)
 三 缪荃孙的五代史成就 ………………………………… (197)
 结语 ……………………………………………………… (199)

**王赓武先生的五代史研究小议：以对 Structure of Power in North China during the Five Dynasties 一书的评价为中心** …………… (201)

**论史念海先生对藩镇研究的学术贡献**
 ——兼论"藩镇时代"研究的历史地理视角 ………… (211)
 前言 ……………………………………………………… (211)
 一 史念海先生对藩镇的研究贡献 ……………………… (213)
 二 藩镇时代研究的历史地理视角 ……………………… (226)
 结语 ……………………………………………………… (238)

**书写童年：藩镇时代的儿童史研究引论** ……………………… (240)
 前言 ……………………………………………………… (240)
 一 藩镇时代儿童史的史料问题 ………………………… (242)
 二 藩镇时代各阶层的儿童世界和童年书写 …………… (250)
 结语 ……………………………………………………… (256)

**初论藩镇分类的学术史梳理**
 ——从汪篯《唐代方镇的三种情况》谈起 …………… (258)
 一 汪篯之前的藩镇分类 ………………………………… (259)
 二 汪篯的藩镇分类 ……………………………………… (264)

三　20世纪80年代的藩镇分类 …………………………（268）
　　结语 ………………………………………………………（272）

**谭其骧先生学术简述** ……………………………………………（274）

**民国以来心理史学在隋唐五代史研究中的运用** ………………（279）
　　引言 ………………………………………………………（279）
　　一　民国时期 ……………………………………………（281）
　　二　台湾学者 ……………………………………………（282）
　　三　大陆学者 ……………………………………………（284）
　　总结 ………………………………………………………（289）

**金子修一先生课程听课记** ………………………………………（290）
　　一　日本"东亚世界论"的回顾与展望 …………………（290）
　　二　关于《大唐元陵仪注》诸问题 ………………………（296）
　　结语 ………………………………………………………（306）

# 书 评 编

**也评武建国《五代十国土地所有制研究》** ……………………（311）

**敦煌学与博物学的交点**
　　——余欣著《博望鸣沙：中古写本研究与现代中国
　　　学术史之会通》 …………………………………………（318）

**孔子、老子、释迦牟尼的千年穿越：读诸桥辙次**
　　《三圣会谈》 ………………………………………………（323）

**评张达志《唐代后期藩镇与州之关系研究》** …………………（329）

读气贺泽保规《绚烂的世界帝国：隋唐时代》 …………… (337)

道教史与宗族史的结合：读吴真《为神性加注：
　唐宋叶法善崇拜的造成史》 ………………………… (340)

唐代中央与地方关系研究的遗珍
　——读《陈翔唐史研究文存》 ……………………… (352)

中古史学术工作坊的新成果
　——童岭主编《皇帝·单于·士人：中古中国与
　周边世界》读后 ……………………………………… (359)

书评：曲景毅《唐代"大手笔"作家研究》 ……………… (370)

政局与路线的互动
　——读朱德军、王凤翔《长安与西域之间丝绸之路
　走向研究》 …………………………………………… (380)

王黄之乱的社会史意义
　——读 Nicolas Tackett 著 The Destruction of the Medieval
　Chinese Aristocracy ………………………………… (389)

藩镇时代的启幕：读李碧妍《危机与重构：唐帝国
　及其地方诸侯》 ……………………………………… (398)

使职之国：读赖瑞和《唐代高层文官》 ………………… (416)

后　记 …………………………………………………… (423)

# 论文编

# 新出《阿史那明义墓志》所见安史政权中的突厥王族

安史之乱（755—763）所造成的社会动荡，不仅关乎唐朝内地普通民众，也牵涉中原之外的边疆族群。这不仅是安禄山（703—757）、史思明（703—761）二人本身粟特族属所致，也关系到七八世纪北方草原地区政治动向，即突厥第一、第二汗国先后兴衰对北方民族流动的推动。安史之乱后河朔地区随之兴起的各个颇具北族色彩的藩镇，也是这一时代背景下的产物。其源头可追溯至安禄山所建大燕政权中各色北族群体，相关内容除了可以根据出土墓志进行索引外①，学界也有一些系统关注②。更有活动于此的突厥王族阿史那氏，颇可发覆。对此，2017年新出《大燕故司膳卿阿史那公（明义）墓志铭并文》（下文简称《阿史那明义墓志》）提供了诸多线索，本文略作分析，供方家批评！

---

① 安禄山、史思明所建燕国政权时期的出土墓志，及其所见北族人士，可根据新出墓志索引书进行索引，参见［日］气贺泽保规编《新编唐代墓志所在综合目录》，汲古书院2017年版，第268—271页。共计该书所著录的截至2015年出土的60方安史政权年号墓志中，有涉及贺兰、豆卢、呼延、曹、康、长孙等北族姓氏的墓志4方。关于这60方墓志的综合性研究，主要是与政权认同相关的书写体例等方面，参考仇鹿鸣《墓志书写与葬事安排——安史乱中的政治与社会一瞥》，荣新江主编《唐研究》第二十三卷，北京大学出版社2017年版，第263—290页。

② 比如：王炳文《从胡地到戎墟：安史之乱与河北胡化问题研究》，博士学位论文，清华大学，2015年。

# 一　《阿史那明义墓志》的录文

新出《阿史那明义墓志》目前藏于洛阳私人手中，据其拓片：志石尺寸为 61cm×61cm，28 行，满行 29 字；志盖尺寸为 36cm×36cm，3 行，行 3 字，篆书"故司膳卿阿史那公志"。志题"大燕故司膳卿阿史那公墓志铭并文"，作者署名"沙门灵瞰撰"，末有书者署名"太子率更令翰林供奉张芬题篆"。现将该志录文整理如下，以备进一步探讨。

　　　　大燕故司膳卿阿史那公墓志铭并文

　　　　　　　　　　　　　　　　　　沙门灵瞰撰」

四气肇形，分地理而立正朔；八方傲建，称天骄以置君臣。单单夫莫与京也。」公讳明义，之字守谦①，其先自夏后淳维之胤也。托圣诞灵，凭神启土。鸡秩峥」嵘而作镇，余吾濆薄以通波。日隐穹庐，云低代马。境连中夏，国壮边方。郁为」强宗，世不乏祀。曾祖缬繁施，任本藩可汗。祖惠真，本藩特勤。并屠耆表」德，须卜贻芳。锦服珊鞍，珠缨玉帐。既成贵种，亦曰豪家。父承休，司徒、同中」书门下平章事、云中郡王。当唐室盛昌，岁时交会。远慕汉宣之化，遂逐呼韩」之朝。相公敷奏中京，累承宠寄。将改温敦之号，旋封义阳之名。作捍幽燕，」以御夷羯。公即相公第三子也。生而岐嶷，志性不群。沉静而好谋，含弘」而尚智。相公雅爱之，尝于众子中指而言曰："此子必大吾门也。"相公授」职夷疆，公亦随侍。或漠南塞北，日夕边阴。寇戎相持，彼众我寡。长戈雪」落，飞镝星流。公之妙年，曾未介意。手挥一剑，腰佩双鞬。突围

---

①　此处"之"字为行文语气助词，并不表示墓主名"明义之"，故从属下段，作"之字守谦"。与"之"字类似的作为语气词的用法，可参考墓志中普遍出现的墓主去世后葬于"某某原之礼也"。

而踣毙者如」麻,冲阵而摧伤者接武,如此数矣。克敌夷凶,救父之危,成子之孝。诏书」诏书①襃赏,有超凡等。遂授右领军卫左郎将,又转左司御率府率,又转左骁」卫将军,又转左威卫大将军。扞边克清,能官人也。顷者唐祚陵夷,燕邦遂」启。相公攀龙附凤,卜宅周秦。特标建国之勋,大署元功之绩。不变奥鞬」之号,更崇丞相之班。父贵子随,征还洛邑,诏授司膳卿。皇情有属,」鼎餗斯调。九列增辉,百寮取则。冀其绍伊吕之业,翼尧舜之君。保固邦家,」昭彰史策。岂谓昊天不惠,歼厥贤良。生也有涯,溘从沦谢。以大燕圣武二年」八月遘疾,越八日薨于中都尊贤里之私第,春秋卅有七。呜呼!荣衰迭换,修」短同归。天子悼龙剑之匣空,家君恸骊珠之掌碎。赗赠羽仪,有加恒」典。即以其年后八月廿五日归空于洛阳南原之礼也。有子垂髫,任太仆主」簿,继公而夭。夫人郎氏,泣井桐之半死,悲鸾镜之一沉。展敬舅姑,永期」同穴。呜呼!秋风萧鼓,哀鸣非出塞之时;落日旗旌,缭绕是送终之骑。高楼相」府,长绝晨昏。陇月松门,永沉泉壤。瞰迹忝缁门,情非俗侣。奉渭阳之命,敢辞」琢玉之文。牢让难胜,遂为铭曰:」

凤城南,龙门北。地吉祥兮龟食墨,开茔卜兆将封域。

夕月松林千古色,年代」悠扬浩无极,独有功名纪燕国。此二。

太子率更令翰林供奉张芬题篆」

## 二 从墓志论阿史那明义的世系

通过墓志,可简单了解志主阿史那明义(721—757)与其亲属之间的关系(见图1)。

---

① 此处重复"诏书"二字。

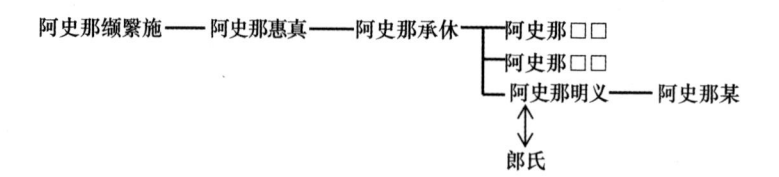

```
阿史那缬繄施────阿史那惠真────阿史那承休─┬─阿史那□□
                                        ├─阿史那□□
                                        └─阿史那明义────阿史那某
                                                ↕
                                               郎氏
```

**图1 《阿史那明义墓志》所见阿史那氏世系**

作为突厥王族，又是可汗后裔，阿史那明义一系的世系已经比较清楚。但关于阿史那明义曾祖缬繄施、祖父惠真，传世文献皆无直接对应记载，故而难与现有突厥王族世系完全缀合。不过根据名号和官职，笔者初步怀疑"本藩可汗"阿史那缬繄施可能是后突厥汗国（682—745）创立者颉跌利施可汗阿史那骨咄禄（？—691），"本藩特勤"阿史那惠真即阙特勤（685—731）。① 不过从辈分之间的年龄差距来看，阿史那明义比其祖父阿史那惠真仅小36岁，其上两位兄长估计年龄差距更小，颇为勉强。无论如何，可备一说。

至于阿史那明义之父阿史那承休，传世文献亦无直接对应记载。关于阙特勤本人子孙，突厥文碑铭中也没有明言是否为毗伽可汗之侄夜落纥特勤。② 故而只能从《阿史那明义墓志》中考索。墓志提及其在唐政权时任"司徒、同中书门下平章事、云中郡王"，已经位极人臣。但到安史之乱起，却认为"唐祚陵夷，燕邦遂启"，想要"攀龙附凤，卜宅周秦"，从而归入安禄山帐下，并成功地在安禄山称帝建立大燕政权后，"特标建国之勋，大署元功之绩"，乃至"不变奥鞬之号，更崇丞相之班"。可见，阿史那承休在唐时已为郡王，至安燕

---

① 关于后突厥汗国可汗世系，参见薛宗正《突厥可汗谱系新考》，《新疆大学学报》1998年第4期。关于阙特勤生卒年，见于著名的《阙特勤碑》，可参考芮传明《古突厥碑铭研究》（增订本），商务印书馆2017年版，第185页。

② 薛宗正谱系所载阙特勤之子为药利特勤，当即从《阙特勤碑》《毗伽可汗碑》所载"夜落纥特勤"而来。然而碑文皆云此人是阙特勤和毗伽可汗两个人共同的侄子，无法判定其为阙特勤之子。参见芮传明《古突厥碑铭研究》（增订本），商务印书馆2017年版，第186、232页。

政权后依旧位极人臣。而在正史中，与此人履历最合拍的就是阿史那承庆。

阿史那承庆在安禄山起兵前即已在其麾下，并积极参与安禄山起兵之谋划。《安禄山事迹》谓：天宝十四载（755）"十一月九日，禄山起兵反，以同罗、契丹、室韦曳落河，兼范阳、平卢、河东、幽蓟之众，号为父子军，马步相兼十万，鼓行而西，以诛杨国忠为名。唯与孔目官严庄、掌书记高尚、将军孙孝哲、蕃将阿史那承庆、庆绪同谋，幕府僚属偏裨更无一人知其端倪者"①。如此，则阿史那承庆为安禄山信任之人，宜乎其"特标建国之勋，大署元功之绩"。而《阿史那明义墓志》中为"阿史那承休"，疑因安燕政权建立后，为避安禄山诸子辈字"庆"字之讳而改。从"庆"改"休"，盖"休""庆"二字含义相近，《后汉书·马融传》曰："以迎和气，招致休庆。"②《晋书·元帝纪》曰："思与万国，共同休庆。"③《旧唐书·音乐志》曰："介兹景福，祚我休庆。"④皆并用二字，表喜庆之意。

阿史那承庆既然就是阿史那承休，阿史那明义作为阿史那承休第三子，也就是阿史那承庆第三子。且根据《阿史那明义墓志》，阿史那明义追随其父亲，"父贵子随，征还洛邑，诏授司膳卿"。不过阿史那明义不久即去世，年仅37岁，未能在安燕政权中大展身手。值得进一步考索的是史书中与阿史那承庆经常一起出现的阿史那从礼，《册府元龟》载：

---

① 姚汝能：《安禄山事迹》卷中，中华书局2006年点校本，第94—95页。《资治通鉴》亦谓安禄山"以高尚、严庄、张通儒及将军孙孝哲为腹心，史思明、安守忠、李归仁、蔡希德、牛廷玠、向润容、李庭望、崔乾祐、尹子奇、何千年、武令珣、能元皓、田承嗣、田乾真、阿史那承庆为爪牙"。见《资治通鉴》卷二一六"唐玄宗天宝十载三月"条，中华书局1956年点校本，第6906页。不过《资治通鉴》的记载以总结性的意蕴居多，阿史那承庆排在最末，大概表明其入安禄山帐下稍晚，或受重视程度稍弱。

② 《后汉书》卷六〇上《马融传》，中华书局1965年点校本，第1955页。

③ 《晋书》卷六《元帝纪》，中华书局1974年点校本，第149页。

④ 《旧唐书》卷三〇《音乐志三》，中华书局1975年点校本，第1112页。

乾元元年三月丁巳，逆贼军将幽州节度副使、特进、献诚王阿史那承庆，特进、左威卫大将军安守忠，左羽林大将军、顺化王阿史那从礼，蔡希德、李庭训、符敬等使人赍表状归顺。诏曰：承庆可太保，封定襄王。守忠可左羽林大将军，封归德郡王。从礼可太傅，封归义郡王。希德可德州刺史。庭训可邢州刺史。敬可洺州刺史。①

类似记载在《新唐书·安禄山传》亦有：

会蔡希德自上党，田承嗣自颍川，武令珣自南阳，各以众来，邢、卫、洺、魏募兵稍稍集，众六万，贼复振。以相州为成安府，太守为尹，改元天和。以高尚、平洌为宰相，崔乾祐、孙孝哲、牛廷玠为将，以阿史那承庆为献城郡王，安守忠左威卫大将军，阿史那从礼左羽林大将军。然部党益携解，由是能元皓以伪淄青节度使，高秀岩以河东节度使并纳顺。德州刺史王暕、贝州刺史宇文宽皆背贼自归，河北诸军各婴城守，贼使蔡希德、安雄俊、安太清等以兵攻陷之，戮于市，脍其肉。庆绪惧人之贰己，设坛加载书，桦血与群臣盟。然承庆等十余人送密款，有诏以承庆为太保、定襄郡王，守忠左羽林军大将军、归德郡王，从礼太傅、顺义郡王，蔡希德德州刺史，李廷训邢州刺史，符敬超洺州刺史，杨宗太子左谕德，任瑗明州刺史，独孤允陈州刺史，杨日休洋州刺史，薛荣光岐阳令。自裨校等，数数为国间贼。②

---

① 王钦若等编纂，周勋初等校订：《册府元龟》卷一六四《帝王部·招怀二》，凤凰出版社2006年点校本，第1829页。其中"洛州"当为"洺州"之误。中华书局影印本误作"雒州"，中华书局1960年影印本，第1983页。参见郁贤皓《唐刺史考全编》卷一〇四《洺州》，安徽大学出版社2000年版，第1459—1460页。
② 《新唐书》卷二二五上《逆臣上·安庆绪》，中华书局1975年点校本，第6422—6423页。

两书皆同时提及阿史那承庆、阿史那从礼，且前者比后者地位更高一些。考虑到阿史那承庆率其子阿史那明义投入安禄山部下，疑阿史那从礼亦其子。此外，"礼""义"二字作为儒家文化的核心概念，用作兄弟取名，也很能理解。《礼记·曲礼》曰："道德仁义，非礼不成。"可见"礼"又在"仁""义"之上，疑"从礼"为长子名，"某仁"为次子名，"明义"为三子名，这也符合史料中阿史那从礼紧随阿史那承庆之后出现的顺序。

明此，可进一步修改世系图（见图2）。

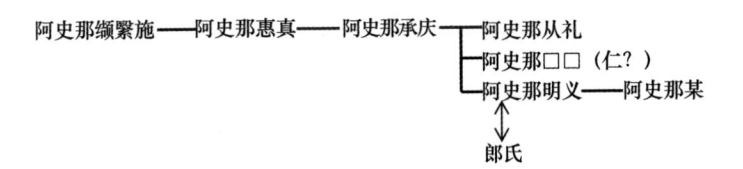

```
阿史那缅骤施──阿史那惠真──阿史那承庆┬阿史那从礼
                                    ├阿史那□□（仁？）
                                    └阿史那明义──阿史那某
                                              ↕
                                             郎氏
```

**图2 安燕政权中阿史那氏家族世系**

## 三 从墓志论阿史那承庆父子的官爵

明了阿史那氏世系，可进一步讨论这支突厥王族在安燕政权中的境遇问题。对此，首先要梳理阿史那承庆父子在安燕政权中的官职和封爵。据前引《册府元龟》和《新唐书》两则史料，可列表如下。

**表1　　　　　　安燕政权中阿史那承庆父子官爵**

|  | 《册府元龟》 | 《新唐书》 |
| --- | --- | --- |
| 阿史那承庆 | 官：幽州节度副使、特进<br>爵：献诚王 | 官：不详<br>爵：献城郡王 |
| 阿史那从礼 | 官：左羽林大将军<br>爵：顺化王 | 官：左羽林大将军<br>爵：不详 |

表1所列，实为阿史那承庆父子在安庆绪时期官爵，安禄山时期不详。此表中，阿史那承庆父子官爵虽然有不详之处，但基本符合父子二

人等差。父亲阿史那承庆为节度副使，名义上坐镇一方；儿子阿史那从礼为禁军将领，名义上需要侍从禁掖。其有差异处，如《新唐书》之"献城郡王"，疑为"献诚王"之误。盖当时无献城郡，且阿史那承庆父子既然是自安禄山帐下转入安庆绪帐下，分别受封"献诚王""顺化王"，颇为合适。

不过父子二人很快就潜通唐廷，并获得了唐朝的官爵，可具列如下。

表 2　　　　　　　　归唐后阿史那承庆父子官爵

| | 《册府元龟》 | 《新唐书》 |
|---|---|---|
| 阿史那承庆 | 官：太保<br>爵：定襄王 | 官：太保<br>爵：定襄郡王 |
| 阿史那从礼 | 官：太傅<br>爵：归义郡王 | 官：太傅<br>爵：顺义郡王 |

表 2 所列，是阿史那承庆父子在乾元元年（758）三月之后所受唐廷官爵。与表 1 不同的是，此处阿史那承庆和阿史那从礼父子俩的官爵差距比在安燕政权时期缩小了，都贵为三公和郡王。所不同者，定襄郡王（定襄王）为有实土的郡王，而归义郡王（顺义郡王）为并无实土的美称郡王，这大概就是对父子二人辈分的区分。当然，有实土的郡王，也并不表明真有其地。一是因为定襄作为唐前期安置东突厥的几个都督府之一，经过此后一百多年的时间，已经难以维持其旧①；二是阿史那承庆父子并未直接脱身归唐，依然留在安燕政权内部。

值得一提的是，最近陈恳提出的一个观点，颇让人需要继续讨论一下父子身份和官爵。陈恳的观点涉及另一方墓志，即 1955 年 6 月在西安市东郊韩森寨地区出土、现藏于碑林博物馆的《唐故薛突利施匐阿施夫人墓志铭并序》：

---

① 定襄是唐前期安置东突厥的几个都督府之一，参见艾冲《唐前期东突厥羁縻都督府的置废与因革》，《中国历史地理论丛》2003 年第 2 期。

唐故薛突利施匐阿施夫人墓志铭并序」
　　十二姓阿史那叶护可寒顺化王男、左」羽林军上下左金吾卫大将军阿史那」从政，番名药贺特勤。夫人薛突利施匐」阿施，元年建卯月十八日，染疾终于布」政里之私第，春秋卅有八。以其年建辰」月五日，迁厝于万年县长乐乡之原，礼」也。呜呼哀哉！法伦等痛当擗踊，泣血难」任。恐陵谷之迁变，示以刻雕贞石，用记」徽猷。其铭曰：」
　　皇天无亲，歼我良人。占卜宅兆，」而安其神。
　　呜呼哀哉，有去无来。」冥冥何往，魂归夜台。
　　　　　　　　　　　　元年建辰月五日建。」①

关于这方墓志的无年号纪年情况，周晓薇、孙英刚等人已予以揭示，可知所谓"元年"为唐肃宗元年（756），建卯月十八日为二月十八日，建辰月五日为三月五日。② 则志主薛突利施匐阿施夫人（725—762）的生卒年可以确认。

对于本文而言，最主要的信息是"顺化王"三字，陈恳认为："《新唐书》中记朝廷封阿史那从礼为'太傅、顺义郡王'，《册府元龟》中则记其封号为'太傅、归义郡王'，而《册府元龟》中还记载阿史那从礼在受封之前的称号除'左羽林大将军'之外，尚有'顺化王'一称，这很可能就是上述《唐故薛突利施匐阿施夫人墓志铭并序》中提到的'十二姓阿史那叶护可寒顺化王'。考薛突利施匐阿施

---

① 不著撰人：《唐故薛突利施匐阿施夫人墓志铭并序》，参见吴钢主编《全唐文补遗》第二辑，三秦出版社1995年版，第565页。录文参照陈恳修订标点，见陈恳《突厥十二姓考》（一），氏著《突厥铁勒史探微》，花木兰文化出版社2017年版，第101页。

② 周晓薇：《〈唐薛突利施匐阿施夫人墓志〉卒葬年份考》，《文博》1997年第4期；孙英刚：《无年号与改正朔：安史之乱中肃宗重塑正统的努力——兼论历法与中古政治之关系》，《人文杂志》2013年第2期。

夫人卒葬于唐肃宗元年（756），从时间上看两者正相符合，而其墓志出土于长安东郊'万年县长乐乡之原'，且墓志中称墓主'染疾终于布政里之私第'，则'阿史那叶护可寒顺化王'当亦居住于长安。由此可知，十二姓阿史那叶护可寒顺化王即是安史叛军中的突厥首领阿史那从礼。阿史那从礼在送密款之后情形如何史籍失载，而从上述材料结合视之，其很可能不久便从叛军阵营成功投向李唐朝廷，举家入居长安之布政里。"①

不过这番推断并不严谨：首先，根据上文揭示，《册府元龟》所载"顺化王"为阿史那从礼在安燕政权中安庆绪时期的封爵，在以唐廷纪年的《唐故薛突利施匐阿施夫人墓志铭并序》中似乎不可能再次出现所谓"伪燕"的封爵，而应该用唐廷的封爵。其次，若"阿史那叶护可寒顺化王"即阿史那从礼，则其子阿史那从政不当与其父共享"从"字，否则就变成兄弟行了，虽然说父子连名制在非汉族群中颇有存在，但以阿史那承庆一家的取名而言，当不会如此。最后，从时间来看，阿史那从礼作为阿史那明义长兄，当生于阿史那明义出生年开元九年（721）之前，若大约算作年长 5—10 岁，则在 711—716 年，而按陈恳的推断，其"子"阿史那从政比他生于开元十三年（725）的夫人年长几岁，若大约算作 0—5 岁，则在 720—725 年，父子之间仅相差 10 岁左右，恐怕不甚合理。

总之，阿史那从政与阿史那承庆父子并非同一支突厥王室，当有所区分。具体而言，则阿史那从政一支开元年间居住长安布政坊（布政里），从其有番名，官居禁军将领，以及所配夫人也是番人来看，应该是这个"十二姓阿史那叶护可寒顺化王"派遣在唐廷的质子。而阿史那承庆父子在开元、天宝年间则长期仕宦北方边疆，并且主要在安禄山帐下供职。

---

① 陈恳：《突厥十二姓考》（一），氏著《突厥铁勒史探微》，花木兰文化出版社 2017 年版，第 102 页。

## 四 安燕政权中突厥王族的动向

从上文来看，基本可以梳理清楚安燕政权中这一支突厥王族的世系和身份问题，不过依然需要继续讨论阿史那承庆父子动向问题。

阿史那承庆家族的仕官历程，始于阿史那承庆在唐朝的任官。不过相关信息并不清晰，《阿史那明义墓志》仅曰"司徒、同中书门下平章事、云中郡王"，这大概是阿史那承庆自突厥来投时的封赏，并无实际意义，阿史那承庆仍然统率其部众，徘徊于北方边境。故而有"作捍幽燕，以御夷羯"的描述，以及"授职夷疆"的记载。及至安禄山逐渐掌握范阳、卢龙、河东三镇，乃委身于安禄山帐下。而安禄山本人作为粟特父、突厥母之子，与突厥人之间的交流颇为频繁，宜其接纳这支阿史那氏。

不过在安禄山时期，从安禄山的节度使府到安禄山的大燕朝廷，阿史那承庆、阿史那从礼等人的具体任官并不清楚。仅有《阿史那明义墓志》中记载的"不变奥鞬之号，更崇丞相之班"一句，一笔带过而已。阿史那明义则因其在司膳卿任上去世而从其墓志中得到相关记载。但司膳卿明显也是个虚职，他们的正式身份大概就是将领。至安庆绪时期，方才有官爵之封，此点上文已有揭示。由于一直处在战争状态，阿史那承庆在安禄山时期的职责大概也就是作为燕国将领活动，包括参与安禄山起兵叛乱的谋划，以及领兵打仗。如至德元年（圣武元年，756）十二月攻陷颍川城。[1]

随着军政格局进一步演变，阿史那承庆再一次面临抉择，并最终决定返回唐廷。这自然是作为安禄山将领在至德二年（圣武二年，757）正月安禄山死后，与安庆绪的关系不那么明朗所致。部分原因也可能是当年八月阿史那明义之死，加剧了他本人的危机感。故而，阿史那承庆在安庆绪时期密谋潜通唐廷，并得到了唐廷的响应和回报。在获赐上文已

---

[1]《资治通鉴》卷二一九"唐肃宗至德元载十二月"条，中华书局1956年点校本，第7008页。

经分析过的唐廷官爵之余,还于乾元元年(758)六月因李光弼之请而得到了铁券,唐廷以此希望他能够与另一位降将乌承恩"共图思明"。① 至于他最初如何潜通唐廷,可能与阿史那从礼的动向有关。

阿史那从礼在安禄山起兵之后,也一直从军征战,并在攻克长安城之后驻守其地。至德元年(756)七月,阿史那从礼等人从长安苑"叛逃"朔方。因此事颇为蹊跷,故而引起一些讨论。据《资治通鉴》:

> 同罗、突厥从安禄山反者屯长安苑中。(七月)甲戌,其酋长阿史那从礼帅五千骑,窃厩马二千匹逃归朔方,谋邀结诸胡,盗据边地。上遣使宣慰之,降者甚众。……同罗、突厥之逃归也,长安大扰,官吏窜匿,狱囚自出。②

对于为何如此书写此事,《资治通鉴考异》曾依据其他史料予以讨论:

> 《肃宗实录》:"忽闻同罗、突厥背禄山走投朔方,与六州群胡共图河、朔,诸将皆恐。上曰:'因之招谕,当益我军威。'上使宣慰,果降者过半。"《旧·崔光远传》云:"同罗背禄山,以厩马二千出至浐水,孙孝哲、安神威从而召之,不得;神威忧死。"陈翃《汾阳王家传》云:"禄山多谲诈,更谋河曲熟蕃以为己属,使蕃将阿史那从礼领同罗、突厥五千骑伪称叛,乃投朔方,出塞门,说九姓府、六胡州,悉已来矣,甲兵五万,部落五十万,蚁聚于经略军北。"按同罗叛贼,则当西出,岂得复至浐水!此《旧·传》误也。若禄山使

---

① 《资治通鉴》卷二二〇"唐肃宗乾元元年六月"条,中华书局1956年点校本,第7057页。
② 《资治通鉴》卷二一八"唐肃宗至德元载七月"条,中华书局1956年点校本,第6986页;《旧唐书》卷一一一《崔光远传》系于八月,中华书局1975年点校本,第3318页。

从礼伪叛,则孝哲何故召之?神威何为怖死?又必须先送降款于肃宗,如此,则诸将当喜而不恐。贼之阴计,岂徒取河曲熟蕃也!盖同罗等久客思归,故叛禄山,欲乘世乱,结诸胡,据边地耳。《肃宗实录》所谓"共图河、朔"者,欲据河西、朔方两道,犹言"河、陇"也。肃宗从而招之,必有降者;若云太半,则似太多。今参取诸书可信者存之。①

根据《考异》的理解,《肃宗实录》《旧唐书·崔光远传》虽然写同罗、突厥等部背叛安禄山,但既然已经背叛,也就不必唐军将领去招降,安神威更不必因此而忧死。因此,《考异》认为并非完全叛燕归唐,而是同罗等部自身思乡之情,加之欲乘乱世起事。

不过无论同罗、突厥等部以何种心态逃归,或者安禄山是否真的想要这些部众图谋河曲。重要的是,同罗、突厥等部共五千骑,加上唐廷厩马二千匹,此时已经在阿史那从礼的率领下,脱离了安燕政权在长安的主力部队。当时安禄山坐镇洛阳,恐难远程遥控这部分人。因此,无论是同罗、突厥等部投降唐廷也好,图谋河曲也罢,都可以理解他们当时有自主选择权。此中关键人物,即阿史那承庆之长子阿史那从礼。且从阿史那承庆此后依然在安燕政权中立足来看,阿史那从礼的动向恐怕确实不是叛逃,而很可能就是帮助安禄山联合河曲等地的熟蕃。

此后,至德元载九月,"阿史那从礼说诱九姓府、六胡州诸胡数万众,聚于经略军北,将寇朔方,上命郭子仪诣天德军发兵讨之。左武锋使仆固怀恩之子玢别将兵与虏战,兵败,降之。既而复逃归,怀恩叱而斩之。将士股栗,无不一当百,遂破同罗"②。虽然此处载郭

---

① 《资治通鉴》卷二一八"唐肃宗至德元载七月"条,中华书局1956年点校本,第6986页。其中所引《旧唐书》卷一一一《崔光远传》"神威忧死"一句,原文为"神威惧而忧死",中华书局1975年点校本,第3318页。

② 《资治通鉴》卷二一八"唐肃宗至德元载九月"条,中华书局1956年点校本,第6997—6998页。

子仪破同罗，但并未详载阿史那从礼的动向。结合唐肃宗当时也有诏谕之举且"降者甚众"来看，阿史那从礼所部很可能已经在边地立足，从而成为唐廷和安燕政权之间的联络人。此外，阿史那从礼是安禄山派出去联络河曲熟蕃的，在安禄山死后，失去了自身所带任务的来源者，又不一定与安庆绪熟稔，从而回归为突厥王族阿史那氏的身份，成为唐廷与阿史那承庆一家的联络人。阿史那承庆、阿史那从礼父子此后双双出现于与唐廷沟通并接受唐廷授官的记载中，或可由此得到解释。

当然，在前人研究中，有另一种更为大胆的说法，即哈萨克斯坦学者加莫洛夫（Ablet Kamalov）所分析的阿史那从礼是为了回到草原恢复突厥统治。他认为："来自于突厥贵族的阿史那从礼试图恢复处于回鹘控制下的突厥故土，这就是其背离叛军，拒绝和唐朝合作，并且在鄂尔多斯积聚力量的原因，旨在与大草原新主人回鹘决一雌雄。"于是，回鹘"葛勒可汗意识到危险并组建了一支军队来消除隐患"。由于力量悬殊，阿史那从礼被打败。这一观点，虽然没有确切的关于阿史那从礼本人想法的史料支撑，也没法完全反驳。不过加莫洛夫认为"阿史那从礼败于唐与回鹘联军后，回到了叛军占领的长安"，则实在无法证实。[①] 阿史那从礼战败后的动向，并无史料揭示，虽然他在安庆绪时期有被加官的记载，但是否确实在安史政权内活动尚未可知。因此，笔者暂且认为阿史那从礼游离于唐王朝和安史政权之间，具体动向不明。

明确有活动记载的是阿史那承庆，他在接受唐廷封爵后并未完全脱离燕国，此后依然出仕安庆绪，如至德二年（757），安庆绪忌惮史思明之强，派阿史那承庆、安守忠等人到史思明所在的范阳征兵，并试图

---

① Ablet Kamalov, "Turks and Uighurs during the Rebellion of An Lu-shan Shih Ch'ao-yi（755 – 762）", *Central Asiatic Journal*, Vol. 45, No. 2, 2001, pp. 245 – 253. 中译本见加莫洛夫撰，杨富学、田小飞译《安史之乱中的突厥与回鹘》，《甘肃民族研究》2011 年第 2 期。

"密图之"。不过此行被史思明识破,阿史那承庆被囚,安守忠被杀。① 此后,阿史那承庆似乎不再回到安庆绪帐下,开始与史思明结合,活跃于史燕政权。至宝应元年(762)十月,史朝义谋于诸将讨论方略时,还能听到阿史那承庆的声音:"唐若独与汉兵来,宜悉众与战;若与回纥俱来,其锋不可当,宜退守河阳以避之。"② 不过史朝义并未听从阿史那承庆的建议。此后,再无阿史那承庆的记载。宝应二年(763)正月,史朝义自杀,安史之乱终告结束。③

## 结　语

通过新出《阿史那明义墓志》,不仅能够还原安史政权中突厥王族阿史那氏的世系,也可以进一步分析这一家族在唐廷、安史政权中各自所得封爵以及军政动向。大体而言,这支阿史那氏有可能是后突厥汗国创建者骨咄禄可汗之后。在开元天宝年间,活跃于北方边地,并逐渐归入安禄山帐下。在安禄山起兵前后,这支阿史那氏的阿史那承庆颇受安禄山信任,且参与起兵谋划。此后,阿史那承庆、阿史那从礼父子随安禄山征战,且在占领长安后派阿史那从礼远赴河曲结交其他蕃部。至安禄山死后,阿史那从礼转而成为代表阿史那氏与唐廷沟通的关键人物,也帮阿史那承庆、阿史那从礼父子二人获取了唐廷的官爵。而阿史那明义死于阿史那承庆归唐前,故而在入葬时依然是燕臣身份。

此后,阿史那承庆、从礼父子的动向中,从礼归唐并战败后事迹不详。阿史那承庆依然出仕安庆绪,并代表安庆绪出使史思明,准备

---

① 《资治通鉴》卷二二〇"唐肃宗至德二载十二月"条,中华书局1956年点校本,第7047—7048页。《新唐书》卷一三六《乌承玭传》记载阿史那承庆被史思明所斩(第4597页),是为传闻之辞,《考异》已辩证之。
② 《资治通鉴》卷二二二"唐肃宗宝应元年十月"条,中华书局1956年点校本,第7134页。
③ 《资治通鉴》卷二二二"唐代宗广德元年正月"条,中华书局1956年点校本,第7139—7140页。

密谋杀害之。但被史思明识破并囚禁起来。迨至史朝义时期，阿史那承庆方才继续出现于史燕政权，并积极为史朝义出谋划策，可惜并未受到重视。史朝义死后，这一支突厥王族在安史政权中的政治命运也告终结。他们日后的动向并不清楚，有可能是回归草原，也有可能继续活跃于边塞地区。此外，史思明在初建其燕国政权时，曾"留次子朝清守幽州，以阿史那玉、高如震辅之"，后史朝义杀父即位，命将李怀仙为幽州节度使，"斩如震，州部悉平"①。这里的阿史那玉，为史燕政权中另一支阿史那氏，惜不知其下落，亦不知与阿史那承庆父子是否有关。

  附记：本文草成后，笔者曾宣读于"出土文献、传世文本与理论研究——第三届幽州学学术讨论会"（北京：中央民族大学，2018年1月20日），又承赵水静女士代为宣读于同一时间举办的2017年度陕西师范大学历史文化学院学术年会（西安：陕西师范大学，2018年1月20—21日）。在前一个会上，承蒙耿朔、管俊玮、温拓等同人指正；在后一个会上，承蒙周晓薇、袁良勇、王庆卫等同人指正，谨此致谢！其中，温拓指出《阿史那明义墓志》用典多取匈奴史事，王庆卫指出墓志撰者"沙门灵瞰"或可体现佛教僧团与安史政权的关系，这些都是需要日后进一步研究的，本文暂时无法解决。本文已刊冯立君主编《中国与域外》第三号，社会科学文献出版社2018年版。

---

① 《新唐书》卷二一二《李怀仙传》，中华书局1975年点校本，第5967页。

# 杨倞及其行实综考

## ——兼论《荀子注》的时代背景

安史之乱（755—763）不仅改变了唐王朝（618—907）的历史走向，更开辟了一个延续两百多年的藩镇时代。却也正是在这样一个战乱频仍的年代，产生了无数让后人惊叹的文化。对此，虽然学界已经有专门的关注，但相比于对初唐、盛唐的研究，仍然远远不足。本文从这一时期为《荀子》作注的杨倞生平考订入手，揭示其注《荀子》的时代背景，以期加深时人借春秋战国时期《荀子》思想来比对当时社会情况的认识。

## 一 杨倞生平考

杨倞是中唐文人，学者多从语言、训诂的角度注重其注释儒家经典《荀子》的贡献[1]，但关于其生平，限于材料的有限，极少论述。明确提到"杨倞"的史料大致有以下几条：

---

[1] 霍生玉：《〈荀子〉杨倞注训诂说略》，硕士学位论文，湖南师范大学，2001年；杨爱萍：《〈荀子〉杨倞注复音词研究》，硕士学位论文，河北师范大学，2009年；王红：《〈荀子〉杨倞注名词释义考察》，硕士学位论文，河北师范大学，2010年。

1. 《新唐书·艺文志》:"杨倞注《荀子》二十卷。汝士子,大理评事。"①

2. 《郎官石柱题名》"主客郎中"条:"杨倞。"②

3. 元和十三年(818)十二月,杨倞《荀子序》:"……倞以末宦之暇,颇窥篇籍。……时岁在戊戌,大唐睿圣文武皇帝元和十三年十二月也。"③

4. 长庆三年(823)正月,《唐会要》卷三九:"长庆三年正月……其月,又请奏本司郎中裴潾、司门郎中文格、本司员外郎孙革、王永、大理司直杨倞与本司尚书崔植、侍郎景重,详正敕格。"④

5. 会昌四年(844)七月,杨倞《马纡墓志》:"朝请大夫使持节汾州诸军事守汾州刺史杨倞撰。公讳纡,字无畏,扶风平陵人。……以会昌四年三月十日终于所寄之第,享年五十六。"⑤

6. 大中三年(849)二月,周敬复《张知实墓志》:"府君姓张氏,讳知实,字冠仁,陇西敦煌郡人也。生于贞元己巳年,以大中三年二月十七日感疾薨灾,启手足归全于金州官舍,享年六十有一。……子四人,长曰保承,次曰保训,嗣子曰保胤,次曰保望。

---

① 《新唐书》卷五九《艺文志三》,中华书局1975年点校本,第1512页。
② 此处引据岑仲勉《郎官石柱题名新考订(外三种)》,中华书局2004年版,第182页。
③ 杨倞:《荀子序》,董诰等编《全唐文》卷七二九,中华书局1983年影印本,第7521—7522页;亦见王先谦《荀子集解》,中华书局1988年点校本,第51—52页。
④ 王溥:《唐会要》卷三九"定格令"条,中华书局1955年点校本,第704页。
⑤ 杨倞:《唐故银青光禄大夫使持节蔚州诸军事行蔚州刺史兼御史中丞马公墓志铭并序》,周绍良主编《唐代墓志汇编》"会昌〇三〇",上海古籍出版社1992年版,第2231页。

保承娶汾州刺史杨侨女，保胤举进士。"①

关于这几条材料，《全唐文》的编纂者根据材料1和材料3撰写杨侨小传曰："侨，刑部尚书汝士子，元和时官大理评事。"② 然而《四库全书总目》该条撰者和汪中（1745—1794）已经指出《新唐书·宰相世系表》中杨汝士并无名"侨"之子，汪中又引及材料5指出杨侨是唐武宗时人③，赵超《新唐书宰相世系表集校》亦持相同看法④。岑仲勉（1885—1961）《杨侨非汝士子》一文则根据材料2、4、5所载杨侨历官情况，先一一否定在其之前郝懿行（1757—1825）、汪喜孙（1786—1848）诸人认为有二杨侨、二杨汝士，以及劳格（1819—1864）认为杨侨确为杨汝士子等看法，最后认定杨侨或为杨汝士"族子"，方可释疑。⑤

第6条材料，来源于赵振华、王学春《唐张正则、张知实父子墓志研究》一文，两位作者也根据材料1和材料5的记载做了对照，不过并非该文主题，故而并未深入。⑥ 另外，柳金福、柳涛《唐张知实墓志考释》一文则根据杨侨为杨汝士子而推断出张知实儿媳为杨汝士孙女，实

---

① 周敬复：《唐故朝请大夫使持节金州诸军事守金州刺史上柱国张府君墓志铭并序》，转引自赵振华、王学春《唐张正则、张知实父子墓志研究》，赵力光主编《碑林集刊》第十一辑，陕西人民美术出版社2005年版，第123—128页。亦见柳金福、柳涛《唐张知实墓志考释》，郭绍林主编《洛阳隋唐研究》第二辑，群言出版社2009年版，第445—455页。然而柳文并未参考赵文，失察。

② 董诰等编：《全唐文》卷七二九，中华书局1983年影印本，第7521页。

③ 《四库全书总目》相关条目和汪中《荀卿子通论》一文并见王先谦《荀子集解》，中华书局1988年点校本，第9—10、21—24页。

④ 赵超：《新唐书宰相世系表集校》，中华书局1998年版，第143页。

⑤ 岑仲勉：《杨侨非汝士子》，氏著《唐史余渖》，中华书局2004年版，第155—157页。

⑥ 赵振华、王学春：《唐张正则、张知实父子墓志研究》，赵力光主编《碑林集刊》第十一辑，陕西人民美术出版社2005年版，第123—128页。

乃武断。①

赵建军《韩愈曾注〈荀子〉》一文，援引岑仲勉之说，认为韩愈曾注《荀子》。② 对此，吴金华（1943—2013）老师已在其课堂讲义《发现问题·寻找线索·追踪研究·解决问题·撰写报告——以杨倞〈荀子注〉"韩侍郎"为例》（2011年12月30日）一文中指出，早在南宋时即有祝充提及"韩侍郎"即韩愈，且杨倞并非因为年辈小而称韩愈为"韩侍郎"，而是官位卑使然。另外，吴老师认为，杨倞《荀子注》中所引韩侍郎观点，并不能说明韩愈曾经注过《荀子》，也有一本《荀子注》，而是韩愈在国子监任职时所讲授的一些观点。

关于上述岑、吴二氏意见，笔者完全赞同，并认为如今已经无须在杨倞是否为杨汝士之子这一问题上过多纠缠。杨倞是否为杨汝士之子，也不妨害其所撰《荀子注》本身所处的时代背景之真实性。

除了上面六则直接提及"杨倞"的材料易于被征引之外，还有一则并未明言"杨倞"的材料经常被忽略，注意到此则材料的学者也未能联系其他材料来观察杨倞本人。此即中唐文人沈亚之所撰《送韩北渚赴江西序》一文：

> 或曰：近世有府之侯，邀士拜宾，不由己之所尚，而使群居不类。故有谇言顺容积微之谗，以基所毁。四邻之地，更效递笑，飞流短长，天下闻之矣，而其侯尚且不寤。夫言谇足以瞽明，薄毁足以害忠。若是虽欲明其桡直，而明莫之遂也；虽乐闻己之所阙，而阙莫之闻也。彼思勤过畏者，一牵于谇谗即尔，而况己之所尚，又使群居不类乎？是以慎行者之所畏也。昔者余尝得诸吏部昌黎公，凡游门下十有余年。北渚，公之诸孙也。左右杖屦，奉应对，言忠情劳。其余则工为魏晋之诗，尽造其度。今年春，进士得第。冬则

---

① 柳金福、柳涛：《唐张知实墓志考释》，郭绍林主编《洛阳隋唐研究》第二辑，群言出版社2009年版。

② 赵建军：《韩愈曾注〈荀子〉》，《阴山学刊》2011年第3期。

宾仕于江西府。且有行日，其友追诗以为别。乃相与讯其将处者而谁与？曰：有弘农生惊耳。夫弘农慎行其道不欺者也，北渚之往，吾无虞其类之患，勉矣惟耳，不衰于道而已。①

此文为沈亚之送韩湘（字北渚）赴江西道观察使薛放（823—825年在任）幕府任职而作，据周加胜考证，当作于长庆三年（823）冬。② 考虑到薛放十一月镇江西③，若韩湘接受薛放辟署之后与薛同行，则可进一步精确为长庆三年十一月。又据前文材料4，则此年杨惊正在长安以大理司直一职参与敕格编纂。戴伟华据文中"乃相与讯其将处者而谁与？曰：有弘农生惊耳"一句，把杨惊同样视为薛放幕下"从事，带大理评事衔"，且沿袭了杨惊为"汝士子"的记载。④ 笔者认为，长庆三年的杨惊，其正月行迹当以材料4记载为确，但戴伟华所言"带大理评事衔"实有误。

当然，从时间上看，长庆三年正月任大理司直的杨惊，于此年十一月同赴江西地方担任幕府僚佐实有可能。晚唐京朝官与地方幕府僚佐之间的流动，已经十分普遍，杨惊很有可能在此年与韩湘一起接受薛放辟署而从事于江西观察使府。⑤ 只是无法获知杨惊在江西观察使府所担任具体幕职（无品级）和所带寄禄官衔（依此品级领俸）。⑥

---

① 沈亚之：《送韩北渚赴江西序》，萧占鹏、李勃洋校注《沈下贤集校注》，南开大学出版社2003年版，第170—171页。不过校注者对杨惊的注释依旧延续了认为其为杨汝士子的错误。

② 周加胜：《唐沈亚之事丛考——兼论〈沈下贤集〉的史料价值》，硕士学位论文，陕西师范大学，2005年。

③ 吴廷燮：《唐方镇年表》，中华书局1980年版，第836页。

④ 戴伟华：《唐方镇文职僚佐考》，广西师范大学出版社2007年修订版，第329页。

⑤ 关于晚唐文人从事于幕府的研究，参见赖瑞和《唐代基层文官》，中华书局2008年版，第201—217页。

⑥ 关于幕府僚佐带寄禄官衔的情况，参见赖瑞和《唐代基层文官》，中华书局2008年版，第224—240页。

行文至此，便可以大致罗列杨偡的历官如表 1 所示。

**表 1　　　　　　　　　杨偡历官一览**

| 时间 | 居官 | 品级 | 任职地 |
| --- | --- | --- | --- |
| 元和十三年（818） | 大理评事 | 从八品下 | 长安 |
| 长庆三年（823）正月 | 大理司直 | 从六品上 | 长安 |
| 长庆三年十一月 | 从事于江西道观察使府 | 未知 | 江西道洪州 |
| 开成年间（836—840）① | 主客郎中 | 从五品上 | 长安 |
| 会昌四年—大中三年（844—849）② | 汾州刺史 | 从三品 | 河东道汾州 |

## 二　杨偡的交游

通过厘清杨偡的宦历，便能够对杨偡的出身与交游状况予以更进一步地描述。

首先，对于杨偡的出身，虽然杨偡并无可能是杨汝士亲子，但依岑仲勉意见，作为杨汝士"族子"还是有可能的，同属弘农杨氏。当然，言"族"只能是血缘关系比较遥远的亲戚，甚至仅仅是不相干的两支杨姓叙宗谱之后的结果。但至少说明了一点，杨汝士与杨偡必有交情，即便是作为同族，在依然重视门阀的中晚唐也具有一定意义。据杨汝士本传，他元和四年（809）进士擢第，长庆元年（821）为右补阙（从七品上）③，而长庆三年之前杨偡一直在大理寺任职，则两人之间的交往或在

---

① 据岑仲勉考证，杨偡任主客郎中在开成年间。见岑仲勉《杨偡非汝士子》，氏著《唐史余渖》，中华书局 2004 年版，第 155—157 页。

② 据郁贤皓考证，杨偡之后任汾州刺史者并无确切就任时间，仅概言之"约大中初"，见郁贤皓《唐刺史考全编》卷八四"汾州"，安徽大学出版社 2000 年版，第 1220 页。而《张知实墓志》中杨偡系衔依旧是汾州刺史，则杨偡任职时间至少有五年，可补《唐刺史考全编》之阙。

③ 《旧唐书》卷一七六《杨汝士传》，中华书局 1975 年点校本，第 4564 页。

此时。此时两人居官品秩相当①，又同为弘农杨氏成员，双方当有初步交往，但杨倞未必肯自居为杨汝士"族子"。大和八年（834），杨汝士以工部侍郎出为同州刺史；九年，又入为户部侍郎，从而跻身高层文官。而同时期的杨倞却一直在地方幕职与中央中层文官②之间徘徊，后人或以杨汝士名望在杨倞之上，即目杨倞为杨汝士之"族子"，甚至简化为"子"。不论如何，杨倞与杨汝士之间的关系纠缠，至少在某种程度上反映了杨倞与自身家族的密切联系。

其次，看杨倞与官场前辈的关系。关于与韩愈的关系，前人已经论及杨倞《荀子注》中"韩侍郎"即指韩愈，并且不是因为韩愈年长，而是韩愈居官比杨倞高。元和十二年（817）十二月，韩愈就任刑部侍郎③，正是杨倞撰写《荀子注》的时间。此外，沈亚之《送韩北渚赴江西序》中也提及杨倞与韩愈之诸孙韩湘之间的朋友关系，杨倞当通过韩愈而与韩湘相识，或者相反。

韩愈之外，当属薛放，薛放为贞元七年（791）进士④，长庆三年（823）十一月出镇江西，此前一直是唐穆宗自皇储以来的侍臣。薛放出镇江西，按例可自辟僚佐，其选择韩湘和杨倞，或出于韩愈推荐，或因韩湘与杨倞当时已小有名气。杨倞此时已撰《荀子注》行世，韩湘则刚刚金榜题名，二人同受韩愈与薛放提携，更当前途无限。

最后，关于杨倞与平辈交游情况，除了《唐会要》中提及的杨倞在大理司直任上的同僚之外，私人生活中的好友主要有三人：

---

① 当然，这里仅就官品而言，若论官职重要性，补阙属于孙国栋所谓"重要文官"，赖瑞和所谓"中层文官"，而大理评事和大理司直皆不在两种分类之内，也显示出杨汝士此后的仕途要比杨倞顺畅。两种分类分别见：孙国栋《唐代中央重要文官迁转途径研究》，上海古籍出版社 2009 年版，第 3 页；赖瑞和《唐代中层文官》，联经出版事业股份有限公司 2008 年版，第 48—49 页。

② 主客郎中属赖瑞和所论中层文官范围，见赖瑞和《唐代中层文官》，联经出版事业股份有限公司 2008 年版，第 160 页。

③ 《旧唐书》卷一六〇《韩愈传》，中华书局 1975 年点校本，第 4198 页。

④ 徐松：《登科记考》，中华书局 1984 年点校本，第 459 页。

韩湘。如前所述，韩湘与杨倞一同受薛放辟署，随其前往江西观察使府任职。他们两人，既属同时辟署，又都是韩愈晚辈，关系必当十分要好。据陈尚君考证，韩湘生于贞元十年（794）[①]，至长庆三年时，方才三十岁，杨倞年龄虽不可考，但居官位卑，当与韩湘相当。沈亚之序文对于韩湘的评价是："左右杖屦，奉应对，言忠情劳"，对于杨倞的评价是"慎行其道不欺者也"，两位年轻人性格相似，惺惺相惜，又同投薛放幕府，诚为幸事。

马纾（789—844）。关于杨倞的材料中，最常见引的是杨倞所撰《马纾墓志》。杨倞能为马纾撰写墓志铭，与马纾关系自然不一般。《马纾墓志》撰于会昌四年（844）七月左右，当时杨倞官衔为"朝请大夫使持节汾州诸军事守汾州刺史"，马纾去世前为蔚州刺史。杨倞作为一州长牧，为另一州长牧撰写墓志，若非要好朋友，必然不会为之。就年龄而言，马纾与韩湘仅相差五岁，与杨倞亦属相当。但是，马纾与杨倞因何而相识，尚待考证。

张知实（789—849）。从《张知实墓志》可知，张知实与杨倞为儿女亲家，在子女婚姻遵循父母之命的年代，张知实之子张保承能娶杨倞之女，必然得到了双方父母同意且两家关系应该甚为紧密。

## 三 杨倞撰《荀子注》的时代背景

明确了杨倞交游圈后，再看杨倞为《荀子》作注的时代背景。关于杨倞所处藩镇时代与其注《荀子》之间的关系，或囿于史料不足，此前学者仅在论《荀子》于唐代的地位与影响时提及，比如王永平《荀子学术地位的变化与唐宋文化新走向》[②] 等。至于杨倞为何注

---

[①] 傅璇琮主编：《唐才子传校笺》第五册"韩湘"条，陈尚君撰文，中华书局1995年版，第318页。

[②] 王永平：《荀子学术地位的变化与唐宋文化新走向》，《学术月刊》2008年第6期。

《荀子》，除了中晚唐儒学复兴大背景之外，与周围人的影响也密不可分。

中唐儒学复兴代表人物韩愈影响自不必说，杨倞在《荀子注》中全引韩愈《原道》一文即是明证。然而韩愈本人对《荀子》的态度模棱两可，认为其"大醇小疵"，故而虽然杨倞屡引"韩侍郎"之语，但在一些具体的如"法后王"观念上，仍然持自己的观点。① 杨倞《荀子序》中提道："而《孟子》有赵氏章句，汉氏亦尝立博士，传习不绝，故今之君子多好其书。独《荀子》未有注解，亦复编简烂脱，传写谬误，虽好事者时亦览之，至于文义不通，屡掩卷焉。"因此，虽然同属儒家典籍，《荀子》在中晚唐儒学复兴时并不受重视，杨倞或许有鉴于此才注《荀子》。

韩愈之外，薛放也是儒学复兴践行者之一，《旧唐书·薛放传》记载薛放与唐穆宗的对话如下：

> 穆宗常谓侍臣曰："朕欲习学经史，何先？"放对曰："经者，先圣之至言，仲尼之所发明，皆天人之极致，诚万代不刊之典也。史记前代成败得失之迹，亦足鉴其兴亡，然得失相参，是非无准的，固不可为经典比也。"帝曰："六经所尚不一，志学之士，白首不能尽通，如何得其要？"对曰："《论语》者六经之菁华，《孝经》者人伦之本，穷理执要，真可谓圣人至言。是以汉朝《论语》首列学官，光武令虎贲之士皆习《孝经》，玄宗亲为《孝经》注解，皆使当时大理，四海乂宁。盖人知孝慈，气感和乐之所致也。"上曰："圣人以孝为至德要道，其信然乎！"②

薛放向唐穆宗推荐《论语》和《孝经》，体现了唐人历来对《孝经》的

---

① 黄圣旻：《王先谦〈荀子集解〉研究》，花木兰文化出版社 2006 年版，第 123 页。

② 《旧唐书》卷一五五《薛放传》，中华书局 1975 年点校本，第 4127 页。

重视①，特别是在晚唐藩镇割据的情况下，地方对中央的离心，更需要忠孝之义来维护皇权。薛放本人也积极践行孝义，史载"放闺门之内，尤推孝睦，孤孀百口，家贫每不给赡，常苦俸薄"②。作为长辈，薛放的行为自然会影响到杨倞。杨倞在《荀子序》中说，"又其书亦所以羽翼六经，增光孔氏，非徒诸子之言也"，则《荀子》功能当与薛放所推崇《孝经》不相上下，都是六经之外能够阐扬孔子学说的重要典籍。当然，薛放与穆宗对话在长庆（821—824）年间，杨倞注《荀子》在元和十三年（818）之前，但薛放思想当早已形成。

薛放而后，须提及马纾。马纾身为武人，给杨倞的影响在于其公忠体国的行为，据前引《马纾墓志》：

> 公……幼有奇节，性惟聪悟，见古名将勋业之事，未尝不废书发愤，沉吟久之。□寄河朔，志蕃王室，欲变风俗，期乎坦夷。遂委质戎府，累迁魏大将。……元和中，上以文德武功定叛乱，虽魏帅诈顺，寻亦如旧。大和初，沧帅李全略死，子同捷盗袭其位，先皇震怒，征君讨之。魏帅以封壤连接，潜相应援。时中书令裴公掌兵柄，谋挠魏事。公以才辨为戎率知，每有奏请，独当其任。遂申密款于裴公，天子嘉之。乃大张皇威，深述圣旨。开向国之福，戒覆巢之危。帅立归诚。未几，王师大捷，而同捷就戮，万夫解甲，两河肃清，公始谋之力。

上述马纾事迹，发生于唐文宗大和（827—835）年间，是河北藩镇之乱

---

① 这种重视的高峰是薛放所说"玄宗亲为《孝经》注解"，参见朱海《唐玄宗〈御注孝经〉发微》，收入张建民主编《武汉大学历史学集刊》第一辑，湖北人民出版社2005年版，第299—311页。
② 《旧唐书》卷一五五《薛放传》，中华书局1975年点校本，第4127页。

的典型事例。这虽然是杨倞注《荀子》之后十余年，但杨倞所关注的是马纾在平定藩镇之乱中的贡献①，而这又与唐宪宗元和年间平定淮西藩镇之乱一脉相承。墓志铭中的"裴公"即裴度，此人在唐宪宗平定淮西之乱中立有功劳，当时韩愈正在其幕中，杨倞当从韩愈那里亲身感受了唐宪宗平定藩镇之乱的决心。因此，与其说马纾的行为对杨倞产生了影响，毋宁说以马纾为代表的众多精忠报国之士给杨倞以感染，从而在《马纾墓志铭》中浓墨重彩。

最后可提及张知实。张知实是典型的文人，据《张知实墓志》载：

> 府君生而孝敬，冠而文敏。力仁游艺，无所不学。于交游然诺之间，其心豁如也。行成乡党，名闻京师。顾青紫可以俯拾，而进取未尝先速。视戚促于早成者，非君所知。吴越富山水，多茂树名园，每得达士佳侣，逐胜探奇，方舟并驾，殆忘所诣之远近。故袖文趋贡，比辈流为晚。……词精思敏，缓急无滞。笔毫在前，不闻谈笑。以是职居诸侯府者，莫不心服。……后宰相领盐铁使，籍其贤，奏署巡官，使于边。既复命，得边地之沃堉，兵之羸壮，山川之形险，军储之赡乏，陈于所知，如指诸掌。……尝病前代兴亡继统之事，虽载在史册，而繁文羡帙，学者难究其要。时因政简，遍阅群史，自三代已降，迄于隋唐，勒成三卷，目曰《历代帝王承统记》。迨兹罢郡，厥功乃就。……尝著诗赋文表，集成三十卷，斯亦立言之极也。

从志文可知，张知实早年耽于交游，以致延迟了举进士时间。在与他交游的"达士佳侣"中，必有杨倞身影。而杨倞与张知实能够成为朋友，当与张知实的性格和才能有关，所谓"于交游然诺之间，其心豁如也"，

---

① 关于马纾的贡献，参见张龙《史宪诚父子与藩镇魏博——以〈史孝章墓志〉为线索》，高翠莲主编《民族史研究》第十辑，中央民族大学出版社2011年版，第31—48页，特别是第44页。

以及能在出使时对山川形胜了如指掌，与"慎行其道不欺者也"的杨倞有互相吸引之处。至于张知实撰写《历代帝王承统记》，虽然意在简化学者学习，但其之所以关心继统之事，以及希望简化后的《历代帝王承统记》能够为更多人所利用，则反映了他对正统观念的强调。唐后期，有安禄山父子、史思明父子相继称帝（755—763）在前，又有四镇相王（782—784）在后，唐朝皇室的正统地位屡受挑战，因此重塑正统十分必要。① 而这与杨倞为《荀子》作注理念亦甚相近，《荀子序》曰：

  盖周公制作之，仲尼祖述之，荀、孟赞成之，所以胶固王道，至深至备。虽春秋之四夷交侵，战国之三纲弛绝，斯道竟不坠矣。倞以末宦之暇，颇窥篇籍。窃感炎黄之风未洽于圣代，谓荀、孟有功于时政，尤所耽慕。

晚唐藩镇割据，正相当于春秋战国四夷交侵、七国纷争，周王室偏处一隅，苟延残喘。因此，无论是张知实撰《历代帝王承统记》，还是杨倞注《荀子》，都是出于振兴王道的目的。当然，杨倞与张知实各自撰述时间不同，张知实当在杨倞之后。但作为一起游玩的朋友，甚至成为姻亲，则互相之间的交流与影响当更深入。

  以上，笔者主要从晚唐时期薛放、马纾、张知实三人生平出发，对三人能够与杨倞有联系，并进而影响杨倞的情况予以阐释。虽然无法具体而微，依然能够画出轮廓：杨倞在韩愈和薛放等儒学复兴践行者影响下，早年从事于《荀子注》撰述，其出发点是"炎黄之风未洽于圣代"，并希望"荀、孟有功于时政"，特别是历代重视不够的《荀子》；而马纾的人生经历正应和了这种忠勤王事的理念，张知实《历代帝王承统记》也是出于维护唐王室正统而撰写，则杨倞注《荀子》亦非孤立事件。

---

① 唐人对于正统问题的兴趣，还体现于元和六年（811）成书的陈鸿《大统纪》、大中五年（851）姚康所献《统史》等著作。参见饶宗颐《中国史学上之正统论》，上海远东出版社1996年版，第31—35页。

总之，在社会大动荡的藩镇时代，人们在时局之下，借鉴春秋战国往事，抒发对时政的议论与看法，是当时的普遍情况。新《春秋》学就是在这种背景下产生的①，杨倞注《荀子》亦不例外。通过对杨倞生平考证，深入到他的交游，并揭示他为《荀子》作注的生活背景，虽限于史料无法面面俱到，但还是希望有裨于对《荀子注》的研究。

附记：本文为2011—2012年复旦大学中古汉语课课程作业，受任课老师吴金华（1943—2013）先生启发甚多，谨此致谢！课后上交此文，方知吴老师高足霍生玉女史亦以杨倞生平为题撰写《〈荀子注〉作者杨倞生平及"倞"之读音考》一文作为课程作业，不过霍文重在从语言学角度揭示"倞"字读音，对杨倞生平考证较略，且并未关注到笔者重点提及的《送韩北渚赴江西序》。故拙文尚有发表余地。

2013年6月30日，笔者于旅次惊闻吴金华先生因心脏病去世，愕然良久！想当日课上，午间阳光遍洒课桌，先生赠以大著《古文献整理与古汉语研究续集》（凤凰出版社2007年版），又于电梯间指点"耀""跃"二字读音之情形历历在目。不意两年之后，竟成故人！谨以此文纪念先生！愿先生在天国安详！

本文原刊杨朝明主编《孔子学刊》第4辑，上海古籍出版社2013年版，第77—85页。

---

① 关于晚唐新《春秋》学的兴起，参见葛焕礼《尊经重义：唐代中叶至北宋末年的〈春秋〉学》，山东大学出版社2011年版，第87—121页。

# 上党雍氏考

## ——藩镇时代下层武将家族个案研究

　　唐末五代，武人大行其道，武将家族亦层出不穷。对此，学者已经多所措意，注意到武官世袭对藩镇时代地方武官群体构成的重要作用。[1] 然藩镇时代武将家族仍是有待深入的领域[2]。在普遍关注重要家族[3]的情况下，姓氏生僻、人口稀少的家族也需予以关照。特别是在姓氏生僻的情况下，更能够从大量史料中较容易找到有限材料进行梳理，比如本文所要探讨的雍氏家族。这不仅能够从纷繁复杂的大姓中转移视线，得到一个更加简洁的观察视角，也可以借此了解下层氏族在中古世族社会大环境下的生存方式。此外，作为上党地区主要以武显的家族，本文也试图响应近年对藩镇研究模式的反思，期待细化对藩镇时代北方基层社会的认识。

---

　　[1] 冯金忠：《唐代地方武官的世袭问题——以将门为中心的考察》，氏著《唐代地方武官研究》，花木兰文化出版社2012年版，第195—223页。

　　[2] 董春林：《唐代武将研究概况》，未刊稿，2008年。

　　[3] 以学位论文为代表，大多关注重要武将家族，如吴文良《泽潞刘氏的兴亡与唐代中后期的政治》，硕士学位论文，首都师范大学，2007年；董春林《唐代契苾家族研究》，硕士学位论文，湘潭大学，2008年；苏健伦《晚唐至北宋陈州符氏将门研究》，硕士学位论文，台湾"清华大学"，2009年。

## 一　崔涯与河朔雍老

以下这则材料，是引起笔者欲对雍氏家族探一究竟的源头。即唐人范摅《云溪友议》中"送雍氏"一则，兹据王宁《〈云溪友议〉校注》节引如下：

> 崔涯者，吴楚之狂生也，与张祜齐名。每题一诗于倡肆，无不诵之于衢路。誉之，则车马继来；毁之，则杯盘失措。……祜、涯久在维扬，天下晏清，篇词纵逸，贵达钦惮，呼吸风生，畅此时之意也。……崔生之妻，雍氏者，乃扬州摠劾之女也，仪质闲雅，夫妇甚睦。雍族以崔郎甚有诗名，资赡每厚。崔生常于饮食之处，略无惮敬之颜，但呼妻父"雍老"而已。雍久之而不能容，勃然仗剑，呼女而出崔秀才曰："某河朔之人，唯习弓马。养女合嫁军门，徒慕士流之德。小女违公，不可别醮，便令出家。汝若不从，吾当挥剑！"立令涯妻剃发为尼，涯方悲泣悔过，雍亦不听分疏，亲戚挥劝，别易会难。涯不得已，裁诗留赠。至今江浦离愁，莫不吟讽是诗，而惜别也。诗曰："陇上流泉陇下分，断肠呜咽不堪闻。姮娥一日宫中去，巫峡千秋空白云。"①

此则故事后世南宋《宝祐维扬志》等书亦载之②，其中源自河朔的武人家族雍氏先慕崔涯士子身份而以女嫁之，又因女儿受崔涯轻视而强迫二人离婚，颇可反映晚唐时期文武关系的一个断面。在探讨本文主题之前，先对崔涯和雍氏家族做一考证如下。

---

① 王宁：《〈云溪友议〉校注》，博士学位论文，厦门大学，2009年。
② 马蓉等点校：《永乐大典方志辑佚》，中华书局2004年版，第499页。

## （一）崔涯与崔觉之辨

关于崔涯，因记载甚少，唐代文学史学界关注不多。王宁据《新唐书·宰相世系表》辑得其祖父崔表、父崔道纪、弟崔淘，崔涯本人为氾水令。① 可见，崔涯出身世家大族博陵崔氏②，也使他养成了"狂生"的性格。

附带一提，崔涯这首送雍氏诗《别妻》③，与署名崔觉的《别佳人》相重④。在《全唐诗》卷二七五中收录有崔觉诗二首，分别是《感兴》《别佳人》，其中后者题下小注曰"一作崔涯诗"，诗曰："垄上流泉垄下分，断肠呜咽不堪闻。嫦娥一入月中去，巫峡千秋空白云。"⑤ 是为巧合之一。关于崔觉，记载更少，李肇《唐国史补》卷中有"崔觉性狂率"一条⑥，《唐诗纪事》中所载相同，并多加一句"少长于外家，不齿。及长能文，作《道傍孤儿歌》以讽外家"。似崔觉性狂的原因之一是从小寄

---

① 《新唐书》卷七二下《宰相世系二下》，中华书局1975年点校本，第2776—2777页；王宁：《〈云溪友议〉校注》，博士学位论文，厦门大学，2009年。

② 唐代博陵崔氏，尚不失为大族，参见伊沛霞（Patricia Buckley Ebrey）著，范兆飞译《早期中华帝国的贵族家庭：博陵崔氏个案研究》，上海古籍出版社2011年版，第112—152页。不过，伊氏并未具体论及崔涯。

③ 中华书局编辑部点校：《全唐诗》（增订本）卷五〇五，中华书局1999年点校本，第5782页。

④ 河南大学唐诗研究室编：《全唐诗重篇索引》，河南大学出版社1985年版，第186页。

⑤ 《全唐诗》（增订本）卷二七五，中华书局1999年点校本，第3114页。

⑥ 李肇：《唐国史补》卷中第17条，参见最新校注本，聂庆锋《国史补研究》，硕士学位论文，复旦大学，2010年。不过聂庆锋并未进一步考证崔觉其人。又，此条金毅注析最详，不过也没有突破，见金毅《李肇〈唐国史补〉文选注析》（续），《北京第二外国语学院学报》1998年第6期。作为徐州张建封的幕僚，郭殿崇亦有考证，同样简略，见郭殿崇《张建封幕吏考》，《徐州师范学院学报》1987年第4期。

养外家。《唐诗纪事》又提及李涉《醉中赠崔膺》一诗①，据考证，此诗为出仕之后的李涉与当年同隐庐山的崔膺在离开庐山多年后相遇于扬州附近而创作的诗篇，且有劝崔膺出仕之意②，这与《桂苑丛谈》所称"进士崔涯、张祜下第后，多游江淮"③有共通之处，是为巧合之二。崔膺《感兴》诗曰："本以势利交，势尽交情已。如何失情后，始叹门易轨。"④而崔涯别妻之举，正是契合了"交情已"这种感慨，何况崔涯因别妻而作之诗与崔膺《别佳人》同为一诗，此为巧合之三。另外，据考证，李涉与张祜也颇有交情⑤，当必认识崔涯，则李涉《醉中赠崔膺》或为赠崔涯亦未可知。综上，笔者认为崔膺即崔涯，其名根据崔涯与其弟崔淘用字皆从水来看，可确证为崔涯，盖"膺""涯"形近而误。

回到《云溪友议》所载此事，若按张祜分别于元和十五年（820）、长庆二年（822）曾住淮南⑥来分析，则崔涯与其妻雍氏离婚，应当也在这几年内。若前文推论成立，《桂苑丛谈》还曾记载崔膺（崔涯）在张建封（735—800）幕下⑦，则崔涯应当在张建封去世，又应举不第之后寓居扬州，并娶雍氏之女。

---

① 计有功撰，王仲镛校笺：《唐诗纪事校笺》，中华书局2007年版，第1484页。

② 李园园：《李涉及其诗歌研究》，硕士学位论文，南京师范大学，2010年。

③ 冯翊子：《桂苑丛谈》，丛书集成初编本，商务印书馆1939年排印本，第2页。

④ 《全唐诗》（增订本）卷二七五，中华书局1999年点校本，第3114页。

⑤ 李园园：《李涉及其诗歌研究》，硕士学位论文，南京师范大学，2010年。

⑥ 参见尹占华《张祜系年考》，中国唐代文学学会编《唐代文学研究》，广西师范大学出版社1990年版，第186—205页，特别是第189—193页。

⑦ 冯翊子：《桂苑丛谈》，丛书集成初编本，商务印书馆1939年排印本，第10—11页；亦见李昉《太平广记》，所引为《唐国史补》，然缺少崔膺画马这一环节，见李昉《太平广记》卷二〇二，中华书局1961年排印本，第1521页。

## (二) 中古雍氏

提及雍氏，最有名的是汉初功臣雍齿①。雍齿是刘邦同乡，即沛人。关于汁防侯雍齿封地，后人多认定汁防为今四川什邡，但马孟龙并不认可这一说法。他不仅指出记载蜀地掌故尤详的《华阳国志》中并无雍齿受封于广汉郡汁方县之事，且根据汉初蜀地乃流放犯人之地，不适合封给因其屡次叛逃而封赏具有象征性意义的雍齿，以及居延汉简中所见有东邡、西邡二县存在，认为汁防侯国在山阳郡东邡、西邡之地，即今山东单县、金乡县一带。②

当然雍齿封国不在蜀地，并不表示蜀地没有雍氏。比如，根据《隶释》卷一二《赵相雍劝阙碑》，原件见于四川梓潼，备载梓潼雍氏家族居官情况，约汉灵帝时期所立。③ 又据《三国志》，益州大姓雍闿曾应交趾士燮策反，在蜀汉政权境内遥尊东吴政权正朔。④ 可见，雍氏在蜀地也是大族。直到晚唐，还有成都人雍陶以诗擅名。⑤ 蜀地雍氏来源或非雍齿，但也不能否定雍齿后人确实有迁徙到蜀地，或者雍氏家族有从中原迁徙

---

① 学界对雍齿的专门研究不多，仅有介绍性质的一篇，见吴时光《雍齿其人》，《文史杂志》1998 年第 5 期。

② 马孟龙：《汁防侯国非"广汉郡汁方县"考》，氏著《西汉侯国地理》，上海古籍出版社 2013 年版，第 141—146 页。

③ 洪适：《隶释·隶续》卷一二，中华书局 1985 年点校本，第 141—142 页；孙华：《梓潼县先锋村无铭阙阙主考》，《四川文物》2008 年第 3 期。

④ 陈寿：《三国志》卷四三《吕凯传》，中华书局 1959 年点校本，第 1046—1047 页；同书卷五二《步骘传》，第 1237 页。又参见金石居士《雍闿背蜀归吴略考》，网址 http：//blog.sina.com.cn/s/blog_ 40a187ae0100tdhx.html，2012 年 9 月 18 日浏览。

⑤ 谭优学：《雍陶行年考》，氏著《唐诗人行年考续编》，巴蜀书社 1987 年版，第 168—183 页；李颜君：《晚唐诗人雍陶研究》，硕士学位论文，四川师范大学，2008 年；王亚君：《雍陶云南诗笺证》，硕士学位论文，云南大学，2009 年；谷慧：《雍陶及其诗歌研究》，硕士学位论文，首都师范大学，2011 年；吕冬霞：《雍陶诗歌三论》，硕士学位论文，哈尔滨师范大学，2011 年。

到蜀地的可能性。

总之，唐代以前，雍氏有两大势力，在山东的雍齿后人，在西南的豪强雍氏。西南的雍氏活跃于魏晋时期，晚唐雍陶可能是他们的后人。由于史料稀少，本文不予论述。而在山东的雍氏，很有可能发展为后来的上党雍氏。前文所引《云溪友议》已提及，雍氏自称河朔人，"唯习弓马"，居官扬州摠劾。关于"摠劾"一职，王宁无解，朱祖德[1]、成雪艳[2]等研究淮南节度使府的学者并未涉及。笔者认为当是淮南节度使府里的武职幕官，或与"都教练使"有关，为相类似的"总教练使"之类名号的省称，虽然史籍并无"总教练使"的记载。总之，山东地区的雍氏符合山东豪强的特点。

不过在整个唐代，并无非常有名的雍氏武将，甚至姓雍的人也十分稀少。除了上文的扬州雍氏家族外，据《元和姓纂》所载：

> 唐主客郎中雍惟良，信都枣强人。检校郎中兼朝邑令雍宁。河阳三城使、怀州刺史兼御史大夫雍希颛。

**A.** ［岑校］唐主客郎中雍惟良　《芒洛四编》五《王怡志》，开元二十年立，称朝议郎、检校大理正、上柱国雍惟良撰。《英华》四七九景云二年《文可以经国策》，著录晁良贞、郑少微、雍惟良三篇，《登科记考》五只据《毗陵集独孤公灵表》，以少微为太极元年及第，因之晁、雍两人，随而移入。但景云二年亦有文以经国科，徐氏于《英华》之异同，不置一词，待考（《全唐文》亦徐氏辑，其卷二八二固称良贞景云二年进士）。

**B.** ［又］河阳三城使怀州刺史兼御史大夫雍希颛　按《旧书》一二，贞元元年五月，以河阳都知兵马使雍希颜为河阳怀都团练使。"雍希颛"即"雍希颜"之讹。复次《统谱》二云，"颜，《姓纂》

---

[1] 朱祖德：《唐代淮南道研究》，花木兰文化出版社2009年版，第37—39页。
[2] 成雪艳：《唐代淮南镇研究（肃宗—宪宗时期）》，硕士学位论文，中央民族大学，2009年。

云人姓"。考《广韵》《姓解》及《通志》均无颙姓，或因"颜"讹为"颙"，不知者因其字同在"三钟"韵，遂别出一姓欤？兹姑存疑。①

根据《元和姓纂》原文及岑仲勉所校，唐代雍氏有雍惟良、雍宁、雍希颙三人，其中雍宁除《元和姓纂》以外无所考证。至于雍惟良和雍希颙：

岑仲勉提及雍惟良尚有两见，一为景云二年（711）对《文可以经国策》②，并质疑徐松把雍惟良算作进士；二为开元二十年（732）以"朝议郎、检校大理正、上柱国"的身份撰写《唐故朝散郎行潞州长子县尉太原王公（怡）墓志铭并序》③。另外，笔者查到雍惟良于开元十四年（726）撰有《唐故朝议大夫怀州长史上柱国京兆韦公（希舟）志铭并序》，时署"朝议郎、行万年县尉"④。在这里，景云二年的雍惟良似乎并未中进士。到开元十四年，作为京畿的县尉，本该有美好的前途⑤，却在开元二十年的时候仅仅检校大理正，日后也并未再见到他的行踪，可见仕途不畅。不过，从雍惟良给潞州长子县尉王怡撰写墓志可知，雍惟良与潞州关系非同一般，这固然有其与王怡同在司法系统有关⑥，但也能联系下文对上党雍氏的考察，看出雍惟良或许出自上党

---

① 林宝撰，岑仲勉校注：《元和姓纂（附四校记）》卷一，中华书局1994年点校本，第57—58页。
② 李昉等编：《文苑英华》卷四七九，中华书局1966年影印本，第2446页。
③ 《唐代墓志汇编》开元三五〇号，上海古籍出版社1992年版，第1398页；吴钢主编《全唐文补遗》第四辑，三秦出版社1997年版，第21页。
④ 吴钢主编：《全唐文补遗》第二辑，三秦出版社1995年版，第18页；周绍良、赵超主编：《唐代墓志汇编续集》开元〇七六，上海古籍出版社2001年版，第505—506页。
⑤ 张玉兴：《从统计数据看唐代县尉的来源与迁转途径——兼论县尉的兼任与差出及对县政的影响》，《甘肃社会科学》2007年第2期。
⑥ 雍惟良在《王怡墓志铭》中还自称"愚实不敏，多惭世亲"，可见两家或有世代姻亲关系。

雍氏。

关于雍希颙，岑仲勉提及《旧唐书》所载"雍希颜"① 事迹，认为两者即一人，信然。《唐方镇年表》即据此标记雍希颜为贞元元年至四年（785—788）河阳藩帅②，但《旧唐书》所载雍希颜为"河阳怀都团练使"，即河阳此时去掉了节度地位，所以王寿南《唐代藩镇总表》中并未标出雍希颜。③ 此外，据《唐代墓志汇编》索引可知，《大唐故宣州司功参军魏府君墓志铭并序》中提及的贞元初"河阳节度使"也被制作索引者认为是雍希颜④，这估计是根据《唐方镇年表》推断得出。但因这则墓志材料并未点出雍希颙（雍希颜）姓名，且雍希颜所任并非节度使，故这里的"河阳节度使"当指贞元元年（785）五月离任、八月去世的河阳节度使李芃。此外，上元元年（760），雍希颙在李光弼帐下为将⑤，兴元元年（784），河阳节度使李芃曾派遣其偏将雍希颙（雍颙）进攻李希烈叛军盘踞的郑州，雍希颙"数残剽"，在攻城失败后焚阳武县而还。⑥ 雍希颙当即雍希颜，出自李光弼军中，而李光弼又曾为河东节度使，且长期在河朔地区作战，则雍希颜为河朔武将殆无疑议，这与崔涯妻族自称一致。

在《元和姓纂》之外，《新唐书·孝友传》列有以孝悌闻名者"高平雍仙高""城固雍孙八"二人⑦，《新唐书·艺文志四》有"《雍裕之

---

① 《旧唐书》卷一二《德宗纪上》，中华书局 1975 年点校本，第 349 页。
② 吴廷燮：《唐方镇年表》卷四，中华书局 1980 年版，第 358 页。
③ 王寿南：《唐代藩镇与中央关系研究》，大化书局 1978 年版，第 693 页。
④ 《唐代墓志汇编》元和〇八二号，上海古籍出版社 1992 年版，第 2006 页。
⑤ 《新唐书》卷一三六《李光弼传》，中华书局 1975 年点校本，第 4588 页。
⑥ 《旧唐书》卷一三二《李澄传》，中华书局 1975 年点校本，第 3657 页；《新唐书》卷一四一《李澄传》，中华书局 1975 年点校本，第 4658 页。其中，《旧唐书》作"雍颙"，《新唐书》作"雍希颙"。
⑦ 《新唐书》卷一九五《孝友传》，中华书局 1975 年点校本，第 5577 页。

诗》一卷"①的记载，然皆仅见于此。《唐才子传》关于雍裕之的记载为："裕之，蜀人，有诗名。贞元后数举进士不第，飘零四方。为乐府极有情致。集一卷，今传。"② 可见其与雍陶同为蜀人，并以诗名。

总之，作为汉初开国功臣、汉末益州豪强的雍氏家族，在唐代并不知名。在传世文献中，文人雍惟良沉沦下僚，武人雍希颜略无战功，唯有蜀人雍陶、雍裕之等颇有诗名，但也仅止一身，对于他们的家庭情况尚付阙如。因此，若要继续揭示崔涯妻族的家族背景，完整认识雍氏家族，还需要进一步借助大量墓志资料。

## 二 雍氏墓志统计

据笔者初步了解，隋代有一方雍氏墓志见于《隋代墓志汇考》，唐代有四方雍氏墓志和三方相关墓志。笔者另外在《全唐文》《唐代墓志汇编》《续集》等处搜到两方相关墓志，在网上搜到两方雍氏墓志的存在。现据时间顺序节引相关墓志中重要信息如下：

> 墓志一：《东海郡守雍君墓志》，仁寿元年（601）十月葬。
> 君讳长，字符景，泾州安定人也。其先文照之苗裔，因封以命氏。洎三方沸荡，六国纵横。略地下城，封侯定汉。勋冠弐时，莫先雍齿。君即其后也。四世祖弘之，器应律吕，韵合官商。礼尊玉帛，乐崇钟鼓。乃拜为礼部尚书，又迁太常卿，封雍城侯，礼也。祖懃，魏谏议大夫。肃恭朝廷，敬事耆长。动静方圆，必须故实。父显，少好文学，更重分阴。才为时须，学优则仕，辟为沧州阳信县令。……君祖述衣缨，文武相济。释褐幽州默曹参军。后为胡贼入边，噪动淳化，乃屈为静境大都督。凡□凶丑，敛衽影从，壮气

---

① 《新唐书》卷六〇《艺文四》，中华书局1975年点校本，第1611页。
② 傅璇琮主编：《唐才子传校笺》卷五《雍裕之》（吴汝煜校笺），中华书局1989年版，第574页。

不申。春秋九十有六，终于家庭。夫人栗氏，早归大夜。以仁寿元年岁次辛酉十月辛亥朔十日庚申合葬于襄垣城西万寿乡之西阜焉。①

墓志二：《唐故雍君（福）墓志之铭》，上元三年（676）闰三月葬。

君讳福，字符楷，本淮南人也。高辛之苗胄，仲雍之胤绪。雍齿之后，得姓指列宿以居高；□载游秦，望青云以自致。因官祚土，遂居兹邑。祖□欢，蹈德垂范，腾誉一时。辐凑因缘，遂居斯部，上党太守。父朋才高代，传习文雅，□嗣家声。神识外融，灵□内湛。甘泉玉树，久谢光晖；玄武明珠，遥虌美润。君幸承遗荫，家□通德。不和尘俗，实每陵犀。嗟呼！兰熏必摧，玉贞则折。夫人连氏，禀性氛氲，受灵芳馥。母仪妇德，作代模轨，意和琴瑟。岂虑中□，先从长夜。今以上元三年岁次景子闰三月己巳朔五日癸酉，葬于雍村西北一百步其原，礼也。②

墓志三：《周故郭公墓志文并序》，久视元年（700）十一月葬。

公讳信，字泰，并州晋阳人也。……曾祖云，……齐邢州南和县丞。……祖隋任漳州司兵；……考康，飞声早岁，响逸川源。壮志除氛，毕宁邦国。装牛取计，未谢田单；豕突矛车，智先尹子。蒙授车骑，兼知总管事。龚行天罚，殄羣孽于屯留；奉命遄征，翦凶渠于故县。……公天授聪明，性符道术。温蒲一截，未藉师资。觑习诗书，无劳三绝。……春秋六十有二，总章二年，终于家第。夫人苏氏、夫人李氏、夫人张氏、夫人雍氏，并兰仪凤茂，惠性早芬。学究缔缃，艺优紃组。……夫人苏氏、李氏，并卒于私第。以久视元年岁次庚子十一月乙亥朔十日甲申，合葬于县城北二里。③

墓志四：《大唐处士王君墓志铭并序》，太极元年（712）二月葬。

---

① 王其祎、周晓薇：《隋代墓志铭汇考》二〇〇号，线装书局2007年版，第409—413页。

② 吴钢主编：《全唐文补遗》第六辑，三秦出版社1999年版，第319页。

③ 同上书，第351—352页；周绍良、赵超主编：《唐代墓志汇编续集》久视〇〇九号，上海古籍出版社2001年版，第381—382页。

君讳天，字文信，太原祁人也。……乃绝弃人事，栖迟潭泉，……以神龙二年七月廿日终于私第，春秋八十有四。夫人雍氏，……兰熏而摧，玉贞则脆，逝水不返，行云其销。以太极元年二月廿七日终于私第，春秋八十有八。即以其年三月十五日合葬于洹水之南原，礼也。①

墓志五：《唐故雍君墓志铭》，开元十一年（723）四月葬。

君讳□张，字兴，其先淮南雍齿之后。因官而住斯，为□上党郡屯留县地人。曾祖㞗②。父讳元，字俭。春秋卌有五，去久视元年十一月八日，忽染□风，卒于私亭。夫人张氏，南阳郡人也。开元十一年四月乙未朔廿六日庚申，合葬于屯留东北一十七里平原，礼也。东瞻雍水，淼东流而浮山，洪水湮而不没。……祀子雍道奖。③

墓志六：《唐故雍君墓志铭并序》，开元十四年（726）葬。

出土于山西省长治市，唐时潞州地，原文未见。④

墓志七：《龙武军翊府中郎将赐紫金鱼袋上柱国雍府君墓志并序》，开元廿八年（740）二月葬。

君讳智云，字智云，平原人也，文王雍伯之后。以懿亲建封，

---

① 吴钢主编：《全唐文补遗》第六辑，三秦出版社1999年版，第382页；《唐代墓志汇编》太极○○六号，上海古籍出版社1992年版，第1139页。

② 此处"㞗"字《汇编》本原缺，据考证所补，见杨婧《唐代开元墓志释文校补及研究》，硕士学位论文，西南大学，2009年。

③ 《唐代墓志汇编》开元一六八号，上海古籍出版社1992年版，第1272页；吴钢主编：《全唐文补遗》第七辑，三秦出版社2000年版，第364页。两者录文后者为佳，今取后者为本，校以前者。其中"地人"二字，《补遗》作"也人"，不通，从《汇编》作"地人"；"屯留东北"，《汇编》作"屯留县东北"；嗣子"道奖"之"奖"字，《补遗》空格，从《汇编》补。另外，《汇编》索引误"雍元"为"雍元俭"，见索引第6页。

④ 此志信息得自名为"风吹四野"的新浪博客文章，《金石集录》（四），网址http：//blog.sina.com.cn/s/blog_ 4b6988a701017edz.html，2012年9月18日浏览。此文已被加密，笔者从百度快照得其信息，内容为其人所得拓片目录，据其序言，则可知多出土于山西长治，即唐潞州地。

因承家命氏。业盛钟鼎，代袭珪璋。史册具传，无假详载也。曾祖让，生禀无閟，终应少微。祖德，以传父业，犹隐朝市。考平辽，幼挺歧嶷，长而贤明。抑仕进心，遵祖宗志。虽翟汤累叶栖遁，方之无以加也。君示积善之庆，得百禄所钟。韫贞固才，有佐时略。唐元之际，辅翊潜龙。不逾崇宵，功参拨乱。乃解褐静州烈山镇将。以功大位卑，改授振威校尉、左卫率府太州罗文府左果毅都尉，借绯。又迁右骁卫京兆甘谷府右果毅。心膂之任，必藉忠贞。遂委之禁营，长留宿卫。又以上柱国勋，授昭武校尉、右骁卫京兆闻义府折冲，又转右卫京兆仲山府折冲，又转右领军卫京兆匡道府折冲，又拜游骑将军、左领军卫京兆通乐府折冲，又迁右领军卫翊府右郎将，又加定远将军，恩制拜授右武卫翊府中郎将，赐紫金鱼袋，又改授右龙武军翊府中郎将。君每迁一官，若惊无地。忠贯白日，声闻紫宸。以君有勤王之功，宠赠君亡考为徐州司马。君参赞戎旅，任重寄深。虽恩泽日滋，而忧心若醉。以斯勤绩，遂乃成疴。皇天何□，不慭遗老。以开元廿八年正月廿九日，卒于金城里之私第，春秋六十有七。以其年二月廿七日，葬于龙首原之礼也。……嗣子右龙武军宿卫别将行忠。①

墓志八：《唐故板授平原县令赵君及夫人墓志》，天宝元年（742）二月葬，其妻雍氏四年（745）十二月葬。

君讳庄，字思隐，其先天水郡人也。昔中牟简之苗裔，晋上卿盾之胤绪，隋末河间县令□之孙，皇初上党县尉满之子。……以天宝元年二月四日卒于私第，春秋八十有四矣。……即以其年月廿日殡于蔡村东南二里半平原，礼也。……天宝二年四月三日身卒，至

---

① 吴钢主编：《全唐文补遗》第五辑，三秦出版社1998年版，第369页；周绍良、赵超主编：《唐代墓志汇编续集》开元一七六号，上海古籍出版社2001年版，第572—573页。此处以《补遗》为底本，校以《续集》。其中"平原人"，《续集》录为"平凉人"，根据本文墓志十二"德州平原郡人"，当以"平原"为准；"閟"字，《补遗》录"闷"，据文意从《续集》录文。

天宝四载十二月一日，夫人雍，为墓葬之也。①

墓志九：景邈《唐故太夫人董氏墓志铭并序》，贞元十九年（803）二月葬。

夫人笄年嫔于哲夫雍处士，……享春秋七十有四。于贞元十八年十二月廿五日，见示终别业。长子登仕郎、试左骁卫长史、上柱国自正，……次子自整，……孙龙兴观道士利用，……以贞元十九年二月一日，会殡于长子县东北故里西北半里内平原，礼也。②

墓志十：《王氏夫人墓记》，其夫陆岘元和九年（814）七月葬。

夫人王氏，……以初笄之岁，归于幽州节度押衙、使持节蓟州诸军事守蓟州刺史、静塞军营田等使、银青光禄大夫检校国子祭酒兼侍御史上柱国吴郡陆公曰岘。名重位高，才雄望峻，奉法有謇谔之节矣。俾郡寮整肃，余吏畏威，总八县纲条，分一州符行。以元和九年四月二十六日遘疾，终于肃慎坊私第，享年四十八。以其年七月十四日与先夫人雍氏迁祔于蓟城北归仁乡刘村之原，礼也。③

墓志十一：《唐故晋陵郡君墓志铭》，元和十二年（817）正月葬。

唐故左清道率府兵曹参军胡府君夫人晋陵郡君荥阳雍氏墓志铭并序。

夫人荥阳人也，氏族之源，其来自远；衣冠之盛，代有其人。今故略而不书。……有子曰蔓，虽生于儒门，而少好武事。天与勇决，神授智谋。属沘贼乱常，遂慨然投笔。亲当矢石，屡建勋劳。庆赏既得，封崇荐至。夫人已训导之德，恩泽宜加，进封晋陵郡君。荣美一时，无以过此。元和十一年二月廿八日，夫人遘疾，殁于金城里第，享年七十有八。呜呼哀哉！至十二年正月廿二日，葬于长

---

① 吴钢主编：《全唐文补遗》第六辑，三秦出版社1999年版，第433—434页；周绍良、赵超主编：《唐代墓志汇编续集》天宝〇二四号，上海古籍出版社1992年版，第598页。

② 吴钢主编：《全唐文补遗》第九辑，三秦出版社2007年版，第385页。

③ 《唐代墓志汇编》大中一四〇号，上海古籍出版社1992年版，第2361页。

安县龙门乡，礼也。①

墓志十二：《唐故雍府君墓志铭并序》，光启二年（886）十一月葬。

本自德州平原郡人也。承周文王之苗裔。高祖伐，因官遂任，后乃移居潞州屯留县人。……曾讳惠。府君讳晏，……君子惇信，前贤何图。……六月三日终于私第，年八十。夫人□氏，幼娴针□，……事舅姑有班氏之风，……以大中十二年正月□日终于私室，年卅有九。嗣子四人：长友诚，清高风骨，雅谅仁贤。……贞抚昆季，恒守田家之制。呜呼，……以中和元年二月六日掩于□地，年三十一。仲曰宗义，季曰山岳，小曰友信。新妇荆氏、宋氏。孙男文楚……克用光启二年十一月十五日合祔于雍村北二里平原，礼也。②

以上，笔者整理所知十二方，实际十一方的墓志原文。此外，在传世文献中，还有韩愈于贞元十四年（798）所撰《清边郡王杨燕奇碑文》一篇，其中写道：

公讳燕奇，字燕奇，弘农华阴人也。大父知古，祁州司仓；烈考文海，天宝中实为平卢衙前兵马使，位至特进检校太子宾客，封弘农郡开国伯。世掌诸蕃互市，恩信著明，夷人慕之。……十四年，年六十一，五月某日终于家。……嗣子通王属良祯，以其年十月庚寅葬公于开封县鲁陵冈，陇西郡夫人李氏祔焉。夫人清夷郡太守佑之孙，渔阳郡长史献之女。柔嘉淑明，先公而殂。有男四人，女三

---

① 吴钢主编：《全唐文补遗》第五辑，三秦出版社1998年版，第427页；周绍良、赵超主编：《唐代墓志汇编续集》元和〇六六号，上海古籍出版社2001年版，第847—848页。此方墓志为胡蔓之母雍氏墓志，《续集》索引误为"胡蔓妻"，见索引第5页。

② 此墓志铭来源于"中国书法论坛"网友"静观云涌"所贴拓片，凡34cm—34.5cm，网址http://www.zgsflt.com/thread-67369-1-1.html，2012年9月19日浏览。由拓片照片可知，原件中部有磨损，故此次录文为节引，选取有用信息。

人。后夫人河南郡夫人雍氏，某官之孙，某官之女。有男一人，女二人，咸有至性纯行。①

关于这十二方墓志和一篇碑文的信息，可以列为表2，更为清晰。

表1　　　　　　　　中古雍氏相关墓志铭统计

| 编号 | 人物 | 卒地 | 葬地 | 身份 | 配偶 |
|---|---|---|---|---|---|
| 一 | 曾祖雍弘之 | | | 礼部尚书、太常卿、雍城侯 | |
| | 祖雍懃（约北魏） | | | 谏议大夫 | |
| | 父雍显 | | | 沧州阳信县令 | |
| | 雍长（506—601） | 家庭 | 襄垣城西万寿乡之西阜 | 幽州默曹参军、静境大都督 | 栗氏 |
| 二 | 祖雍□欢 | | | 上党太守 | |
| | 父雍某 | | | | |
| | 雍福（？—676） | | 雍村西北一百步 | | 连氏 |
| 三 | 郭雍氏 | | | | 郭信（608—669） |
| 四 | 王雍氏（625—712） | 私第 | 洹水之南原 | | 王天（623—706） |
| 五 | 曾祖雍岂 | | | | |
| | 父雍元 | | | | |
| | 雍□张（656—700） | 私亭 | 屯留东北一十七里平原 | | 南阳张氏 |
| 六 | 雍某（？—726） | | 山西省长治市（潞州） | | |

① 韩愈撰，马其昶校注：《韩昌黎文集校注》卷六，上海古籍出版社1986年版，第356—359页。此文又题《清边郡王杨公神道碑》，可知与墓志尚有区别。

续表

| 编号 | 人物 | 卒地 | 葬地 | 身份 | 配偶 |
|---|---|---|---|---|---|
| 七 | 曾祖雍让 | | | | |
| | 祖雍德 | | | | |
| | 父雍平辽 | | | | |
| | 雍智云(674—740) | 金城里之私第 | 龙首原 | 静州烈山镇将，自罗文府左果毅都尉累迁至右龙武军翊府中郎将 | |
| | 子雍行忠 | | | 右龙武军宿卫别将 | |
| 八 | 赵雍氏(？—743) | 私第 | 蔡村东南二里半平原 | | 赵庄(659—742) |
| 九 | 祖雍某 | | 某官 | | |
| | 父雍某 | | | 某官 | |
| | 杨雍氏 | | | 河南郡夫人 | 杨燕奇(738—798) |
| | 雍某 | | | 处士 | 董氏(729—802) |
| | 长子雍自正 | | | 登仕郎、试左骁卫长史、上柱国 | |
| | 次子雍自整 | | | | |
| | 孙雍利用 | | | 龙兴观道士 | |
| 十 | 陆雍氏 | | 蓟城北归仁乡刘村 | | 陆岘(767—814) |
| 十一 | 胡雍氏(739—816) | 金城里第 | 长安县龙门乡 | 晋陵郡君 | 胡府君 |
| 十二 | 高祖雍伐 | | | | |
| | 曾祖雍惠 | | | | |
| | 雍晏(80岁) | 私第 | 雍村北二里平原 | | □氏(810—858) 新妇荆氏、宋氏 |
| | 长子雍友诚(851—881) | □地 | | 田家 | |

续表

| 编号 | 人物 | 卒地 | 葬地 | 身份 | 配偶 |
|---|---|---|---|---|---|
| 十二 | 次子雍宗义 | | | | |
| | 三子雍山岳 | | | | |
| | 四子雍友信 | | | | |
| | 孙雍文楚 | | | | |

# 三 隋唐上党雍氏

在前文基础上，笔者试图在下文中对中古上党雍氏的迁徙与流布做一分析。

## （一）雍氏的起源

通过上面的墓志文献，可以看到，雍氏多自称周文王苗裔，雍齿之后裔，谨列表如下：

表2　　　　　　　　　　中古雍氏自称先祖情况

| 编号 | 远祖 | 中祖 | 籍贯描述 |
|---|---|---|---|
| 一 | 其先文照之苗裔，因封以命氏 | 雍齿 | 泾州安定人也 |
| 二 | 高辛之苗胄，仲雍之胤绪 | 雍齿 | 本淮南人也……因官祚土，遂居兹邑 |
| 五 | | 淮南雍齿 | 因官而住斯……上党郡屯留县地人 |
| 七 | 文王雍伯之后。以懿亲建封，因承家命氏 | | 平原人也 |
| 十一 | | | 荥阳人也 |
| 十二 | 承周文王之苗裔 | | 本自德州平原郡人也……高祖伐，因官遂任，后乃移居潞州屯留县人 |

由表2可知，在雍氏族人墓志中，多自称周文王苗裔，而且指明是

雍氏得姓之源。《汉魏南北朝墓志集释》曾引《元和姓纂》解释"其先文照之苗裔，因封以命氏"一句，兹再引如下：

  文王十二子雍伯，受封于雍，在河内山阳，子孙以国为姓。
  A［岑校］文王十二子雍伯　《类稿》同，《通志》作"十三"。①

据墓志七"文王雍伯之后"，墓志十二"承周文王之苗裔"，亦如《元和姓纂》所载。不过雍伯并不见于其他史籍。

  此外还有第二种说法，墓志二曰"高辛之苗胄，仲雍之胤绪"。高辛氏即帝喾，《史记》载其为周人祖先弃之父，仲雍则是古公亶父之次子，与长兄太伯为让位给季弟即周文王之父季历而避地于吴。②可见，雍氏"远祖"（得姓之源）有两种说法，或为周文王伯父仲雍之后，或周文王十二子雍伯之后。而仲雍之后未见《元和姓纂》所载，雍福后人写墓志时当另有所本。不过"远祖"对于中古雍氏而言，也已经有上千年的历史，千年之后，也只能姑且听之。

  与"远祖"源出有二不同，中古雍氏皆以雍齿为"中祖"，且被标记为淮南人，后因官迁上党。但雍齿本是沛人，为何墓志称为淮南人呢？笔者尚无更好解释，只能联系对于远祖的记述：墓志二说雍福是仲雍、雍齿后裔，本淮南人，墓志五又直接说"淮南雍齿"，则可能与仲雍避地于吴有关。晚期吴国虽以今苏州为政治中心，但其早期政治中心可能在江淮一带③，故以淮为界，称仲雍、雍齿为淮南人。

---

① 林宝撰，岑仲勉校注：《元和姓纂附四校记》卷一，中华书局1994年点校本，第57页；王其祎、周晓薇：《隋代墓志铭汇考》二〇〇号，线装书局2007年版，第412页。

② 《史记》卷四《周本纪》，中华书局1959年点校本，第111—115页；卷三一《吴太伯世家》，中华书局1959年点校本，第1445—1446页。又可参见刘桂秋《仲雍事迹考述》，《船山学刊》2010年第3期。

③ 毛颖、张敏：《长江下游的徐舒与吴越》，湖北教育出版社2005年版，第128—129页。

至于为何以淮为界，可能与当时并未形成江南、江北这样的地理概念有关，《晏子春秋》中著名的"橘生淮南则为橘，生于淮北则为枳"①，即很好地表达了当时人普遍以淮水为南北，甚至华夷之分界的地理观念。

### （二）雍氏的流布

自雍齿以下，前文已指出有两个聚居地：今山东省西南部单县、江苏省北部沛县一带；蜀地。但到北朝隋唐，除了以雍陶、雍裕之为代表的蜀地雍氏尚在蜀地外，根据以上墓志所显示，还有两支雍氏：上党雍氏、长安雍氏。

先看上党雍氏。上党地区在唐代包括泽州、潞州，泽州有晋城、高平、陵川、沁水、阳城、端氏六县，潞州有上党、长子、屯留、潞城、壶关、黎城、铜鞮、武乡、襄垣、涉十县。② 在晚唐，这里是昭义军节度使辖区的核心地区，并且随着近来大量发现于当地的唐代墓志铭而渐为学界瞩目。③ 但据笔者所见，尚未有专门探讨雍氏家族者。张正田对泽潞

---

① 《晏子春秋》经考订为战国时期糅合以齐国地区为主的诸家思想之结集，见王绪霞《〈晏子春秋〉成书考论》，博士学位论文，西北师范大学，2006年。关于以淮为界，承蒙武汉大学秦汉史副教授薛梦潇女史肯定，谨此致谢！亦可参考周少华《周代南土历史地理与文化》，武汉大学出版社1994年版；雷虹霁：《秦汉历史地理与文化分区研究》，中央民族大学出版社2007年版。

② 李吉甫：《元和郡县图志》卷一五，中华书局1983年点校本，第418—423页。

③ 比如鲁才全《〈新唐书·宰相世系表〉苗氏订补——上党苗氏家族墓志研究》，《魏晋南北朝隋唐史资料》第十七辑，武汉大学学报编辑部，2000年，第144—153页；杜立晖《新出墓志所见唐昭义军的几个问题》，硕士学位论文，河北师范大学，2007年；刘天琪《挽歌、铺首、八卦符号与墓志盖题铭——以新发现的晋东南地区唐代墓志纹饰为研究重点》，《美术学报》2011年第5期；王庆卫《从新见墓志挽歌看唐五代泽潞地区民间的生死观念》，《陕西师范大学学报》（哲学社会科学版）2012年第3期；张葳《因宦徙居：唐代墓志所见潞州人口迁入情况的个案考察》，载冻国栋主编《魏晋南北朝隋唐史资料》第三十五辑，上海古籍出版社2017年版。

区墓志的统计仅提及上述墓志五。① 因此，有必要利用上述墓志所反映雍氏家族信息来探讨雍氏源流。

在上述男性雍氏墓志中，根据卒葬地信息，可以确认为上党地区者有墓志一（襄垣）、二（屯留）、五（屯留）、六（潞州，今长治）、九（长子）、十二（屯留），凡六人，都是男性，且都在潞州境内。也就是说，他们生前都住在潞州，死后也葬于斯。但这六家雍氏始迁地却并不一致：墓志一自称"泾州安定人"，墓志二、五自称淮南雍齿后人，墓志六、九情况不明，墓志十二自称本德州平原郡人。关于墓志一，虽自称泾州安定人，但墓主父亲曾在沧州为官，墓主本人在幽州为官，志文云："君祖述衣缨，文武相济。释褐幽州默曹参军。后为胡贼入边，噪动淳化，乃屈为静境大都督。凡□凶丑，敛衽影从，壮气不申。"可见其家族一直活动于河北一带，并归葬潞州襄垣县，则为关中地区泾州安定人的情况不大，估计与自称周文王后裔有关，周人起源即在关中泾渭一带。关于墓志二、五自称淮南雍齿后人，前文已述，或与自称吴国仲雍后人有关。

剩下的是墓志十二自称德州平原人，自高祖雍伐时迁居潞州屯留县。其自称平原人与墓志七相同，但墓志七居于长安。墓志十二墓主雍晏的高祖，根据时间推断，当生于8世纪初。墓志七墓主雍智云虽活跃于7世纪末8世纪初，但若其父祖以上自平原迁居长安，则当在7世纪末以前。因此，墓志七与墓志十二并无直接联系，但雍氏一支来自德州当无异议。且根据墓志八，身为平原县令的赵庄娶了一位雍氏女性，虽有可能是赵庄的父亲身为上党县尉的赵满为其子娶上党雍氏，但也有可能确实娶德州雍氏。那么德州雍氏又来自何处？也许与雍齿后人最初在山东南部、江苏北部一带活动有关。

再看上党雍氏，根据墓志时间分布，从北朝到隋唐，一直都有雍氏

---

① 张正田：《"中原"边缘——唐代昭义军研究》，稻乡出版社2007年版，第268—278页。

家族成员出现于潞州，可见是世代聚居。又据《册府元龟》载，唐德宗建中二年（781）五月：

> 以泽州人雍先五代共居，表其门闾。①

在这条记载中，虽然是泽州，但与潞州相邻，皆属泽潞地区，两处雍氏当有共同祖先。何况即使是潞州雍氏，也分布在至少屯留、长子、襄垣三县之地，可见并非一家。也就是说，在北朝隋唐时期，雍氏集中居住于上党地区泽、潞二州，并形成"雍村""雍水"等以姓氏命名的聚居地。（墓志二、墓志十二所称"雍村"，今已不存；墓志五所称"雍水"，当即今长子县雍河，为一小河。）其来源若不是泾州、淮南，则可能来自德州，但尚需进一步考证。

再看长安雍氏。上述墓志中，有一方男性墓志，即墓志七雍智云墓志。据墓志所载，"唐元之际，辅翊潜龙。不逾崇宵，功参拨乱。乃解褐静州烈山镇将"，可见他起家于唐隆年间诛锄韦氏的政变，随后身为"唐元功臣"，在南衙禁军不断迁转②，740年卒于长安金城里私第。又有一方女性墓志，即墓志十一墓主胡雍氏，她自称荥阳人，其夫胡府君居官左清道率府兵曹参军，是位在军事系统中的文人，其子胡蔓则"亲当矢石，屡建勋劳"，是为武人，胡雍氏816年也卒于金城里第。两者合观，胡雍氏极有可能是雍智云族裔，甚至是直接后裔。亦即，这一家族在上百年时间内，族居于长安金城里，可以称为"长安雍氏"，或"金城里雍氏"。在唐代，某个家族世居长安、洛阳两京的某个里坊十分常见，学者们也据此研究过世族的城市化和称坊

---

① 《册府元龟》卷一三九《帝王部·旌表》，凤凰出版社2006年点校本，第1553页。据校勘记，宋本作"雍仙"。又见《册府元龟》卷八〇四《总录部·义》，第9348页亦作"雍仙"。

② 蒙曼：《开天政局中的唐元功臣》，《文史》2001年第4辑。

望现象①。长安雍氏若确如雍智云自称来自平原郡，则也是城市化的一个例子。但是，胡雍氏又自称荥阳人，则可能其父祖自荥阳迁徙到长安时，出于同是雍氏的原因，投奔了在金城里居住的雍智云一族，或者随夫家胡氏迁居至此，盖金城里多居住着禁军将领及其家属。②

### （三）雍氏的婚姻

关于上党雍氏家族的门风婚姻，笔者先列出上文女性雍氏墓志铭所反映的她们的夫家情况（见表3）。

表3　　　　　　　　中古雍氏女性夫家情况统计

| 编号 | 女性 | 夫家 | 籍贯 | 身份 | 卒地 | 葬地 |
|---|---|---|---|---|---|---|
| 三 |  | 曾祖郭云 | 并州晋阳 | 齐邢州南和县丞 |  |  |
|  |  | 祖某 |  | 隋漳州司兵 |  |  |
|  |  | 父郭康 |  | 车骑，兼知总管事 |  |  |
|  | 郭雍氏 | 郭信（608—669） |  | 性符道术 | 家第 | 县城北二里 |
| 四 | 王雍氏（625—712） | 王天 | 太原祁 | 处士 | 私第 | 洹水之南原 |
| 八 |  | 祖赵□ | 天水郡 | 隋末河间县令 |  |  |
|  |  | 父赵满 |  | 皇初上党县尉 |  |  |
|  | 赵雍氏（？—743） | 赵庄（659—742） |  | 平原县令 | 私第 | 蔡村东南二里半平原 |

---

① 毛汉光：《从士族籍贯迁移看唐代士族之中央化》，《中央研究院历史语言研究所集刊》第五十二本第三分，1981年；韩昇：《南北朝隋唐士族向城市的迁徙与社会变迁》，《历史研究》2003年第4期；梁太济：《中晚唐的称坊望风习》，《邓广铭教授百年诞辰纪念论文集》，中华书局2008年版。

② 杨鸿年：《隋唐两京坊里谱》，上海古籍出版社1999年版，第167—171页。

续表

| 编号 | 女性 | 夫家 | 籍贯 | 身份 | 卒地 | 葬地 |
|---|---|---|---|---|---|---|
| | | 祖杨知古 | 弘农华阴 | 祁州司仓 | | |
| | | 父杨文诲 | | 平卢衙前兵马使 | | |
| | 杨雍氏 | 杨燕奇<br>(738—798) | | 清边郡王 | 家 | 开封县鲁陵冈 |
| 十 | 陆雍氏 | 陆岘<br>(767—814) | 吴郡 | 幽州节度押衙、使持节蓟州诸军事守蓟州刺史、静塞军营田等使 | 肃慎坊私第 | 蓟州城北归仁乡刘村 |
| 十一 | 胡雍氏<br>(739—816) | 胡府君 | | 左清道率府兵曹参军 | | |
| | | 子胡蔓 | | "亲当矢石,屡建勋劳" | | |

通过表3可知,在女性雍氏族人中,墓志三郭雍氏嫁给出身下层官僚世家的道术爱好者,墓志未载其丈夫居官,估计也是下层官僚,或是处士;墓志四王雍氏嫁给处士;墓志八赵雍氏嫁给了一位县令;杨雍氏和墓志十陆雍氏皆嫁给了河朔藩镇的军将;墓志十一胡雍氏则嫁给了京城禁军系统中的文职人员。从这一婚姻情况统计来看,雍氏一族社会身份并不高。

若从地域分布来看,郭氏为并州晋阳人;王氏自称太原人,但王天葬在洹水,其家当在今河南省安阳地区;赵氏望出天水,但这一赵氏从居官来看,当长期生活于河北地区;杨氏望出弘农华阴,但这一支杨氏既然归葬开封,当是开封人;陆氏望出吴郡,但陆岘终于蓟州肃慎坊私第,又葬于蓟州城北归仁乡,则已经是蓟州人了;胡氏居于长安金城里,不知其祖籍在何处。从这一统计而言,雍氏女性所嫁多为河北人。

再看男性雍氏族人所娶之女性,根据前文表1可知:墓志一雍长妻室栗氏,墓志二雍福妻室连氏,墓志五雍□张妻室南阳张氏,墓志九雍处士妻室董氏,墓志十二雍晏妻室姓氏不详。在这几例中,因为长安雍氏中的雍智云妻室墓志未载,故而可以说,上党雍氏所娶皆为小姓。在张正田所统计的 160 多方泽潞地区墓志铭中，有栗氏一见、连氏一见、董氏三见而已，张氏虽然很多①，但张氏人口在全国本来就已经非常多，故而不算重要。南阳虽然是张氏的重要郡望，但在冒称郡望的风气下，作为一个真实性值得怀疑的郡望②，雍张氏为士族出身的可能性几乎没有。总之，就上党当地男性雍氏通婚对象而言，社会身份也不高。

再回到本文最初所举崔涯与雍氏婚姻破裂的例子。在《云溪友议》的记载中，雍摠刼自称"河朔之人，唯习弓马。养女合嫁军门，徒慕士流之德"，因此在见到崔涯难以让他满意之后，果断让其女儿离婚并出家为尼。可见即便是下层军官家庭，雍氏家风也甚为严厉。晚唐居住在扬州的这一支雍氏，自称来自河朔，河朔泛指黄河以北地区，在中晚唐又可以指代河朔藩镇，特别是有割据倾向河北藩镇，而非仅指一直割据的河朔三镇（卢龙、成德、魏博）。联系前文根据墓志所揭上党、长安雍氏自称来自于德州，且昭义军也曾出现过割据情况，那这一自称或许表明这一居住于扬州的雍氏也来自上党地区。若确实如此，便可把扬州雍摠刼视为上党雍氏的一支。

根据雍摠刼的例子和上文基于墓志对雍氏婚姻的分析，笔者认为，在普遍重视门当户对的世族社会环境中，作为下层家族的雍氏，在婚姻对象上并无多少可供选择的余地。若是武人，"合嫁军门"；若为下层官吏，则与同样是下层官僚的家族联姻；即便"徒慕士流"，欲与士族联姻，也会因来自不同社会阶层难免引起摩擦而导致婚姻破裂。

## 结　语

作为中古时期一个以河东、河北地区为主要活动范围的下层家族，

---

① 张正田：《"中原"边缘——唐代昭义军研究》，稻乡出版社 2007 年版，第 270—273 页。

② 仇鹿鸣：《制作郡望：中古南阳张氏的形成》，《历史研究》2016 年第 3 期。

上党雍氏在北朝隋唐时期并不有名，也没有明确世系可供检索。因此，本文只能从零散的传世文献记载和笔者所整理的 13 则墓志材料对其进行概述如下：

雍氏得姓之源有二：周文王伯父仲雍、周文王第十二子雍伯，因此墓志或从前者，自称淮南人，或从后者。是为"远祖"。"远祖"作为得姓之源，虽然杳不可寻，却也是能够予以肯定的，所以在墓志中的作用仅在于点明得姓之源。故中古时期墓志书写多重视"中祖"，对此，雍氏普遍以西汉开国功臣雍齿为"中祖"，因为在雍氏一族中，雍齿名声足够大，又能确信其人真实性。但是，作为小姓，加上经过魏晋南北朝长达 400 年战乱，又没有足够材料证明雍齿确实是上党雍氏第一位在墓志中自称雍齿之后的雍氏人物雍长的祖先，所以作为"中祖"，一般只是用来攀附的古代同姓名人而已。所以，对于墓志材料而言，最能确信的是"近祖"，即对墓主人的父、祖记载，这在雍氏家族中的情况已经如表 1 所列。①

从地域迁徙角度而言，雍齿出自沛县，其汁防侯国就封地在今鲁西南地区，两者相邻，可知秦汉时期雍氏活跃于今苏北、鲁南地区。到东汉晚期，蜀地雍氏作为豪强多有活跃，但反响不大，亦无继之而起者，延续到晚唐仅有两名落魄诗人。因此，本文着重关注出自德州平原郡、潞州上党郡的雍氏族人。虽然自称所谓"淮南雍齿"之后，但上党雍氏似乎来自平原，且平原尚有雍氏族人。但雍氏男性族人的归葬地大多在上党地区，女性族人归葬地则随夫家。此外，尚有长安雍氏两例，一例迁自平原，一例迁自荥阳，后者不知族源何处。总而言之，从北朝隋到晚唐，一直活跃的雍氏皆以上党为核心活动范围，并且出现了五世同居的现象。在此基础上，雍希颜作为李光弼的部属，官至河阳怀都团练使，活跃于河阳地区；雍摠効在淮南为官，居于扬州。

最后，作为小姓氏族，雍氏家族一直有明显的门风。在秦汉时期为

---

① 关于中古墓志文献中涉及祖先叙述的"远祖""中祖""近祖"之划分为笔者自创，尚需进一步论证，拟另文探讨。

军功阶层①。在东汉末年，为蜀地豪族，根据雍闿与孟获交往来看，可能有少数民族色彩。② 到了北朝隋唐前期，则以基层行政官僚居多，即便雍惟良欲在法律系统晋升，也一再受挫。唯有雍智云凭借在 8 世纪初唐帝国宫廷政变中的杰出表现，才得以位列禁军将领，并开创长安雍氏一支。不过随着政局的稳定，雍智云也没能进一步立功。安史之乱的爆发，一度打破了北方地区的和平环境，使雍希颜得以武力出人头地，甚至一度成为藩帅。但此后，上党雍氏后劲不足，仕进鲜闻。就婚姻而言，其男性族人所婚姻的对象，并无高门，其女性族人所婚姻的对象，虽有清边郡王这样的藩镇高级官吏，但普遍不显。即便是雍摠劾欲与士族联姻，也最终离婚。总之，雍氏一族不仅未能在藩镇时代把握时代脉搏，延续武人门风，也没有很好地利用婚姻关系拓展社会资源。

  上党雍氏地处河北藩镇和唐朝中央交锋的缓冲之地，却没能发展成一个更为强大的武将家族，自然有其实力不足的原因。但是，真正能够发展至上层的武将家族势力，在藩镇时代，又有多少呢？恐怕正是无数像雍氏家族一样亦耕亦战的小族存在，才构成了藩镇社会的基础。

  附记：本文原载常建华主编《中国社会历史评论》第 15 卷，天津古籍出版社 2014 年版，第 149—165 页。

---

  ① 李开元：《汉帝国的建立与刘邦集团——军功受益阶层研究》，生活·读书·新知三联书店 2000 年版。
  ② 关于蜀中豪族可参考刘增贵《汉代的益州士族》，《中央研究院历史语言研究所集刊》第六十本第三分，1989 年 9 月；伍伯常《方土大姓与外来势力：论刘焉父子的权力基础》，《汉学研究》第 19 卷第 2 期，2001 年 12 月。

# "去已衰之衰,就未王而王"

## ——唐末朱朴《迁都议》发微

隋唐以长安为京兆①,洛阳为东都②,太原为北都③。其中长安是大部分时间的京都。然而,晚唐时期,地方上藩镇割据,国境线上群雄环伺,唐朝皇帝在长安从安史之乱开始,即不时出逃城外。因此,当时有迁都的意见,以避免长安随时可能被攻破。其中即包括唐末朱朴所议迁都襄、邓地区一事。唐末是藩镇时代从稳定的中央与藩镇和平共处阶段,向各地藩镇互相兼并最终形成五代十国的转变期,朱朴《迁都议》的意义也更为特殊。在都城发展史上,也具有其转折意义。然而,对于唐代都城研究众多,对迁都议论关注不够。马强虽然论及朱朴《迁都议》,也

---

① 关于长安,近年来已经形成"长安学",可参见荣新江主编《唐研究》第十五卷《长安学研究专号》,北京大学出版社2009年版。以及黄留珠、贾二强主编《长安学研究》第一辑,中华书局2016年版;黄留珠、贾二强主编《长安学研究》第二辑,科学出版社2017年版;黄留珠、贾二强主编《长安学研究》第三辑,科学出版社2018年版。关于长安研究领域2003年以前的论著目录,参见荣新江、王静整理《隋唐长安研究文献目录》,杜文玉主编《中国唐史学会会刊》第二十二期,2003年10月,第57—86页。

② 勾利军:《唐代东都分司官研究》,上海古籍出版社2007年版;万晋:《"变动"与"延续"视角下的唐代两京研究》,商务印书馆2018年版;王苗:《唐代东都职官制度研究》,经济管理出版社2021年版。

③ 王振芳:《大唐北都》,北岳文艺出版社2009年版;廖靖靖:《镇守北都:唐代太原尹之研究》,博士学位论文,北京师范大学,2017年。

并未深入考察其产生背景与失效原因。① 今不揣浅陋,谨据朱朴《迁都议》所产生的时代背景和迁都可能性略作探讨。

## 一 《迁都议》的产生及其背景

历史上,迁都一直是受统治者重视的议题。在笔者看来,无论迁都成功与否,大致可以分为两个阶段,三种类型。

就阶段而言:第一阶段,先秦时期,夏、商、周诸部族以及各诸侯国,为族人生存,在诸多因素影响下,随时迁徙,以求更大发展空间,比如众所周知的盘庚迁殷,以及秦国数次迁都最终统一的史实②。第二阶段,帝制时代,国家政权的地域范围进一步扩大,为了适应对更大区域的统治,以及保证都城人口生存,对都城的军事防卫,对定都与迁都的考虑更为慎重,一旦迁都,就会全面改变政权的大政方针。

就类型而言:第一阶段即代表了一种因求发展而迁都的类型,这在第二阶段也有存在。但第二阶段的迁都,大部分可以分为两种类型:第一,北方民族在南下扩张,乃至继承中原王朝正统的过程中,从草原传统的逐水草而居向农业传统的长期定居转变,从而导致诸多迁都的出现,并因此改变了整个王朝的面貌,比如北魏孝文帝迁都洛阳、金海陵王完颜亮迁都燕京③、元世祖迁都大都、清朝入关等。第二,中原王朝在受到各种因素的打击之后,转移一地的王统至另一政治中心,造成实际上的迁都。

---

① 马强:《唐宋时期关于定都与迁都之议》,《人文杂志》2009 年第 1 期。
② 王果然:《秦迁都与强盛之关系研究》,硕士学位论文,吉林大学,2006 年。
③ 王毓蔺、尹钧科:《北京建都发端:金海陵王迁都燕京》,《城市问题》2008 年第 11 期;姜宾:《金中都地区军事地理研究》,硕士学位论文,首都师范大学,2011 年;余蔚:《完颜亮迁都燕京与金朝的北境危机——金代迁都所涉之政治地理问题》,《文史哲》2013 年第 5 期。

其中，最后一种类型又可分为三种情况：1. 王朝建立之初，或者是王朝初期的帝王因各种因素而迁都，比如西汉初年及北宋初年欲定都洛阳的动议①，以及明朝初年永乐帝成功迁都北京。2. 王朝中期，因北方强邻压境而造成迁都，比如东晋南渡、南唐从金陵迁都南都（洪州南昌府）②、宋高宗建都临安。3. 王朝末期，因避免各种危机，或因权臣欲行篡位而迁都，比如曹操迁汉献帝都许昌、朱温迁唐昭宗帝都洛阳、金宣宗为避免蒙古军队而迁都开封③、晚清关于迁都的争论④等。

本文所要讨论的朱朴《迁都议》，属于最后一种类型最后一种情况，只不过并未实现。先据《新唐书·朱朴传》转录《迁都议》如下（其中标点和分段与中华书局点校本稍异，为笔者所改，便于理解原文）：

> 古王者不常厥居，皆观天地兴衰，随时制事。关中，隋家所都，我实因之，凡三百岁，文物资货，奢侈僭伪皆极焉。广明巨盗陷覆宫阙，局署帑藏，里闬井肆，所存十二；比幸石门、华阴，十二之中又亡八九，高祖、太宗之制荡然矣。
>
> 夫襄邓之西，夷漫数百里；其东，汉兴、凤林为之关；南，菊潭环屈而流属于汉。西有上洛重山之险，北有白崖联络，乃形胜之地，沃衍之墟。若广陵浚漕渠，运天下之财，可使大集。
>
> 自古中兴之君，去已衰之衰，就未王而王。今南阳，汉光武虽起而未王也。臣视山河壮丽处多：故都已盛而衰，难可兴已；江南土薄水浅，人心嚣浮轻巧，不可以都；河北土厚水深，人心强愎狠

---

① 马强：《论北宋定都汴京》，《中国史研究》1988 年第 2 期；王艳：《试论北宋择都之误》，《洛阳师专学报》1997 年第 4 期；王永太：《宋初迁都洛阳的考辨及其意义》，《中国史研究》2005 年第 2 期；李合群：《再论北宋定都开封——兼与宋长安和洛阳之比较》，《河南大学学报》（社会科学版）2010 年第 3 期。
② 胡耀飞：《南唐两都制研究》，硕士学位论文，陕西师范大学，2011 年。
③ 霍明琨、胡晔：《试析金宣宗迁都开封》，《北方文物》2009 年第 4 期。
④ 胡莹莹：《晚清"迁都"问题研究》，硕士学位论文，辽宁师范大学，2008 年。

戾，不可以都。惟襄邓实惟中原，人心质良，去秦咫尺，而有上洛为之限，永无夷狄侵轶之虞，此建都之极选也。①

此文不知是否为原文，粗读之下，当经史家删减。但基本意思已尽于此，可直接称为《迁都议》。《全唐文》亦以此题收入此文，以存朱朴仅有的传世文章。②

此文可分三段：第一段主要叙述长安经战乱之后已经荡然；第二段主要从地理因素论述襄、邓优势；第三段再从历史因素和对比其他地区的自然和人心等因素，最终论证以襄、邓为都的重要意义。细看此文，则可以得到朱朴撰写此文的时代背景和个人缘由。

### （一）时代背景

文中"广明巨盗陷覆宫阙""比幸石门、华阴"两句，涉及唐末僖宗、昭宗时期三次皇帝出幸事件：第一次，广明元年（880）十二月，唐僖宗因黄巢入关而播迁成都；第二次，乾宁二年（895），唐昭宗因李茂贞、王行瑜、韩建犯阙而出奔石门；第三次，乾宁三年，唐昭宗被华州节度史韩建劫持至华州居住。这三次出幸，并非唐末僖宗、昭宗所有出幸。还有光启二年（886）唐僖宗因朱玫犯阙而避难汉中③，天复元年（901）唐昭宗被凤翔节度使李茂贞劫迁至凤翔④，天祐元年（904）唐昭宗被朱温劫迁至洛阳，客观上实现了最终迁都。

---

① 《新唐书》卷一八三《朱朴传》，中华书局1975年点校本，第5385—5386页。

② 朱朴：《迁都议》，董诰等编《全唐文》卷八二八，中华书局1983年影印本，第8722页。《全唐文》中此文基本相同，仅"嚣浮"作"虚浮"。

③ 此次避难于光启三年（887）返程，参见李建中《〈陈仓迎驾辨〉考辨》，《宝鸡文理学院学报》（社会科学版）2013年第5期；张建勇、苗玉栋《唐僖宗光启三年避难汉中返京行程考》，《陕西理工学院学报》（社会科学版）2014年第1期。

④ 王凤翔、孙远方：《论晚唐凤翔劫迁》，《宝鸡文理学院学报》（社会科学版）2010年第3期。

出幸事件，不仅反映了长安因战乱而没落①，关中的军事防御体系陷于虚置②。更引发了对于唐帝的争夺，以及由此导致的迁都议论。不过这六次出幸事件，尚有可论者，因为黄巢入关、朱玫犯阙乃是改朝换代，或有更换天子的意图；而唐昭宗四次出长安，是受迫于长安周围的藩镇势力。在黄巢之时，藩镇尚能尊奉王室，入关勤王，并最终迎奉唐僖宗还京；到了昭宗时代，则是藩镇割据波及关中地区，已经严重威胁到唐廷本身的权威。因此，唐末时期，长安的政治局势并不稳定，无怪乎有迁都之意。

此外，从《迁都议》中"江南土薄水浅，人心嚣浮轻巧，不可以都；河北土厚水深，人心强愎狠戾，不可以都"来看，当时对于江南、河北也有迁都意向。其中江南，当指中和三年（883）淮南节度使高骈请唐僖宗巡幸江淮之议③；河北或指乾宁三年（896）唐昭宗本欲投奔河东李克用，而最终为韩建所拦阻而出幸华州。④ 结合《迁都议》对华阴的提及，可知此文的写作时间，可具体至唐昭宗在华州期间，或此后。其撰写时间下限当在乾宁四年八月朱朴被贬⑤之前。

### （二）个人缘由

有迁都之意，尚需迁都方案，具体内容则取决于迁都提议人。因此，尚需考察朱朴为何建议迁都襄、邓，而不是其他地方。据《新唐书·朱

---

① 陈东：《唐长安城毁灭的历史地理考察》，《西安教育学院学报》2003年第3期；田冰：《唐末长安城毁废过程考察》，《史学月刊》2012年第11期。

② 穆渭生：《唐代关内道军事地理研究》，陕西人民出版社2008年版；史兵：《唐代长安城军事防御体系研究》，博士学位论文，陕西师范大学，2010年。

③ 参见崔致远代高骈撰《请巡幸江淮表》《请巡幸第二表》，党银平校注《桂苑笔耕集校注》卷二，中华书局2007年版，第53—59页。

④ 幸太原之谋来自延王李戒丕，参见《资治通鉴》卷二六〇"唐昭宗乾宁三年七月"条，中华书局1956年点校本，第8490—8491页。

⑤ 《资治通鉴》卷二六一"唐昭宗乾宁四年八月"条，中华书局1956年点校本，第8507页。

朴传》记载：

> 朱朴，襄州襄阳人。以三史举，繇荆门令进京兆府司录参军，改著作郎。乾宁初，太府少卿李元实欲取中外九品以上官两月俸助军兴，朴上疏执不可而止。擢国子《毛诗》博士。上书言当世事，议迁都曰："……"不报。
>
> 朴为人木强，无它能。方是时，天子失政，思用特吉士，任之以中兴，而朴所善方士许岩士得幸，出入禁中，言朴有经济才，又水部郎中何迎亦表其贤，帝召与语，擢左谏议大夫、同中书门下平章事。以素无闻，人人大惊。俄判户部，进中书侍郎。帝益治兵，所处可一委朴。朴移檄四方，令近者出甲士，资馈饷；远者以羡余上。后数月，岩士为韩建所杀，朴罢为秘书监，三贬郴州司户参军，卒。①

此处对于《迁都议》叙述顺序，会让读者误认为在乾宁初年所撰，事实上当在乾宁四年左右。无论如何，由此传文可知，关于朱朴的个人情况，以下几点值得注意：

1. 朱朴是襄州襄阳人，又曾任靠近襄州的荆州荆门县令，出于对家乡的熟悉与眷恋，是他提议在襄、邓地区建立京畿的直接原因。

2. 朱朴以"三史"科应举②，可知其知识背景以"三史"为主，即《史记》《汉书》《后汉书》，故对于东汉光武帝龙兴南阳之事十分熟悉。当然，这也不排除襄、邓地区父老口耳相传的光武帝龙兴故事对朱朴产

---

① 《新唐书》卷一八三《朱朴传》，中华书局1975年点校本，第5385—5386页。《旧唐书》亦有《朱朴传》，然仅一百字左右，见《旧唐书》卷一七九《朱朴传》，中华书局1975年点校本，第4662页。

② 朱朴早年在庐山读书，依傍仙居洞永安禅院僧人如义，其读书处后名"朱朴书堂"，至北宋时尚在。参见陈舜俞《庐山记》卷二，日本元禄十年刊本，金程宇编《和刻本中国古逸书丛刊》第十七册，凤凰出版社2012年影印本，第343—344页。不过《庐山记》谓朱朴与许岩士俱为韩建所杀，似误。

生影响，不过这些本身也是另一种历史记忆。因此，朱朴在提议迁都时，会自然联想到襄、邓地区的历史，从而期待迁都襄、邓能够中兴唐室。

3. 朱朴对于迁都的建议，或许与方士许岩士有关，虽然不能完全说是受到许岩士影响。根据朱朴本人"木强，无它能"来看，他能提出迁都这一建议，恐怕也是在许岩士的支持下方能进一步具体阐发。关于许岩士此人，尚无更多信息。《旧唐书·朱朴传》《资治通鉴》皆谓其为"道士"①，《新唐书·朱朴传》谓其为"方士"，《资治通鉴》又谓"太子詹事马道殷以天文，将作监许岩士以医得幸于上"②，则许岩士当是医术之士。

4. 朱朴建议迁都，除受政治环境影响外，最直接的因素应该是希望能够得到唐昭宗信任。作为由许岩士举荐而得到重用的大臣，不可能一直通过方术之士保全自己的政治地位，所以需要通过一些实实在在的"政绩"向皇帝邀功，以证明自己的政治才能。不过最终以失败告终。

## 二 迁都襄、邓的可能性

朱朴的《迁都议》之出现，有其时代背景。而其之所以建议迁都襄、邓地区，也并非空穴来风。因此，本节探讨其可能性，以明《迁都议》出现缘由。大致而言，朱朴提出迁都襄、邓地区有地理和历史两方面原因。

### （一）襄、邓的地理区位

根据朱朴《迁都议》，他对于襄、邓区位颇为了解，这与他是襄州人

---

① 《资治通鉴》卷二六〇"唐昭宗乾宁三年七月"条，中华书局1956年点校本，第8492页；《旧唐书》卷一七九《朱朴传》，中华书局1975年点校本，第4662页。

② 《资治通鉴》卷二六一"唐昭宗乾宁四年二月"条，中华书局1956年点校本，第8502页。

以及曾任荆门县令有关。就地理上而言，襄、邓地区确实也是大盆地，与长安所处之关中盆地大致相当。正如《迁都议》所说："夫襄、邓之西，夷漫数百里；其东，汉兴、凤林为之关；南，菊潭环屈而流属于汉。西有上洛重山之险，北有白崖联络，乃形胜之地，沃衍之墟。"不过这段话中，先举西、东、南，又举西、北，文意颇不通顺，疑原文为："夫襄、邓之西，有上洛重山之险，夷漫数百里；北，有白崖联络；其东，汉兴、凤林为之关；南，菊潭环屈而流属于汉。乃形胜之地，沃衍之墟。"如此，方谓通顺。

如果对原文的还原无误，这里朱朴根据方位分别提及了襄、邓周围诸种地理要素，可列表1：

表1　　　　　　　朱朴《迁都议》所述襄、邓地理

| 方位 | 地理 | | | 今地 |
| --- | --- | --- | --- | --- |
| | 山 | 水 | 关 | |
| 西 | 上洛重山之险，夷漫数百里 | | | 陕西省商洛市 |
| 北 | 白崖联络 | | | 河南省南阳市西峡县白崖沟 |
| 东 | | | 汉兴、凤林二关 | 湖北省襄樊市岘山 |
| 南 | | 菊潭环屈而流属于汉 | | 河南省南阳市内乡县 |

让人疑惑的是，这里的山、水、关，并不严格按照襄、邓地区的地理区位来列举。其中商州上洛县（今商洛市）在邓州西北，是中原通往关中的两条主要通衢之一（另一条为经潼关者）；白崖之名，似与今河南省南阳市西峡县白崖沟有关；菊潭当即今河南省南阳市内乡县境内菊水一带，当时设有菊潭县。① 这三个方向，皆在邓州境内。乃至可以据这三个方向推测观察点在当时的邓州内乡县及其周围地带。但与此颇有差异

———————

① 李吉甫：《元和郡县图志》卷二一《邓州》，第535页。

的是对东方的描述,列举了汉兴关、凤林关。其中汉兴关不详,然凤林关在今湖北省襄樊市岘山。① 若从方位来看,襄州在邓州正南方,若以内乡县为观察点,似不当以"东"来指代其位置。因此,朱朴此处对襄、邓形势的描述似乎有些随意,可能仅举其大概方位。

为证明襄、邓地区所具地理优势,朱朴还对比了其他三个地方:故都、江南、河北。他认为:"故都已盛而衰,难可兴已;江南土薄水浅,人心嚚浮轻巧,不可以都;河北土厚水深,人心强愎狠戾,不可以都。惟襄、邓实惟中原,人心质良,去秦咫尺,而有上洛为之限,永无夷狄侵轶之虞。"对于这三个地方不可以都的原因,朱朴的论述各有差异。对于故都西安,虽是简单的"已盛而衰",不过已经包含于《迁都议》第一段。对于江南和河北,则包括水土的自然因素和人心的社会风俗因素。

但自然因素和社会风俗仅仅是附加因素,古代都城的确定,更重要的是形势。② 长安因有四塞、八水环绕而形势居上,比洛阳更为历代统治者所青睐。因此,若要襄、邓地区成为都城,必须对襄、邓形势重要性予以夸大,因此也就有了朱朴在文中对襄、邓地区东南西北地理形势的描述。但鉴于这些描述的随意性,此文恐难被唐廷上层所接受。

### (二) 襄、邓的历史因素

朱朴文中除了列举襄、邓地区的地理环境适宜建都外,还提及历史经验,即东汉光武中兴之地。然而,这并不能算建都理由,毕竟光武帝建都于洛阳。

事实上,对于迁都于襄、邓地区,一直有很多动议。黄仁和认为,历史上曾有六次迁都邓州的动议。其中第三次迁都之议即朱朴之议,所

---

① 李吉甫:《元和郡县图志》卷二一《襄州》,第528—529页。
② 周振鹤:《东西徘徊与南北往复——中国历史上五大都城定位的政治地理因素》,氏著《中国历史政治地理十六讲》,中华书局2013年版,第245—260页。

"去已衰之衰,就未王而王" ❖ 67

据即《迁都议》一文。① 朱朴建议迁都襄、邓地区时,当亦了解在他之前曾有过的两次迁都之议,以及在他之前的三次建都事实。

关于黄文所提及朱朴之前五次建都事实和迁都之议的情况,谨列表如下。

**表2  黄文所列朱朴之前襄、邓地区建都事实与迁都之议**

| 时间 | 建都事实 | | | 迁都之议 | |
|---|---|---|---|---|---|
| | 夏初 | 夏、商、周 | 春秋、战国 | 北魏 | 唐初 |
| 事件 | 太康失国期间,以邓林为都② | 邓国之都③ | 楚国别都④ | 孝武帝元脩永熙二年(533)有迁都荆州之议⑤ | 唐高祖李渊武德七年(624)有迁都襄、邓之议⑥ |

关于三次所谓建都事实,今稍论如下:

夏初以邓林为都,《史记》不见记载。且据学者研究,太康失国时

---

① 黄仁和:《邓州历史上的四次建都和六次迁都之议》,2011年7月24日发布,2014年3月30日浏览,网址http://hrh680414.blog.163.com/blog/static/1187933 222011624102055153/。

② 黄文引用司马迁《史记·货殖列传》记载,查《史记》原文为:"颍川、南阳,夏人之居也。"见《史记》卷一二九《货殖列传》,中华书局1959年点校本,第3269页。中华书局新点校本《史记》已经于2013年出版,因本文仅引个别字句,故仍引旧版。

③ 黄文引用童书业的观点,查童氏原文为:"邓在今河南邓县。"见童书业《古巴国辨》,氏著《童书业著作集》第二卷《历史地理论集》,中华书局2008年版,第580—581页。黄文又引吕思勉的观点,查吕氏原文为:"邓,今河南邓县。"吕思勉:《先秦史》,上海古籍出版社1982年版,第163页。

④ 黄文引用张正明观点,见张正明《楚文化志》,湖北人民出版社1988年版,第129页。

⑤ 黄文无参考文献,然可参见《周书》卷二二《柳庆传》,中华书局1971年版,第369—370页。

⑥ 黄文无参考文献,然可参见《资治通鉴》卷一九一"唐高祖武德七年七月"条,中华书局1956年点校本,第5989页。

期，其都斟鄩在伊洛河流域，且可确定为二里头遗址所在。① 故不可能以邓林为都。此外，夏朝还可能实行过主都、辅都制度，即斟鄩为主都，其余西河、原、老丘、阳翟、阳城等为辅都，其中并无在南阳盆地的都城。② 因此，这一次所谓建都事实可排除。

夏商周时期邓国之都。黄文以邓国为夏人后裔，实则邓国始于商朝，为曼姓方国，与夏人无关。至于邓国都城所在，学界历来颇有争议，或主在今河南邓州③，或主在今湖北襄樊邓城区④，其中以邓州说为普遍观点。无论如何，邓州即唐邓州，襄樊则唐襄州，都属于襄、邓地区，似无异议。则襄、邓地区曾是邓国都城所在，确为事实。不过邓国作为一个范围不出南阳盆地的小国，其所谓建都于邓州或襄州地区，是没有选择余地的结果，并非有意为此。因此，这一次所谓建都事实虽无须排除，亦毫无意义。

春秋、战国时期楚国别都穰。别都即陪都，最早可能出现在商代。⑤ 随后，中国古代的陪都制度所在多有，相关研究也颇为丰富。⑥ 就楚国而

---

① 齐磊：《夏代早期都城变迁研究》，硕士学位论文，郑州大学，2009年；王龙霄：《夏都斟寻研究》，硕士学位论文，郑州大学，2013年。

② 高江涛：《二里头遗址与夏都》，硕士学位论文，郑州大学，2003年。参见该文所附图十《夏代都城分布平面图》，第43页。

③ 石泉：《古邓国、邓县考》，《江汉论坛》1980年第3期，收入氏著《石泉文集》，武汉大学出版社2006年版，第35—52页；黄有汉：《古代邓国、邓县地望考》，《史学月刊》1991年第6期。

④ 崔新社：《试论邓国故址的空间形态和历史价值》，《文物世界》2009年第1期。

⑤ 杨宽：《商代的别都制度》，《复旦学报》（社会科学版）1984年第1期；杨宽：《商代"大邑商"及其别都的制度》，氏著《中国古代都城制度史研究》，上海古籍出版社1993年版，第28—42页。

⑥ 史念海：《中国古都和文化》，中华书局1996年版，第126—134页；吴松弟：《中国古代都城》，商务印书馆1998年版，第83—92页；吴长川：《先秦陪都功能初论》，硕士学位论文，西北大学，2008年；丁海斌：《中国古代陪都史》，中国社会科学出版社2012年版；崔彦华：《魏晋北朝陪都研究》，三晋出版社2012年版。

言，马世之最早综合研究了楚国别都，据其统计，有鄂（今湖北大冶）、鄀（今湖北宜城）、析（今河南西峡）、武城（今河南南阳北一百里）、陈（今河南淮阳）、蔡（今河南上蔡）、不羹（今河南舞阳）七处。[1] 其中鄀在唐代襄州境内（冯永轩列入楚国正式都城之一[2]），析、武城在唐代邓州境内，皆属于襄、邓地区，但并无穰。黄文所引张正明《楚文化志》列楚别都十一，除了马世之所列外，尚有郢、西阳、穰、城阳、项城、巨阳，而无析、武城。其中对穰的考证，张正明引用了《史记·楚世家》记载：楚顷襄王"十六年（前283），与秦昭王好会于鄢。其秋，复与秦王会穰"[3]。而两国君主相会的地点，虽然经常在别都，但并不能说凡是相会的地方都是别都，故穰是否为别都尚不能定论。潘明娟把楚国陪都放入楚国都城发展史的第二阶段（楚文王至楚顷襄王二十一年）中处理，较为谨慎，仅列出鄀、陈、蔡、不羹、鄂五处[4]，亦无穰。因此，黄文把穰作为楚国别都，似有不妥。不过，在襄、邓地区，确实存在楚国其他别都，特别是鄀。

总而言之，以上所谓三次建都，第一次并无其事，第二次没有实际意义，第三次也尚待考证，且即便是别都，也并不是真正的都城。可见襄、邓地区在先秦时期并未实际上成为某一超越南阳盆地区域的国家首都。

至于两次迁都之议，实有其事，但都是在政治斗争背景下被废弃的建议。北魏孝武帝面临高欢进逼，确实有计划投靠贺拔胜所在的荆州（治穰城）[5]，但最终选择了宇文泰所经营的关中地区，其实质涉及宇文

---

[1] 马世之：《关于楚之别都》，《江汉考古》1985年第2期。其中析作为别都，详见马世之《豫南楚文化问题试探》，《史学月刊》1982年第4期。

[2] 冯永轩：《说楚都》，《江汉考古》1980年第2期。

[3] 《史记》卷四〇《楚世家》，中华书局1959年点校本，第1730页。参见张正明《楚文化志》，湖北人民出版社1988年版，第132页。

[4] 潘明娟：《先秦多都并存制度研究》，博士学位论文，陕西师范大学，2009年。

[5] 王仲荦：《北周地理志》卷五《荆州》，中华书局1980年版，第410—414页。

泰欲取得对北魏皇室的掌控,以谋求自身利益。① 唐初面临突厥压境,也有建议高祖李渊迁都襄、邓地区者,并得到太子李建成、齐王李元吉等人支持。② 但最终在秦王李世民建议下坚守长安,这其实也关系到李世民本人欲借助防御突厥以稳固自己地位的野心,不久之后爆发的玄武门之变,就是以突厥进犯为借口。建议迁都事件发生于武德七年(624)七月,是杨文幹谋反的武德七年六月之后,而后者正标志着秦王与太子之间矛盾的开始。③ 可见,这两次迁都之议都是在政治斗争背景下产生的,也都涉及与长安之间的选择问题,最终结果都是选择了长安而非襄、邓地区。

总之,唐末朱朴应当知道在他之前的这些或建都或议迁都的历史,但他在《迁都议》中并未提及这些历史事实,却选取了东汉光武帝龙兴于南阳这个与定都毫无关系的事件,恐怕也是有意为之。所以,为襄、邓地区之人所津津乐道的建都、迁都,其实正说明了不宜为都的历史经验。

## 三 《迁都议》的中寝及其反映的问题

前文就朱朴《迁都议》的出现时间背景、朱朴本人动机乃至迁都襄、邓的可行性予以分析。本节再论迁都中寝,即当时政治局势对迁都襄、邓地区的不利,以及《迁都议》中寝所反映的问题。

---

① 薛海波:《北魏孝武帝与宇文泰称霸关陇探微》,《北方论丛》2013年第5期。

② 关于此次迁都的基本情况,参见祝昊天《试析武德七年迁都襄州之议始末》,《湖北文理学院学报》2017年第9期。

③ 陈翔:《玄武门事变新论》,载樊英峰主编《乾陵文化研究》第六辑,三秦出版社2011年版;收入陈翔《陈翔唐史研究文存》,花木兰文化出版社2013年版,第221—228页。

## （一） 政治局势的不利

前文已经论证了《迁都议》出现的时间，在唐昭宗出幸华州时期。当时唐廷被华州节度使韩建所控制，长安则被凤翔节度使李茂贞所破坏，河东节度使李克用和宣武节度使朱温皆有意抢夺唐昭宗到各自的地盘。在回不到长安，又不可能去李克用、朱温那边的情况下，朱朴提出这个建议，确实可以备选。不过事实上并不能付诸实施，就政治局势而言，有以下两方面问题：

首先，唐廷本身的软弱状态，无法保证在摆脱藩镇的控制之下，自行决定迁都这样大的事件，反而处处受制于藩镇，或被凤翔李茂贞劫持，或被华州韩建劫持，最终被汴州朱全忠强行迁徙到洛阳。唐昭宗所能利用的仅有宗室诸王的势力，但不幸被韩建所杀。[1] 因此，即便唐昭宗选择接受《迁都议》的计划，也无法付诸实施。

其次，就当时藩镇兼并战争局势而言，最强大的朱温集团已以汴州为基地，建立了自己的统治中心。最重要的是，朱温控制了洛阳，在唐末战乱中，唯有洛阳并未遭受重大和经常性的创伤且很快恢复[2]，足以吸引朱温劫持唐昭宗来洛阳定都。至于唐昭宗迁到洛阳后不久即被杀，朱温在汴州建立后梁王朝，则是另一回事了。

最后，反观襄、邓地区，当时由山南东道节度使赵匡凝占据，此人继承了其父赵德諲的遗产，并不具有唐末藩镇节帅普遍所有的进取心，反而留心于文事，藏书万卷。因此，即便他有忠于唐昭宗的想法，比如天祐二年（905）左右，赵匡凝面对朱温派来的使者时，表达对唐廷的忠心，但他在军事上并不是朱温的对手，因此不久即遭剿灭。[3]

---

[1] 姜维公：《唐昭宗、唐哀帝》，吉林文史出版社1995年版，第118—125页；蓝勇：《唐昭宗》，四川人民出版社2000年版，第217—220页。

[2] 刘连香：《张全义与五代洛阳城》，《洛阳工学院学报》（社会科学版）2002年第2期；侯振兵：《洛阳都城史话·五代卷》，河南人民出版社2016年版。

[3] 《旧五代史》卷一七《赵匡凝传》，中华书局2015年新点校本，第270页。

### (二)《迁都议》中寝的意义

中国古代都城选址变迁，经过众多学者研究，已经较为明确。其中最重大的变化，即从五代以前在长安、洛阳之间反复，经宋辽金第二个南北朝时期，转变为元代以后在北京、南京之间的反复。① 标志着长安、洛阳时代结束的事件，正是朱温强行迁徙唐昭宗至洛阳。因为长安、洛阳之间虽然反复，最终还是围绕长安在转，在长安的时间最多。而当长安彻底被放弃，洛阳的存在也就失去了其意义，最终为汴州所取代。

值得注意的是，在长安被彻底放弃之前，无论是被动还是主动，唐廷有过很多机会迁往其他地方，但大多数在潼关以西范围内。迁往潼关以东的机会，前文已经提及广义河北范围内的太原和广义江南范围内的扬州，加上朱温所坚持的洛阳，这三个地方分别代表了当时潼关以东地区势力最强的藩镇。因此，朱朴《迁都议》所提出的襄、邓地区，其实包含的是一种欲摆脱强藩控制，在新地方存续唐朝王统的想法。

然而，在当时政治环境下，要想彻底摆脱藩镇控制，并不那么容易。安史之乱结束以来，唐朝形成了中央与藩镇相持不下的局面，一度藩镇强盛，一度中央占优势。黄巢之乱的爆发，导致平衡被打破，各地割据势力纷纷兴起，并开始兼并战争。在这样的局面之下，唐朝王统已经处于可有可无状态，成为周围各大藩镇之间的筹码。② 因此，迁都成了摆脱自身尴尬身份的一种选择。但唐廷本身的软弱无力，已经消解了其内在的动力，最终没能挽救灭亡的命运。

---

① 吴松弟：《何处是天下之中——统一王朝都城转移的原因》，氏著《中国古代都城》，商务印书馆1998年版，第94—108页；周振鹤：《东西徘徊与南北往复——中国历史上五大都城定位的政治地理因素》，氏著《中国历史政治地理十六讲》，中华书局2013年版，第245—260页。

② 何灿浩：《唐末君主的傀儡化》，氏著《唐末政治变化研究》，中国文联出版社2001年版，第284—299页。

## 结　语

迁都作为一个国家的重大事件，取决于诸多因素。从整个中国古代史而言，迁都的历史可以分为两个阶段和三种类型。唐末朱朴《迁都议》的出现，则属于三种迁都类型中最后一种的最后一类，即中原王朝末期因各种外部军事压力而迁都。朱朴《迁都议》虽然没有付诸实施，却也呈现了一种迁都的可能性。

虽然朱朴选择襄、邓地区有其私爱家乡的因素，以及期望得到唐昭宗重用的私人目的。但襄、邓地区类似于关中盆地的地理优势，以及历史上曾有过的几次迁都意见，乃至作为东汉光武帝的龙兴之地所具有的期待唐室"中兴"的象征意义，都能够成为迁都襄、邓地区的正当理由。但是历史上襄、邓地区并未正式作为一个跨地区的政权政治中心而存在过，两次迁都之议也是在政治斗争的背景下出现的"假想意见"，加上受制于唐末特殊政治环境，《迁都议》事实上不可能付诸实施。不过《迁都议》作为当时政治乱象的一个反映，也有自身价值。就古代都城的变迁史而言，也顺应了从东西徘徊向南北往复的潮流。

朱朴虽然并不是一个称职的宰相，其《迁都议》却有长久的意义。特别是考虑到当今北京越来越受到人口、环境的压力，各种迁都的呼声或者分散首都功能的建议十分普遍。其中唐代襄、邓地区在今天的区位，即河南省南阳市和湖北省襄樊市，都是民间很多人所建议的迁都目的地。但具体是否需要迁都以及如何迁都，当下需要考虑的因素比唐末要复杂得多。因此，不妨从认真研究历史上类似的《迁都议》，来取得一些经验。

附记：本文原载成建正主编《陕西历史博物馆馆刊》第21辑，三秦出版社2014年版，第111—120页。

# 姓望与家庭：瓷墓志所见上林湖地区中下层社会(802—998)

## 前　言

　　1919年至今，慈溪县上林湖周围出土了一批瓷质墓志。从形制上，或为罐形，或为罂形，或为砖形，不一而足。从下葬时间来看，则集中于晚唐至宋初。关于这一批瓷质墓志，各界多有关注。厉祖浩近期编著《越窑瓷墓志》（以下简称"厉书"）进行了系统整理，收录或全或残共计93件瓷墓志，并给予编号和录文。[①] 但此书大部分原件照片中的墓志罐，皆仅能给出半面，无法看到另一半面，故给校对录文带来了不便。因此，需要结合在此书之前的相关零星整理成果。[②] 笔者曾局限于罐形瓷

---

① 厉祖浩：《越窑瓷墓志》，上海古籍出版社2013年版。编号见该书表三《越窑瓷墓志一览表》，第18—20页。瓷墓志原件照片和录文见第46—201页。

② 在厉书之前，《中国陶瓷全集》收录有三件墓志罐，分别为厉书中第17、38、39件，见李辉柄主编《中国陶瓷全集》第五集《隋唐》，上海人民美术出版社2000年版，照片分别见第108、104、129页，质地信息分别见第246页（叶树望执笔）、第244页（叶树望执笔）、第256页（汤苏婴执笔）。《上林湖越窑》附录二《越窑瓷墓志》最早系统整理了10件瓷墓志，并绘制"上林湖地区出土瓷墓志简明一览表"和"慈溪市上林湖地区出土瓷墓志分布示意图"，但并未提供照片或拓片，见章均立《越窑瓷墓志》，慈溪市博物馆编《上林湖越窑》，科学出版社2002年版，（下转第75页）

墓志，统一探讨墓志从平面走向立体的变化，以及墓志铭文所反映的晚唐五代上林湖地区中下层社会。①不过由于当时厉书尚未出版，故仅能参考前述相关研究，涉及厉书第17（1）、22（2）、38（3）、39（4）、50（5）、53（6）、69（7）、76（8）、82（9）、89（10）件全志和第55（11）、85（13）件残志。②2013年10月，厉书出版。2014年5月，笔者见到此书。此后，经系统翻阅，乃撰写此文，希望在姓氏、家庭、葬俗等问题上就厉书所涉及范围进行再考察。

---

（接上页注）第217—229页。已故童兆良（1945—2006）在《青瓷墓志研究》一文中就厉书中第4、23、76、38、39、50、17、53件全志和第55、85件残志进行录文并介绍，见童兆良《检点上林文明》，中国文联出版社2003年版。笔者未见此书，童氏文网络版见 http://blog.sina.com.cn/s/blog_a0da03560101axi2.html，溪上山人的博客，2013年5月8日发布，2013年7月18日浏览，此外，王士伦、金祖明就厉书中第76件（王士伦：《余姚窑瓷器探讨》，《文物参考数据》1958年第8期；金祖明：《浙江余姚青瓷窑址调查报告》，《考古学报》1959年第3期），章均立就厉书中第53件（章均立：《上林湖地区出土两件唐代瓷刻墓志》，《文物》1988年第12期），阮平尔就厉书中第50件（阮平尔：《唐光启三年瓷质罐形墓志及相关问题讨论》，《东南文化》1989年第2期；厉祖浩曾就释文进行商榷，见厉祖浩：《三则唐代墓志铭释文异议——兼与阮平尔、李则斌同志商榷》，《东南文化》1992年增刊），鲁怒放就厉书中第17件（鲁怒放：《余姚出土一件唐代墓志罐》，《文物》1997年第10期；又题《一件唐代墓志罐》，余姚市历史文化名城名贤研究会编《余姚市名城名贤论文集》第三辑，1997年，第363—365页），叶英挺就厉书中第22件（叶英挺：《瓷苑珍品青瓷墓志罐》，初登于中国文物信息网，2005年9月7日7版，且有配图，但原网页已无法显示，本文所据为丽水市处州青瓷博物馆网页，网址为 http://www.lsmuseum.com.cn/new/ch/openone.asp?id=336，2013年7月18日浏览），蔡乃武就厉书中第69、82件（蔡乃武：《"东窑"出上林湖——从新发现的两件五代越窑墓志罐谈起》，沈琼华主编《2007中国越窑高峰论坛论文集》，文物出版社2008年版，第72—78页），亦各有单独考察。厉祖浩也在出版《越窑瓷墓志》前，就书中第89件进行考证，见厉祖浩《吴越时期"省瓷窑务"考》，《故宫博物院院刊》2013年第3期。在其他两种文物集子中，也先后收录过同一件瓷墓志（厉书第71件），惜皆无志文提供，见浙江省博物馆《家有宝藏：浙江民间收藏珍品大展特集》，荣宝斋出版社2004年版，第25页；孙海芳主编《中国越窑青瓷》，上海古籍出版社2007年版，第64页。

① 胡耀飞：《晚唐五代浙东出土墓志罐辑考》，黎小龙主编《长江文明》第16辑，重庆出版社2014年版，第18—40页。

② 括号中为拙文编号，其中拙文第12件取自童兆良《青瓷墓志研究》一文，但厉书似未收录，疑因留字太少，仅"守志姿""妇道"五字，无法判断之故。

行文之前，则有必要界定本文研究范围。厉书前言已对这批瓷墓志造型与装饰进行分类和分期，并整理葬地分布和对窑工身份的认定，对反映的贡窑问题、买地券问题进行讨论。根据统计，这批瓷墓志的时间分布以贞元十八年至咸平元年（802—998）为主。在此时间范围之外的，有编号第 1 件（695，下葬年份，下同）虞希乔墓志、编号第 2 件（710）虞照乘墓志和厉祖浩定于 1094 年的编号第 93 件陆七娘粮罂。① 前两件虞氏墓志当出于同一家族，但来源皆不清楚，志文也并不写明葬于上林湖地区，且墓主之一虞照乘的身份为云梦县令，已非大量葬于上林湖地区的中下层民众可比，故不在本文考察范围。② 后一件陆七娘粮罂，纪年仅有"甲戌年二月廿九日"，厉书根据类型学认定为北宋晚期作品，尚待确证，今归入残志类考察。③ 故本文所研究的范围是 802—998 年间，大致为晚唐五代宋初，厉书第 3—93 件瓷墓志。此外，厉书第 65 件某墓志盖、第 74 件（921）杨谦仁墓志皆仅有编号，并无录文和照片，本文亦不予讨论。

又根据厉祖浩统计，这批瓷墓志的墓主中，仅有虞照乘属士大夫之列，其他仅有少部分中低级军将、胥吏，大部分属于普通平民家庭。虽然属于平民，但鉴于中古时期良贱制度的存在，这类低级官吏和平民当非贱民。因此，笔者界定这一人群属于"中下层社会"。此外，据瓷墓志统计的 42 位志主的居住地中 39 人在上林、鸣鹤、龙泉、梅川四乡，按此比例，这批瓷墓志中超过 80 人的居住地在上林湖窑区及其附近。④ 因此，笔者界定其地域范围为"上林湖地区"。

---

① 厉祖浩：《越窑瓷墓志》，上海古籍出版社 2013 年版，第 16—17 页。厉书把第 92 件（998）王七郎粮罂不归入兴盛期，然此件与第 91 件（977）十分接近，故一并纳入讨论范围。

② 厉祖浩：《越窑瓷墓志》，上海古籍出版社 2013 年版，第 46—49 页。其中虞希乔墓志有阙文，但在整理时被"臆补了不少文字"，让人诧异。厉祖浩亦指出虞照乘之祖虞荷为隋上谷太守，父虞哲为醴陵县令，见《越窑瓷墓志》第 24 页。

③ 厉祖浩：《越窑瓷墓志》，上海古籍出版社 2013 年版，第 200—201 页。

④ 同上书，第 24—25 页。

## 一 瓷墓志所见上林湖地区中下层姓氏

姓氏是一个人最主要的身份标志之一，可以就此追溯血统来源，归类家族所属，探究本人的家族意识等，并不局限于哪个阶层。不过在中古时期，对上层社会家族的研究材料丰富，对中下层社会家族的研究尚待继续深入。上林湖地区的瓷墓志，由于墓主身份的平民化，正好提供了一个别样的视角，能从墓志所涉姓氏的统计中，分析这一地区人口结构及其他相关问题。

### (一) 姓氏结构

关于瓷墓志所见姓氏，以下按厉书所著录瓷墓志时间先后进行列表，以姓氏为纲，每个姓氏以出现先后排列（见表1）。

表1　　　　　　　　瓷墓志所见姓氏次数统计

| 姓氏 | 瓷墓志编号 | 墓志合计 |
| --- | --- | --- |
| 钱 | 3∗、4♂、19、22、24♀、38—39、63♂、89 | 8 |
| 范 | 3、4、18∗、32♀、33、35、48、77、88 | 9 |
| 姚 | 4∗、6♀、46♂、75 | 4 |
| 陈 | 5∗、8、15♀、24、37、38—39、42、45、49、53、68♀、71、75♀、82、84♂ | 15 |
| 韩 | 5♀、87∗ | 2 |
| 徐 | 6∗、17∗、28♂、30、33、41、42、43♀、54、82、86∗ | 11 |
| 郑 | 6、33①、35♂、44、72、75、83 | 7 |
| 胡 | 6、23♂、33、49♀、71、78 | 6 |
| 张 | 6、8、31、40∗、43∗、54♀、72、77、78、79—80♂、83、88 | 12 |
| 沈 | 7∗、8♀、12—13∗、41、49、51、77♀、83 | 8 |

---

① 原文为"外生荥阳公，业广皇侈，劳繁一人"，疑是写志主外甥郑姓人，待考。

续表

| 姓氏 | 瓷墓志编号 | 墓志合计 |
| --- | --- | --- |
| 罗 | 7♂、8＊、11、12—13♂、14＊、15＊、16♂、18♂、22♀、26＊、28、52、69、73♀、76、78♂、88、90＊ | 18 |
| 戚 | 7、26♂、54＊、73 | 4 |
| 施 | 8、71 | 2 |
| 褚 | 8 | 1 |
| 陶 | 9♂ | 1 |
| 王 | 9＊、16＊、20♀、32、41、45＊、50、53♂、77、81、84、88、92＊ | 13 |
| 马 | 10＊、14、19、29、38—39、53＊、78、83、88♂、90♀ | 10 |
| 刘 | 11＊、14、17、22＊、24、28＊、33＊、38—39、44＊、45♂、46＊、72＊、77、78＊、83 | 15 |
| 袁 | 12—13、20＊、69 | 3 |
| 吴 | 14♀、41、48＊、49♀、70＊、73、75 | 7 |
| 史 | 14 | 1 |
| 余 | 15♀、30、31＊、71♂、72♂、78、89、90 | 8 |
| 云 | 15 | 1 |
| 严 | 16、71＊ | 2 |
| 戴 | 17♀、51♀ | 2 |
| 周 | 17、22、30♀、38—39、41、52＊、54、78 | 8 |
| 李 | 18、34＊、75、81＊ | 4 |
| 包 | 19＊ | 1 |
| 黄 | 21＊、25♀、41＊、43♀、50、69＊、70♀、79—80＊ | 8 |
| 荣 | 22 | 1 |
| 朱 | 23、90♀ | 2 |
| 秦 | 24＊、29 | 2 |
| 藤（滕）① | 25＊ | 1 |
| 曹 | 26、41、50♀、79—80 | 4 |

---

① 原文为"藤"，然古无此姓，或是"滕"之误。据《天下姓望氏族谱残卷》，南阳郡十姓中正有滕氏，见唐耕耦、陆宏基编《敦煌社会经济文献真迹释录》第一册，书目文献出版社1986年版，第85页。

续表

| 姓氏 | 瓷墓志编号 | 墓志合计 |
| --- | --- | --- |
| □（望濮阳） | 27♂① | 1 |
| 宋 | 29﹡ | 1 |
| 陆 | 29♂、69、79—80♂、90、93﹡ | 5 |
| 杨 | 29、41、49、78、83﹡、88 | 6 |
| 冯 | 29、40♀、69、75 | 4 |
| 翁 | 29②、31♂、71、83 | 4 |
| 任 | 30﹡、68、76﹡③ | 3 |
| 于 | 30 | 1 |
| 潘 | 30、37♀、44♀、69、88、90 | 6 |
| 唐 | 30 | 1 |
| 童 | 31 | 1 |
| 经 | 32 | 1 |
| 方 | 33♀、45♂、72、75﹡、78、82 | 6 |
| 郭 | 34♀ | 1 |
| 何 | 35﹡、42♀、78 | 3 |
| 田 | 36﹡、93♂④ | 2 |

---

① 此件瓷墓志为残片，仅见"濮阳"二字，当是郡望，不知是哪一姓氏，暂缺。

② 原文为"翁殷母冢"，且重复出现四次，疑姓翁名殷母，待考。

③ 原文为"晋时过于吴江，遨公之裔，永度公之后……祖墓青州千乘县任村"。此瓷墓志主姓氏，章均立《越窑瓷墓志》认定为罗氏，厉祖浩《越窑瓷墓志》据林宝撰、岑仲勉校记《元和姓纂（附四校记）》（中华书局1994年点校本）卷五"任"条（第745页）认定为任氏（第170页）。据李吉甫《元和郡县图志》卷一〇《青州》：千乘县"本汉旧县也，属千乘郡，有盐官。东汉和帝永元七年（95），改千乘郡为乐安国，千乘县仍属焉"。第272页。可知千乘即乐安，加上还有所谓"任村"这一地名，更能够认定其原本姓任。今从厉说。

④ 厉书著录此字为"巴"，然此姓绝少，虽照片中此字未见，然疑为"田"字。

续表

| 姓氏 | 瓷墓志编号 | 墓志合计 |
| --- | --- | --- |
| □（望武都） | 37＊① | 1 |
| 且（荀） | 38—39＊② | 1 |
| 许 | 38—39♀ | 1 |
| 蒋 | 41♂、48 | 2 |
| 惠 | 41、54 | 2 |
| 厉 | 41 | 1 |
| 俞 | 41、42、69♂、89＊、91 | 5 |
| 锺 | 42＊、76 | 2 |
| 孔 | 42 | 1 |
| 孙 | 43、49、71 | 3 |
| 公孙 | 44♀ | 1 |
| □（望琅琊） | 49＊③ | 1 |
| 葛 | 49 | 1 |
| 凌 | 50＊、53、77 | 3 |
| 丘 | 51＊、77 | 2 |
| 魏 | 51、54、68、73＊、82 | 5 |
| 贾 | 51 | 1 |
| 郁 | 51、91＊④ | 2 |

① 此件瓷墓志为残片，仅见"武都"二字，当是郡望，不知是哪一姓氏，暂缺。

② 且氏在《元和姓纂》《古今姓氏书辩证》中无之，在明代凌迪知《万姓统谱》（巴蜀书社1995年版）卷八五《二十一马》中有且姓，录两人："宋且谨修，元祐中知德化县事；明且简，濮州朝城人，弘治间山西潞州判官。"（第2册第262页）年代皆晚于此时，亦无其他信息。可知且氏既无得姓之源，宋以前亦无闻人，其著颍川郡望，疑为荀氏形近之误。

③ 此件瓷墓志未写志主姓氏，仅见"琅琊"二字，当是郡望，不知是哪一姓氏，暂缺。

④ 厉书著录此字为"耶"，然无此姓，据照片，疑为"郁"字。

姓望与家庭：瓷墓志所见上林湖地区中下层社会(802—998) ◆ 81

续表

| 姓氏 | 瓷墓志编号 | 墓志合计 |
| --- | --- | --- |
| 叶 | 52♀、83、88 | 3 |
| □（望吴兴） | 55*① | 1 |
| 留 | 59 | 1 |
| 谭 | 63 | 1 |
| □（望南阳） | 68② | 1 |
| □（望陈郡） | 70③ | 1 |
| 石 | 72 | 1 |
| 莱（来、叶） | 75④ | 1 |
| 项 | 75、82*、92 | 3 |
| 邹 | 76♀ | 1 |
| 焦 | 76 | 1 |
| 卓 | 77*、88 | 2 |
| 齐 | 77♀ | 1 |
| 赵 | 78 | 1 |
| 盛 | 79—80 | 1 |
| 杜 | 82♀ | 1 |
| 骆 | 82、85*⑤ | 2 |
| 劳 | 82 | 1 |
| 楼 | 82 | 1 |
| 倪 | 82 | 1 |

① 此件瓷墓志为残片，仅见"吴兴"二字，当是郡望，不知是吴兴沈氏，抑或吴兴姚氏，暂缺。

② 此件瓷墓志为残片，仅见"南阳"二字，当是郡望，不知是哪一姓氏，暂缺。

③ 此件瓷墓志磨损，录文有"陈□□□述"五字，属于撰人署名，其中第二字看照片，似"郡"字，当为撰人望出陈郡。

④ 此件瓷墓志照片仅能看见一半，此"莱"字疑为"来"字或"叶"字。

⑤ 此瓷墓志为残志，其中"骆氏夫"三字出现于铭文部分，当可还原为"骆氏夫人"四字，则此瓷墓志当为骆氏夫人之墓志。

续表

| 姓氏 | 瓷墓志编号 | 墓志合计 |
| --- | --- | --- |
| 伍 | 83① | 1 |
| 吕 | 83♀ | 1 |
| 闻 | 88＊、89 | 2 |
| 虞 | 88 | 1 |
| 金 | 88、90 | 2 |
| 夏 | 89 | 1 |
| 蔡 | 89 | 1 |
| 尹 | 90 | 1 |

注：＊表示志主姓氏，志主为夫妇者表示丈夫；♂表示志主的男性配偶，包括再嫁；♀表示志主的女性配偶，包括再娶。

在此表统计中，每件瓷墓志中出现的姓氏和人数，以与志主有直接血缘关系的人为范围，但也包括用于指示墓地位置的邻近坟墓墓主姓氏，因为后者也基本是当地人葬于当地，只是可能没有墓志出土。至于其他无关人物，比如志主所攀附的上古、中古时期祖先，以及如第9件（832）王妃墓志背面提及的"州牧于季有（友）、县宰归审"②，第46件（879）刘氏墓志提及的"黄巢草寇"，则不计入统计范围。此外，第12、13件（837），第38、39件（866）皆为同一瓷墓志的重复烧制，第79、80件（924）皆指向同一人，表中以12—13、38—39、79—80表示，不重复统计。

通过此表，可知上林湖地区中下层社会的姓氏组成，共计96个。此外，尚需针对瓷墓志所见姓氏频率和数量再予以整理，用以直观考察当地主要姓氏群体。对此，可以通过表2得到如下统计：

---

① 此瓷墓志照片仅显示一半，此"伍家墓"又写作"五家墓"，皆在未显示之另一半面，疑皆为伍姓人家之墓。待考。

② 厉祖浩：《越窑瓷墓志》，上海古籍出版社2013年版，第60页。

表2　　　　　　　　　瓷墓志所见姓氏数量统计

| 见于墓志次数 | 姓氏 | 姓氏数量统计 数量 | 比重 |
|---|---|---|---|
| 18 | 罗 | 1 | 19.8% |
| 15 | 陈、刘 | 2 | |
| 13 | 王 | 1 | |
| 12 | 张 | 1 | |
| 11 | 徐 | 1 | |
| 10 | 马 | 1 | |
| 9 | 范 | 1 | |
| 8 | 钱、沈、余、周、黄 | 5 | |
| 7 | 郑、吴 | 2 | |
| 6 | 胡、杨、潘、方 | 4 | |
| 5 | 陆、俞、魏 | 3 | 16.7% |
| 4 | 姚、戚、李、曹、冯、翁 | 6 | |
| 3 | 袁、任、何、孙、凌、叶、项 | 7 | |
| 2 | 韩、施、严、戴、朱、秦、田、蒋、惠、锺、丘、郁、卓、骆、闻、金 | 16 | |
| 1 | 褚、陶、史、云、包、荣、藤、□（望濮阳）、宋、于、唐、童、经、郭、□（望武都）、且（荀）、许、厉、孔、公孙、□（望琅琊）、葛、贾、□（望吴兴）、留、谭、□（望南阳）、□（望陈郡）、石、莱（来、叶）、邹、焦、齐、赵、盛、杜、劳、楼、倪、伍、吕、虞、夏、蔡、尹 | 45 | 63.5% |

通过此表，可以明显看出频率从最高到最低的姓氏，如果结合同一时期余姚县《唐龙泉寺造像题名》碑姓氏分布，更能说明问题。余姚县是越州属县，毗邻明州慈溪县，并且在后梁时期，上林乡曾转隶余姚县。大和九年（835）立于余姚县龙泉寺的造像题名，正可拿来

对比。① 当然，瓷墓志分布是历时性的，而题名是定时性的，但题名出现时间正在瓷墓志分布时间之内，可大体对应。因此，笔者先整理《唐龙泉寺造像题名》全文如下：

  王万朝赎释迦牟尼佛一躯，永充供养。
  王二娘赎文殊菩萨一躯，永充供养。
  楼十娘赎普贤菩萨一躯，永充供养。
  唐大和九年岁次单阏月，在蕤宾中旬八日，头陀蔡宏，愿率化众缘，永充供养，谨镌施主姓名于西庑之珉，以昭其功绩不朽者也。
  吴伯伦、程暹、邵大娘、邵昌、陈公及、劳诠、刘五娘、劳华、杨十二娘、胡珍、朱十五娘、邵仕兴、胡三娘、周证、俞季□、□□□、徐子容、戚荣、俞昭、刘启、刘泛、蔡兴、蔡峰、王万珍、孙六娘、于浼、何李能、朱霈、刘旰、胡津、胡□□、□□、徐子华、陈廿二娘、项元、胡大娘、张三娘、臧十一娘、陈五娘、王冰、王公俊、何昙、徐六娘、徐玭、陈万宗、周五娘、周三娘、□□、栖（楼）法藏、陈清昙、梁朝、刘五娘、朱绍宗、严良、胡五娘、郑禹、莫谅、何禄、綦元、陆招、施□、□□□、□□、刘元湍、叶顗、苏详、余二娘、孙朝、邢庆、戎疆、严泰、罗超、顾荣、徐文质、潘达、潘玢、于□、□□□、□□、李中谏、叶常密、柳荣、戴大娘、蔡晖、周华、胡仕良、何瑙、何銮、王海、虞万殷、虞林、刘潭、何元、□□、□□、舒春、朱十一

---

① 与此题名类似的材料是开成五年（840）立于会稽大禹陵旁的《往生碑》，此碑为包括僧尼、俗众在内的 200 多人结九品往生社的名单，同样提供了诸多姓氏材料。但因其夹杂有几十位僧尼名字，且其中还有一位"邵仕兴"亦见于《唐龙泉寺造像题名》，当即一人，为不重复，暂不讨论。此碑未见《两浙金石志》，然俞樾（1821—1907）曾得到拓片，抄录其全文于《春在堂随笔》，江苏古籍出版社 2000 年版，第 24—25 页。近年，绍兴图书馆特色数据库在网上提供了拓片照片，可下载参校，笔者查阅于 2014 年 8 月 6 日，链接见 http：//library.sx.zj.cn/qzyd/124803.jhtml。

娘、徐十二娘、胡十一娘、周三娘、周瑫、留岩、杜安、潘琬、潘十五娘、卢光德、王元起、闻儒、戎良、□□、□□、叶金、施五娘、盖十一娘、成升、方五娘、毛芳、应二娘、黎玩、林璇、刘三娘、盛道通、车良、羽八娘、车璨、□□、□□奴、叶德、马十二娘、张待荣、姜二娘、王季良、徐昂、斯二娘、管儒、杨瑫、钟万石、郑十五娘、王宰、何达、江澄、□□、□卓、叶扬、陈璲、韩兰、谢融、任惠、翁高、张素、陶四娘、俞良、泰华、傅行温、彭珍、羽芊、陈暹、□□、□三娘、许皓、张永暹、刘文后、顾望、马一娘。①

此碑中，凡出现 168 个人名，除去姓氏不详或全名有阙者 17 个，实得 151 个人名。其中，"栖法藏"或为"楼法藏"之误，则其姓氏为楼氏。然后再整理其姓氏频率如表 3 所示。

表 3　　　　　《唐龙泉寺造像题名》出现姓氏频率

| 出现次数 | 姓氏 | 数量 | 比重 |
|---|---|---|---|
| 9 | 王、刘 | 2 | |
| 8 | 胡 | 1 | |
| 7 | 陈、徐、何 | 3 | |
| 6 | 周 | 1 | 19.4% |
| 5 | 叶 | 1 | |
| 4 | 蔡、朱、张、潘 | 4 | |
| 3 | 邵、俞 | 2 | |
| 2 | 楼、劳、杨、孙、严、郑、施、戎、顾、虞、车、羽、马 | 13 | 18.1% |

---

① 阮元编：《两浙金石志》卷二，浙江古籍出版社 2012 年影印本，第 39—40 页。

续表

| 出现次数 | 姓氏 | 姓氏数量统计 ||
| --- | --- | --- | --- |
|  |  | 数量 | 比重 |
| 1 | 吴、程、戚、于、项、臧、梁、莫、綦、陆、苏、余、邢、罗、于、李、柳、戴、舒、留、杜、卢、闻、盖、成、方、毛、应、黎、林、盛、姜、斯、管、锺、江、韩、谢、任、翁、陶、泰①、傅、彭、许 | 45 | 62.5% |

《唐龙泉寺造像题名》虽然与墓志载体和文体性质皆不相同，然而都是反映中下层民众的绝好材料，两者可以进行对比。当然，需要说明的是，笔者对瓷墓志的姓氏整理，把每件瓷墓志中重复出现的姓氏计一次，即相当于一件瓷墓志代表一个家庭。而对于《唐龙泉寺造像题名》的姓氏整理，乃是每一个人都在计算范围，即每一个人代表一个家庭。之所以采用不同计算方法，是基于前者中属于同一个家族的不同瓷墓志之间会存在人口重复计算情况，而后者中又难以判定题名中哪些人属于同一个家庭。②而各自采取不同的计算方法，在样本量多的情况下，其实并不影响统计结果。因此，对比瓷墓志和题名，可分析如下：

第一，从瓷墓志和题名的高频率姓氏来看，瓷墓志中出现次数在6—18次之间的姓氏，其占所有姓氏比重大致相当于题名中出现次数在3—9次之间的姓氏，这类姓氏笔者称为"高频姓氏"。经计算可知，瓷墓志高频姓氏共计19个，题名高频姓氏共计14个。在这些姓氏中，属于两者共有的姓氏有刘、王、陈、徐、周、胡、潘7个，占瓷墓志高频姓氏的36.8%，占题名高频姓氏的50%。可知，瓷墓志与题名所反映的姓氏结构大体相似，且在余姚、上林湖地区，这7个姓氏的确是出现最多的

---

① 原文如此，然古无泰氏，疑"秦"之误。
② 《唐龙泉寺造像题名》中的人名，虽能大体判定某些人来自一个家庭，或具有血缘关系，但依然存在很多难以认定的情况，比如两次出现的"周三娘"，即肯定存在重名现象，或分属不同家庭。

姓氏。

第二，从瓷墓志和题名的中频率姓氏来看，瓷墓志中出现次数在3—5次的姓氏，其占所有姓氏比重大致相当于题名中出现次数在2次的姓氏，这类姓氏笔者称为"中频姓氏"。经计算可知，瓷墓志中频姓氏共计16个，题名中频姓氏共计13个。在这些姓氏中，属于两者共有的姓氏仅有1个，占瓷墓志中频姓氏的6.25%，占题名中频姓氏的7.7%。可知，就中频姓氏而言，其稳定性不大，并不足以反映两者的相似性。这一方面是样本量太少，另一方面则是当地在高频姓氏之外，其实并无一个稳定的亚群体，即地区之间差异性较大，即便两地相距不超过一个县的范围。

第三，从瓷墓志和题名的低频率姓氏来看，瓷墓志中出现次数在1—2次之间的姓氏，其占所有姓氏比重，大致相当于题名中出现次数在1次的姓氏，这类姓氏笔者称为"低频姓氏"。经计算可知，瓷墓志低频姓氏共计61个，题名低频姓氏共计45个。在这些姓氏中，属于两者共有的姓氏有戴、锺、闻、陶、于、许、留、盛、杜9个，占瓷墓志低频姓氏的14.75%，占题名低频姓氏的20%。可知，就低频姓氏而言，瓷墓志和题名之间的重合率虽高于中频姓氏，但远低于高频姓氏。其反映的是低频姓氏稳定性不够强，地区差异明显。

第四，以上分类和分析虽不一定合理，但能大体反映余姚县和上林湖地区姓氏结构。就高频姓氏而言，其本身数量不多，但在瓷墓志和题名之间重合率较高，反映出当地大姓集中度较强。就中频姓氏而言，其本身数量与高频姓氏大体相当，但瓷墓志和题名之间重合率非常低，反映出其集中度不够高，地区差异十分明显。就低频姓氏而言，其本身数量占六成，但瓷墓志与题名之间重合率较低，反映出其地区差异也十分明显，其构成十分复杂。

## （二）郡望书写

由以上对于姓氏结构的统计，可以见到晚唐至宋初上林湖地区姓氏问题之复杂性。但也能见到这些中下层民众的来源，特别是通过瓷墓志中对郡望的书写。近年来，学界对郡望研究新见迭出，特别是郡望的形成过程。① 然而，无论郡望是如何形成的，在墓志中书写郡望，本身即表明这个家族对于自身族源的关注，对于自己小家庭迁徙源流的声张，乃至反映出这一家庭即便沦落至下层，依然保留一定文化水平。无论瓷墓志是否自己家庭中人撰写，抑或是请有文化者撰写，都表明这一家人重视或知晓自己族源。因此，笔者先就瓷墓志所见标明郡望的姓氏进行统计，并结合表2所示姓氏频率分布，整理如表4所示。

表4　　　　　　　　瓷墓志所见各频率姓氏郡望书写统计

| | 姓氏 | 郡望书写 | 出处编号 |
|---|---|---|---|
| 高频姓氏 | 罗 | 襄阳罗府君、即襄阳人也、襄阳罗玕、襄阳罗氏、夫人罗氏襄阳、襄阳罗女、襄阳罗氏夫人、襄阳郡罗公、襄阳罗三十七郎 | 8、14、18、22、26、28、73、78、90 |
| | 陈 | 颍川陈府君、颍川陈建、颍川郡陈端、颍川陈氏、郡望颍川、颍川陈氏、颍川陈氏 | 5、8、8、15、45、49、68 |
| | 刘 | 徐州彭城郡亡人刘璋、彭城刘氏、彭城人也、祖本居彭成（城）、彭城刘府君、彭城刘府君、彭城刘氏夫人、彭城刘从侃、彭城郡刘氏夫人、世祖彭城郡人 | 11、17、22、28、33、45、46、46、72、78 |
| | 王 | 琅琊王氏、琅琊王氏女、琅琊王氏、琅耶郡人、琅琊王弘达、琅琊王氏 | 9、20、41、45、53、77 |
| | 张 | 清河张靖、清河郡张翰、清河郡人也、自清河徙为会稽人也、清河张氏、清河郡张师道 | 6、8、40、43、54、79—80 |

① 王晶：《论郡望及其演变：以敦煌、武威的索氏、阴氏为例》，《国立政治大学历史学报》第44期，2015年11月；仇鹿鸣：《制作郡望——中古南阳张氏的成立》，《历史研究》2016年第3期。

续表

| | 姓氏 | 郡望书写 | 出处编号 |
|---|---|---|---|
| 高频姓氏 | 徐 | 东海郡徐府君、东海徐府君、东海徐氏府君、东海氏徐公、东海徐氏、东海郡徐氏夫人 | 6、17、28、33、43、54 |
| | 马 | 扶风郡人也、扶风郡马氏 | 53、78 |
| | 范 | 顺阳范价 | 35 |
| | 钱 | 钱氏望出吴兴武康县风山乡人也 | 3 |
| | | 彭城钱府君 | 4 |
| | | 下邳①郡钱氏 | 24 |
| | 沈 | 吴兴郡沈夫人、吴兴郡沈夫人、吴兴沈氏夫人、吴兴郡沈氏 | 7、8、12—13、77 |
| | 余 | 下邳郡余氏、下邳郡余公、下邳余公 | 15、71、72 |
| | 周 | 汝南周氏、汝南人也 | 17、52 |
| | | 南阳郡周云用 | 54 |
| | 黄 | 琅琊黄氏 | 25 |
| | | 江夏故黄氏夫人、江夏黄氏、江夏黄氏、江下（夏）黄氏、江夏郡黄氏 | 41、43、69、70、79—80 |
| | 郑 | 荥阳郑清、荥阳郑公、荥阳郑氏 | 6、35、44 |
| | 吴 | 婺□□郡吴氏 | 48 |
| | | 濮阳郡吴府君 | 70 |
| | | 渤海郡吴氏 | 73 |
| | 胡 | 安定胡荣、安定胡氏、安定郡胡氏 | 6、49、78 |
| | 杨 | 弘农杨氏、弘农杨氏 | 49、83 |
| | 潘 | 荥阳潘氏 | 44 |
| | 方 | 郡本汝（洛）州河南② | 75 |

① 原文作"下皮郡钱氏"，"下皮"疑为"下邳"之误。据《元和姓纂（附四校记）》卷五"钱"（第547页）引《秘籍新书》曰："子孙居下邳。"

② 原文录作"汝州河南"，语意不通，或为"洛州河南"之误。《新集天下姓望氏族谱一卷并序》于"洛州河南郡"下有方氏，可证。见唐耕耦、陆宏基编《敦煌社会经济文献真迹释录》第一册，书目文献出版社1986年版，第95页。

续表

|  | 姓氏 | 郡望书写 | 出处编号 |
|---|---|---|---|
| 中频姓氏 | 陆 | 吴郡陆府君 | 79—80 |
|  | 俞 | 本望河涧（间）郡 | 89 |
|  | 魏 | 巨鏕郡魏氏、巨鏕魏氏、巨鹿人也 | 54、68、73 |
|  | 姚 | 吴兴郡人也、吴兴姚从著 | 4、46 |
|  | 戚 | 北海人也、北海郡、北海郡戚氏、北海郡戚氏男 | 26、54、73、73 |
|  | 李 | 垄（陇）西李府君、陇西郡人也 | 34、81 |
|  | 曹 | 樵（谯）国曹氏 | 79—80 |
|  | 袁 | 汝南郡袁公 | 20 |
|  | 任 | 乐安人、祖墓在青州千乘县任村 | 30、76 |
|  | 何 | 庐江郡何氏 | 35 |
|  | 孙 | 富春孙郎 | 43 |
|  |  | 乐安孙氏 | 49 |
|  | 凌 | 河涧（间）郡亡府君凌氏、河间郡凌氏 | 50、77 |
|  | 项 | 下邳郡人也 | 82 |
| 低频姓氏 | 严 | 天水郡严氏夫人 | 71 |
|  | 戴 | 谯郡戴氏 | 17 |
|  | 秦 | 本望雍州陇西人也 | 24 |
|  | 蒋 | 谯国蒋容、谯国蒋氏 | 41、48 |
|  | 锺 | 颍川锺氏府君 | 42 |
|  |  | 会稽郡锺氏 | 77 |
|  | 丘 | 下邳郡丘氏府君、下邳郡丘氏 | 51、77 |
|  | 卓 | 望在徐州彭城郡人也 | 77 |
|  | 褚 | 河南郡褚伦 | 8 |
|  | 陶 | 琅琊郡陶府君 | 9 |
|  | 云 | 杜陵①云门 | 15 |
|  | 包 | 上党包氏 | 19 |

① 原文录作"社陵云门"，若"云门"指云氏，则"社陵"当其郡望。然并无"社陵"一地，疑为"杜陵"之误。据《元和姓纂（附四校记）》卷三"云"（第383页），云氏有平陵之望，所据为《汉书》卷六七《云敞传》谓其为平陵人。扶风平陵与京兆杜陵皆在关中，疑杜陵亦是云氏居住地之一，今改。

续表

|  | 姓氏 | 郡望书写 | 出处编号 |
|---|---|---|---|
| 低频姓氏 | 藤（滕） | 南阳人也 | 25 |
|  | □（望濮阳） | 娶于濮阳 | 27 |
|  | 宋 | 吴郡宋氏 | 29 |
|  | □（望武都） | 武都人也 | 37 |
|  | 且（苴） | 颍川人也 | 38—39 |
|  | 公孙 | 高阳公孙氏 | 44 |
|  | □（望琅琊） | 故府君琅琊 | 49 |
|  | □（望吴兴） | 吴兴 | 55 |
|  | □（望南阳） | 南阳□氏 | 68 |
|  | □（望陈郡） | 陈□□□述 | 70 |
|  | 邹 | 彭城郡邹氏 | 76 |
|  | 焦 | 扶风郡焦氏 | 76 |
|  | 盛 | 广陵盛氏 | 79—80 |
|  | 杜 | 京兆杜氏 | 82 |

通过上表整理，可以得到以下结论。

第一，从表中可知高频姓氏、中频姓氏、低频姓氏中给出郡望的姓氏占所属姓氏比重分别为100%、81.25%、40.98%。可见，高频姓氏中全部给出了郡望，虽然并不是每个瓷墓志所涉及高频姓氏都给出郡望，但还是能表明高频姓氏最注重对郡望的书写，亦即对族源的重视。产生这种现象的原因，当与人口众多、聚族而居有关。而中频姓氏仅次于高频姓氏，也颇为重视，但可能族人不够多。最不重视的是低频姓氏，人少势单，不甚注重对族源的夸饰。

第二，上表同一姓氏中有不同郡望的例子共有钱、周、黄、吴、孙、锺6个姓氏，前4个分布于高频姓氏，后2个分别分布于中频姓氏和低频姓氏。可见，在高频姓氏中，不同姓氏之间源流亦有不同，亦即人数众多的高频姓氏比人数偏少的中频姓氏和低频姓氏在家族来源方面更多元化。

第三，上表中，大部分郡望都能从《元和姓纂》中得到印证，而无法得到印证者，则可补《元和姓纂》之阙。其中，《元和姓纂》有记载的姓氏中没有瓷墓志所见郡望者，高频姓氏中有吴兴武康钱氏、彭城钱氏①、南阳周氏②、琅琊黄氏③、河南方氏④等5个，中频姓氏中有河间俞氏⑤、北海戚氏⑥、庐江何氏⑦、河间凌氏⑧、下邳项氏⑨等5个，低频姓氏中有天水严氏⑩、谯国蒋氏⑪、会稽锺氏⑫、下邳丘氏⑬、彭城卓氏⑭、琅琊陶氏⑮、

---

① 《元和姓纂（附四校记）》卷五"钱"，第547—548页。钱氏彭城之望，当出自钱氏祖先彭祖。郑樵《通志·氏族略》（中华书局1995年版）亦曰"望出彭城、吴兴"（第150页）。

② 《元和姓纂（附四校记）》卷五"周"，第642—662页。

③ 黄氏在《元和姓纂（附四校记）》中没有专条，但考虑到江夏黄氏在汉魏六朝是出过黄香这位后世列入"二十四孝"的大孝子，终官魏郡太守。其他黄氏名人亦有黄忠、黄盖等。则《元和姓纂》原本当有黄姓，不过中古似未见琅琊黄氏。

④ 《元和姓纂（附四校记）》卷五"方"，第592页。

⑤ 《元和姓纂（附四校记）》卷二"俞"，第252页。俞氏中古时期绝少见，又常与俞氏相混，明清以来方旺盛于浙江，山阴俞氏、德清俞氏皆是也。

⑥ 《元和姓纂（附四校记）》卷一〇"戚"，第1607—1608页。

⑦ 《元和姓纂（附四校记）》卷五"何"，第570页。

⑧ 《元和姓纂（附四校记）》卷五"凌"，第634—635页。

⑨ 《元和姓纂（附四校记）》卷六"项"，第812页。不过下邳乃汉初楚王韩信所都，或因西楚霸王项羽一族为楚人而系以下邳。然因项羽身败，其族人亦绝少见于中古时期。

⑩ 《元和姓纂（附四校记）》卷五"严"，第779—785页。

⑪ 《元和姓纂（附四校记）》卷七"蒋"，第1061—1070页。

⑫ 《元和姓纂（附四校记）》卷一"锺"，第47—50页。此姓疑为锺离氏简化而来，《元和姓纂》卷一"锺离"载有会稽山阴人锺离意，第61页。《新集天下姓望氏族谱一卷并序》于会稽郡下亦有锺离氏，书目文献出版社1986年版，第96页。然无实据，暂从原文。

⑬ 《元和姓纂（附四校记）》卷五"丘"，第706—711页。

⑭ 《元和姓纂（附四校记）》卷一〇"卓"，第1490页。

⑮ 《元和姓纂（附四校记）》卷五"陶"，第565页。《元和姓纂》此条为岑仲勉所补，原文已佚。中古陶氏最著名者为寻阳陶氏，属于南方土著，参见魏斌《东晋寻阳陶氏家族的变迁》，《中国史研究》2002年第4期。

杜陵云氏、南阳滕氏①、吴郡宋氏②、高阳公孙氏③、彭城邹氏④ 11 个。至于《元和姓纂》中没有记载的姓氏,又有高频姓氏中的下邳余氏⑤ 1 个,低频姓氏中的扶风焦氏⑥、上党包氏 2 个。

当然,《元和姓纂》今本不全,在《元和姓纂》中记载有阙的郡望,能够从敦煌发现的《天下姓望氏族谱残卷》中得到印证,如南阳滕氏、高阳公孙氏、上党包氏 3 个。⑦ 也能从《新集天下姓望氏族谱一卷并序》中得到印证,如吴兴钱氏⑧、河南方氏、河间俞氏、北海戚氏⑨、庐江何氏、天水严氏、南阳滕氏、高阳公孙氏、下邳余氏、上党包氏 10 个。⑩

亦即,瓷墓志所见郡望中全新的内容有:彭城钱氏、南阳周氏、琅琊黄氏 3 个高频姓氏,河间凌氏、下邳项氏 2 个中频姓氏,谯国蒋氏、会稽锺氏、下邳丘氏、彭城卓氏、琅琊陶氏、杜陵云氏、吴郡宋氏、彭城邹氏、扶风焦氏 9 个低频姓氏。而从高频姓氏、中频姓氏、低频姓氏的

---

① 《元和姓纂(附四校记)》卷五"滕",第 639—640 页。

② 《元和姓纂(附四校记)》卷八"宋",第 1164—1177 页。

③ 《元和姓纂(附四校记)》卷一"公孙",第 32—35 页。

④ 《元和姓纂(附四校记)》卷五"邹",第 713—714 页。

⑤ 与余氏相近的有余邱氏,然亦无下邳郡望,见《元和姓纂》卷二"余邱",第 224 页。

⑥ 与焦氏同源的谯氏亦无扶风郡望,见《元和姓纂》卷五"谯",第 560 页。谯姓亦参见邓名世《古今姓氏书辩证》卷一〇"谯",江西人民出版社 2006 年版,第 147—148 页。

⑦ 《天下姓望氏族谱残卷》,《敦煌社会经济文献真迹释录》第一册,书目文献出版社 1986 年版,第 85—88 页。

⑧ 《新集天下姓望氏族谱一卷并序》系于吴兴郡下,而瓷墓志所载详细到吴兴郡武康县,然南朝时期钱氏多出吴兴郡长城县。参见陈伟扬《中古长城钱氏宗族研究》,学士学位论文,湖州师范学院,2013 年。鉴于《元和姓纂》于钱氏全无长城或武康之望,姑且不考虑这一差别。

⑨ 《新集天下姓望氏族谱一卷并序》释读为"战"字,然古无"战"字,疑即"戚"字。

⑩ 《新集天下姓望氏族谱一卷并序》,《敦煌社会经济文献真迹释录》第一册,书目文献出版社 1986 年版,第 93—97 页。

区分来看，低频姓氏中出现新见郡望最多，可见这一类姓氏群体的存在对于郡望研究的贡献比高频姓氏和中频姓氏要大，更能丰富对于中古时期姓氏生态的认识。总之，无论是可以印证的郡望，还是无法印证的新见郡望，皆能补充对于相关郡望的进一步研究。

除了姓氏与郡望，瓷墓志还提供了其他一些信息，比如关于姓氏起源、取名、取字等方面的信息，限于篇幅，不再一一论述。

## 二 瓷墓志所见上林湖地区中下层家庭

瓷墓志所能提供的信息，不仅在于上述姓氏和郡望问题，还有其他更多能够反映当地中下层社会的内容。本节从家庭角度略述瓷墓志所见晚唐至宋初上林湖地区中下层社会。

### （一）家庭规模与结构

关于瓷墓志所见家庭规模，可以从每件墓志所载家庭结构进行整理。但要注意其中同时属于一个家庭的不同成员墓志，通常会存在重复计算现象。因此，笔者统计除了排除信息不全的瓷墓志和残志以外，还排除了同一家族的不同件墓志，比如罗氏，后者将予以个案考察。以下，先就瓷墓志所见家庭成员予以列表（见表5）。

表5　　　　　　　　瓷墓志所见家庭成员结构

| 编号 | 夫 | 妻 | 子 | 女 | 孙辈 |
|---|---|---|---|---|---|
| 4 | 钱昌 | 钱姚氏 | 钱国荣、钱国华、钱国朝、钱国进、钱国泰 | 范钱氏 | |
| 5 | 陈云 | 陈韩氏 | 陈某、陈升、陈某、陈兴、陈遑 | | |
| 6 | 徐钯 | 徐姚氏 | 徐仲伦 | 郑徐氏、胡徐氏、张徐氏 | |

续表

| 编号 | 夫 | 妻 | 子 | 女 | 孙辈 |
|---|---|---|---|---|---|
| 9 | 陶某 | 陶王妃 | 三子 | 二女 | |
| 17 | 徐胜 | 徐戴氏 | 徐良 | 周徐氏、刘徐氏等七人 | |
| 19 | 某氏 | 某包氏 | 某义方、某义端 | 某氏、马某氏、钱某氏 | |
| 20 | 袁邕 | 袁王氏 | 袁俊、袁钦、袁少儒 | 四女 | |
| 22 | 刘荣 | 刘罗氏 | 刘则、刘棒子 | 钱刘氏 | |
| 24 | 秦忠 | 秦钱氏 | 秦严芝（娶刘氏）、秦严玭（娶陈氏） | 四女 | |
| 25 | 滕国兴 | 滕黄氏 | | 二女 | |
| 26 | 戚某 | 戚罗氏 | 戚公汶（娶曹氏）、戚公亮 | 三女 | |
| 27 | 某氏 | 某某氏 | 某公政、某公庆、某公会 | 二女 | |
| 28 | 徐某 | 徐刘氏 | 徐大和（娶罗氏）、徐小和、徐师成、徐师师 | 三女 | |
| 29 | 陆某 | 陆宋氏 | 陆鉴（娶秦氏） | | |
| 30 | 任荣 | 任周氏 | 任怦（娶于氏）、任咸（娶徐氏） | 余任氏、潘任氏、徐任氏 | 任闻、任足 |
| 31 | 翁某 | 翁余氏 | 翁齐殷（娶童氏）、翁齐臻（娶余氏） | 一女 | 长子有翁文建（娶张氏）等五子 |
| 32 | 某氏 | 某范氏 | 某敬复（娶王氏）、某敬休（娶经氏） | | |
| 33 | 刘宗 | 刘方氏 | 刘从口（娶胡氏）、刘从合、刘从益 | 徐刘氏、刘氏 | |
| 34 | 李少文 | 李郭氏 | 李约儒、李伯郊、李叔齐、李叔殷 | | |
| 35 | 郑某 | 郑何氏 | 郑德、郑师 | 一女 | |
| 36 | 田某 | 田某氏 | 田俭夫（娶某氏） | 某田氏 | |

续表

| 编号 | 夫 | 妻 | 子 | 女 | 孙辈 |
|---|---|---|---|---|---|
| 37 | 某氏 | 某潘氏 | 某□、某□（娶某氏）、某伦、某□ | 陈某氏① | |
| | | 某陈氏 | 某□惠、某孙惠、某长惠、某春惠 | | |
| 38—39 | 荀诠 | 荀许氏 | 荀元芳（娶俞氏）、荀元政（娶周氏）、荀元杲（娶钱氏） | 刘荀氏、马荀氏 | 五孙 |
| 40 | 张胤 | 张冯氏 | 张雅、张宝 | 二女 | 三孙 |
| 41 | 蒋达 | 蒋王氏 | 蒋容（娶徐氏） | 黄蒋氏、沈蒋氏、王蒋氏、俞蒋氏、王蒋氏、周蒋氏 | 蒋师遇（娶曹氏）、蒋师雅、蒋师敬等 |
| | | 蒋杨氏 | 蒋周（娶王氏）、蒋修（娶厉氏） | | |
| | | 蒋黄氏 | 蒋全（娶吴氏） | | |
| 42 | 锺明 | 锺何氏 | 锺俭（娶徐氏）、锺达、锺□ | 陈锺氏、徐锺氏、俞锺氏、孔锺氏、某锺氏、锺氏 | 锺冑（娶某氏） |
| 43 | 张孚 | 张黄氏 | | 孙张氏 | |
| | | 张徐氏 | 张师德（娶某氏）、张师翊、张禅和 | | |
| 44 | 刘某 | 刘潘氏 | 刘敬玄 | | |
| | | 刘公孙氏 | 刘师鲁、刘师长 | 郑刘氏、刘氏 | |
| 45 | 陈某 刘某 | 王氏 | 陈文况、陈文璨 | 方陈氏 | |
| 46 | 姚从著 | 姚刘氏 | 姚佐中 | 刘姚氏 | |
| 48 | 某播 | 某吴氏 | 某公瓒（娶蒋氏）、某公安 | 一女 | 公瓒生二男一女 |

① 原文为："潘氏育四子一女，长□曰……氏；三子伦，早夭而逝；四子……陈君。"可知四子仅第三子伦存其名，第二子似有娶妇某氏，一女似嫁陈君。

续表

| 编号 | 夫 | 妻 | 子 | 女 | 孙辈 |
|---|---|---|---|---|---|
| 49 | 某亮 | 某胡氏 | 某谏 | 陈某氏、杨某氏 | |
| | | 某吴氏 | | 孙某氏、葛某氏、沈某氏 | |
| 50 | 凌偁 | 凌曹氏 | 凌敬（娶王氏）、凌兼、凌爽 | 凌存、凌氏① | |
| 51 | 丘益 | 丘戴氏 | 丘珂（娶魏氏）、丘球（娶贾氏）、丘䫶（娶郁氏）、丘宣 | | |
| 52 | 周泰 | 周叶氏 | 周新（娶叶氏）、周宥（娶罗氏） | | |
| 53 | 王弘达 | 王马氏 | 王仲琚 | 凌王氏、陈王氏 | |
| 54 | 戚鲁 | 戚徐氏 | 戚训（娶魏氏） | | |
| 68 | 某氏 | 某陈氏 | 某鄂（娶魏氏）、某益（娶某氏）、某玘、某郁、某郢、某囗 | 任某氏、某氏、某娇姑 | |
| 69 | 俞囗 | 俞黄氏 | 俞汉球、俞汉璙、俞汉璋、俞汉超、俞汉瑫 | 囗俞氏、冯俞氏、罗俞氏、袁俞氏、陆俞氏 | 汉球子从质，汉璙子从海、从安，汉璋子从厚、胡僧、团郎、新郎，汉超有女，汉瑫未婚 |
| 70 | 吴歆 | 吴黄氏 | 吴球、吴师 | 吴僧娘 | |
| 71 | 余素知 | 余严氏 | 余德璋（娶胡氏）、余德言②（娶陈氏）、余德元（娶施氏）、余德全、余德囗 | 孙余氏、余氏、余氏 | 德璋三子，德言三子 |

---

① 原文著录为："娶曹氏，长三子二女焉，长子曰敬，娶王氏；次子曰囗兼；次一女存；次子曰爽，长女一人。"疑次子曰兼，而非"囗兼"，盖三子皆单名。

② 原文为"得言"，似从"德"，为德言。

续表

| 编号 | 夫 | 妻 | 子 | 女 | 孙辈 |
|---|---|---|---|---|---|
| 72 | 余备 | 余刘氏 | 余文郅（娶方氏）、余文实（娶刘氏）、余文敬（娶郑氏）、余文雅 | 余喜娘 | 文郅三子，长子余故，二女，长女巧娘；文实生子伴郎，女安娘；文敬生子狗儿 |
| 73 | 魏靖 | 魏罗氏 | 魏庠（娶戚氏） | 吴魏氏、戚魏氏 | |
| 75 | 方穑 | 方陈氏 | 方宾、方宗、方安、方全、方璟 | 莱方三娘、冯方四娘、郑方八娘、吴方十娘 | |
| 76 | 任琏 | 任邹氏 | 任匡宥（娶焦氏）、任匡寀、任匡寮①等六人 | | 匡宥有一子三女 |
| 77 | 卓从 | 卓沈氏 | 卓偹（娶凌氏）、卓会（娶丘氏）、卓彦（娶锺氏）、卓宗赏（娶王氏） | 范卓氏 | |
|  |  | 卓齐氏 | | | |
| 79—80 | 张某 | 黄氏 | 张师道（娶曹氏）、张弘坦（娶盛氏） | | |
|  | 陆某 | | | | |
| 81 | 李邯 | 李某氏 | 李文卿、李文德 | 李氏 | |
| 82 | 项峤 | 项杜氏 | 二子早丧，余排序为：项仕忻（娶魏氏、骆氏）、项仕赟（娶劳氏）、项仕荣（娶方氏）、项仕殷（娶徐氏）、项仕某、项仕琼（娶陈氏） | 楼项氏、倪项氏 | |

---

① 原文为"季曰寮"，据其兄长匡宥、匡寀，可知亦当名匡寮。

续表

| 编号 | 夫 | 妻 | 子 | 女 | 孙辈 |
|---|---|---|---|---|---|
| 83 | 杨从鲁 | 杨吕氏 | 杨仁范（娶郑氏）、杨仁规（娶叶氏）、杨仁矩（娶马氏）、杨仁矧 | 杨媒娘 | |
| 84 | 陈仕安 | 陈王氏 | 陈□儿、陈目儿、陈□儿、陈魏儿、陈满儿 | 陈八娘、陈九娘、陈十一娘、陈廿二娘 | |
| 88 | 马思邦 | 马闻三十娘 | 马从政（娶罗氏）、马从锴、马从晖 | □马二十三娘、张马氏、杨马氏、王马氏、王马氏 | |
| 89 | 俞某 | 俞某氏 | 俞从缄（娶余氏）、俞从德（娶夏氏）、俞从庆（娶闻氏）、俞从皓（娶蔡氏） | 钱俞马姑 | 俞承礼等孙 |

注：1. 姓氏不明者以"某"代替，志主名字不详者以"某"代替，子女中名字有阙又可知单名、双名者，以"□"代替缺字。2. 女性以从夫原则，以夫妻二姓冠之，若有名，则加名，无名，则曰某氏、某某氏，子女中女儿若出嫁，亦同。3. 子女中儿子若有婚娶，括出"娶某氏"，若有孙子、孙女，单独另列。

根据上表 53 例统计，大略可见晚唐至宋初上林湖地区中下层民众的家庭结构①，若从夫妻结合情况而言，大致可以分为三种类型。

---

① 关于唐宋之际家庭结构，[日]大泽正昭曾据《太平广记》材料予以研究，然不如此类墓志材料来得直接与精确，而且大泽氏虽然统计了地域，但并未考虑到地区之间的差异。参见[日]大泽正昭《唐宋变革期的家庭规模与结构——依据小说史料进行分析》，张国刚主编《中国社会历史评论》第五卷，商务印书馆 2007 年版，第 12—29 页。

第一，一夫一妻型。根据上表统计，共有45例，占全部53例样本的84.91%。可知，这是最常见的类型。这固然与中下层民众的经济条件不足以支撑一夫多妻（一夫一妻多妾）的生活成本有关，但也需要考虑一夫多妻（一夫一妻多妾）所带来的家庭稳定性下降，故一夫一妻型占据大多数。陈尚君对唐代墓志中的亡妻、亡妾墓志曾予以研究①，然官宦人家与中下层民众颇不一致，在瓷墓志中无娶妾记载。当然，不记载并不完全代表没有娶妾现象，不过从这里的统计数量来看，也并非不具有代表性。

第二，一夫一妻，妻死再娶型。这是比较少见的类型，根据上表统计，仅有6例，仅占所有样本的11.32%。这6例情况包括：第37件（865），"潘氏育四子一女……府君续娶陈氏"；第41件（869），"前娶琅琊王氏，生容；再杨氏，生周，次修，又不偕老；更娶黄氏，育子全"；第43件（873），"前娶江夏黄氏……夫人不幸，再娶东海徐氏"；第44件（874），"曩聘荥阳潘氏而育一子敬玄。天人结缡，未逾……逾旬而行云不返。府君再聘高阳公孙氏"；第49件（882），"娶安定胡氏，早夭而逝。……府君再娶吴氏"；第77件（922），"始娶吴兴郡沈氏为琴瑟……其沈氏颇有□□之，俄为中寿而逝。续娶齐氏"。从这些引文中可以看到，除第37件有点模糊外，都写明前妻去世后再娶。即使第37件，从"续娶"二字来看，应当也是前妻去世方才续娶。因此，这种比较少见的一夫一妻，妻死再娶型，实质仍然是一夫一妻型。

第三，一夫一妻，夫死再嫁型。除一男两娶乃至三娶外，亦有一女再嫁的情况，如第45件（874）、第79—80件（924）瓷墓志皆为再醮妇女。可引文如下：第45件，"自笄而归于陈氏之门……呜呼！陈府君早岁不幸，修短有期，琴瑟乖异，孩幼无依。续因良援，再聘彭城刘府君。……附于先府君之茔侧，礼也"；第79—80件，"洎笄而归于清河公……其公早丧，后娶吴郡陆府君之礼，其公无子，□然早丧。……归

---

① 陈尚君：《唐代的亡妻与亡妾墓志》，《中华文史论丛》2006年第2辑。

窆于当乡白洋新桥保西原之私第,新立茔坟之(礼)也"。这两位妇女与各自的再醮之夫皆无子嗣,故在去世后由与前夫所生子女主持,前者反葬前夫茔墓,后者另立新茔。两件墓志题名皆把墓主系于前夫名下,以前夫妻子的名义下葬。可见依然是一夫一妻制的变型,且在 53 例中仅占 3.77%,情况十分少见。

总之,晚唐至宋初上林湖地区中下层社会家庭中的夫妻关系基本是一夫一妻制。

若从子孙数量情况而言,可以从以下两方面来考虑:

第一,子女结构和数量。根据上表统计,就结构而言,大致分以下几种类型:

男孩比女孩多(加括号者为仅有男孩):如 4、(5)、9、22、24、27、28、(29)、31、(32)、33、(34)、35、37、38—39、43、44、45、48、50、(51)、(52)、(54)、68、70、71、72、75、(76)、77、79—80、81、82、83、84、89 等 36 例,占所有 53 例的 67.92% 之强,其中仅有男孩者 8 例,占所有 53 例的 15.1%。

女孩比男孩多(加括号者为仅有女孩):如 6、17、19、20、(25)、26、30、41、42、49、53、73、88 等 13 例,占所有 53 例的 24.53%,其中仅有女孩者 1 例,占所有 53 例的 1.89%。

男孩、女孩一样多:如 36、40、46、69 等 4 例,占所有 53 例的 7.55%。

由此统计可知,在当时当地家庭中,子女结构以男孩多于女孩的情况占主导,仅有男孩者更远多于仅有女孩者。虽然不知道这些男孩、女孩的先后出生时间,但依然能够看出重男轻女现象的存在。

若就数量而言,可得出 53 例共计 159 个男孩、108 个女孩,平均每例家庭正好有 3 个男孩、2 个女孩。这个数字大大超出大泽正昭从史料笔记中得出的平民家庭平均男孩 1 人、女孩 0.3 人的分析结果。[①] 且

---

① [日]大泽正昭:《唐宋变革期的家庭规模与结构——依据小说史料进行分析》,张国刚主编《中国社会历史评论》第五卷,商务印书馆 2007 年版,第 21 页。

笔者认为瓷墓志所反映的方是正常情况，因为其中包含少量夭亡的孩子，以及已经出嫁的女孩，而笔记小说中一般会忽略一些与故事并不相关的子女。

第二，孙辈的情况，因无法确认墓主去世后是否还有第三代出生的情况，以及大部分孙辈并不知晓其父为墓主的哪一个儿子，故无法全面统计。本文仅揭示其中能够确认各为谁子的情况。

在表五中，共有30、31、38—39、40、41、42、48、69、71、72、76、89等12例提供了孙辈信息，占所有53例的22.64%。当然，这并不是说仅有这些家庭有孙辈，但也颇能反映一些家庭的第一代生命短暂，没等到孙辈出生，即已经去世，即可间接反映中下层社会人口的寿命并不长。

此外，在这些记载孙辈的瓷墓志中，能够得到与子辈关系的有31、48、69、71、72、76这6例，占提供孙辈信息墓志的一半，占所有53例的11.32%。可见，当时瓷墓志书写中并不注重对于孙辈与子辈关系的描述。当然，从仅有的描述中，也能得到一些信息。即以男孩与女孩的对比而言，男孩比女孩多（包括仅有男孩）的，有第31例（859）、第48例（882）、第69例（910）中的俞汉球、俞汉璘、俞汉璋，第71例（914）、第72例（914）中的余文郅、余文敬等；女孩比男孩多（包括仅有女孩）的，有第69例中的俞汉超，第76例（922）等；男孩与女孩数量相等的有第72例中的余文实。可见，在孙辈情况中，依然是男孩更受重视。

### （二）反映社会流动的家庭个案——以罗氏为例

在《越窑瓷墓志》中罗氏家族共有9件瓷墓志，即第7、8、12—13、14、15、16、18、78、90件。其中，可分为四个分支，最大的一支分见第7件（832）、第8件（832）、第78件（922）、第90件（974），可称为罗A支。厉祖浩曾简单整理了罗A支的男性单线传承世系[1]，今在厉

---

[1] 厉祖浩：《越窑瓷墓志》，上海古籍出版社2013年版，第25页。

氏基础上整理家族世系和婚姻图如图1所示。

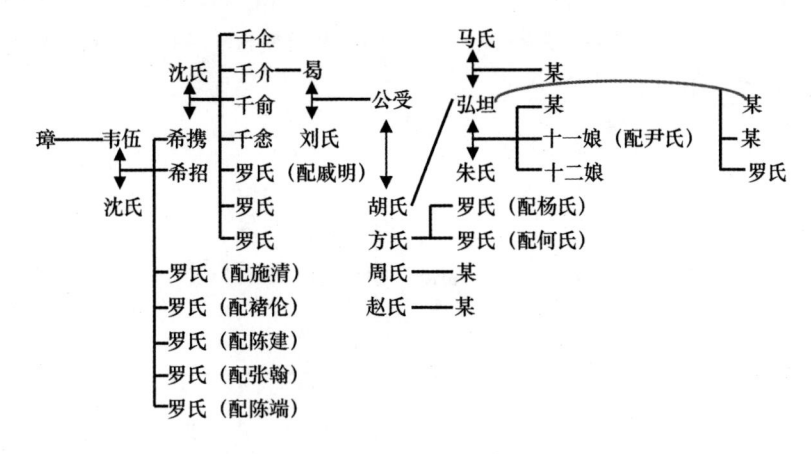

**图1 罗A支**

从所见瓷墓志来看，这一罗A支世系从罗璋到罗弘坦的孙子，共计九代人，在晚唐五代宋初延续了两百年左右。在这两百年时间，罗A支定居于上林乡地区，可谓大族。并且据前文，其郡望为"襄阳"，亦可见家族意识之强。不过从五代开始，罗A支方才借地方势力吴越钱氏的兴起而有所成就。龙德二年（922）下葬的第78件瓷墓志提及罗曷之子罗公受任"节度正十将"，可见其在浙东节度使府之中任职为正十将。十将为藩镇使府中的军职，正十将当是相对于副十将而言，瓷墓志中第73件（917）墓主魏靖亦居正十将之职。而罗公受能任职为正十将，当与其功有关。第90件瓷墓志记载，罗公受"太粗（祖）肇启，毁家为国之时，立肱股于上林，与陆相公同置窑务。造梁皇太庙，绀宇周圆；建西院□□□①林，殿堂俨傛（严备）。粗朝纳职，拜十将阶，其□作头。罗三十七郎资次承荫，同心共赞邦家，□省作头，转同散将"。可知罗公受因窑务而纳职，得以拜十将阶，其子罗三十七郎，即罗弘坦，亦得转为散将。此外，从婚姻来看，罗

---

① 此处原文三字模糊，然疑仅一字模糊。

A支也有与普通家庭不一般的势力，罗公受能娶四女，各生子女，即是一例。

除了罗A支，尚有罗B支，包括第14件（838）、第15件（839）墓志，世系图如图2所示。

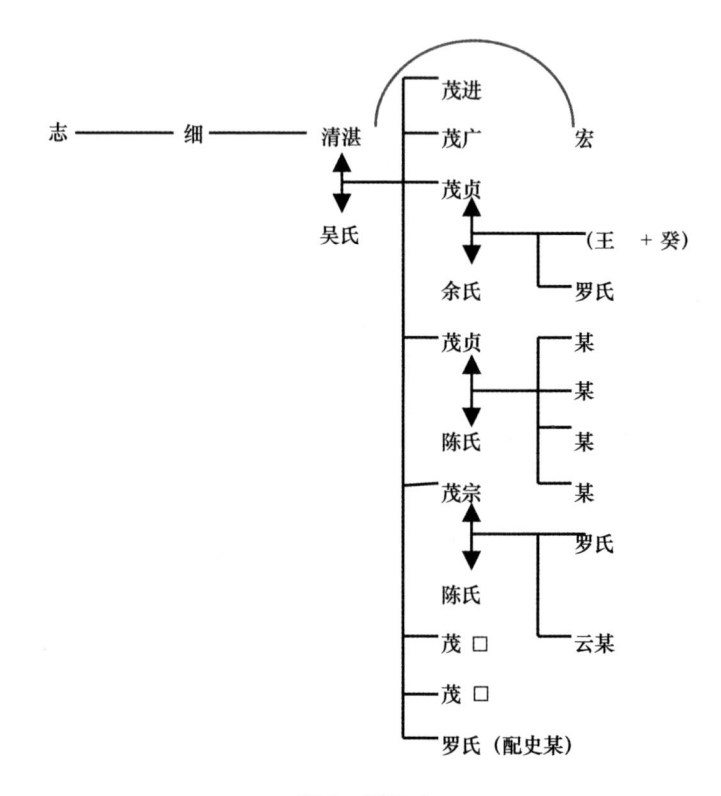

```
志 ── 细 ── 清湛    ┌ 茂进
              ↕      ├ 茂广 ───── 宏
              吴氏    ├ 茂贞
                     │   ↕      ┌ （王＋癸）
                     │   余氏   └ 罗氏
                     ├ 茂贞     ┌ 某
                     │   ↕      ├ 某
                     │   陈氏   ├ 某
                     ├ 茂宗     └ 某
                     │   ↕      ┌ 罗氏
                     │   陈氏   └ 云某
                     ├ 茂□
                     ├ 茂□
                     └ 罗氏（配史某）
```

**图2 罗B支**

此一罗B支，世系简单，然亦可知五代人之详情。然而此支罗氏与罗A支不一样，盖并无成员身居官位，似属平民家庭。而同样属于平民家庭的还有罗C和罗D支。其中罗C支似包括第12—13件（837）和第18件（843）瓷墓志，盖两位墓主子嗣辈字皆从"文"，其世系图约如图3所示。

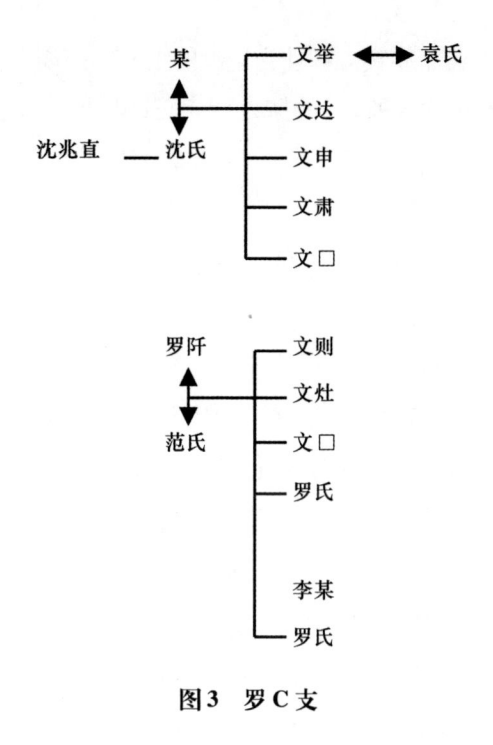

姓望与家庭：瓷墓志所见上林湖地区中下层社会(802—998) 105

```
                    ┌─ 文举 ⟷ 袁氏
            某       ├─ 文达
            ↕       ├─ 文申
  沈兆直 ── 沈氏     ├─ 文肃
                    └─ 文□


            罗阡     ┌─ 文则
            ↕       ├─ 文灶
            范氏    ├─ 文□
                    ├─ 罗氏
                    │
                    ├─ 李某
                    └─ 罗氏
```

**图3　罗C支**

最后则是罗D支，即第16件（839）瓷墓志，其世系图如图4所示。

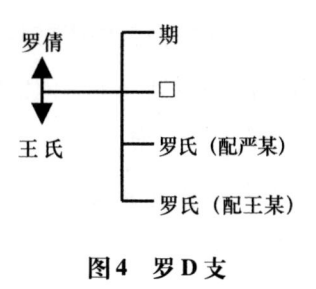

```
            罗倩     ┌─ 期
            ↕       ├─ □
            王氏    ├─ 罗氏（配严某）
                    └─ 罗氏（配王某）
```

**图4　罗D支**

　　通过上文列图，罗氏家族第B、C、D支虽然不知与A支是何亲缘关系，但此三支都在晚唐时期家世不显，与A支在晚唐时期境遇相差不多。在五代时期A支因地位上升而有别于其他三支。可见，地方政治势力的崛起，为社会阶层的流动提供了机遇与平台。厉祖浩对省瓷窑的考察，认为，起始于吴越国初期，即可证地方割据政权入贡中原王朝的需求，刺激了窑务的发展，抬升了一批如第89件（970）所示俞氏家族这样的中下层家族。① 随着家族实力和社会地位的上升，家族文化水平也日渐提高，瓷墓志中第76件（922）的撰人罗表正即属罗氏家族，惜不知其属于哪一支罗氏。

## 结　语

厉祖浩在《越窑瓷墓志》前言中，已经就瓷墓志所反映的造型与装饰分歧，葬地分布与志主身份认定，贡窑形成与瓷窑务设置，买地券片段保存与纳音、建除应用实例，进行了较为全面的整理。本文则通过对《越窑瓷墓志》一书中所收录的大部分瓷墓志，从姓氏、郡望、家庭结构、社会流动四个方面进行了整理。限于篇幅，关于瓷墓志所提供的墓主死亡年龄、死因等其他信息分析，留待日后进行。

从姓氏和郡望来看，瓷墓志所见共计96个姓氏中，高频姓氏、中频姓氏、低频姓氏的比例分别为19.8%、16.7%、63.5%，对比大和九年（835）余姚县《唐龙泉寺造像题名》，可以得到高频姓氏中重合度颇高的几个当地大姓：刘、王、陈、徐、周、胡、潘。而中频姓氏和低频姓氏的重合度则依次下降。这一下降趋势在郡望书写方面也能体现，高频姓氏全部书写有郡望，低频姓氏则不到一半。但低频姓氏郡望书写中，却能提供许多小众姓氏郡望信息，十分宝贵。

从家庭和社会来看，瓷墓志所见家庭中，除开罗氏家族墓志以及残志，在能够得到精确统计的53件瓷墓志中，可以得出当地中下层社会家庭结构基本为一夫一妻制或其变型妻死再娶型和夫死再嫁型。就子女数量而言，男孩比女孩多的家庭占了大多数。若53件瓷墓志取平均数，则每个家庭基本3个男孩，2个女孩。在较少记载的孙辈信息中，也能看出男孩比女孩多的情况。人口增加一定程度上是为了家族壮大，在罗氏家族个案中也有其例子，借助唐末五代吴越钱氏的兴起，如罗A支这样人

---

① 厉祖浩：《越窑瓷墓志》，上海古籍出版社2013年版，第32—34页。

口多的家族即得到了发展机会。

附记：文稿草成，感谢马思明兄的意见与建议。本文曾提交"新史料与新史学"（首届武汉大学历史学博士论坛，武汉大学，2014年9月13日）。会上承蒙刘安志老师、魏斌老师、陈曦老师评议，又蒙匿名评审专家提出修改意见，发表于王刚主编《珞珈史学·2014年卷》，武汉大学出版社2015年版，第99—133页。此后，应复旦大学仇鹿鸣师兄之请，就该文主要观点报告于"从文本到现场：考古与文献中所见唐宋南方社会"学术工作坊（浙江大学，2016年12月10—11日）。会上，承蒙陈尚君、唐雯二先生指瑕，在此一并致谢！

# 五代十国功臣号研究

## 前　言

唐宋官制研究，已经逐步多元化。如不再局限于对官职本身职能的研究，也开始关注官职名号所代表的特殊含义。从唐代开始出现的功臣号正是这样一种比较特殊的名号。功臣号是皇帝赐予臣子的名号，用以表彰其功劳。在治世，这是统治者控驭臣下的手段之一；在乱世，则成了臣子借以凸显自身特殊地位的手段。作为上下互动的一环，通过对功臣号的揭示，能够观察政治态势的走向，因此颇具学术价值。

对于唐代功臣群体的研究，学界已积累了一定成果：伍伯常讨论了唐初陪葬昭陵的功臣家族迁居京畿现象，古晓凤系统研究了凌烟阁功臣，蒙曼、黄楼分别对"唐元功臣"和"奉天定难功臣""元从奉天定难功臣"等群体予以关注。[1] 陶然则从唐末政局出发，对唐末功臣号的赐予及其制度化予以初步揭示。[2] 王苗的研究则是对唐代功臣号现象的综合之

---

[1] 伍伯常：《萃处京畿——从窆昭陵功臣家族迁居考述》，《中华文史论丛》2008年第3辑；古晓凤：《唐代凌烟阁功臣研究》，硕士学位论文，陕西师范大学，2008年；蒙曼：《开天政局中的唐元功臣》，《文史》2001年第4辑；黄楼：《唐德宗"奉天定难功臣"、"元从奉天定难功臣"杂考》，《魏晋南北朝隋唐史资料》第24辑，2008年，第150—164页。

[2] 陶然：《功臣名号与唐末政局关系研究》，学士学位论文，中央民族大学，2010年。

作。① 陈晓伟以辽代功臣号为对象所进行的研究，为本文提供了一个很好的范式。② 五代十国时期是功臣号发展过程中的成熟定型阶段，更能反映出一种制度的常态化。但学界对五代十国功臣号问题罕有专文论及，故笔者试图对此展开讨论。不足之处，敬请批评指正。

## 一 唐末功臣号

五代十国功臣号是宋代及以后诸朝功臣号的先声，又与唐末功臣号有直接继承关系，故先得厘清唐末情况。③ 咸平四年（1001），左司谏、知制诰杨亿（974—1020）曾经上书论道："又当今功臣之称，始于德宗，扈跸将士并加'奉天定难功臣'之号，因一时之赏典，为万世之通规。"④ 这是杨亿从宋人的角度来看待当时所存在的功臣号在历史上的流变，其出发点是"奉天定难功臣"这一形式更为接近五代宋初功臣号形式，成为后人如龚延明《宋代官制辞典》等论述依据。⑤ 唐德宗时期，功臣号专门赐予在皇帝危难时有护驾功劳的禁军将士和宦官。而到了唐末，已经扩展到文臣、藩镇将士，功臣号用字也突破了限制，更为冗长和多元。关于唐末功臣号，陶然、王苗等人已有讨论，但在功臣号收集等方面尚有缺漏。为更好地展开对五代十国功臣号的讨论，本文拟对唐末功臣号做进一步整理。

自唐德宗以后，朝廷很长一段时间未曾赐予群臣功臣名号，唐末何

---

① 王苗：《唐代功臣号研究》，硕士学位论文，中央民族大学，2012年。

② 陈晓伟：《辽代功臣制度初探》，《辽宁工程技术大学学报》（社会科学版）2009年第3期。

③ 功臣号起源于唐，但真正源头诸家观点各异，参见王苗《唐代功臣名号初赐时间考》，樊英峰主编《乾陵文化研究》第十辑，三秦出版社2016年版，第124—131页。

④ 《宋史》卷一六八《职官八》，中华书局1985年点校本，第4007页。

⑤ 龚延明：《宋代官制总论》，氏著《宋代官制辞典：增补本》，中华书局2017年版，第40页。

时重新开始功臣号赐予，目前尚无确切依据。值得重视的一则材料是五代后晋郭彦琼（871—939）的墓志，可能提供了唐末较早的功臣号赐予情况：

> 郭氏者，乃前唐安邦乐翊定难功臣、检校司空、右监门卫上将军弘素之玄孙也。其高祖曾征南蛮有功，□名在京兆府东北凤政原七十二功臣数内，碑记见存今京兆府昭应县灵口店南原上坟庄。见在兹年，敕赐私门立戟，乃乌头阀阅，迄今存焉。……公讳彦琼，字隐光，京兆府万年县洪固乡胄贵里人也。……以至天福三年十月二十八日，公忽婴疾恙，绵延经时。……寻于天福四年岁次己亥三月癸卯朔十四日丙辰即世，享年六十有九。……铭曰：……祖封功□兮乐翊安邦。①

根据志文，墓主郭彦琼高祖郭弘素因"征南蛮有功"受赐"安邦乐翊定难功臣"。晚唐时期南蛮即南诏，安史之乱后，南诏初依吐蕃，德宗朝后复附唐朝。至懿宗朝，又开始与唐廷冲突，曾在咸通（860—874）、乾符（874—879）年间入寇安南、西川，结果先后被禁军出身的以高骈为首的官军所击退②。郭彦琼生于唐末，其高祖郭弘素生活的年代当在中晚唐，很可能是随高骈出征而受赐功臣。晚唐诗人李洞在高骈克捷安南之后有《上灵州令狐相公》（一作《赠功臣》）一诗，曰："征蛮破虏汉功臣，提剑归来万里身。笑倚凌烟金柱看，形容憔悴老于真。"③ 从诗题、诗句中的"功臣"字样和诗中所用凌烟阁功臣典故来

---

① 余渥：《故银青光禄大夫检校右散骑常侍右内率府率同正兼御史大夫上柱国郭府君墓志铭并序》，吴钢主编《全唐文补遗》第五辑，三秦出版社1998年版，第73—75页。

② 邵明凡：《高骈年谱》，硕士学位论文，辽宁大学，2011年。

③ 李洞：《上灵州令狐相公》，《全唐诗增订本》卷七二三《李洞三》，中华书局1999年版，第8379页。

看，或可反映当时唐廷曾赐高骈等人功臣名号。只是传世文献并无关于"七十二功臣"的记载，这 72 人是专门针对征南蛮有功之人，还是囊括了懿、僖、昭时期曾赐过的所有功臣在内，尚不清楚。但从功臣号用字来看，当取法于"奉天定难功臣"，进而开启了僖宗、昭宗时期其他功臣号赐予。

由于藩镇干预朝政，僖宗、昭宗多次出入长安。在这一背景下，通过各种名爵赏赐拉拢各方政治势力，使之互相牵制，是维护皇权的少数手段之一。因此，功臣号赐予也扩展到文臣，比如文德元年（888）二月对文臣和宦官的赐号：

> 宰相韦昭度兼司空，孔纬、杜让能加左右仆射，进阶开府仪同三司，并赐号"持危启运保乂功臣"。……左右神策十军观军容使、左金吾卫上将军、左右街功德使、上柱国、弘农郡开国公杨复恭进封魏国公，加食邑七千户，赐号"忠贞启圣定国功臣"。①

此后又遍及藩镇节度使及其文武僚佐。陶然、王苗曾对唐末朱温、李克用、韩建等与中央互动频繁的藩镇节帅功臣号予以揭示。然而并未专门关注唐末其他藩镇的功臣号赐予。以吴越钱氏为例：

1. 【光化元年】：秋七月，敕授王（钱镠）检校太师，赐"定乱安国功臣"。②
2. 【光化二年】：二月，……仍赐两浙行军司马杜棱以下一百二

---

① 《旧唐书》卷一九下《僖宗纪》，中华书局 1975 年点校本，第 729 页。
② 钱俨：《吴越备史》卷一《武肃王》，《五代史书汇编》第十册，杭州出版社 2004 年点校本，第 6190 页。又见吴蜕《镇东军监军使院记》，《全唐文》卷八二一，第 8652 页；封舜卿《进越王钱镠为吴王竹册文》，《全唐文》卷八四二，第 8851 页。

十人并号"赞忠去伪功臣"。①

3. 璋,颍川人,少横恣不羁,历事诸帅俱无成,乃归行密。未几,复委质于钱镠。景福初,授杭州武勇都指挥使,改镇海军踏白使。乾宁中,领窦州刺史,从平董昌,诏赐"佐忠去伪功臣"。②

《九国志》所载陈璋于乾宁(894—897)中因跟随钱镠平定董昌而被赐予"佐忠去伪功臣",从一个侧面反映了《吴越备史》所载光化元年(898)赐"赞忠去伪功臣"的真实性,至于《九国志》的"佐忠"在《吴越备史》中变成了"赞忠",恐是《吴越备史》作者为避吴越忠献王钱弘佐之讳,故当以《九国志》为准。另外,钱镠本人所受"定乱安国功臣",虽然字面意义上比"佐忠去伪功臣"更能显示其统帅之功,却与下表所示同为藩镇节度使的李克用"忠贞平难功臣"和韩建"资忠靖国功臣"大致相当。可见,唐末功臣号即使泛滥,也有一定规律可循。并且随着藩镇势力进一步扩张,不仅存在于李克用、韩建、朱温等接近皇权的藩镇势力,也遍及或远或近的各地藩镇。

另有一则材料提示了黄巢政权也有类似功臣号赐予,即《旧五代史·张归霸传》:"巢陷长安,遂署为左番功臣。"③ 黄巢攻陷长安在广明元年(880)十二月,则比僖、昭二帝全面封赐功臣号还要早。不过,仅此还不足以证明"左番功臣"是唐代制度意义上的功臣号,对其源流也无法做过多推测。

根据统计,唐末功臣号封赐如表1所示。

---

① 钱俨:《吴越备史》卷一《武肃王》《五代史书汇编》第十册,杭州出版社2004年点校本,第6191页。此处120人之数,为群授功臣号的例子之一。又据同书同卷天祐二年(905):"十一月,王命建功臣堂于府门之西,树碑纪功,仍列宾寮将校,赐功臣名氏于碑阴,凡五百人。"第6198页。此处500人,当为所有将校名氏,而不限于被赐功臣之人。

② 路振:《九国志》卷一《陈璋传》,《五代史书汇编》第六册,杭州出版社2004年点校本,第3231页。

③ 薛居正:《旧五代史》卷一六《张归霸传》,中华书局2015年新点校本,第254页。

表1　　　　　　　　　唐末功臣名号简表

| 姓名 | 功臣名号 | 封赐时间 | 身份 | 来源 |
| --- | --- | --- | --- | --- |
| 郭弘素* | 安邦乐翊定难功臣 | 咸通、乾符年间 | 禁军将领 | 《郭彦琼墓志铭》 |
| 杨复光 | 资忠耀武匡国平难功臣 | 中和三年（883） | 宦官 | 《旧唐书·僖宗纪》 |
| 韦昭度、孔纬、杜让能 | 持危启运保义功臣 | 文德元年（888） | 朝臣 | |
| 杨复恭 | 忠贞启圣定国功臣 | | 宦官 | |
| 晋晖* | 怀忠耀武卫国功臣 | 文德元年（888）左右 | 禁军将领 | 《晋晖墓志铭》① |
| 杨公* | 奉圣保忠功臣 | 大顺二年（891）之前 | 禁军将领 | 《杨公夫人墓志铭》② |
| 王知进* | □圣宣义功臣 | 大顺二年（891）之前 | 藩镇将领 | 《静难军经幢铭记》③ |
| 徐彦若、王抟、崔胤 | 扶危匡国致理功臣④ | 乾宁二年（895） | 朝臣 | 《旧唐书》卷二上《昭宗纪》 |
| 李克用 | 忠贞平难功臣 | | 藩镇节帅 | |
| 韩建 | 资忠靖国功臣 | 乾宁四年（897） | 藩镇节帅 | |

---

① 严居贞：《大蜀故忠贞护国佐命功臣前武泰军节度观察处置等使开府仪同三司检校太师兼中书令守黔州刺史上柱国弘农王食邑五千户赠太师弘农王赐谥献武晋公墓志铭并序》，吴钢主编《全唐文补遗》第七辑，三秦出版社2000年版，第173—176页。

② 李贻厚：《大唐奉圣保忠功臣左神策军散兵马使押衙充昭弋都都知兵马使金紫光禄大夫检校刑部尚书兼御史大夫上柱国弘农杨公夫人陇西县君李氏墓志铭并叙》，周绍良、赵超主编《唐代墓志汇编》大顺○○三号，上海古籍出版社1992年版，第2523页。此墓志又见吴钢主编《全唐文补遗》第四辑，三秦出版社1997年版，第270—271页。

③ 赵珏：《静难军梨园镇新修禅院建尊胜经幢铭记》，吴钢主编《全唐文补遗》第七辑，三秦出版社2000年版，第159—160页。《全唐文补遗》原文"圣"字前并无空字，据文意补。

④ 王抟功臣号，据宋敏求编《唐大诏令集》所收韩仪《王抟平章事制》作"扶危壮国致理功臣"，当是宋人避"匡"字而改为"壮"。崔胤功臣号，《唐大诏令集》卷五四陆扆《崔胤武安军节度平章事制》（乾宁三年七月）作"持危匡圣致理功臣"，卷五○《崔胤崔远平章事制》（乾宁三年九月）作"扶危匡国致理功臣"，亦与《旧唐书》同，则陆扆制书用字有误。

续表

| 姓名 | 功臣名号 | 封赐时间 | 身份 | 来源 |
| --- | --- | --- | --- | --- |
| 华州兴德府将校* | 华州安跸功臣 | 光化元年（898） | 藩镇将校 | 《唐大诏令集》卷九九《升华州为兴德府敕》① |
| 钱镠* | 定乱安国功臣 | 光化元年（898） | 藩镇节帅 | 《吴越备史》卷一《武肃王》 |
| 钱镠僚佐杜棱等* | 佐忠去伪功臣 | 光化二年（899） | 藩镇将领 | |
| 孙德昭、周承诲、董彦弼 | 扶倾济难忠烈功臣 | 光化三年（900） | 禁军将领 | 《唐大诏令集》卷五《改元天复敕》 |
| 六军将士 | 怀忠定难功臣 | | 禁军 | |
| 崔胤 | 回天兴祚平难功臣 | | 朝臣 | |
| 郭遵诲* | 恭勤扈从功臣 | 天复元年（901）之前 | 宦官 | 《郭母刘氏墓志铭》② |
| 朱温 | 回天再造竭忠守正功臣 | 天复三年（903） | 藩镇节帅 | 《资治通鉴》卷二六四，唐昭宗天复三年二月戊寅条 |
| 朱温僚佐敬翔等人 | 迎銮协赞功臣 | | 藩镇僚佐 | |
| 朱温诸将朱友宁等人 | 迎銮果毅功臣③ | | 藩镇将领 | |
| 朱温诸将都头以下 | 四镇靖难功臣 | | 藩镇将领 | |
| 王镕* | 敦睦保定久大功臣 | 昭宗朝 | 藩镇节帅 | 《旧五代史·王镕传》 |

注：此表在陶然制表基础上增补，笔者所补打星号。

---

① 原敕文系于光化元年八月，然据《旧唐书》卷二〇上《昭宗纪》光化元年七月条："敕升华州为兴德府。"（第764页）则当在七月。

② 史哲：《唐故彭城县太君刘氏墓志铭并序》，吴钢主编《全唐文补遗》第六辑，三秦出版社1999年版，第205页。

③ 朱友宁功臣号，《新五代史》记为"迎銮毅勇功臣"，见欧阳修《新五代史》卷一三《朱友宁传》，中华书局2015年新点校本，第158页。

根据上表,可以总结出唐末功臣号的三大特点:1. 功臣号赐予范围从禁军将领、宦官扩大到文臣、藩镇节帅及其文武僚佐;2. 功臣号用词更加多元化,针对个人或群体的具体不同功劳专门制定;3. 中央朝臣和朱温、王镕等重要藩帅的功臣号用字在六个以上,次要藩帅和一般将士在四个字左右。

总之,唐末功臣号开启了五代十国功臣号赐予的常态化。

## 二 五代功臣号

五代时期的功臣号情况,相关文献并无专门记载,但依然能够从史料中寻找其脉络。先来看冯道《长乐老自叙》的总结,由于是当时人自述,更加真实地反映了五代人对功臣号的认识:

> 功臣名自经邦致理翊赞功臣至守正崇德保邦致理功臣、安时处顺守义崇静功臣、崇仁保德宁邦翊圣功臣。①

对此,《册府元龟·总录部·自述二》的记载与此基本一致。② 而《全唐文》所载《长乐老自叙》中,第一个是"经邦致理功臣"③,少了"翊赞"二字。在《册府元龟·帝王部·命相四》《全唐文》所载晋高祖授予冯道门下侍郎平章事的制文中,第一个功臣号则作"经邦致理翊戴功臣"④。

虽然在具体用词方面有所差异,但冯道这四个累积形成的功臣号,颇能反映五代时期的功臣号赐予情况。首先,冯道把功臣号列在阶、职、

---

① 《旧五代史》卷一二六《冯道传》,中华书局2015年新点校本,第1931页。
② 《册府元龟》卷七七〇《总录部·自述二》,凤凰出版社2006年点校本,第8921页。
③ 冯道:《长乐老自叙》,《全唐文》卷八五七,中华书局1983年影印本,第8993页上栏。
④ 《册府元龟》卷七四《帝王部·命相四》,凤凰出版社2006年点校本,第811页;晋高祖:《授冯道门下侍郎平章事制》,《全唐文》卷一一四,中华书局1983年影印本,第1161页下栏。

官、正官、爵、食邑、食实封、勋等八项之后的最后一位，可知功臣号作为一项后起名号，在时人眼中重要性尚在其他八项之下。但如上文对于唐末情况的论述来看，当时人在撰写个人署衔时，又往往以功臣号居于前。其次，冯道所获功臣号用词，并非简单袭自他人，而是契合冯道本人的生平和为人处世：比如"守正崇德""安时处顺""守义崇静""崇仁保德"等，即反映了冯道为人知足常乐的处世心态；而"经邦致理""保邦致理""宁邦翊圣"等，则反映了冯道从政崇尚宁静、无为而治的思想。① 可见，功臣号授予很大程度上参考了被授予人的行为性格甚或直接来自被授予人意见。因此，下文试图从功臣号赐予对象、赐予方式和用词统计等方面来分析五代历朝和十国诸国功臣号赐予行为：

### （一）功臣号赐予对象

沿袭唐末，五代时期赐予功臣号，从赐予对象分，有群体和个人之别，但互相之间亦有交叉。

首先看群体，五代王朝以群体为对象赐予功臣号的例子有如下几例：

【乾化元年】：秋七月，敕命淮南两浙幕府将吏五百人并赐"赞政安国功臣"。②

【同光元年三月】：诏随驾收复汴州、并扈从到洛及南郊立仗都将已下、至节级长行军将等：朕自削平中夏，扫荡群凶，被介胄以征行，历星霜而扈从，凡经百战，尽立殊功，永念丹心，真同赤子，若无旌赏，岂表恩荣？其都将官员司，并赐"协谋定乱佐国功臣"；

---

① 关于冯道的为人处世，参见 Wang Gungwu, "Feng Tao: an essay on Confucian loyalty", *Confucian personalities*, ed. Arthur Wright and Denis Twitchett, Palo Alto: Stanford University Press, 1962, pp. 123–45，中文本最初收入芮沃寿编，（台湾）"中央研究院"、中美人文社会科学合作委员会编译《中国历史人物论集》，正中书局1973年版，第162—198页。又收入《王赓武自选集》，上海教育出版社2002年版，第104—138页。

② 钱俨：《吴越备史》卷一《武肃王》，《五代史书汇编》第十册，杭州出版社2004年点校本，第6206页。

自仆射、尚书、常侍，至大夫、中丞，宜并赐"忠勇拱卫功臣"。其初带衔，宜并赐"忠烈功臣"。已有功臣名者，不在此限。其节级长行军将，并赐"扈跸功臣"。①

【同光元年四月】：应蕃汉马步将校并赐功臣名号，超授检校官，已高者与一子六品正员官，兵士并赐等第优给。其战殁功臣各加追赠，仍定谥号。②

【同光二年二月】：诸藩镇各赐一子出身，仍封功臣名号。③

【同光二年三月】：庚戌，……诸军将校，自检校司空以下，宜赐"叶谋定乱匡国功臣"。自检校仆射、尚书、常侍及大夫、中丞，并赐"忠勇拱卫功臣"。初带宪衔者，并赐"忠烈功臣"。节级长行，并赐"扈跸功臣"。④

【开运二年正月】：诏青州行营将校，自副兵马使以上，各赐功臣名号。⑤

【广顺元年正月】：马步诸军将士等，戮力叶诚，输忠效义，先则平持内难，后乃推戴朕躬。言念勋劳，所宜旌赏。其原属将士等，各与等第，超加恩命，仍赐功臣名号，已带功臣者，别与改赐。⑥

此处所列又分三种情况：1. 新王朝创建之后，赐予从龙功臣，如唐庄宗同光二年（924）三月、周太祖广顺元年（951）正月；2. 加恩于与创建王朝无关，但又是新王朝需要极力笼络的藩镇人员，如梁太祖乾化元年

---

① 《册府元龟》卷一三三《帝王部·褒功二》，凤凰出版社2006年点校本，第1474页。又见后唐庄宗《赐功臣名号诏》，《全唐文》卷一〇三，中华书局1983年影印本，第1058页上栏。其中，《全唐文》以"其都将官员司"为"其都将官员，自司空已下者"，以"带衔"为"带宪衔"，以最后一个"并赐"为"并宜赐"。
② 《旧五代史》卷二九《唐庄宗纪三》，中华书局2015年新点校本，第459页。
③ 《旧五代史》卷三一《唐庄宗纪五》，中华书局2015年新点校本，第488页。
④ 同上书，第491页。《新五代史》卷五《唐庄宗纪下》亦云："庚戌，赐从平汴州及入洛南郊立仗军士等功臣。"（第53页）
⑤ 《旧五代史》卷八三《晋少帝纪三》，中华书局2015年新点校本，第1277页。
⑥ 《旧五代史》卷一一〇《周太祖纪一》，中华书局2015年新点校本，第1697页。

（911）七月、唐庄宗同光二年（924）二月；3. 某场战事进行时，为激励将校而予以功臣名号，如晋出帝开运二年（945）正月。

另外，唐庄宗同光二年（924）三月赐功臣号一事，《册府元龟》系于同光元年（923）三月，然而当时唐庄宗尚未称帝，亦未入洛，更不用说南郊之事，所以《册府元龟》时间当为误记。不过《册府元龟》所载功臣号颇可与《旧五代史》相对照，这一封赠也反映出后唐功臣号沿袭了唐代旧章，即按等级高下予以不同字数和不同含义的功臣号。最高者达六字，最低者为两字；两字之中，"忠烈"又比"扈跸"更凸显其忠诚之意。

值得注意的是，《册府元龟》有一句在《旧五代史》中被删去的话："已有功臣名者，不在此限"。可见在唐庄宗封赐之前，已有赐予功臣号的情况。当然，这里所说的情况并非唐庄宗本人所赐，也许是唐末昭宗时期遗留下来的功臣号。这种情况并非不存在，如义武军节度使王处直于天祐二十年（923）正月去世时的署衔有"兴国推忠保定功臣"，其子王都署衔有"宣力启运功臣"。① 此时后唐庄宗尚未称帝，按理无权赐予功臣号，故王处直父子功臣号应是延续了唐末受赐功臣号。即便如此，这也说明了河东政权对唐代典章的继承，并直接延续到了后唐。

其次看个人所得功臣号。五代时期赐予个人功臣号的例子更为丰富，下表依据传世文献和出土墓志②逐代揭示相关赐予情况，并略去没有记载具体功臣号用词的事例。

---

① 和少微：《大唐故兴国推忠保定功臣义武军节度易定祁等州观察处置北平军等使开府仪同三司检校太师兼中书令北平王食邑五千户食实封三百户太原王公墓志铭并序》，《全唐文补遗》第七辑，三秦出版社2000年版，第166—168页。

② 本文定稿修改时，周阿根《五代墓志汇考》（黄山书社2012年版）已出版，此书收集墓志截止于2011年，然作者旨在根据墓志原石校对文字，很多没有原石进行校对的墓志铭失收。此外，其中已见其他著录者，与此书对比，功臣号用字方面并无异文；未见其他著录者，数量甚少，有功臣号者更少，不影响本文统计，暂且从略。本书定稿修改时，章红梅《五代石刻校注》（凤凰出版社2017年版）也已出版，此书主要针对已公布的五代石刻（包括墓志和造像记等）进行文字校证，因亦较少涉及功臣号，故暂且从略。

表2　　　　　　　　　　　后梁功臣号列表

| 姓名 | 功臣号 | 时间 | 来源 |
| --- | --- | --- | --- |
| 罗绍威 | 扶天启运竭节功臣 | 开平元年（907） | 《旧五代史·罗绍威传》 |
| 钱镠 | 启圣匡运同德功臣 | 开平元年 | 《吴越备史》卷一《武肃王》① |
| 王审知 | 忠勤守志兴国功臣 | 开平三年 | 《王审知墓志》② |
| 石彦辞 | 静难功臣 | 开平四年七月前 | 《石彦辞墓志》③ |
| 成及等 | 赞正安国功臣 | 乾化元年（911） | 《吴越备史》卷一《成及传》 |
| 王审知 | 忠勤保安兴国功臣 | 贞明二年（916） | 《旧五代史·末帝纪上》 |
| 高万兴 | 匡时定节功臣 | 贞明六年 | 《旧五代史·末帝纪下》 |
| 钱元瓘 | 匡扶定乱立正至道功臣 | 龙德二年（922） | 《吴越备史》卷二《文穆王》 |

根据表2，有三点值得注意：1. 在后梁五例中，"赞正安国功臣"受赐人为成及等钱镠幕府将士，《吴越备史》中除了成及，还记载了钱镠十

---

① 又见梁太祖《授钱镠太尉制》，《全唐文》卷一〇一，第1032页上栏；钱镠：《镇东军墙隍神庙记》，《全唐文》卷一三〇，第1306页上栏；李琪《梁启圣匡运同德功臣淮南镇海镇东等军节度使淮南浙江东西等道观察处置营田招讨安抚兼盐铁制置发运等使开府仪同三司尚父守尚书令扬杭越等州大都督府长史上柱国吴越王钱公生祠堂碑》，《全唐文》卷八四七，中华书局1983年影印本，第8902页下栏；李怿《封钱镠为吴越王玉册文》，《全唐文》卷八五四，中华书局1983年影印本，第8959页下栏；钱俨《吴越备史》卷一《武肃王》，《五代史书汇编》第十册，杭州出版社2004年点校本，第6202页。

② 翁承赞：《大唐故扶天匡国翊佐功臣威武军节度观察处置三司发运等使开府仪同三司守太师兼中书令福州大都督府长史食邑一万五千户食实封一千户闽王墓志并序》，1981年出土于福州市，录文见官桂铨、官大梁《闽王王审知夫妇墓志》，《文史》第28辑，1987年，第137—141页；又见吴钢主编《全唐文补遗》第七辑，三秦出版社2000年版，第182—186页。此功臣号亦见翁承赞《梁忠勤守志兴国功臣威武军节度使太师守中书令食邑一万三千户实封玖伯户闽王琅琊王公夫人魏国尚贤夫人乐安任氏墓志铭并序》，录文同载于《闽王王审知夫妇墓志》；又见吴钢主编《全唐文补遗》第七辑，三秦出版社2000年版，第437—439页。

③ 胡裳吉：《梁故静难功臣金紫光禄大夫检校司空前守右金吾卫大将军充街使兼御史大夫上柱国武威县开国男食邑三百户石府君墓志铭并序》，吴钢主编《全唐文补遗》第七辑，三秦出版社2000年版，第170—172页。

位儿子受赐情况①，当在上文所提及群赐钱镠幕府将吏500人之中，然而"赞正"并非前文所载"赞政"，不过从"安国"二字来看，似以"赞政"为确；2. 后梁功臣号赐予并不普遍，大致分为两类：罗绍威、钱镠、王审知、成及、高万兴、钱元瓘等在藩节度使及他们的子嗣、部将，这类人属于中央政权拉拢对象，不可不赐；而石彦辞虽为朱梁将领，但其"静难功臣"似延续了唐末群体赐予朱温将士功臣号中的"四镇静难功臣"，可能不算后梁功臣号；3. 王审知功臣号有"忠勤守志兴国"和"忠勤保安兴国"之别，两者赐予时间亦相差10余年，当为分别所赐两个功臣号，后者当属于对前者的改赐。②

表3　　　　　　　　　　后唐功臣号列表

| 姓名 | 功臣号 | 时间 | 来源 |
| --- | --- | --- | --- |
| 苌从简 | 竭诚匡国功臣 | 平梁之前 | 《旧五代史·苌从简传》 |
| 符存审 | 忠烈扶天启运功臣 | 同光初、平梁前 | 《旧五代史·符存审传》 |
| 李嗣源 | 竭忠启运匡国功臣 | 同光初、平梁前 | 《旧五代史·庄宗纪四》 |
| 张居翰 | 推诚保运致理功臣 | 同光初 | 《张居翰墓志》③ |
| 华温琪 | 推忠向义功臣 | 同光初 | 《旧五代史·华温琪传》 |
| 周光辅 | 协谋定乱功臣 | 同光初 | 《旧五代史·周光辅传》 |
| 郭延鲁 | 协谋定乱功臣 | 同光初 | 《旧五代史·郭延鲁传》 |
| 王清 | 忠烈功臣 | 同光初 | 《旧五代史·王清传》 |
| 康思立 | 忠勇拱卫功臣 | 同光初 | 《旧五代史·康思立传》 |
| 周令武 | 协谋定乱匡佐功臣 | 同光元年冬 | 《周令武墓志》④ |

---

① 钱俨：《吴越备史》卷一《武肃王》，《五代史书汇编》第十册，杭州出版社2004年点校本，第6209页。

② 诸葛计、银玉珍亦两存之，见二氏编著《闽国史事编年》，福建人民出版社1997年版，第80页。

③ 杨希俭：《唐故内枢密使推诚保运致理功臣骠骑大将军守右骁卫上将军知内侍省事上柱国清河县开国伯食邑七百户张公墓志铭并序》，吴钢主编《全唐文补遗》第七辑，三秦出版社2000年版，第176—179页。

④ 张廷胤：《故竭忠建策兴复功臣光禄大夫检校太傅使持节前蔡州诸军事蔡州刺史兼御史大夫上柱国汝南郡开国伯食邑七百户周公墓志铭并序》，吴钢主编《全唐文补遗》第五辑，三秦出版社1998年版，第75—77页。

续表

| 姓名 | 功臣号 | 时间 | 来源 |
|---|---|---|---|
| 韩恭 | 兴国推忠功臣 | 同光元年十一月前 | 《韩恭墓志》① |
| 相里金 | 忠勇拱卫功臣 | 同光中 | 《旧五代史·相里金传》 |
| 宋唐玉 | 推忠匡佐功臣 | 同光二年四月 | 《旧五代史·庄宗纪五》 |
| 杨希朗 | 推忠匡佐功臣 | 同光二年四月 | 《旧五代史·庄宗纪五》 |
| 孔谦 | 丰财赡国功臣② | 同光二年八月 | 《旧五代史·庄宗纪六》 |
| 卢质 | 论思匡佐（佐命）功臣 | 同光二年八月③ | 《旧五代史·庄宗纪六》 |
| 梁汉颙 | 协谋定乱匡佐功臣 | 同光二年 | 《梁汉颙墓志》④ |
| 王审知 | 扶天匡国翊佐功臣 | 同光三年春 | 《王审知墓志》 |
| 徐铎 | 忠义功臣 | 同光三年六月 | 《徐铎墓志》⑤ |
| 张廷蕴 | 竭忠建策兴复功臣⑥ | 天成初 | 《旧五代史·张廷蕴传》 |

---

① 周渥：《大唐故兴国推忠功臣光禄大夫检校太保守左金吾卫大将军致仕兼御史大夫上柱国昌黎县开国伯食邑七百户韩公墓志铭》，吴钢主编《全唐文补遗·千唐志斋新藏专辑》，三秦出版社2006年版，第423—424页。

② 功臣号亦见萧希甫《唐故丰财赡国功臣光禄大夫检校太傅守卫尉卿充租庸使兼御史大夫上柱国会稽县开国伯食邑七百户孔谦夫人刘氏夫人王氏合祔玄堂铭并序》，吴钢主编《全唐文补遗》第五辑，三秦出版社1998年版，第61—63页。

③ 卢质受赐"论思匡佐功臣"，《旧五代史》卷九三《卢质传》系于"同光元年冬"之后（第1430页），而同书卷三二《唐庄宗纪六》系于同光二年八月（第501页），同书卷一四九《职官志》则系于"八月"（第2323页），此处承上文同光元年四月之后，似指元年八月。又查王溥《五代会要》卷一三"翰林院"条："二年……其年八月，赐翰林学士承旨、户部尚书卢质'论思佐命功臣'，非常例也。"（中华书局1998年版，第173页）综合而言，当在同光二年八月。至于"匡佐"与"佐命"之别，则或为北宋史家为避赵匡胤之讳而改。

④ 刘崞：《晋故左威卫上将军赠太子太师安定郡梁公墓铭并序》，吴钢主编《全唐文补遗》第五辑，三秦出版社1998年版，第78—80页。

⑤ 赵延龄：《故竭诚耀武功臣左匡圣步军都副使兼第二明义指挥使金紫光禄大夫检校太保使持节彭州诸军事守彭州刺史兼御史大上柱国高平县开国男食邑三百户徐公内志》，吴钢主编《全唐文补遗》第七辑，第201—202页。

⑥ 又见张廷蕴、李璨《大唐颍州开元寺新钟铭并序》，吴钢主编《全唐文补遗》第七辑，第186—187页。

续表

| 姓名 | 功臣号 | 时间 | 来源 |
| --- | --- | --- | --- |
| 卢文进 | 推忠翊圣保义功臣 | 天成元年十二月 | 《授卢文进义成节度使制》① |
| 石敬瑭 | 竭忠建策兴复功臣 | 天成元年（926） | 《新五代史·晋高祖纪八》 |
| 孙汉韶 | 竭忠建策兴复功臣 | 天成二年八月 | 《孙汉韶墓志》② |
| 张虔钊 | 竭忠建策功臣 | 天成二年九月 | 《张虔钊墓志》③ |
| 石敬瑭 | 耀忠匡定保节功臣 | 天成二年 | 《旧五代史·晋高祖纪一》 |
| 梁汉颙 | 耀忠匡定保节功臣 | 天成二年 | 《梁汉颙墓志》 |
| 周令武 | 竭忠建策兴复功臣 | 天成二年 | 《周令武墓志》 |
| 卢质 | 耀忠匡定保节功臣 | 天成二年 | 《旧五代史·卢质传》 |
| 罗周敬 | 耀忠匡定保节功臣 | 天成三年二月 | 《罗周敬墓志》④ |
| 西方邺 | 竭忠建策兴复功臣 | 天成三年四月前 | 《褒夔州刺史西方邺制》⑤ |
| 王言 | 竭忠建策兴复功臣 | 天成三年七月前 | 《王言妻张氏墓志》⑥ |

① 功臣号用词见后唐明宗《授卢文进义成节度使制》，《全唐文》卷一〇六，中华书局1983年影印本，第1081页上栏；时间见《旧五代史》卷三七《唐明宗纪三》，中华书局2015年新点校本，第586页。

② 王义：《大蜀故匡时翊圣推忠保大功臣武信军节度遂合渝泸昌等州管内观风营田处置等使开府仪同三司守太傅兼中书令使持节遂州诸军事守遂州刺史上柱国乐安郡王食邑三千户食实封二佰户赠太尉梁州牧赐谥忠简孙公内志》，吴钢主编《全唐文补遗》第七辑，三秦出版社2006年版，第204—205页。

③ 王文祐：《大蜀故匡国奉圣叶力功臣北□行营都招讨安抚使兴元武定管界沿边诸寨屯驻都指挥使左匡圣马步都指挥使山南节度兴凤等州管内观风营田处置等使开府仪同三司检校太师兼中书令行兴元尹清河郡开国公食邑四千户食实封三百户□□□□□赐□□□清河张公墓志铭并序》，吴钢主编《全唐文补遗》第七辑，三秦出版社2006年版，第195—197页。

④ 殷鹏：《晋故竭诚匡定保义功臣特进检校太保右金吾卫上将军兼御史大夫上柱国长沙郡开国公食邑一千八百户食实封一百户赠太傅罗公墓志铭并序》，《全唐文》卷八五二，中华书局1983年影印本，第8946页上栏。

⑤ 功臣号用词见后唐明宗《褒夔州刺史西方邺制》，《全唐文》卷一〇六，中华书局1983年影印本，第1083页下栏；时间见《旧五代史》卷三九《唐明宗纪五》，中华书局2015年新点校本，第615页。

⑥ 匡习：《故清河郡君张氏墓铭并序》，吴钢主编《全唐文补遗》第一辑，三秦出版社1994年版，第438页。

续表

| 姓名 | 功臣号 | 时间 | 来源 |
|------|--------|------|------|
| 马全节 | 竭忠建策兴复功臣 | 天成三年 | 《旧五代史·马全节传》 |
| 赵德钧 | 兴邦守正翊赞功臣 | 天成四年二月前 | 《进封赵德钧制》① |
| 王晏球 | 竭忠建策兴复功臣 | 天成四年二月前 | 《进封王晏球等制》② |
| 朱弘昭 | 竭忠建策兴复功臣 | 天成四年四月前 | 《朱弘昭为妻李氏造经幢记》③ |
| 孙汉韶 | 耀忠匡定保节功臣 | 天成四年六月 | 《孙汉韶墓志》 |
| 韩汉臣 | 兴国推忠功臣 | 天成四年十月前 | 《韩汉臣墓志》④ |
| 康思立 | 耀忠保节功臣 | 天成四年 | 《旧五代史·康思立传》 |
| 安重诲 | 推忠致理佐命保国功臣 | 天成、长兴年间 | 《安重礼墓志》⑤ |
| 王延钧 | 扶天保大忠孝功臣 | 长兴元年五月前 | 《王延钧妻刘氏墓志》⑥ |

① 功臣号用词见后唐明宗《进封赵德钧制》，《全唐文》卷一〇六，中华书局1983年影印本，第1085页上栏；进封时间见《旧五代史》卷四〇《唐明宗纪六》，中华书局2015年新点校本，第628页。

② 功臣号用词见后唐明宗《进封王晏球等制》，《全唐文》卷一〇六，中华书局1983年影印本，第1085页下栏；进封时间见《旧五代史》卷四〇《唐明宗纪六》，中华书局2015年影印本，第628页。

③ 阙名：《朱弘昭为妻李氏造经幢记》，吴钢主编《全唐文补遗》第八辑，三秦出版社2006年版，第420—421页。

④ 周渥：《大唐故东头供奉官银青光禄大夫检校左散骑常侍左千牛卫将军兼御史大夫上柱国韩公墓志铭》，吴钢主编《全唐文补遗》第一辑，三秦出版社1994年版，第438—439页。

⑤ 李象：《大宋故郑州衙内指挥使银青光禄大夫检校工部尚书兼御史大夫上柱国安君墓志铭》，《全宋文》卷五三，上海辞书出版社2006年版，第3册，第272页。墓主为安重诲侄子，去安重诲在后唐明宗年间被杀已数十年，但也在行文中隐去了对安重诲曾任枢密使的记载，而仅记其任河中节度使。安重诲系衔包括功臣号又见于其弟安重遇墓志中，见颖赟《大周故护国军节度行军司马金紫光禄大夫检校司徒兼御史大夫上柱国武威县开国男食邑三百户安公墓志铭并序》，吴钢主编《全唐文补遗》第一辑，三秦出版社1994年版，第450页。

⑥ 郑昌士：《唐扶天保大忠孝功臣威武军节度使开府仪同三司检校太师守中书令福州大都督府长史闽王夫人故燕国明惠夫人彭城刘氏墓志并序》，吴钢主编《全唐文补遗》第七辑，三秦出版社2006年版，第179—182页。

续表

| 姓名 | 功臣号 | 时间 | 来源 |
|---|---|---|---|
| 康福 | 耀忠匡定保节功臣 | 长兴元年（930）① | 《旧五代史·康福传》 |
| 李承约 | 推忠奉节翊戴功臣 | 长兴二年八月② | 《旧五代史·李承约传》 |
| 石敬瑭 | 竭忠匡运宁国功臣 | 长兴二年十一月 | 《旧五代史·晋高祖纪一》 |
| 孟知祥 | 推忠再造致理功臣 | 长兴三年正月前 | 《孟知祥妻福庆长公主墓志》③ |
| 孟知祥 | 忠贞匡国保大功臣 | 长兴四年二月 | 《封孟知祥为蜀王册文》④ |
| 张虔钊 | □忠匡定保节功臣 | 长兴四年 | 《张虔钊墓志》 |
| 朱弘昭 | 竭诚推戴安邦保运功臣 | 应顺元年闰正月前 | 《朱弘昭建经幢记》⑤ |
| 孟汉琼 | 忠贞扶运保泰功臣 | 应顺元年闰正月 | 《旧五代史·闵帝纪》 |
| 罗周敬 | 竭诚匡定保义功臣 | 应顺元年（934）春 | 《罗周敬墓志》 |
| 石敬威 | 忠顺保义功臣 | 天成、应顺年间 | 《旧五代史·石敬威传》 |
| 白奉进 | 忠顺保义功臣 | 应顺年间 | 《旧五代史·白奉进传》 |
| 孙彦韬 | 竭忠建策兴复功臣 | 长兴、清泰年间 | 《旧五代史·孙彦韬传》 |
| 石敬瑭 | 扶天启运中正功臣 | 清泰三年五月 | 《旧五代史·晋高祖纪一》 |

根据表3，可以明显看出，在后唐时期，对功臣号的赐予更趋多样化。

---

① 《旧五代史》卷九一《康福传》云："到镇岁余，西戎皆款附，改赐福'耀忠匡定保节功臣'，累加官爵。"（第1399页）又据《五代十国方镇年表》"灵州"篇，第212页，康福于天成四年就任，长兴元年奏捷，故系之。

② 《五代十国方镇年表》，"潞州"，中华书局1997年版，第349页。

③ 崔善：《唐推忠再造致理功臣剑南两川节度使管内营田观风处置统押近界诸蛮兼西山八国云南安抚制置等使开府仪同三司检校太尉兼中书令行成都尹上柱国清河郡开国公食邑一千五百户食实封一百户孟公夫人福庆长公主墓志铭并序》，吴钢主编《全唐文补遗》第四辑，三秦出版社1997年版，第276—277页。

④ 功臣号用词见后唐明宗：《封孟知祥为蜀王册文》，《全唐文》卷一一二，中华书局1983年影印本，第1143页；册封时间见《旧五代史》卷四四《唐明宗纪十》，中华书局2015年新点校本，第692页。

⑤ 阙名：《朱弘昭建经幢记》，吴钢主编《全唐文补遗》第七辑，三秦出版社2006年版，第222页。

首先是群体授予与个人授予并重，并呈等级化分布，在表中：1. 周光辅、郭延鲁的"协谋定乱功臣"属于前文群体受赐"协谋定乱匡国功臣"的两个例子，只是少了"匡国"二字，或为北宋史家避赵匡胤之讳而删；2. 康思立、相里金的"忠勇拱卫功臣"属于群体赐予中第二级之"忠勇拱卫功臣"，并且由此可以证明前文《册府元龟》记载的正确性，而非《旧五代史》的"忠果拱卫功臣"；3. 王清的"忠烈功臣"，明显属于群体赐予中第三级"忠烈功臣"；4. 宋唐玉、杨希朗的"推忠匡佐功臣"是同时授予此二人，属于小型群体授予；5. 后唐庄宗时期，除了以上之外的其他受赐人物，如苌从简、符存审、李嗣源、卢质、华温琪、孔谦、王审知等人，几乎每人一个特殊功臣号，可见在大规模进行群体授予的同时，亦有针对个人功劳特殊性予以赐号；6. 到了后唐明宗时期，又出现了同一个功臣号先后赐予多人现象，比如张廷蕴、石敬瑭、孙汉韶、周令武、西方邺、王名言、马全节、王晏球、孙彦韬受赐"竭忠建策兴复功臣"，张虔钊"竭忠建策功臣"亦类似，又如石敬瑭、梁汉颙、卢质、罗周敬、孙汉韶、康福受赐"耀忠匡定保节功臣"，康思立"耀忠保节功臣"亦类似（或因避赵匡胤之讳而删"匡定"），还有石敬威、白奉进受赐"忠顺保义功臣"等，不过因为不一定属于同时受赐，所以也有别于群体赐予。

其次是功臣号含义更趋多样化，体现出与受赐人相配合。最特别的就是孔谦作为一个财政大臣，受赐"丰财赡国功臣"，一看便知其特殊功劳。另外，作为后梁旧臣的华温琪受赐"推忠向义功臣"，显为褒奖其能够归顺后唐。除此之外，一些特殊功臣号中的"启运""兴复"等更是有所指代。

表4　　　　　　　　　　后晋功臣号列表

| 姓名 | 功臣号 | 时间 | 来源 |
| --- | --- | --- | --- |
| 赵莹 | 推忠兴运致理功臣 | 天福元年闰十一月 | 《旧五代史·高祖纪二》 |
| 桑维翰 | 推忠兴运致理功臣 | 天福元年闰十一月 | 《旧五代史·高祖纪二》 |
| 苌从简 | 推忠佐运保国功臣 | 天福元年十二月 | 《旧五代史·苌从简传》 |

续表

| 姓名 | 功臣号 | 时间 | 来源 |
| --- | --- | --- | --- |
| 冯道 | 经邦致理翊戴功臣 | 天福元年十二月 | 《授冯道门下侍郎平章事制》① |
| 王清 | 扈跸忠孝功臣 | 天福元年（936） | 《旧五代史·王清传》 |
| 郭延鲁 | 输诚奉义忠烈功臣 | 天福初 | 《旧五代史·郭延鲁传》 |
| 钱元瓘 | 兴邦保运崇德至道功臣② | 天福二年二月 | 《旧五代史·高祖纪二》 |
| 马希范 | 扶天佐运同德致理功臣 | 天福二年十二月 | 《旧五代史·高祖纪二》 |
| 李继忠 | 输忠奉国功臣 | 天福二年 | 《旧五代史·李继忠传》 |
| 范延光 | 推诚奉义佐运致理功臣 | 天福三年九月 | 《旧五代史·高祖纪三》 |
| 安元超 | 忠勇功臣 | 天福四年六月前 | 《安元超母墓志》③ |
| □彦廙 | 推忠保顺功臣 | 天福四年十月前 | 《□彦廙女幢记》④ |
| 马希广 | 推诚奉节弘义功臣 | 天福五年五月前 | 溪州铜柱铭文⑤ |
| 康福 | 输忠守正翊亮功臣 | 天福六年二月⑥ | 《旧五代史·康福传》 |

① 功臣号用词见晋高祖《授冯道门下侍郎平章事制》。时间见《旧五代史》卷七六《晋高祖纪二》，中华书局2015年新点校本，第1157页。

② 《旧五代史》原文未书改功臣名号为何，然据《吴越备史》卷二《文穆王》，第6227页，有晋高祖天福三年十一月赐钱元瓘册文云"咨尔兴邦保运崇德至道功臣"，可知后晋所赐功臣号即此。又，《五代史书汇编》本《吴越备史》于此功臣号句读失当，今正之。册文又见《全唐文》卷一一七，中华书局1983年影印本，第1184页。

③ 阙名：《大晋洛京故陈留县君何氏墓志铭文并序》，吴钢主编《全唐文补遗》第五辑，三秦出版社1998年版，第445—446页。

④ 杜谦：《晋故太原郡小娘子幢记》，吴钢主编《全唐文补遗》第七辑，三秦出版社2006年版，第189—190页。

⑤ 释文转引自彭武一《湘西溪州铜柱与土家族历史源流》，中央民族大学出版社1989年版，第23页。

⑥ 《旧五代史》卷九一《康福传》云："及移领河中，加兼侍中。以天和节入觐，改赐输忠守正翊亮功臣"（第1400页）；又据《五代十国方镇年表》"蒲州"篇，第125页，康福于天福五年三月受任河中镇，天福六年三月受封许国公；再据《旧五代史》卷七六《晋高祖纪二》，晋高祖的天和节在二月二十八日（第1158页），则康福改赐功臣号当在天福六年二月。

续表

| 姓名 | 功臣号 | 时间 | 来源 |
|---|---|---|---|
| 杨千 | 忠力协赞功臣 | 天福六年八月前 | 《杨千墓志》① |
| 钱弘佐 | 保邦宣化忠正功臣 | 天福六年十一月 | 《吴越备史》卷三《忠献王》② |
| 钱弘佐 | 保邦宣化忠正翊戴功臣 | 天福七年三月 | 《吴越备史》卷三《忠献王》③ |
| 刘遂清 | 竭诚翊戴保节功臣 | 天福七年 | 《旧五代史·刘遂清传》 |
| 王清 | 推忠保运功臣 | 天福七年 | 《旧五代史·王清传》 |
| 袁彦进 | 忠贞保卫功臣 | 天福八年八月 | 《袁彦进墓志》④ |
| 韩通 | 忠贞佐圣功臣 | 天福八年 | 《韩通墓志》⑤ |
| 沈斌 | 输忠宣力功臣 | 天成、天福年间⑥ | 《旧五代史·沈斌传》 |
| 王廷胤 | 竭忠匡运佐国功臣 | 开运元年九月前 | 《王廷胤墓志》⑦ |
| 钱弘佐 | 推诚匡运忠亮威德功臣 | 开运三年三月 | 《吴越备史》卷三《忠献王》 |

① □宪:《后晋故青州刺史弘农杨公墓志铭并序》,吴钢主编《全唐文补遗》第二辑,三秦出版社1995年版,第81页。杨千原名杨敬千,避晋高祖石敬瑭讳而单名千,《五代墓志汇考》一五九(第432页)著录"杨敬千",误。又据墓志铭原文,杨千受赐功臣号时间在石敬瑭巡幸邺都之前,故定为天福六年八月前。

② 又见和凝《吴越文穆王钱元瓘碑铭》,《全唐文》卷八五九,中华书局1983年影印本,第9008页。

③ 同上。

④ 韩桂:《大周故输诚效议功臣光禄大夫检校太保前行宁州刺史权知阶州军州事濮阳郡开国侯食邑一千户袁公墓志并序》,吴钢主编《全唐文补遗》第一辑,三秦出版社1994年版,第456—457页。

⑤ 陈保衡:《故检校太尉同中书门下平章事使持节郓济等州观察处置等使兼侍卫亲军马步军副都指挥使仍加食邑五百户食实封二百户赠中书令韩公墓志》,《全宋文》卷四一,第3册,上海辞书出版社2006年版,第47—50页。

⑥ 《旧五代史》卷九五《沈斌传》云:"天成初,授检校司空、虢州刺史,其后历壁、随、石、卫、威、衍、忻、赵八州刺史,累官至检校太保,赐输忠宣力功臣。开运元年,为祁州刺史。"(第1475页)则沈斌受赐功臣号当在天成初以后,开运元年之前,而《沈斌传》又被安排在《晋书》,且"输忠"二字多见于后晋时,故而系之于后晋。

⑦ 苏畋:《大晋故竭忠匡运佐国功臣横海军节度沧景德州观察处置管内河堤等使充北面行营步军左右厢都指挥使特进检校太师使持节沧州诸军事行沧州刺史兼御史大夫上柱国太原郡开国公食邑三千户食实封一百户赠侍中王公墓志铭》,吴钢主编《全唐文补遗》第六辑,三秦出版社1999年版,第217—219页。

后晋功臣号，从表4来看，比后唐要少。且后唐在建立之时曾群体赐予功臣号，而后晋似无大规模封赐现象。不过，从表中也可以发现一些特征：1. 延续了后唐时期的"推忠"，而无后唐时常见的"耀忠"，却有后唐时未见的"输忠"；2. 对吴越国王钱弘佐的封赐，既有累积功臣号，如在"保邦宣化忠正功臣"上加"翊戴"二字，也有完全改赐为"推诚匡运忠亮威德功臣"等；3. 赐给半独立性政权之国王的功臣号，比赐予朝臣的要长，如吴越国钱元瓘、钱弘佐、楚国马希范、魏博镇范延光等，皆获赐八字。而此前后唐并无八字功臣号，后梁时期也只有一例。这表明对于在外藩镇的特殊优赏。

表5　　　　　　　　　　后汉功臣号列表

| 姓名 | 功臣号 | 时间 | 来源 |
| --- | --- | --- | --- |
| 宋偓 | 开国奉圣功臣 | 天福十二年九月 | 《宋偓神道碑》① |
| 袁彦进 | 忠贞佐圣功臣 | 天福十二年九月 | 《袁彦进墓志》 |
| 薛逢吉 | 开国佐命匡圣功臣 | 高祖年间 | 《薛逢吉墓志》② |
| 王守恩 | 开国佐命忠节功臣 | 高祖年间 | 《王守恩墓志》③ |
| 李涛 | 开国佐命辅圣功臣 | 高祖年间 | 《李涛罢相制》④ |
| 宋偓 | 开国奉圣保定功臣 | 乾祐元年二月 | 《宋偓神道碑》 |
| 石仁赟 | 推诚翊戴功臣 | 乾祐元年六月 | 《石仁赟母墓志》⑤ |

---

① 王禹偁：《右卫上将军赠侍中宋公神道碑奉敕撰》，《全宋文》卷一六〇，上海辞书出版社2006年版，第8册，第140—149页。

② □昭懿：《故汉开国佐命匡圣功臣（下阙）开国公食邑（下阙）薛公（下阙）》，吴钢主编《全唐文补遗》第五辑，三秦出版社2006年版，第83—85页。

③ 杨廷美：《故推诚奉义翊戴功臣开府仪同三司检校太师右金吾卫上将军上柱国许国公食邑五千户食实封一千三百户赠太子太师太原王公墓志铭并序》，《全宋文》卷四一，上海辞书出版社2006年版，第3册，第38—41页。

④ 刘承祐：《李涛罢相制》，《全唐文》卷一二一，中华书局1983年影印本，第1217页下栏。

⑤ 赵逢：《大周故北京飞胜五军都指挥使银青光禄大夫检校司空兼御史大夫上柱国赠左骁卫将军石公妻河南郡太夫人元氏墓志铭并序》，吴钢主编《全唐文补遗》第一辑，三秦出版社1994年版，第454—455页。

续表

| 姓名 | 功臣号 | 时间 | 来源 |
|---|---|---|---|
| 钱弘俶 | 匡圣广运同德保定功臣① | 乾祐二年三月 | 《吴越备史》卷四《吴越国王》 |
| 王守恩 | 推诚奉义翊戴功臣 | 乾祐三年 | 《王守恩墓志》 |

后汉在五代中最为短寿，故而对功臣号的赐予例子亦少。不过也有其特色，特别是功臣号中反复出现"开国""佐命"等字样，充分反映了五代乱世中，新建王朝欲以此种褒扬手段来收买武将人心的情况，只是最终没能挽回其加速败亡的命运。

表6　　　　　　　　　　　后周功臣号列表

| 姓名 | 功臣号 | 时间 | 来源 |
|---|---|---|---|
| 王饶 | 推诚奉义翊戴功臣 | 广顺初 | 《旧五代史·王饶传》 |
| 袁彦进 | 输诚效义功臣 | 广顺元年四月 | 《袁彦进墓志》 |
| 韩通 | 输忠翊戴功臣 | 广顺元年（951） | 《韩通墓志》 |
| 宋偓 | 推诚奉义翊戴功臣 | 广顺元年 | 《宋偓神道碑》 |
| 冯晖 | 推诚奉义同德翊戴功臣 | 广顺元年 | 《冯晖墓志》② |
| 李彝谨 | 推诚望戴功臣 | 广顺二年正月前 | 《李彝谨墓志》③ |

---

① 又见刘承祐《封钱弘俶为吴越国王玉册文》，《全唐文》卷一二一，中华书局1983年影印本，第1221页上栏。另外，《全唐文》卷八四一，第8845页下栏至第8846页上栏，有署名朱珍的《加忠懿王天下兵马都元帅敕》，其中亦提及此功臣号。

② 刘应：《□朔方军节度使中书令卫王故冯公墓志铭》，吴钢主编《全唐文补遗》第三辑，三秦出版社1998年版，第300—301页。

③ 郭峭：《故推诚望戴功臣金紫光禄大夫检校太保持节绥州诸军事绥州刺史兼御史大夫上柱国李公墓志铭并序》，吴钢主编《全唐文补遗》第八辑，三秦出版社2005年版，第247—248页。

续表

| 姓名 | 功臣号 | 时间 | 来源 |
|---|---|---|---|
| 钱弘俶 | 推诚保德安邦致理忠正功臣① | 广顺二年二月 | 《吴越备史》卷四《吴越国王》 |
| 郭进 | 推诚翊戴功臣 | 显德初年前 | 《郭公屏盗碑铭》② |
| 史彦超 | 输忠翊戴功臣 | 显德元年五月前 | 《赠史彦超检校太师制》③ |
| 韩通 | 推诚奉义翊戴功臣 | 显德元年秋 | 《韩通墓志》 |
| 秦仁美 | 忠勇功臣 | 显德元年十一月前 | 《大周秦君墓志》④ |
| 秦仁训 | 忠勇功臣 | 同上 | 《大周秦君墓志》 |
| 麻洪千 | 效忠保节功臣 | 显德四年三月前 | 《麻洪千母墓志》⑤ |
| 李谷 | 推忠协谋佐理功臣 | 显德四年八月前 | 《李谷罢相制》⑥ |
| 冯于休 | 推诚翊戴功臣 | 显德四年八月前 | 《冯晖墓志》 |

后周存在十年，在功臣号赐予方面沿袭了前朝制度。因为后周大多

---

① 又见前揭《加忠懿王天下兵马都元帅敕》，《全唐文》卷八四一，第8846页上栏。此敕文虽然作者所系有误，但内容与《吴越备史》所载之事一致，当为后周时敕文。唯其功臣号为"推诚保德安邦致治忠正功臣"。

② 功臣号用词见杜韡：《大唐推诚翊戴功臣金紫光禄大夫检校司徒使持节卫州诸军事卫州刺史兼御史大夫上柱国太原县开国男食邑三百户郭公屏盗碑铭》，《全唐文》卷八五九，中华书局1983年影印本，第9012页上栏；立碑时间见《宋史》卷二七三《郭进传》，中华书局1985年点校本，第9335页。另外，杜韡碑文所题"大唐"，当为"大周"之误。

③ 周世宗：《赠史彦超检校太师制》，《全唐文》卷一二五，第1251页下栏；史彦超战殁时间见《新五代史》卷一二《周世宗本纪》，中华书局2015年新点校本，第141页。

④ 纪清强：《大周秦君墓志》，吴钢主编《全唐文补遗》第八辑，三秦出版社2005年版，第250页。

⑤ 左华：《故太原夫人王氏墓志铭》，吴钢主编《全唐文补遗》第八辑，三秦出版社2005年版，第251页。

⑥ 功臣号用词见周世宗《李谷罢相制》，《全唐文》卷一二五，中华书局1983年影印本，第1253页上栏；罢相时间见《旧五代史》卷一一七《周世宗纪四》，中华书局2015年新点校本，第1811页。

数文臣武将继续出仕宋朝，故而有记载的功臣号当不止此表所列。但从中还是可以看出，后周时期，君主对于臣下的效忠行为十分看重，表中所有功臣号，都以"推诚""输忠"开头，并多见"翊戴"等字样，其频率远超前朝。另外，"忠勇功臣"等亦表明低级将领的功臣号依然存在。

### （二）功臣号赐予方式

五代时期，每个人的功臣号并非一成不变，褒之则增，惩之则削，上文数表中一人于不同时间获赐不同功臣号的情况即反映了这种现象。另外，改赐功臣号和保留原来的功臣号的情况也甚为普遍。

（1）增改。增改功臣号，包括在原有功臣号的基础上增字，或赐予新词以替换旧词。这两种情况，虽然理论上能够细分，然而在面对实际情况时，往往会混淆，特别是当不清楚某人原先功臣号时。因为即使是改赐，也可能是在原有功臣号基础上增字并变换顺序。故笔者合二为一。

相关事例如：后唐建立，王审知"遂增井赋，仍改功臣"①；后晋天福二年（937），对楚王马希范"加食邑实封，改赐功臣名号"，泰宁军节度使李从温、荆南节度使高从诲、归德军节度使赵在礼也"并加食邑实封，改功臣名号"②；天福七年（942）正月，对青州节度使杨光远"加食邑，改赐功臣名号"③；后晋高祖时，吴越国王钱元瓘也曾得到"加食邑实封，改赐功臣名号"④的待遇；后晋少帝时，对两浙节度使吴越国王

---

① 钱昱：《忠懿王庙碑文》，《全唐文》卷八九三，中华书局 1983 年影印本，第 9328 页。此处所改"功臣"即功臣号。
② 《旧五代史》卷七六《晋高祖纪二》，中华书局 2015 年新点校本，第 1160 页。
③ 《旧五代史》卷八〇《晋高祖纪六》，中华书局 2015 年新点校本，第 1229 页。
④ 《旧五代史》卷七六《晋高祖纪二》，中华书局 2015 年新点校本，第 1161 页。

钱弘佐、福建节度使王延羲，"并加食邑，仍改赐功臣名号"①；后周太祖称帝时下诏："马步诸军将士等，戮力叶诚，输忠效义。先则平时难，后乃推戴朕躬。言念勋劳，所宜旌赏。其原属将士等，各与等第，超加恩命，仍赐功臣名号，已带功臣者别与改赐。"② 显德四年（957）五月，对宰臣范质、李谷、王溥"并加爵邑，改功臣"③；后周恭帝时，对天下兵马都元帅、守尚书令、兼中书令、吴越国王钱俶"加食邑一千户，实封四百户，改赐功臣"④。

以上所举功臣号改赐，既有同一政权内改赐，也有不同政权之间改赐情况。五代政权更迭频繁，不同朝代之间功臣号改赐也体现了这种更迭。王审知在后梁末帝贞明二年（916）四月受赐"忠勤保安兴国功臣"⑤，后唐庄宗即位后又"遣使奉贡，制加功臣，进爵邑"⑥。前文所述冯道历仕四朝，其四个功臣号也是在不同朝代获得的。

（2）削号。除了增、改功臣号，也有因故被削去功臣号。比如后唐灭亡前蜀之后，对前蜀官员采取的政策即"其有功臣者削去"。此段话下的小字注："案：此句疑有脱误，据《五代会要》，作'其有功臣名号，并宜削去'。"⑦ 可见，后唐对前蜀官员所持功臣号采取了削去政策，以示其僭伪。当然，功臣号被削去后也有恢复。如后晋天福三年（938），

---

① 《旧五代史》卷八一《晋少帝纪一》，中华书局 2015 年新点校本，第 1245 页。

② 《旧五代史》卷一一〇《周太祖纪一》，中华书局 2015 年新点校本，第 1697 页。

③ 《旧五代史》卷一一七《周世宗纪四》，中华书局 2015 年新点校本，第 1810 页。

④ 《旧五代史》卷一二〇《周恭帝纪》，中华书局 2015 年新点校本，第 1849 页。

⑤ 《旧五代史》卷八《梁末帝纪上》，中华书局 2015 年新点校本，第 144 页。

⑥ 《旧五代史》卷一三四《王审知传》，中华书局 2015 年新点校本，第 2087 页。

⑦ 《旧五代史》卷三三《唐庄宗纪七》，中华书局 2015 年新点校本，第528 页。

诏范延光"可复推诚奉义佐运致理功臣"云云。①

（3）保留。功臣号保留情况，如后唐庄宗时，"以竭忠启运匡国功臣、天平军节度使、开府仪同三司、检校太傅、兼侍中、蕃汉马步总管副使、陇西郡侯李嗣源为依前检校太傅、兼中书令、天平军节度使、特进，封开国公，加食邑实封，余如故"②，其中功臣号并未改变；后周世宗时李谷"可守司空，加食邑五百户食实封二百户，功臣散官勋如故"③，这时李谷的功臣号为"推忠协谋佐理功臣"；当时南方政权南唐的情况也一样，《全唐文》中有南唐授予林仁肇为浙西节度使的制书，其文云："功臣、散官、勋封如故。"④

通过以上观察可知，五代功臣号授予情况与职、散、勋、爵之间并无固定对应关系，即不同职位所得赐的功臣号并无严格区分，甚至截然相反。虽然并没有直接材料证明五代时期功臣号的授予像下文所论之宋代那样有严格制度，但后唐同光元年（923）八月，庄宗赐翰林学士承旨、户部尚书卢质"论思匡佐功臣"，被认为是"亦非常例也"⑤。可见，五代时期功臣号的授予乱中有序。前文所提及的庄宗分功劳大小赐予不同功臣号，也沿袭了唐末方式。

总之，功臣号为五代常用系衔。正如学者所论，唐人全套官衔"可能包含大约十二个组成部分：职事官、散官、勋官、爵号、使职、检校官、兼官、试衔、功臣、持节、赏赐、死后赠官"⑥。这样的区分，或许

---

① 《旧五代史》卷七七《晋高祖纪三》，中华书局2015年新点校本，第1185页。

② 《旧五代史》卷三〇《唐庄宗纪四》，中华书局2015年新点校本，第475页。

③ 周世宗：《李谷罢相制》，《全唐文》卷一二五，中华书局1983年影印本，第1253页上栏。

④ 徐铉：《林仁肇浙西节度使制》，《徐铉集校注》卷六，李振中校注，中华书局2018年版，第399页。

⑤ 《旧五代史》卷一四九《职官志》，中华书局2015年新点校本，第2323—2324页。

⑥ 赖瑞和：《论唐代的检校官制》，《汉学研究》第24卷第1期，2006年6月，第175页。

有些琐碎，但也可以反映中晚唐五代时期拥有功臣号的情况已很普遍。

### （三）功臣号的用词统计

到了宋代，功臣号授予更加有章可循。就字数来看，"宰相初加六字，余官初加四字，其次并加两字，旧有功臣者改赐"，而对于皇子、皇亲，"初加四字，次加两字"，对诸班直将士禁军，"初加二字，再加亦如之"。① 另一种说法则是："宰相初加即六字，余并四字，其累加则二字。中书、枢密所赐，若罢免或出镇，则改之。其诸班直将士禁军，则赐'拱卫''翊卫'等号，遇恩累加，但改其名，不过两字。"② 这里所说，主要是依照大臣文、武性质以及官职高低，对于不同人赐予不同功臣号。

另外，就具体的功臣号用词来看，据龚延明《宋代官制辞典》所制之表：

表7　　　　　　　　　　宋代功臣号③

| 赐予对象 | 功臣号 |
| --- | --- |
| 赐中书、枢密院臣僚 | 推忠、协谋、同德、佐理、守正、亮节、翊戴、赞治、经邦、崇仁、保顺 |
| 赐皇子、皇亲、文武臣僚、外臣 | 推诚、保德、翊戴、守正、亮节、同德、佐运、崇仁、协恭、赞治、宣德、纯诚、保节、保顺、忠亮、竭诚、奉化、效顺、顺化 |
| 赐禁军诸班直将校 | 拱卫、翊卫、卫圣、保顺、忠果、拱极、护圣、奉庆、果毅、肃卫、雄勇 |

龚氏原注：此表据《职官分纪》卷四九《功臣》、《宋史·职官志》九《功臣》、《却扫编》卷中、《宋会要·礼》五九之二一至二六等制成。

---

① 《宋史》卷一六九《职官九》，中华书局1975年点校本，第4062页。
② 《宋史》卷一七〇《职官十》，中华书局1975年点校本，第4080页。
③ 龚延明：《宋代官制辞典：增补本》，中华书局2017年版，第41页。本文引用北宋部分。

此表中，除了"亮节""赞治""协恭""宣德""效顺""顺化""翊卫""拱极""护圣""奉庆""肃卫""雄勇"等并未出现在唐末五代十国功臣号中之外，其余皆可找到在唐末五代十国的运用实例。而更重要的是出现于唐末五代十国，而又不见于此表的功臣号用词。当然，因为此表并未经过数据统计分析，所以还不能代表宋代功臣号用词真实情况，故而出现于唐末五代十国的功臣号用词并非大量消失于宋代。

表8中，笔者仅就前文所述唐末五代功臣号和下文所要论到的十国功臣号具体做一统计。但鉴于原始统计表数据庞大，不便于放入正文，故而仅把统计结果如表8所示。

表8　　　　　　　　　唐末五代十国功臣号用词统计

| 功臣名用词 | 唐末 | 后梁 | 后唐 | 后晋 | 后汉 | 后周 | 十国 |
|---|---|---|---|---|---|---|---|
| 用词总计 | 42 | 21 | 50 | 43 | 14 | 18 | 51 |
| 新词总计 | 42 | 14 | 36 | 19 | 4 | 4 | 27 |
| 新词为后世沿用总计 | 20 | 6 | 19 | 5 | 1 | — | — |
| 新词占用词总数百分比（％） | 100 | 66.67 | 72 | 44.19 | 28.57 | 22.22 | 52.94 |
| 新词为后世沿用者占新词总数百分比（％） | 47.62 | 42.86 | 52.78 | 26.32 | 25 | — | — |

说明：1. 由于唐末以前功臣号用词仅有"元从""定难"二词，大大少于唐末及其以后的功臣号用词，故而本表从唐末起列，略去唐末以前用词；2. 本表用词总计、新词总计部分仅就笔者所见各个时期用词做统计，不代表精确数字，日后会随着新出史料增补；3. 如果要更精确地统计，需要加入宋代功臣号用词，并对比辽代功臣号用词，但限于篇幅，这一步将在日后进行。

由表8可知：

第一，唐末为功臣号制度奠定期，一共出现42个全新用词，而且新词中为后世沿用的占了新词总数47.62％，将近一半。

第二，后梁亦属功臣号制度发展期，虽然用词总数不多，但新词所占百分比也达66.67%，其中为后世沿用者占42.86%，占了四成有余。

第三，后唐为功臣号用词第二个爆发期，除了用词总数占唐末五代各阶段最多外，在新词创造方面也占五代王朝榜首，高达72%，且其中为后世沿用的超过了新词一半，比唐末比率还高。

第四，后晋相对于后唐来说，在用词总数上有所缓和，但依然高于后梁，并且新词创造率和新词为后世沿用率，皆处在后唐、后梁之后，居五代王朝第三位。

第五，后汉、后周两个时期，功臣号新词数急剧下降，表明在这一时期，功臣号用词已经基本局限于前代所创立的一些用词中，无甚新意，从而趋于稳定。另外，后周所创新词因为本文不涉及对宋代功臣号统计而暂付阙如。

第六，关于十国功臣号，因十国与五代可以说是同时并存，所以此处所谓新词只能说是按照目前材料不见于五代的用词。从统计来看，这些"新词"占了十国功臣号用词总数的52.94%，亦即十国功臣号用词与五代重复率不到一半，可以说反映了十国在制度方面与五代相似，而又有迥异之处。

## 三　十国功臣号

五代中原王朝延续唐朝传统，继续使用功臣号来褒奖臣子，这一制度也为十国所沿用。其传播方式当有两种：第一，唐朝旧臣入仕南方诸国，或后唐旧臣入仕后蜀，后汉旧臣入仕北汉之后，延续了旧有功臣号制度；第二，中原王朝对各地藩镇节度使赐予功臣号，使得其中一些藩镇自立为国时，也效仿了功臣号制度。限于史料，下文仅以明确提及功臣号的吴·南唐、吴越国、王闽、前蜀·后蜀、北汉这几个政权为例，来论述十国功臣号赐予情况。

### （一）吴·南唐政权

十国割据政权中，以西蜀、南唐文物最盛，而其中又属南唐号称继承唐室基业，于制度方面更直接地沿袭了唐朝。另外，虽然南唐建立于杨吴政权基础上，但杨氏称帝时，已是东海徐氏家族掌权①时期，故而在文物制度方面，杨氏一族作用很小。具体到功臣号方面，笔者列表9如下。

表9　　　　　　　　　　杨吴功臣号列表

| 姓名 | 功臣号 | 时间 | 来源 |
| --- | --- | --- | --- |
| 张崇 | 推忠翊圣功臣 | 武义元年（919）十一月前 | 《庐山记》卷五 |
| 徐温 | 竭忠定难建国功臣 | 顺义元年（921）左右② | 《旧五代史》卷一三四 |
| 李涛 | □义赞明功臣 | 顺义四年（924）十月前 | 《李涛妻汪氏墓志》③ |
| 徐知诰 | 辅政兴邦功臣 | 顺义七年（927）十月 | 《旧五代史》卷一三四 |

---

① 关于唐末五代东海徐氏家族，参见胡耀飞《世系·命运·信仰：唐末五代东海徐氏家族三题》，杜文玉主编《唐史论丛》第十三辑，三秦出版社2011年版，第116—137页。

② 《旧五代史》卷一三四《李昇传》原文为："由是群心乃定，遂迎丹阳王溥于润州，以其年六月十八日即伪位，改元为顺义。自是温父子愈盛，中外共专其国，杨氏主祭而已。温累官至竭忠定难建国功臣、大丞相、都督中外诸军事、诸道都统、镇海宁国等军节度、宣歙池等州管内营田观察等使、开府仪同三司、守太师、中书令、金陵尹，封东海王，食邑一万户，实封五百户。"（第2080页）徐温功臣号仅见于此。据《资治通鉴》，杨溥即吴国王位在武义二年，改元顺义在武义三年，并非同一年事；而徐温所累之官，据《资治通鉴》，其在武义元年即已累官为"大丞相、都督中外诸军事、诸道都统、镇海·宁国节度使、守太尉兼中书令、东海郡王"，故而徐温接受功臣号当在武义年间，最晚不过顺义初年。见《资治通鉴》卷二七〇"梁末帝贞明五年四月"条，中华书局1956年点校本，第8843—8844页。

③ 阙名：《□□□义赞明功臣□左右拱圣军统军光禄大卿检校太傅□□□上柱国赵郡开国伯食邑七百户李涛故妻颍川县君汪氏墓志铭并序》，吴钢主编《全唐文补编》卷一五六，中华书局1956年点校本，第1914—1915页。另外，据上文，徐温以权臣的身份，食邑一万户而仅拥有六字功臣号，张崇以安西大将军、庐州刺史、开国侯也仅拥有四字功臣号，而李涛只是开国伯，食邑才封七百户，当不至于拥有六字功臣号，故而"□□□义赞明功臣"中的前两字似非功臣号用词，或为"有吴""大吴"字样，今略去，只留"□义赞明功臣"。

由表9可知：1. 杨吴政权功臣号起自杨氏称"吴国王"时期，从一个侧面反映了杨吴政权割据性质，正如《资治通鉴》所言：武义元年甫"即吴国王位"，便"建宗庙社稷，置百官，宫殿文物皆用天子礼"①。而功臣号正是其中一个方面的体现。2. 杨吴功臣号赐予范围，以权臣徐温为地位最高，李涛作为左右拱圣军统军在已有四人中地位最低，亦可见功臣号赐予范围已扩展到禁军将领。3. 从四人皆为武将可以看出杨吴政权在功臣号的赐予范围上以武将为主，反映出其政权建立的基础为杨行密集团的武力扩张。

表10　　　　　　　　　　　南唐功臣号列表

| 姓名 | 功臣号 | 时间 | 来源 |
| --- | --- | --- | --- |
| 刘崇俊 | 匡时启运功臣 | 昇元年间 | 《刘崇俊神道碑》② |
| 王彦俦 | 佐时卫圣功臣 | 升元年间 | 《王彦俦加阶制》③ |
| 徐知证 | 应运匡国佐圣功臣 | 升元六年（942）七月前 | 《庐山太一真人庙记》④ |

① 《资治通鉴》卷二七〇"梁末帝贞明五年四月"条，中华书局1956年点校本，第8843—8844页。

② 据《刘崇俊神道碑》，刘崇俊死于保大四年，则功臣号当为此前所受，见徐铉《大唐故匡时启运功臣清淮军节度寿州观察处置等使特进检校太傅使持节都督寿州诸军事寿州刺史御史大夫上柱国彭城威侯赠太尉刘公神道碑》，《徐铉集校注》卷一一，中华书局2018年版，第592页。功臣号又见徐铉《刘崇俊起复制》，《徐铉集校注》卷七，中华书局2018年版，第429页。若把此制与下文《王彦俦加阶制》放在一起，则可知升元年间即有功臣号。关于徐铉此二制撰写时间，亦可从同卷《宋齐邱知尚书省制》的时间可以看出，参见李文泽《徐铉行年事迹考》，《宋代文化研究》第三辑，四川大学出版社1993年版，第100页；金传道《徐铉年谱》，内蒙古教育出版社2010年版，第30页。

③ 徐铉：《王彦俦加阶制》，《徐铉集校注》卷七，中华书局2018年版，第433页。正如朱玉龙《五代十国方镇年表》"池州"篇注一（432页）所言，"《徐公文集》不载行制年月，权附此备参"。朱氏所附时间为升元五年，此时王彦俦正在池州任上。又据徐铉《招讨妖贼制》（《徐铉集校注》卷七，第443页），张遇贤进入南唐在保大元年，故而此制文写作时间当在升元年间。

④ 徐知证：《庐山太一真人庙记》，《全唐文》卷八七〇，中华书局1983年影印本，第9105页下栏。

续表

| 姓名 | 功臣号 | 时间 | 来源 |
| --- | --- | --- | --- |
| 杜昌业 | 翊圣功臣 | 保大三年（945）二月前 | 《庐山记》① 卷五 |
| 张居咏 | 顺天翼运功臣 | 保大三年（945）左右② | 《十国春秋·张居咏传》 |
| 王继勋 | 推忠效节奉圣功臣 | 保大四年（946） | 《王继勋墓志》③ |
| 皇甫晖 | 推忠奉囗保乂功臣 | 保大十一年（953）二月前 | 《庐山记》卷五 |
| 黄延谦 | 推诚破敌功臣 | 保大十五年（957）九月前 | 《庐山记》卷五 |
| 孙汉晖 | 推忠扞敌功臣 | 显德五年（958）八月之前 | 《庐山记》卷五 |
| 林仁肇 | 安边忠武功臣 | 乾德五年（967）二月之前 | 《龙兴寺钟款识》④ |

综观南唐功臣号赐予，可以得出如下几点：1. 南唐前期，功臣号字数与个人地位政治地位直接相关，如：杜昌业功臣号只有两个字，因为他的爵位仅仅是开国子，食邑仅仅五百户⑤；徐知证食邑一万户⑥，王继

---

① 陈舜俞：《庐山记》，《大正新修大藏经》第51册"史传部三"，日本大正一切经刊行会，1924—1934年。关于此书对吴、南唐史料的保存，参见胡耀飞《宋人陈舜俞〈庐山记〉所见吴·南唐史料考论》，《长江文明》第7辑，河南人民出版社2011年版，第50—71页。

② 《十国春秋》卷二一《张居咏传》原文为："元宗立，罢为镇海军节度使。无何，卒，赐号顺天翼运功臣，特赠守太子太傅、上柱国、清河郡开国公。"张居咏卒年，未知为哪一年，而朱玉龙《五代十国方镇年表》"润州"篇系于保大三年，未知何据，姑以约数取之。

③ 陈致雍：《左威卫大将军琅琊太尉侍中王府君墓志铭并序》，《全唐文》卷八七五，中华书局1983年影印本，第9155页。又，此志于1987年出土于南京市雨花台区，虽阙字颇多，然亦能读出其中功臣号字样，为"囗囗效节奉圣功囗"。此志有南京市博物馆周裕兴考证文章《略谈新发现的五代闽国王氏族人墓志》（《福建史志》1994年第5期），然而周氏并未查对《全唐文》中已有的陈致雍原文全文。此志文又收录于《全唐文补遗》第七辑，题名为《王君墓志》，功臣号著录为"囗囗效节奉圣功臣"，第444—445页。

④ 林仁肇：《龙兴寺款识》，《金石萃编》卷一二〇《五代四》，中国书店1991年版，叶五至叶六。

⑤ 陈舜俞：《庐山记》卷五《古碑目第七》，第1049页下栏。

⑥ 同上书，第1048页上栏。

勋食邑三千户①，皇甫晖骁卫将军、上柱国、开国伯、食邑七百户②，皆达到六个字；王彦俦开国侯、二千户③，刘崇俊从上柱国、开国子、食邑五百户，升为上柱国、彭城侯④，黄延谦以开国伯、七百户⑤，都只有四个字功臣号。2. 被后周打击之后，南唐开始使用中原王朝年号，并贬损制度。在功臣号方面，也降低了标准，如孙汉晖以上柱国、开国侯、食邑一千户⑥，林仁肇以开国侯、食邑一千户⑦，皆只能获赐四字功臣号。3. 南唐前期，功臣号赐予逐渐发展出一种宠以虚名的作用，特别是少见的六字功臣号，如徐知证、王继勋，前者为徐温亲子，是原本作为徐温养子的南唐李氏皇族需要防范的对象，后者是自闽国来降的王族，南唐人更不会毫无偏见地信任，故而对这两人封赐以六字功臣号，这应该是一种心理安抚。另外，张居咏在去世之后才受封功臣号，更是仅仅把功臣号当作了一种死后褒扬。当然，对于从中原王朝南下来投的武将皇甫晖等人，因为要倚靠其战功，故而虽然只有开国伯、七百户，也赠予了六字功臣号，似属特例。4. 与中原王朝功臣号用词偏于忠君孝国不同，南唐功臣号多直接强调武功，如"破敌""扞敌""安边""忠武"之类，或能反映出南唐政权在北方中原政权压境下对于武备的敏感，并且可能在一定程度上影响了宋代对于武将赐予此类用词的功臣号。

总之，杨吴、南唐的功臣号，遵照唐朝模式，发展出了自己的封赐

---

① 陈致雍：《左威卫大将军琅琊太尉侍中王府君墓志铭并序》，第9144页。

② 皇甫晖：《东林寺题名》，《庐山记》卷五《古人题名篇第八》，第1051页中栏。

③ 徐铉：《王彦俦加阶制》，中华书局2018年版，第433页。

④ 徐铉：《刘崇俊起复制》，中华书局2018年版，第429页；徐铉：《刘崇俊神道碑》，中华书局2018年版，第590页。

⑤ 黄延谦：《东林寺题名》，《庐山记》卷五《古人题名篇第八》，第1051页中栏。

⑥ 孙汉晖：《东林寺题名》，《庐山记》卷五《古人题名篇第八》，第1051页中栏。

⑦ 林仁肇：《龙兴寺款识》，《金石萃编》卷一二〇《五代四》，中国书店1991年影印版，叶五至叶六。

特点。不过比中原王朝动辄封赐以八字功臣号来看，杨吴、南唐政权的功臣号，规模比较小。

### （二）吴越国

一直奉行"保境安民"政策的吴越国在功臣号方面，除了接受中原王朝封赐以外，似有私授功臣号现象。现取两条例证：

【朱行先墓志铭】：自渤海公厌世，高澧乱行，府君奋臂一呼，率众归国。时天下都元帅吴越国王，亲统全师，抚宁郡县，以有功者宜加爵赏，遂封"协力勤王功臣"，寻封"佐正匡国功臣"，加封右仆射，仍委之静海剧镇。①

【屠瓌智墓志铭】：天复二年壬戌，武勇都指挥使徐绾、许再思叛于府城，将及内城，（湖州）刺史高公闻之，遣子渭与将军同赴难。……矢尽援绝，为贼伏兵所害。……今天宝五年，特赠忠义军匡国功臣、武康节度使、银青光禄大夫、检校尚书右仆射、开府仪同三司、上柱国。②

在这两则材料中，所见"协力勤王功臣""佐正匡国功臣""忠义军匡国功臣"，皆不同于前文所述中原王朝对吴越国进行群体赐予时的功臣号，如"赞忠去伪功臣""赞正安国功臣"等。而且，对于朱行先的赐予，是因其在湖州高澧叛逃杨吴政权时能够"率众归国"；对于屠瓌智的追赠，也是因其在勤王事件中遇难而予以"特赠"，所以也不属于中原王朝进行

---

① 谢鹗：《佐正匡国功臣故节度左押衙亲卫第三都指挥使静海镇遏使银青光禄大夫检校尚书右仆射御史上柱国朱府君墓志铭》，《全唐文》卷八九八，中华书局1983年影印本，第9369页下栏。

② 皮光业：《吴越故忠义军匡国功臣越州都指挥使前授常州刺史特赠武康节度使银青光禄大夫检校尚书右仆射开府仪同三司上柱国海盐屠将军墓志铭》，《全唐文》卷八九八，中华书局1983年影印本，第9378页下栏。

群体赐予的范围之内。另外，屠瓌智"忠义军匡国功臣"这一功臣号，亦不似其他功臣号；"天宝"这一年号也是吴越国的私立年号。一切均表明，这两例封赐功臣号，当是吴越国私下行为。但笔者也只发现这两例而已，无法追寻其中的规律。

事实上，功臣号作为一种中原王朝赐予的荣誉，对吴越国的影响依然很深。有两点能够体现：

第一，自钱镠受封功臣之后，吴越国一直有功臣堂的建设和重修：

【天祐二年】（905）：十一月，王（钱镠）命建功臣堂于府门之西，树碑纪功，仍列宾寮将校，赐功臣名氏于碑阴，凡五百人。①

【天福八年】（943）：春正月癸未，重建功臣堂。②

【显德六年】（959）：冬十月，王（钱弘俶）重建功臣堂。③

除了建功臣堂以尊奉开国功臣，并数次重建之外，甚至连忠献王钱弘佐、忠懿王钱弘俶的出生地也是功臣堂，钱弘佐也在即位之后造访功臣堂。④ 可见，吴越国对此建筑的重视，他国无匹。

第二，吴越国人毛胜曾撰有《水族加恩簿》一文，此文取吴越国位于江南水乡，又濒临大海之利，按照人间封官拜爵方式，对大量水族进

---

① 钱俨：《吴越备史》卷一《武肃王》，杭州出版社 2004 年点校本，第 6198 页。

② 钱俨：《吴越备史》卷三《忠献王》，杭州出版社 2004 年点校本，第 6235 页。

③ 钱俨：《吴越备史》卷四《大元帅吴越国王》，杭州出版社 2004 年点校本，第 6254 页。

④ 钱弘佐事见钱俨《吴越备史》卷三《忠献王》，杭州出版社 2004 年点校本，第 6233、6236 页。钱弘俶生于功臣堂，见李至《大宋故安时镇国崇文耀武宣德守道中正功臣武胜军节度使开府仪同三司守太师尚书令兼中书令使持节邓州诸军事行邓州刺史上柱国邓王食邑九万七千户食实封一万六千九百户赐剑履上殿书诏不名追封秦国王谥曰忠懿神道碑铭》，《全宋文》卷一三一，第 7 册，上海辞书出版社 2006 年版，第 37—39 页。

行封赐，其中：

> 复以尔专盘处士甲藏用蛸蛑，素称蠘副，众许蟹师，宜授爽国公、圆珍巨美功臣。……惟尔借眼公水母，受体不全，两相藉赖，宜授同体合用功臣、左右卫驾海将军。①

这里的"圆珍巨美功臣""同体合用功臣"即借鉴了功臣号制度，但又在用词方面契合了不同水族的具体特点，可见功臣号对吴越国人的影响甚为深入。

### （三）王闽政权

前文在论述五代功臣号时，已经提及王审知接受中原王朝功臣号情况，而王闽自立为帝之后，也在唐末、后梁的启发下，自制功臣号赐予臣下。具体见于刻于闽景宗王曦永隆三年至六年（941—944）的《崇妙保圣坚牢塔记》中。

表11　　　　　　金石所见王闽政权功臣号列表②

| 姓名 | 功臣号 | 姓名 | 功臣号 |
| --- | --- | --- | --- |
| 李真 | 戴君匡国燮理功臣 | 余廷英 | 推忠竭节匡济功臣 |
| 张再荣 | 输忠竭节效顺匡济功臣 | 程宏纬 | 输忠竭节效顺匡济功臣 |
| 黄绍颇 | 定乱威勇效列忠节功臣 | 连重遇 | 推诚叶力保定竭节翊佐功臣 |
| 朱文进 | 推诚叶力保定竭节翊佐功臣 | 尚绍殷 | 输忠竭节效顺匡济功臣 |
| 许宏钦 | 忠勇扬威竭节功臣 | 林守谅 | 忠勇扬威竭节功臣 |

此处共十人功臣号，反映出王闽政权功臣号制度的几个特点：1. 同

---

① 毛胜：《水族加恩簿》，《全唐文》卷八九九，中华书局1983年影印本，第9389页下栏至第9389页上栏。

② 《崇妙保圣坚牢塔记》，《石刻史料新编》第1辑第17册，新文丰出版公司1982年版，第12709—12715页。

一功臣号赐予不同之人,如张再荣、程宏纬、尚绍殷三人共享"输忠竭节效顺匡济功臣",连重遇、朱文进二人共享"推诚叶力保定竭节翊佐功臣",许宏钦、林守谅二人共享"忠勇扬威竭节功臣";2. 文武官员所受赐的功臣号各有不同用词习惯,如宰相李真受赐"戴君匡国燮理功臣",而泉州刺史余廷英则受赐"推忠竭节匡济功臣";3. 据《塔记》原文,功臣号仅止于食邑二千户及其以上高官,而不及于食邑五百户及其以下官员。

### (四) 前蜀·后蜀

前文在论述五代功臣号削去之时,已经提及后唐政权对于新归附前蜀官员所拥有之功臣号的削去,可知前蜀政权中行用功臣号。此外,更具体的例子是前蜀将领晋晖受赐"开国护圣佐命功臣"[①]。又如前文所述,晋晖在前蜀建立之前所接受的是唐廷赐予功臣号,可见前蜀的功臣号制度继承唐末而来。

后蜀的功臣号制度,则是对后唐的继承。根据出土墓志所见,如表12 所示。

表12　　　　　　　　墓志所见后蜀功臣号列表

| 姓名 | 功臣号 | 时间 | 来源 |
| --- | --- | --- | --- |
| 孙汉韶 | 安时顺国全节功臣 | 明德元年(934)七月 | 《孙汉韶墓志》 |
| 孙汉韶 | 匡国奉圣叶力功臣 | 明德二年正月 | 《孙汉韶墓志》 |
| 张虔钊 | 匡国奉圣叶力功臣[②] | 明德二年正月 | 《张虔钊墓志》 |
| 徐铎 | 竭诚耀武功臣 | 明德二年春 | 《徐铎墓志》 |
| 孙汉韶 | 匡时翊圣推忠保大功臣 | 广政十三年(950)正月 | 《孙汉韶墓志》 |
| 孙晏琮 | 怀忠秉义功臣 | 广政十八年八月前 | 《孙汉韶墓志》 |

---

① 严居贞:《晋晖墓志铭》,第174 页。
② 又见阙名《张虔钊买地券》,吴钢主编《全唐文补遗》第七辑,第446 页。买地券时间为广政十一年。

通过表 12 可知两点：第一，后蜀政权亦有改赐功臣号现象，如孙汉韶前后三个功臣号；第二，明德二年正月，似有一次以"匡国奉圣叶力功臣"同时赐予孙汉韶、张虔钊，针对的应该是褒奖两人从后唐归附后蜀行为。

### （五）北汉

北汉属于中原政权后汉在小范围内的延续①，所以其功臣号制度也当是承袭后汉而来，从而间接地承袭了唐末功臣号。不过，由于材料所限，具体例子并不多见，笔者愚见，只有广运二年（975）所立《大汉英武皇帝新建天龙寺千佛楼碑铭并序》揭示了北汉一个功臣号，因其撰人李恽署衔中有"推诚佐命保祚功臣"②。但仅这条材料中，也出现了一个其他政权并未出现的用词，即"保祚"，恐怕寄予了北汉延续汉室的意愿。

## 结　语

唐末，受到政局影响，唐廷需要通过一定奖励来维系朝臣、宦官、藩镇（节度使及其部将）的人心，于是重新启用了功臣制度。唐末是功臣号定型期，无论其赐予范围扩大，还是用词多元化，都影响了五代十国、北宋、辽朝诸政权功臣号。

到了五代，功臣号赐予渐趋稳定。通过对后梁、后唐、后晋、后汉、后周功臣号赐予情况的梳理与分析，可以大致归纳出以下几个特点：1. 群体赐予与个人赐予相结合，并互相交叉，以适应功劳大小不等的人各种不同的需求；2. 对中央、地方臣子同样重视，特别是对开国功臣的赐予，和对地方半独立政权的笼络；3. 同一个人功臣号也会随着职位的升

---

① 李裕民：《北汉简史》，三晋出版社 2010 年版，第 1 页。
② 李恽：《大汉英武皇帝新建天龙寺千佛楼碑铭并序》，《全唐文》卷九〇〇，中华书局 1983 年影印本，第 9394—9395 页。

降而增字、改赐、削去、保持不变，或者在进入新朝之后仅仅因为某些特殊原因而改变。

十国方面：首先，自立为帝的杨吴、南唐、前蜀、后蜀、北汉政权，直接或间接地继承了唐末功臣号制度，从而与中原王朝平行发展；其次，即使是未称帝政权，也有所僭越，比如吴越国在自立年号之外，可能也拥有了自己的功臣号赐予制度；最后，并未称帝的政权出于对中央王朝所赐予功臣号的尊重，会以此标榜自己的忠心，比如吴越国建立功臣堂等行为。

另外，综合唐末、五代、十国用词情况：1. 唐末、后唐是两个新词发展的高峰期，并且新词为后世所沿用亦占较大比例；2. 后汉、后周时期，功臣号用词趋于平稳，新词日渐减少；3. 相对于五代，十国政权因独立发展而在用词方面有着自己的特色。

限于篇幅，本文未能就北宋前期的功臣号赐予情况进行展开。北宋延续五代旧制，对功臣号的赐予同样重视，甚至已经成为定制。除了朝中大臣，北宋对于归顺的政权亦延续五代的做法进行赐予，比如对吴越国王钱弘俶的赐予：纳土前的乾德元年（963）十一月，赐"承家保国宣德守道忠贞恭顺功臣"[1]；开宝四年（971）十一月，赐"开吴镇海崇文耀武宣德守道功臣"；太平兴国三年（978）五月，赐"宁淮镇海崇文耀武宣德守道功臣"；纳土后的雍熙元年（984）十二月，赐"崇文耀武宣德守道功臣"；雍熙四年（987）二月，赐"安时镇国崇文耀武宣德守道功臣"[2]。又如对陈洪进的赐予：乾德二年（964），赐"推诚顺化功臣"[3]。可以发现，这些功臣号的用词，迥异于前文所揭《宋代官制辞典》中总结的功臣号，亦即宋代功臣号在五代的基础上还有

---

[1] 钱俨：《吴越备史》卷四《大元帅吴越国王》，杭州出版社 2004 年点校本，第 6256 页。

[2] 分别见钱俨《吴越备史·补遗》，杭州出版社 2004 年点校本，第 6263、6270、6274、6275 页。

[3] 《宋史》卷四八三《漳泉陈氏世家》，第 13961 页。

更多的发展。

总之，功臣号由唐朝时的特殊情况下授予，到唐末五代十国时普遍授予，再到宋代的授予有一定的制度可循，反映了某项制度的创设与发展并不局限于一时一地，而是会随着时空的变换而衍生出无限可能。

附记：本文写作，首先感谢北京大学博士生陈小伟兄（现复旦大学历史学副教授）、中央民族大学蒙曼老师、陶然同学的支持和帮助。其次感谢中央民族大学硕士生王苗女史（现清华大学博士后）代为收集部分五代功臣号资料并多有讨论。2011年7月4—6日，本文提交唐长孺先生百年诞辰纪念国际学术研讨会暨中国唐史学会第十一届年会，会上承蒙香港公开大学赵雨乐先生指点；随后，承蒙武汉大学黄楼先生赐予许多宝贵修改意见，得以发表于武汉大学三至九世纪研究所编《魏晋南北朝隋唐史资料》第27辑《唐长孺先生百年诞辰纪念专辑》，武汉大学人文社会科学学报编辑部2011年版，第424—451页。谨此致谢！

# 五代的"通判"与"判"

## ——从福州出土《赵偓墓志》谈起

宋代州级行政中的通判,是与知州同时存在的一种职官。其在宋代的发展,据草野靖、苗书梅等人的研究,已经比较清晰。① 严耕望、李裕民、薛璞喆等人则关注了唐五代"通判"之义。② 不过,这些大多是州级"通判"或"判",其实五代时期还存在对县级行政机构的"判",前人较少关注。此外,五代十国的"通判"是否为宋代通判的渊源,也需进一步探讨。本文拟通过对传世文献与出土文献的结合,再来探讨五代十国时期的"通判"与"判"。

对此,近年出土于福州的《福州故节度巡官天水赵府君墓志铭并序》

---

① 关于通判的研究,日本学者起步较早,参见草野靖《宋の通判と财政》,《東洋史學》第23號,1961年7月,惜未见其文。中国学者稍晚,但成果较多,主要有:苗书梅:《宋代通判及其主要职能》,《河北学刊》1990年第2期;王世农:《宋代通判论略》,《山东师范大学学报》(社会科学版)1990年第3期;罗炳良、范云:《宋代通判制度述论》,《河北师范大学学报》1993年第1期;李康:《略论宋代通判职能及其演变》,《郑州航空工业管理学院学报》(社会科学版)2015年第4期。台湾地区亦有相关研究,惜未见其文,张智玮:《北宋通判制度之研究》,硕士学位论文,中正大学,2003年。

② 严耕望:《通判不始于宋说》,《新亚生活》双周刊第12卷第2期,1969年,本文据氏著《严耕望史学论文集》,上海古籍出版社2009年版;李裕民:《通判不始于宋》,《晋阳学刊》1997年第6期;薛璞喆、李慧:《唐代"通判之官"释义》,《榆林学院学报》2014年第1期。

(以下简称《赵偓墓志》）①颇能就此二问题予以阐发。五代闽国，因无专门的国别史史料而不如同时期其他政权受关注。②不过，依然能够通过其他史料来丰富对于闽国政权，乃至整个晚唐五代福建地域史的认识。本文将就《赵偓墓志》所反映的赵偓仕历及通判起源和判县问题进行梳理，以窥五代十国"通判"和"判"之一斑。

## 一 赵偓墓志录文及其家族、仕历梳理

《赵偓墓志》出土于福州，具体地点不详，墓志原石藏于私人，笔者有幸得到拓片照片。根据拓片，志身为长方形，无志盖。志身上端为梯形志首，题"故天水赵府君墓铭"，篆体。志题"福州故节度巡官天水赵府君墓志铭并序"，同一行署名栏为"将仕郎秘书省□□□赐绯鱼袋林□□□□"。志文正体，凡 26 行，满行 31 字。现在友人薛彦乔初步录文基础上，根据拓片，以"｜"号分行并标点如下：

福州故节度巡官天水赵府君墓志铭并序
　　　　　将仕郎秘书省□□□赐绯鱼袋林□□□□
夫述职纪功，旌德垂于不朽；赞勋勒器，志铭列于幽壤。有器合旌，有□期列；□□｜盛美，何列无穷。赵氏之源，造父之后献骏，姬缪因赐赵城。降及叔武去周，至叶叔，｜迨十有八世为晋正

---

① 此志具体出土地不详，现在私人收藏家手中。感谢薛彦乔先生提供拓片和初步录文。

② 论著方面有：Edward H. Schafer（薛爱华），*The Empire of Min: A South China Kingdom of the Tenth Century.* Rutland, Vt and Tokyo: Charles E. Tuttle Co., 1954；徐晓望《闽国史》，五南图书出版公司 1997 年版；本文使用第二版，改题《闽国史略》，中国文史出版社 2014 年版。史料整理方面有：诸葛计、银玉珍《闽国史事编年》，福建人民出版社 1997 年版；王文泰《闽国史汇》，暨南大学出版社 2000 年版；王铁藩《王审知谱志汇编》，福建人民出版社 2015 年版。学位论文和其他单篇论文涉及数量庞大，此处从略，下文具体涉及时征引。

卿，而赵宗益兴。始□分五望，独秦公子嘉。后之为西戎校尉，」世居天水。史谓秦卿天水，即秦卿之后也。洎汉魏，迨隋唐，子孙蕃昌，衣冠不绝，起」家辅国，莫与等焉。倬哉天水一源，靡有异派。唐初，奉天令深子宗庆，守秘书监。监」子麟，除河南尹。尹子德伦，□□沁、绛二州。子叔隐，□□及第。」

府君讳偓，字尧真，即沁州五代孙也。曾大父讳□保，司封郎中。大父讳」文景，宰华州华阴。父讳居翰，守右拾遗，代居汝南。光启中，避地入闽，宰于邵」武，因家于是。有子二人，府君即元昆也。幼乃嗜学，长射驰名。建牧以才赡族」优，虚襟侧席。延纳未久，而闽改图升班。守著作郎，出判泉州诸司公事。威声彡凛，」清誉风行。罢职，入授中散大夫，除司农少卿。未期，上念林汀要郡，以」府君富于赞画，俾充军事判官，通判军州事。公私克理，中外咸钦。秩满，授殿中监，」除吏部侍郎。率职清贞，掌选明直，人皆称允，时谓得才。复加太中大夫，拜右谏议」大夫。属吴之二年，授右散骑常侍，判录事院。元侯董藩，以军府务繁，择才简理。」自是三逢节制，四署纠弹。革旧就新，利公及物；抚躬笃正，执法不回。聿起初筵，辟」之前席，授节度巡官。燕射之礼无渝，钥舞之仪是敬。却从莲幕，出理花城。首判福」清，后临永泰。令长惣判镇县，自此始也。

府君通经属辞，为时之誉，有文集」数百首，行于世。无何一旦，醒然猒代。显德五年六月十六日，终于黄巷私第，春秋」七十有四。娶南阳县君叶氏，令族也。有子五人：长曰昱，不仕；次炅，膳部员外郎，赐」绯；次昂，秘书省校书郎；次敬昱，司门朗中、观察巡官，赐绯，尚福清公主琅琊王氏；」次敬旻，太子校书。女二人：长适长汀令林绍蘧；次女处室。由是逝□不□，□□是」期。以其年八月二十八日，葬于闽县感应乡钦德里双牌之原，礼也。虑深谷为陵，」莫存贞范。刻他山之石，爰勒鄙词。其铭曰：

天水之派，始于秦卿。吏部之德，」承于沁城。
星钟岳诞，器硕才清。初延曳组，弈□衣缨。
四署纠察，□□□□。」剧邑代□，政成令子。

爵宠官业，纵横帝女。箕帚门阀，□□□□。」
享年尚齿，璚梦两楹。乌轮不驻，马鬣将营。

根据志文可知，志主赵偓（885—958），字尧真，其家代居汝南，唐末光启（885—888）年间，其父赵居翰徙闽，家于建州邵武县。唐末，北方民众因战乱而徙居南方者，以中和（881—884）年间自光州固始县经江西虔州入闽地汀州的王绪和王潮、王审邽、王审知三兄弟及其部众最为著名，而这个赵氏家族则是单独入闽。虽然学界特别是福建地方史学界对追随王氏入闽的姓氏多有考察，但大多将各类姓氏民众都附会于随王氏入闽①，而事实上其他零星入闽者也是存在的。

定居邵武之后的赵氏家族，赵居翰"宰于邵武"，即任邵武县令。其长子（"元昆"）赵偓则因从小好学，而受到建州刺史（"建牧"）的赏识，招入其幕下。从年龄上看，若赵偓20岁出仕，则在905年之后进入建州刺史府中。当时的建州刺史虽不知是何人，但从王氏已经统治整个福建，以及基本任命王氏族人为各州刺史来看，当是王氏族人。虽然王氏族人出刺建州最早记载是王审知养子王延禀，曾于天成元年（926）十二月以兵袭福州，进攻当时的闽王王延翰。②但在此之前，当早已有王氏

---

① 比如：王祖麟、王光辉《福州地区五代时期北方姓氏随王入闽考》，《流徽八闽：纪念三王入闽1115周年五代闽国三王历史学术研讨会论文集》，泉州，2000年；柯其成、林宗德《随王入闽十八姓考》，同前书；杨清江《随"三王"入闽诸姓考》，张新斌、金平、崔振俭主编《固始与闽台渊源关系研究》，人民出版社2009年版。林伟功《唐末随王由光州固始入闽各姓氏中的名门望族》，同前书；穆朝庆《随王审知入闽固始将士姓氏补遗》，同前书。以上所举诸文，大多据各种福建地区家谱文献对于祖先入闽的记载，来统计入闽姓氏。但这类家谱多出现于明清时期，在记载唐末史事时或有误区，故亦有学者对各类家谱文献保持谨慎态度，参见朱雷《唐末光州人入闽史实考》，《魏晋南北朝隋唐史资料》第16辑，1998年。类似的情况亦见于所谓陈元光入闽，参见杨际平、谢重光《陈元光"光州固始说"证伪——以相关陈氏族谱世系造假为据》，《厦门大学学报》（哲学社会科学版）2015年第3期。

② 《资治通鉴》卷二七五"唐明宗天成元年十二月"条，中华书局1956年点校本，第8996页。

族人统治建州多年。①

墓志又谓"闽改图升班",即指长兴四年（933）正月,闽王王延钧称帝,国号大闽,改元龙启之事。② 因此,赵偓得以"守著作郎,出判泉州诸司公事"。此后,赵偓历任司农少卿、通判汀州、吏部侍郎、右谏议大夫等职。至"属吴之二年",当指福州于天福十二年（947）全面被吴越国控制后第二年,即乾祐元年（948）。③ 此时,福州作为吴越国治下威武军节度使治所州,实行藩镇体制。因此,赵偓"判录事院"当指判福州录事参军院。④ 而所谓"元侯董藩",或指吴越国宗室钱弘偡（950—952）、钱元瓘（952—956）、钱仁俊（956—963）先后出任威武军节度使之事⑤,故墓志有"三逢节制"之说。在此期间,赵偓作为节度巡官,还曾"判"福州福清县、永泰县。最终,于显德五年（958）六月十六日殁于福州黄巷私第,享年74岁。

综上,可知赵偓一生,主要生活于王闽政权,在吴越国期间（947—

---

① 闽康宗王昶在通文四年（939）四月曾杀其"叔父前建州刺史延武、户部尚书延望",见《资治通鉴》卷二八二"晋高祖天福四年四月"条,中华书局1956年点校本,第9201—9202页。由于王延禀之后出刺建州者一直是王延政,故王延武当在王延禀之前出刺建州。

② 《资治通鉴》卷二七八"唐明宗长兴四年正月"条,中华书局1956年点校本,第9081页。

③ 福州在闽国灭亡后,为李仁达掌控约三年,至天福十二年,方由吴越国正式任命吴程取而代之,参见朱玉龙《五代十国方镇年表》"福州"条,中华书局1997年版,第486—487页。

④ 唐宋时期,州府各有录事参军（州）或司录参军（府）,但职权变化有差,参见严耕望《唐代府州上佐与录事参军》,《清华学报》新第8卷第1、2期合刊,1970年8月,本文参考氏著《严耕望史学论文选集》,中华书局2006年版；林煌达《宋代州衙录事参军》,荣新江主编《唐研究》第十一卷,北京大学出版社2005年版。此处"录事院",西安电子科技大学邹贺兄有所疑惑其真实性,但根据大谷文书3472号,唐代有"录事司"之设,严耕望认为是"录事参军治事机关"（第461—462页）,则"录事院"当亦类此,为录事参军之治事机关。

⑤ 朱玉龙：《五代十国方镇年表》"福州"条,中华书局1997年版,第487—489页。

958）可算作晚年。值得注意的是，志题并未如吴越国其他地方出土墓志那样冠以"吴越国"字样，而径以"福州"称之。在志文中，也仅仅以"属吴"表示福州归属吴越国，并未详述。可知赵偓在思想上也许依然心系闽国。这也能从赵偓子女的头衔看出来，除了不仕的长子外，次子赵炅的膳部员外郎，三子赵昂的秘书省校书郎，四子赵敬昙的司门郎中，五子赵敬旻的太子校书，这些都是闽国为独立政权时方有的职官。此外，四子赵敬昙所"尚福清公主琅琊王氏"，显然是王闽政权公主。① 赵氏家族与王氏之间这种姻亲关系，进一步加深了两者之间的羁绊，以致赵偓入葬时，亦不忘在墓志中点明。

## 二 赵偓的"通判"生涯

通过对《赵偓墓志》录文的梳理，可知赵偓在王闽政权、吴越国政权期间，曾经"通判"福建地区数地。以下结合王闽政权、吴越国的"通判"事例，分别予以梳理。

### （一）王闽政权期间

赵偓在王闽政权时期的"通判"经历及其前后任官，可简列表1所示。

表1　　　　　赵偓在王闽政权期间"通判"经历

| 时间 | 地点 | 前官 | "通判" | 后官 |
| --- | --- | --- | --- | --- |
| 长兴四年<br>（933）之后 | 泉州 | 著作郎<br>（从五品上） | 以著作郎出判泉州诸司公事 | 以中散大夫（正五品上）除司农少卿（从四品上） |
|  | 汀州 | 司农少卿<br>（从四品上） | 充军事判官，通判军州事 | 殿中监<br>（从三品） |

---

① 目前传世文献所见闽国公主，仅见吴任臣《十国春秋》所辑不知史源的"太祖女某郡主"，参见吴任臣《十国春秋》卷九四，中华书局1983年点校本，第1370页。此志所见福清公主可为补史之用。

长兴四年（933）之后，王闽政权已经成为一个帝制国家，制度上因袭了唐代。① 因此，本文关注的赵偓所任官中"出判""判官""通判"等词，其中"判官"与唐代判官并无异义。② 值得注意的是"出判泉州诸司公事"和"通判军州事"，这两职分别在泉州和汀州。而当时泉州、汀州当各有刺史，虽然现有材料无法确定长兴四年后之数年，具体是谁担任泉州和汀州刺史，至少从书写角度而言，"出判泉州诸司公事"和以军事判官"通判军州事"并非担任刺史本身，而是总揽一州军事。

此外，在王闽政权，"判"官经常见于其他记载，比如《资治通鉴》所列：

A1 清泰二年（闽永和元年，935）：闽皇城使、判六军诸卫李仿专制朝政，阴养死士，闽主昶与拱宸指挥使林延皓等图之。延皓等诈亲附仿，仿待之不疑。十一月，壬子，仿入朝，延皓等伏卫士数百于内殿，执斩之，枭首朝门。仿部兵千余持白梃攻应天门，不克，焚启圣门，夺仿首奔吴越。诏暴仿弑君及杀继韬等罪，告谕中外。以建王继严权判六军诸卫，以六军判官永泰叶翘为内宣徽使、参政事。③

A2 天福二年（闽通文二年，937）：时百役繁兴，用度不足，闽主谓吏部侍郎、判三司候官蔡守蒙曰："闻有司除官皆受赂，有诸？"

---

① 胡沧泽：《略论唐末五代王闽政权的职官制度》，《福建师范大学学报》（哲学社会科学版）2003 年第 2 期。此文又题《唐末五代福建地方行政机构的变迁及其与中央的关系》，宣读于中国唐史学会第十届年会第二次会议会议论文，西南大学，2009 年。在此文中，虽然胡沧泽列出了下文所引郑元弼判三司的情况，但并未就"判三司"进行讨论，也没有涉及闽国存在的各种"判"官。

② 关于唐代的判官，参见赖瑞和《唐代中层文官》第六章《判官》，联经出版事业股份有限公司 2008 年版，第 423—522 页。

③ 《资治通鉴》卷二七九"唐末帝清泰二年十一月"条，中华书局 1956 年点校本，第 9136 页。

对曰："浮议无足信也。"闽主曰："朕知之久矣，今以委卿，择贤而授，不肖及冒冒者勿拒，第令纳赂，籍而献之。"守蒙素廉，以为不可；闽主怒，守蒙惧而从之。①

A3 天福四年（闽通文四年，939）：闽判六军诸卫建王继严得士心，闽主忌之，六月，罢其兵柄，更名继裕；以弟继镛判六军，去诸卫字。②

A4 天福六年（闽永隆三年，941）：夏，四月，闽王曦以其子亚澄同平章事、判六军诸卫。③

A5 开运元年（闽永隆六年，944）：（朱文进）以重遇总六军。礼部尚书、判三司郑元弼抗辞不屈，黜归田里，将奔建州，文进杀之。④

A6 开运二年（闽天德三年，945）：李仁达既立岩明，自判六军诸卫事，使黄仁讽屯西门，陈继珣屯北门。⑤

以上事例中，第 A1、A3、A4、A6 条皆为"判六军诸卫"或"判六军"之事（第 A1 条中又有"六军判官"，为判官事例，不在本文讨论范围）；而第 A2、A5 条皆为"判三司"事。

无论是判六军（诸卫），还是判三司，皆与"判某州事"不同。因为当时并无六军诸卫（六军）、三司的真正长官，这些判，是真正具有使职

---

① 《资治通鉴》卷二八一"晋高祖天福二年六月"条，中华书局 1956 年点校本，第 9172 页。

② 《资治通鉴》卷二八二"晋高祖天福四年六月"条，中华书局 1956 年点校本，第 9203 页。

③ 《资治通鉴》卷二八二"晋高祖天福六年四月"条，中华书局 1956 年点校本，第 9221 页。

④ 《资治通鉴》卷二八四"晋齐王开运元年三月"条，中华书局 1956 年点校本，第 9268—9269 页。

⑤ 《资治通鉴》卷二八四"晋齐王开运二年四月"条，中华书局 1956 年点校本，第 9291 页。

性质的职官,并非副贰。这种"判"的情况较多,一定程度上"判"仅仅是一个动词,与"领""守""掌"等相同,并无特殊含义,故本文暂不讨论。

### (二) 吴越国期间

赵偓在吴越国政权时期的"判"经历及其前后任官,可简列如表2所示。

表2　　　　　　　赵偓在吴越国政权的"判"官

| 时间 | 地点 | 前官 | "判" | 后官 |
| --- | --- | --- | --- | --- |
| 乾祐元年(948)之后 | 福州 | 闽右谏议大夫(正四品下)① | 以右散骑常侍(从三品)判福州录事参军院 | 威武军节度巡官 |
|  | 福州福清县 |  | 首判福清 |  |
|  | 福州永泰县 |  | 后临永泰 |  |

在此表2中,赵偓第一次的"判"是"判福州录事参军院",而录事参军本有其官(上州各置录事参军一人,从七品上;中州一人,正八品上;下州一人,从八品上)②,但"录事参军院"比较少见,可见似乎是有录事参军而不理其事,故以"判录事参军院"来行使录事参军负责之事。这种意义上的"判",与前文所引第A1至A6条相类,可不予置评。

至于对福清、永泰的县级"判"官,因涉及地方行政机构,故又有不同,详见后文的专门梳理。

此外,关于吴越国时期州级"判"官,大致有以下事例:

---

① 大历二年(767),谏议大夫"分为左右",自"正五品上"升为"正四品下",见《旧唐书》卷四三《职官二》,中华书局1975年点校本,第1844—1845页。
② 《唐六典》卷三〇《三府都督州县官吏》,中华书局1975年点校本,第745页。

五代的"通判"与"判" ❖ 157

B1 长兴四年（933）：顺化节度使、同平章事、判明州钱元㺷骄纵不法，每请事于王府不获，辄上书悖慢。尝怒一吏，置铁床炙之，臭满城郭。吴王元瓘遣牙将仰仁诠诣明州召之，仁诠左右虑元㺷难制，劝为之备，仁诠不从，常服径造听事。元㺷见仁诠至，股栗，遂还钱塘，幽于别第。

胡注："以吴越于台州置德化节度概观之，盖置顺化节度于明州也。又按薛《史》，长兴三年升楚州为顺化军，以明州刺史钱元㺷为本州节度使。楚州时属杨氏，元㺷盖镇明州而领楚州节耳。"①

B2 天福二年（937）：初，吴越王镠少子元㺨数有军功，镠赐之兵仗。及吴越王元瓘立，元㺨为土客马步军都指挥使兼中书令，恃恩骄横，增置兵仗至数千，国人多附之。元瓘忌之，使人讽元㺨请输兵仗，出判温州，元㺨不从。铜官庙吏告元㺨遣亲信祷神，求主吴越江山；又为蜡丸从水窦出入，与兄元㺷谋议。三月，戊午，元瓘遣使者召元㺨宴官中，既至，左右称元㺨有刃坠于怀袖，即格杀之；并杀元㺷。②

B3 乾祐二年（949）：吴越王弘俶以丞相弘亿判明州。③ 显德三年（956）：吴越王弘俶括境内民兵，劳扰颇多，判明州钱弘亿手疏切谏，罢之。④

以上事例中，第 B1 和 B3 条都是判明州事例，其中第 B1 条钱元㺷以顺化

---

① 《资治通鉴》卷二七八"唐明宗长兴四年十二月"条，中华书局 1956 年点校本，第 9098 页。

② 《资治通鉴》卷二八一"晋高祖天福二年三月"条，中华书局 1956 年点校本，第 9171 页。

③ 《资治通鉴》卷二八八"汉隐帝乾祐二年七月"条，中华书局 1956 年点校本，第 9412 页。

④ 《资治通鉴》卷二九三"周世宗显德三年"条，中华书局 1956 年点校本，第 9562 页。

节度使判明州，顺化军并非以明州为治所州的节镇，而是遥领杨吴政权控制的楚州。① 第 B2 条则是吴越文穆王钱元瓘欲使其弟钱元𤩽判温州，而为元𤩽所拒绝。

可见，据现有材料，主要出现于吴越国中期（大致为吴越文穆王、忠献王、忠逊王和忠懿王初期，932—960）的"判某州"，基本相当于知某州军州事。盖在此期间，亦出现"知某军"之名，如乾祐三年（950）有"知威武军吴程"，胡注曰："吴越未命吴程为威武节度使，先令知威武军事"②。此即吴程以丞相出知威武军，而未直接命为威武军节度使。胡三省前注钱元珦"判明州"事，谓其以不在吴越国疆域内之楚州顺化军节度使出判明州，即所谓"镇明州而领楚州节"。无论是"知某军"，还是"判某州"，皆为吴越国为避免直接授节权责过重，而采取的权宜措施。因此，钱元𤩽对于文穆王钱元瓘出判温州之要求即予以拒绝，盖不愿空有其名。

不过，就现有材料而言，在吴越国，确实尚未出现类似于宋代的通判，也无《赵偓墓志》中所载赵偓之"通判军州事"这样的职务。

总之，就现有材料而言，《赵偓墓志》中出现的"判"可分为两类：第一类如"出判泉州诸司公事"和"通判军州事"之类，是在州级行政机构中有行政长官的情况下通判军州事；第二类如"判福州录事参军院"，是直接代替原有机构职官行使职权。这两类，第一类主要在王闽政权时期，第二类主要在吴越国时期，且在王闽政权时期并无第二类的情况，在吴越国时期也并不存在第一类的情况。

---

① 明州自建隆元年（960）方建节镇，号奉国军。参见朱玉龙《五代十国方镇年表》，中华书局 1997 年版，第 531 页。

② 《资治通鉴》卷二八九"汉隐帝乾祐三年二月"条，中华书局 1956 年点校本，第 9419—9420 页。吴程知威武节度使始于天福十二年（947），见《资治通鉴》卷二八七"汉高祖天福十二年十一月"条："吴越王弘佐以丞相山阴吴程知威武节度使"，中华书局 1956 年点校本，第 9380 页。

## 三　五代"通判"问题二题

明了《赵偓墓志》所见之"判""通判",可进一步考察整个五代的"判""通判"及其与宋代通判的关系。宋代通判初见于乾德元年(963)占领湖南之后,大体与知州共同理政,互不统属,欧阳修谓之"既非副贰,又非属官"[①]。亦即,宋代通判有两大明显的基本特征,一是在州级行政机构中普遍设置,二是与州级行政长官并列。根据这两个基本特征,可以反观唐五代时期出现的"判""通判"是怎样一种性质。

### (一) 通判起源问题再论

在此前宋史学者看来,宋代通判与唐代"通判"抑或南唐"通判"并无渊源。[②] 但严耕望、李裕民、薛璞喆等人揭示南唐即有类似宋代意义上的"通判"。其中严耕望认为下文第 C2 条史料中的张易"通判歙州"是"以中央官通判州事,与宋制绝相类"[③]。李裕民在揭示杨吴、南唐几种"通判"后认为:"宋在平定湖南后设置通判,很可能受南唐官制的启发。当时,南唐已臣服于宋,出于自尊心理,宋方记载只说宋始置通判,而讳言此前已有通判之职。"[④] 又据薛璞喆

---

[①] 欧阳修:《归田录》卷二,《全宋笔记》第一编第五册,大象出版社 2003 年点校本,第 264 页。

[②] 苗书梅:《宋代通判及其主要职能》,《河北学刊》1990 年第 2 期,第 83—89 页;王世农:《宋代通判论略》,《山东师范大学学报》(社会科学版) 1990 年第 3 期,第 33—38 页;罗炳良、范云:《宋代通判制度述论》,《河北师范大学学报》1993 年第 1 期,第 91—97 页;李康:《略论宋代通判职能及其演变》,《郑州航空工业管理学院学报》(社会科学版) 2015 年第 4 期,第 68—72 页。这几篇文章都从宋太祖开始论述。

[③] 严耕望:《通判不始于宋说》,氏著《严耕望史学论文集》,上海古籍出版社 2009 年版,第 806 页。

[④] 李裕民:《通判不始于宋》,《通判不始于宋》,《晋阳学刊》1997 年第 6 期,第 46 页。

梳理，唐五代出现"通判"二字有三种情况：1. 共同参理，分曹掌事；2. 副贰之官；3. 监察地方长官并处理地方事务。其中第3种情况被作者视为宋代通判源头，认为"宋代因袭了南唐时的这一做法，置'通判'一职"①。

关于严耕望、李裕民、薛璞喆等人所梳理的具有类似宋代通判含义的记载，主要为以下两例：

> C1 龙德元年（杨吴顺义元年，921）：烈祖以平章事领江州，封浔阳侯，表延翰为江州观察巡官，通判军府事。②

> C2 保大（943—957）初：元宗立，（张易）以水部员外郎通判歙州。刺史朱匡业平居甚谨，然醉则使酒陵人，果于诛杀，无敢犯者。易至，赴其宴，先已饮醉，就席，酒甫一再行，掷杯推案，攘袂大呼，诟责锋起。匡业尚醒，愕然不敢对，惟曰："通判醉甚，不可当也！"易嵬峩喑呜自若，俄引去，匡业使吏掖就马。自是，见易加敬，不敢复使酒，郡事亦赖以济。③

这两条史料皆来自陆游《南唐书》，C1、C2 为严耕望和李裕民分别所引，C2 为薛璞喆、李慧所引。此外，严耕望、苗书梅各引一条比陆游《南唐书》更早的史料，分别为：

> C3 广顺元年（951）至显德四年（957）间：将仕郎守同州别驾

---

① 薛璞喆、李慧：《唐代"通判之官"释义》，《榆林学院学报》2014 年第 1 期，第 56—58 页。
② 陆游：《南唐书》卷六《张延翰传》，《五代史书汇编》第九册，杭州出版社 2004 年点校本，第 5510 页。
③ 陆游：《南唐书》卷一三《张易传》，《五代史书汇编》第九册，杭州出版社 2004 年点校本，第 5568 页。张易"通判歙州"时间，严耕望据张易为太弟李景遂赞善大夫之事，系于李景遂于保大六年（948）为太弟之前，可从。参见严耕望《通判不始于宋说》，氏著《严耕望史学论文集》，上海古籍出版社 2009 年版，第 806 页。

杨继宗、男将仕郎守河中府别驾仲元、次男著作郎通判环州事士元造。①

C4 乾祐三年（南唐保大八年，950）：明年，王移任宣、润二州大都督，复以公（方讷）为浙西营田副使，通判军府。六载匪懈，庶职交修。懋官之赏，诏命迭委。②

严文所引为《金石萃编》，今据《石刻史料新编》本予以引录；苗文所引为《嘉定镇江志》，而《嘉定镇江志》已明确标明引自《徐骑省集》③，故此处直接以徐铉文集为引。

通观这三条史料，就史源而言，第 C1 和 C2 条史料因来自南宋人陆游《南唐书》，故其可信度稍低；而第 C3 条史料为广顺元年至显德四年间之同州舍利塔题额，第 C4 条史料来自南唐士人徐铉为方讷本人所撰墓志，故可信度较高。其中，第 C1 条史料尚有其他史料可为佐证，比如《资治通鉴》载：龙德元年十月"乙丑，大赦，加徐知诰同平章事，领江州观察使。寻以江州为奉化军，以知诰领节度使"④。马令《南唐书》则谓"烈祖辅政，以浔阳为封邑，乃以延翰为工部郎中，

---

① 王昶编：《金石萃编》卷四〇"同州舍利塔额"，《石刻史料新编》第一辑第一册，新文丰出版公司 1977 年影印本，第 683 页。严耕望据《太平寰宇记》所载认为此题额在广顺二年避周太祖郭威改名环州，至显德四年间降为通远军之间，参见乐史《太平寰宇记》卷三七《通远军》，中华书局 2007 年点校本，第 788 年；严耕望《通判不始于宋说》，氏著《严耕望史学论文集》，上海古籍出版社 2009 年版，第 806—807 页。但根据《册府元龟》卷三《帝王部·名讳》，广顺元年"三月，诏邓州军额改为武胜军，灵武属郡宜改为环州，避御名也"（第 36 页），则改名在广顺元年。以理推之，避讳改名不当迟至二年，故此处以《册府元龟》所载广顺元年为据。

② 徐铉：《唐故金紫光禄大夫检校司徒行少府监河南方公墓志铭》，《徐铉集校注》卷一五，中华书局 2018 年版，第 733 页。

③ 史弥坚修，卢宪纂：《嘉定镇江志》卷一六"通判军府"条，《宋元方志丛刊》第三册，中华书局 1990 年影印本，第 2484 页。

④ 《资治通鉴》卷二七一"梁末帝龙德元年十月"条，中华书局 1956 年点校本，第 8869 页。

判江州"①。可见，当时徐知诰（日后的南唐烈祖李昪）主要在杨吴首都扬州"辅政"，虽然领江州观察使，乃至进一步的奉化军节度使，但都无法亲临莅政，故以张延翰代为治理。而张延翰职衔，若据马令《南唐书》，为以"工部郎中判江州"；若据陆游《南唐书》，则以"江州观察巡官通判军府事"。亦即，"通判"一词，以及"江州观察巡官"一职，仅见于成书晚于马令的陆游《南唐书》。至于第 C2 条史料，仅见于陆游《南唐书》。

再从史实来看，其中第 C1 和 C4 条皆为州级行政长官不亲任政事的情况下，"通判"代为行使职权，即所谓"通判军府（事）"。在这种情况下，所谓"通判"，并非以"通判"这一实在的职位来治理某州，而是在已有职衔（如张延翰的江州观察巡官或工部郎中，方讷的浙西营田副使）基础上，外出代替州级行政长官行使职权。而第 C2 条则是在州刺史亲任政事的情况下，以"通判"名义予以监督，从而达到"郡事亦赖以济"。不过这条材料仅见于此，故这里类似于宋代通判的情况，是否真能表示南唐已有通判一职，抑或陆游以其宋人思维想象了南唐情况，依然需要进一步论证。第 C3 条根据《册府元龟》记载，广顺元年"八月，环州刺史雷彦洪以名下一字犯御名，改之"②。未知雷彦洪是否亲任政事，但从"通判环州事"这一构词来看，与第 C1、C4

---

① 马令：《南唐书》卷一〇《张延翰传》，《五代史书汇编》第九册，杭州出版社 2004 年点校本，第 5332 页。

② 《册府元龟》卷三《帝王部·名讳》，凤凰出版社 2006 点校本，第 36 页。雷彦洪因避讳改名，可知其原名雷彦威。而据《新唐书》卷一八六《邓处讷传》，雷满"天复元年（901）卒。子彦威自立。间荆南节度使成汭兵出，袭江陵，入之，焚楼船，残墟落，数千里无人迹。弟彦恭，结忠义节度赵匡凝以逐彦威，据江陵。匡凝弟匡明击之，还走朗州"（第 5423 页）。可知雷彦威为唐末朗州势力雷满之子，天复年间被其弟雷彦恭所逐。但《新唐书》未载其下落，疑《册府元龟》此处之雷彦洪即雷满之子雷彦威，在被其弟所逐之后进入北方中原王朝，至后周时任环州刺史。但就年龄推测，天复间雷彦威若为 25 岁左右，则广顺元年已 75 岁左右，是否尚能出任环州刺史，亦无法肯定。

条用例类似。

总而言之，这三条史料所体现的"通判"，第 C1 和 C2 条在史源上颇不利于论证，第 C1、C3 和 C4 条与宋代通判有不少差距。如此，严耕望、李裕民、薛璞喆、李慧对于宋代通判来源于南唐的说法，不一定站得住脚。苗书梅就第 C4 条等材料论曰："这些记载说明了通判一词具有全面负责的含义，还不是职官名称。到宋代，通判才作为一个固定的职称，普遍设置于各个州府。"① 这代表了学者的一般看法。

此外，有关杨吴、南唐州级行政机构中的"判"和"通判"，还可以见到如下例子：

D1 贞明四年（918）：（天祐）十五年，（徐）知训授淮南行军副使、内外马步军都指挥使，通判军府事。居无何，知训为大将朱瑾所杀，温以昪代知政事。②

D2 贞明四年（918）：（七月）戊戌，以知诰为淮南节度行军副使、内外马步都军副使，通判府事，兼江州团练使。③

D3 显德六年（959）之前：俄以吴越犯边，（张易）出为宣歙招谕使，判宣州。前刺史方筑州城，役徒数万，一切罢遣之。曰："自守者弱，远图者强，何以城为！"吴越闻，慑服，不敢复犯。④

D4 开宝二年（969）之后：（查）元方事后主，为水部员外郎、吉王从谦掌书记。从谦朝京师，……使还，通判建州。卢绛据歙州，传檄至建，元方立斩其使。及绛平，太祖闻元方所为，大悦，擢殿

---

① 苗书梅：《宋代通判及其主要职能》，《河北学刊》1990 年第 2 期，第 83 页。
② 《旧五代史》卷一三四《李昪传》，中华书局 2015 年新点校本，第 2080 页。
③ 《资治通鉴》卷二七〇"梁末帝贞明四年七月"条，中华书局 1956 年点校本，第 8831 页。
④ 陆游：《南唐书》卷一三《张易传》，第 5569 页。张易此后不久即出任吴王司马，而李从嘉封吴王在显德六年，故系于此前，见《资治通鉴》卷二九四"周世宗显德六年九月"条，中华书局 1956 年点校本，第 9605 页。

中侍御史、知泉州。卒官。①

这四条史料中,前两条分别来自《旧五代史》《资治通鉴》,后两条都来自陆游《南唐书》,可分别分析如下:

在 D1 条中,徐知训作为杨吴政权徐温亲长子,当徐温坐镇金陵时,他在扬州受命监控吴王杨隆演。但因过于无礼,引起北方南下又被闲置在扬州的将领朱瑾的不满,最终被朱瑾所杀。② 在这里,《旧五代史》所载"通判军府事",仅见于此,未见于其他史料。而徐知训事实上的头衔,诸书多简化为"(淮南)行军副使"③,或谓"知广陵政事"④,或为"吴内外马步都军使、昌化节度使、同平章事"⑤,可见其实际的职能即总揽扬州军政。从含义上来说,与前文所引 C1、C3、C4 条类似。

在 D2 条中,徐温养子徐知诰在平定朱瑾之乱后,代替了徐知训在扬州的辅政身份,继徐知训"通判府事"。故这条材料与 D1 条一样。

在 D3 条中,提及张易担任"宣歙招谕使"。据朱玉龙梳理,宣歙二州作为唐末宁国军节度使辖区,一度因田頵等叛乱而废镇,直至贞明五年(919)复为节镇,但歙州似乎已经脱离;天福末年,宣州建大都督

---

① 陆游:《南唐书》卷五《查文徽传》,第 5503 页。查元方随吉王李从谦出使北宋,见《续资治通鉴长编》卷一〇"太祖开宝二年六月"条,中华书局 1995 年点校本,第 227 页。

② 胡耀飞:《"为国去贼,为民除害"——918 年杨吴政权朱瑾政变事件剖析》,赵昌智主编《扬州文化研究论丛》第六辑,广陵书社 2011 年版,第 82—97 页;收入氏著《杨吴政权家族政治研究》,花木兰文化出版社 2017 年版,第 33—49 页。

③ 路振:《九国志》卷三《徐温传》,《五代史书汇编》第六册,第 3267 页;《旧五代史》卷一三《朱瑾传》,中华书局 2015 年新点校本,第 197 页。

④ 佚名:《五国故事》卷上"伪吴杨氏"条,《五代史书汇编》第六册,第 3181 页。

⑤ 《资治通鉴》卷二七〇"梁末帝贞明四年六月"条,中华书局 1956 年点校本,第 8827 页。

府，以魏王徐知证为大都督府长史；南唐保大五年（947），徐知证卒，复为节镇，以周宗为宁国军节度使；至保大八年（950），周宗为东都留守，以燕王李弘冀为润、宣二州大都督，镇润州；至李弘冀于显德五年（958）被立为太子后，宣州再次成为节镇，以朱业为节度使。① 亦即，一旦宗室出镇，便升为大都督府；而当重臣出镇，则恢复为节镇。而在张易担任"宣歙招谕使"的显德六年（959），时任宁国军节度使为朱业。因此，张易"判宣州"，与前文所揭吴越国的"判某州"并不是一回事。且此职设立背景为吴越国犯边，故而有所谓"招谕"之任，则此"判宣州"当是在宣州"招谕"吴越国来犯之军的意思。

在 D4 条中，如前引 C2 条，出现了"通判某州"的形式，前引陆游《南唐书·张易传》谓其"通判歙州"，很可能是陆游借用宋人概念。在这条中，也有其他史料可为反证，即《续资治通鉴长编》所载：卢绛"传檄至福州（建州），观察判官查元方斩其使"②。在这里，查元方所居为建州"观察判官"，而非"通判建州"。

综合观之，杨吴、南唐时期出现的"通判"，从史源上看可靠记载并不多。甚至有宋人以宋代通判的名和义加于五代"通判"者，其实多与宋代通判含义相去较远。就北宋统治者而言，也许借用了杨吴、南唐"通判"这个词汇，但却赋予全新意义。不仅将"通判"逐渐从动词变成了名词，更有着远为广泛的职能。

## （二）"判"县问题

弄清楚五代的"判""通判"之后，即可进一步讨论县级"判"

---

① 朱玉龙：《五代十国方镇年表》"宣州"，中华书局 1997 年版，第 406—414 页。

② 《续资治通鉴长编》卷一七，太祖开宝九年正月，中华书局 1995 年点校本，第 363 页。当时福州在吴越国治下，南唐控制者为建州，故其中"福州"为建州之误，此点徐晓望已予指出，见徐晓望《闽国史略》，第 102 页。不过徐晓望并未区分"通判"和"判官"之别，在正文中称为"建州通判查元方"，实误。

官。在《赵偓墓志》中，可见到赵偓在吴越国时期有"首判福清""后临永泰"两次经历。福清和永泰都是福州属县①，即赵偓"判"这两个县。其中"临"亦即"判"，盖有"首""后"之别，性质相同。

但这里的"判"，若按上文州级行政中的"判"来看，当是"判某县"，而非"通判某县事"。亦即，这里的"判"实际上与"知"的含义类似，是作为一县之令长。从赵偓历官经历来看，他在王闽政权即曾"出判泉州诸司公事"和以军事判官"通判（汀州）军州事"，进入吴越国后，即便再受压制，也不会在已有县令之下再"通判县事"。何况，作为最基层的地方行政机构，县已经足够小，县令也不可能作为某一大人物的遥领，需要另外派人"通判县事"。

不过，对于县级行政机构的"判"，可供进一步讨论的材料不多。在福建地区，并无第二处记载。值得注意的是吴越国时期的一处记载：

> E1 贞明（915—921）年间：（钱）元懿字秉徽，武肃王第五子，母李氏。懿有燕颔之相，起家镇海军右直都知兵马使，寻授安国衣锦军防遏指挥使，累授检校兵部尚书。……贞明中，自新定判东阳。……累奏授宾、睦二州刺史、清海、武胜等军节度使、太傅、同中书门下平章事、金华郡王。②

此条史料来自吴越国宗室钱俨所撰《吴越备史》，此书为实录体，随年份推移，在某年某重要人物去世时，会附上小传。此处所引，即系于广顺元年（951）的《钱元懿传》。

---

① 李晓杰：《中国行政区划通史·五代十国卷》，复旦大学出版社2014年版，第303页。
② 《吴越备史》卷四《大元帅吴越国王》，《五代史书汇编》第十册，杭州出版社2004年点校本，第6249—6250页。

在这里，钱元懿的一段经历值得注意，即"自新定判东阳"。新定，即新定县，东汉末孙权所置，晋武帝太康元年（280）更名遂安县。① 此后，遂安一直存在，至唐末五代，为睦州属县。② 东阳，即东阳县，一直属婺州。③ 由此可知，钱元懿在当时从"判"遂安到"判"东阳，连续"判"了两个县。从钱元懿的吴越国宗室身份，亦即他的前后仕宦经历来看，这里的"判"也绝不是在县令之下"通判县事"，而是真正的主持一个县的县政。

虽然五代时期其他地方、其他时间县级行政长官以"判"出现的尚无记载，通过对钱元懿、赵偓两人例子的讨论，可以看出确实存在"判"县情况。

需要指出的是，《赵偓墓志》中紧接着出现的"令长惣判镇县，自此始也"一句。从此句可知：第一，"判"有"判"镇和"判"县之分，县的情况已经指出，而镇的情况尚付阙如；第二，《赵偓墓志》作者认为"惣判镇县"自赵偓始，而钱元懿情况明显在此之前，不知是墓志作者不知其详，还是钱元懿和赵偓情况有别。这些都需要未来通过更多材料来进一步讨论。

## 结　语

通过上文梳理，从《赵偓墓志》出发，笔者大体讨论了五代时期关于"判"和"通判"的两个问题，可总结三点如下：

首先，就史料梳理而言，在目前笔者所能寓目的范围内，五代时期"通判"以"通判某州事"的形式出现。其他记载"通判"的情况，或为误记（D4），或有其他具体含义（D3），或可能属于宋人想象之辞

---

① 《宋书》卷三五《州郡一》，中华书局1974年点校本，第1037页。

② 李晓杰：《中国行政区划通史·五代十国卷》，复旦大学出版社2014年版，第295页。

③ 同上书，第299页。

（C2）。而五代时期的"判"，则以"判某州"或"判某县"的形式出现。

其次，五代时期的"通判"，以"通判某州事"的形式出现，这是最常见的，即在州级行政长官遥领或被架空的情况下代为执行州政。这种形式，存在于杨吴（C1、D1、D2）、南唐（C4）和王闽（表1）等南方政权以及后周（C3）等北方政权。

最后，五代时期另一类涉及地方行政机构的"判"，主要体现于"判某州"或"判某县"，且目前尚未见到"判某镇"的例子。这种情况主要分布于吴越国，且主要是直接作为行政长官"判某州"（B1、B3）或"判某县"（表2、E1）。

可以看到，在五代时期的这两类"通判""判"，都与宋代通判的含义相去甚远，两者并无直接继承关系。而兼具"通判"（表1）和"判"（表2）的《赵偓墓志》，则因其出土于先后被王闽政权、吴越国政权统治的福州，故而为认识五代时期的这两类地方行政职官提供了十分难得的契机。

附记：本文先后宣读于"长安中国中古史沙龙"第五期（陕西师范大学，2016年6月4日）、"中古新政治史研究：第四届中国中古史前沿论坛国际会议"（上海师范大学，2016年7月23—24日），承蒙李军、王庆卫、刘思怡、邹贺、崔世平等先生指正，谨此致谢！修改后刊杜文玉主编《唐史论丛》第25辑，三秦出版社2017年版，第288—305页。

# 学 术 编

# 试论缪荃孙的五代史研究：
# 以《补五代史方镇表》为中心

　　江阴缪荃孙（筱珊，1844—1919）是典型的晚清文献家，在人们更多地关注其校勘学、方志学、藏书方面的成就时，笔者认为应该重视一下他对史学的研究。关于清代学者对于隋唐五代史的研究，虽已有学者予以关注①，但值得阐扬的清人研究成果尚有许多。另外，虽然张承宗对缪荃孙的历史学成就予以关注②，学界也有三篇硕士论文③和两本专著④对缪荃孙的文献学以及整体治学活动进行研究，但尚无具体涉及他对五代史的用功。故此，笔者试图以缪荃孙《补五代史方镇表》（以下简称缪著）为中心，结合历代关于五代十国方镇的研究史，来评价缪氏对于五代十国方镇的研究，顺及缪氏五代史成就。由于近人朱玉龙对于五代十

---

　　① 如王雪玲《清儒整理唐代文献研究》，中国社会科学出版社2013年版。

　　② 张承宗：《缪荃孙的史学成就》，《近代史研究》1983年第2期；张承宗：《缪荃孙与清史研究》，《中国近代史学史论集》（上），华东师范大学出版社1984年版。

　　③ 王亚生：《缪荃孙文献学研究》，硕士学位论文，华中师范大学，2005年；王海刚：《缪荃孙文献学研究》，硕士学位论文，武汉大学，2005年；张坤：《缪荃孙文献学述略——以版本学与词学文献研究为中心》，硕士学位论文，陕西师范大学，2009年。

　　④ 张碧惠：《晚清藏书家缪荃孙研究》，台北汉美图书有限公司1991年版；杨洪升：《缪荃孙研究》，上海古籍出版社2008年版。笔者未见张书。杨书中关于缪荃孙五代史的贡献，未能集中论述，且留有较大发挥余地。

国方镇的集大成之研究《五代十国方镇年表》（以下简称朱著）并未参考缪著①，故而本文亦将对比两者之间的异同。

## 一　缪著体例

《补五代史方镇表》并非一部完成的著作，仅有手稿传世，在缪氏去世之后流入北京大学图书馆。② 1996 年，天津古籍出版社出版了《北京大学图书馆藏稿本丛书》，在第 9 册收录缪著影印本（下文简称影印本）。③ 1997 年，中华书局出版了朱玉龙《五代十国方镇年表》。朱氏在《前言》中提道："今据夏孙桐《缪艺风先生行状》载，清缪荃孙曾著有《五代方镇表》十卷，惜未刊布流通，遂不可覩。"④ 可能朱著在 1996 年尚处出版流程，故朱氏未能参考缪著，不然朱著可以完璧。近年，《缪荃孙全集·杂著》收录《补五代史方镇表》（下文简称整理本）。⑤ 本文即据此整理本，对比笔者数年前根据影印本整理的点校本，对缪著贡献予以揭示。

---

① 朱玉龙：《五代十国方镇年表引用书目》，氏著《五代十国方镇年表》，中华书局1997年版。日本学者栗原益男亦有《五代宋初藩镇年表》，东京堂1988年版。然而栗原氏此书仅考证了北方中央王朝所属藩镇的情况，未及南方地区，且属于日本学界成果，中国学界对其几无参考，特别是其后的朱玉龙亦未参考栗原氏此书，故本文不加入讨论。

② 杨洪升：《缪荃孙研究》，上海古籍出版社2008年版，第73页。

③ 缪荃孙：《补五代史方镇表》，收入北京大学古籍特藏部陈秉才、张玉范编《北京大学图书馆藏稿本丛书》第9册，天津古籍出版社1996年版，第1—483页。

④ 朱玉龙：《前言》，《五代十国方镇年表》，中华书局1997年版，第5页。

⑤ 缪荃孙：《补五代史方镇表》，氏著《缪荃孙全集·杂著》，凤凰出版社2014年版。需要说明的是，笔者曾于2010年10—11月根据《北京大学图书馆藏稿本丛书》点校了《补五代史方镇表》，并写完了本文初稿。当年12月，方获知朱玉麒先生参与主编《缪荃孙全集》事宜，并通过与朱先生邮件获知，他们已经在当年上半年完成录校工作。不过笔者向朱先生提供的此文初稿，在他们时隔四年后出版的《缪荃孙全集·杂著》中似未加入参考，故本文尚有参考价值。

## （一）缪著体例

顾名思义，《补五代史方镇表》即对薛居正《旧五代史》和欧阳修《新五代史》的补充。《旧五代史》虽有《郡县志》①，但内容多记载州县沿革，与方镇并无多大关系，更无年表；而《新五代史》虽有《职方考》②，也仅仅罗列某州在五代中某代为哪个政权所属，以及州县废置等信息，并无详细考察方镇。又由于身为正史典范的《史记》《汉书》等都有年表这一体例，故历代多有对五代十国方镇进行年表增补者。不过，在缪著之前，并无较高学术价值的增补著作问世。据朱玉龙所言：

> 传世的万斯同《五代诸镇年表》一卷，吴廷燮《五季方镇年表》二卷，是其彰彰有名者。然而令人不无遗憾的是，当时全国百余个方镇，万斯同《五代诸镇年表》仅录十三；五代十国前后六七十年，万《表》除夏州、荆南两镇稍具头尾，多数至后唐即不了了之。吴廷燮《五季方镇年表》收录方镇数目稍增，但错误丛出，用功规模均远逊其所编《唐方镇年表》，且略不及十国方镇事。③

除了万斯同（季野，1638—1702）、吴廷燮（向之，1865—1947）两种并不完善的增补著作，与缪荃孙差不多同期的还有罗振玉（雪堂，1866—1940）所撰《瓜沙曹氏年表》一卷④，但局限于西北小镇，且与当时中原王朝并无紧密联系，对中原政局更是略无影响。所以，缪著是在朱著之前对五代十国方镇的一次集大成之考察。

---

① 《旧五代史》卷一五〇《郡县志》，中华书局 2015 年新点校本，第 2341—2355 页。
② 《新五代史》卷六〇《职方考》，第 803—835 页。
③ 朱玉龙：《前言》，《五代十国方镇年表》，中华书局 1997 年版，第 5—6 页。
④ 罗振玉：《瓜沙曹氏年表》，收入《雪堂丛刻》，上虞罗氏 1915 年排印本。

缪著初稿，据其自编《艺风老人年谱》，成书于光绪六年（1880）[①]，民国乙卯年（1915）十月又数次校补[②]，不过均未完全定稿。从影印本来看，缪著书写于事先刻好的表格内[③]，上留一栏标明五代或十国政权名称，以及随后每年年号与年份；此栏下面，则每个方镇专设一栏，在栏前书写方镇军额以及简介，随后根据每年该方镇动态书写人事任命情况。缪著虽然仅是稿本，但由于作者笔迹规整，字迹清晰，故而当是在做了大量准备工作前提下，根据光绪旧稿边抄边按照所写内容多寡划框内之表格线。因此，虽然钞写之人似非缪氏本人[④]，但确是民国年间根据光绪六年旧作重新加以誊抄。

关于此书体例，《北京大学图书馆藏稿本丛书》的提要已言其大概："《补五代史方镇表》五卷，清缪荃孙撰，手稿本。此表以梁、唐、晋、汉、周为序，后附蜀、后蜀、南汉、楚、吴越、秦、梁诸国表。诸表均以年为纲，以方镇为纬，中间系以事件。史料取自正史纪传，兼取《通鉴》及墓志，疑则疑，阙则阙，不详或无考者均加荃孙按语。对研究五代史有参考价值。"[⑤] 不过，其中所言"秦、梁诸国表"，秦之后当

---

[①] 缪荃孙：《艺风老人年谱》，氏著《缪荃孙全集·杂著》，凤凰出版社2014年版，第174页。

[②] 据《艺风老人日记》，缪荃孙在乙卯年有数次校补的记录：1. 九月十六日，"校后唐方镇表"，《缪荃孙全集·日记三》，第404页；2. 十月朔条，"校五代方镇表"，第406页；3. 十月六日条，"校十国方镇表"，第407页；4. 十月七日条，"校十国方镇表"，第407页。

[③] 表格系事先刻好，据《艺风老人日记》乙卯年六月十二日条："朱文海来，嘱刻《补五代史方镇表》格纸。"第390页；又据六月十六日条："朱文海送表格来。"第390页。

[④] 杨洪升认为，"书中凡加按语处，均题'荃孙按'，确系缪荃孙稿本无疑"，见杨洪升《缪荃孙研究》，上海古籍出版社2008年版，第73页。但《补五代史方镇表》使用了缪荃孙书写所不用的颜体字，似非缪氏手迹，而是他人依据缪氏旧稿誊抄。（此承友人尹承提示，谨此致谢！）

[⑤] 北京大学古籍特藏部陈秉才、张玉范编：《北京大学图书馆藏稿本丛书》第一册，天津古籍出版社1996年版，第11—12页。

是吴、南唐，而非"梁"。故而杨洪升《缪荃孙研究》更进一步总结为：

> 该表以年月为经，以人事为纬，断代为表，收录了后梁方镇三十五，后唐方镇五十五，后晋方镇四十三，后汉方镇四十，后周方镇四十六，王蜀方镇十二，孟蜀方镇十四，南汉方镇六，楚方镇九，闽方镇三，吴越方镇九，秦方镇十三，吴方镇十三，南唐方镇十七，凡三百一十五。①

此外，缪著在内容编排方面有以下特点。

1. 缪著内容虽然先以政权分，但在政权之内亦有以方镇所处地域，或方镇在政权中之重要性安排先后次序，故每一政权不同分表所系方镇数量不同。比如南唐三表中，以位于淮南、浙西的西都金陵府、东都江都府、镇海军、保信军、清淮军、建武军、定远军为一表，以位于江南西地道区的南都南昌府、宁国军、康化军、永平军、昭武军、百胜军、奉化军为二表，其他离政治中心颇远的武昌军、清源军、永安军则归入最后第三表。②

2. 缪著对于方镇的选取，以实际或名义上控制为原则，故而除了收录瓜沙归义军政权③之外，对安南静海军④也予以收录。并且，缪著在对所收录方镇之节度使信息进行收集时，也严格按照形式，若此方镇归入其他政权，或者此方镇降为团练州、防御州、刺史州时，便不再具列其人事任命情况。

3. 缪著以年为纬、以方镇为经划分表格，每一格中先以重墨大字书

---

① 杨洪升：《缪荃孙研究》，上海古籍出版社2008年版，第383页。
② 缪荃孙：《补五代史方镇表》，凤凰出版社2014年版，第144—157页。
③ 同上书，第57—61、84—86、96、110—111页。
④ 同上书，第25—27、125—128页。

写当年主政人物之名号，再用淡墨小字书写此人几月到任，几月离任，以及在任内所受封爵和散职、检校官号。但所写内容大部分并未说明史料来源，考虑到缪著所补为薛、欧阳两《五代史》，故基本材料来源于彼。比如对于乾化三年（913）四月袁象先的描述，即完全取自《旧五代史·梁末帝纪》。① 若遇到史料互舛，则加"荃孙按"，然后根据不同史料进行考辨，全著凡 72 处。另外也有并未加"荃孙按"，但给出史料来源的补充性语句十数条。

4. 缪著基本每年都划有预留之方格，年份栏中以"年号+年数+干支"的方式表示。若遇到偏霸政权，则在第一表第一年之年份栏中以双行小字附注当年中原政权年号。若因材料缺乏而大量出现连续数年无人可以补充方格时，便会省略一些年份表格绘制。比如吴越国方镇表中，仅划了"宝大元年□□""二年□□""天福□年丁酉"三个年份表格。② 若遇到一年之中有先后两个年号，则会同时写上两个年号，如后唐"应顺清泰元年甲午"③、南唐"中兴交泰元年戊午"④ 等。

5. 缪著对于方镇军额更易，除了在对方镇介绍栏中有综合介绍之外，当遇到某年此方镇改换军额时，也会在当年表格中写出情况，并以两者之间空一格或者另起一行来区分前后对于当年节度使的介绍和关于改换

---

① 缪著云："四月，以西京内外诸军马步军都指挥使、检校司徒、左龙武统军、濮阳郡开国侯为特进、检校太保、同平章事，充镇南军节度使、江南西道观察处置等使，改开封尹，判在京马步诸军事，进封开国公，增食邑一千户。"（《补五代史方镇表》，第 5 页）而《旧五代史》卷八《梁末帝纪上》的记载是："夏四月癸未，以西京内外诸军马步军都指挥使、检校司徒、左龙虎统军、濮阳郡开国侯袁象先为特进、检校太保、同平章事，充镇南军节度、江南西道观察处置等使、开封尹、判在京马步诸军事，进封开国公，增食邑一千户。"（第 135 页）可见，缪著的句子完全是从《旧五代史》变化而来。

② 缪荃孙：《补五代史方镇表》，凤凰出版社 2014 年版，第 132—133 页。

③ 同上书，第 33 页。

④ 同上书，第 152 页。

军额的内容,内容或有相反。①

6. 根据影印本可知,缪荃孙在撰写过程中也有修改迹象。以删字为例,或在要删除之字中间点一黑点,或直接用一竖线划去要删除的连续几个字,或用"『』"括出要删除之字②。若补字,则在删除之字右边以小字写出,或者在尚有空间时书于删除之字左边。

综上所述,缪著有其鲜明特色。但仅根据这些特点,尚不能反映缪氏对五代方镇研究功劳究竟何在。

### (二) 缪著体例与万、吴、朱三家的关系

虽然杨洪升在其《缪荃孙研究》中举了一些例子来证明缪著比朱著稍有优处③,但毕竟朱玉龙是当代人,纵然没有参考缪著,基于比缪氏占优势的资料收集和用心程度,朱著更能体现对五代方镇的集大成之研究。对于缪著,只能站在当时学术史中观察。对于缪著与万斯同《五代诸镇年表》④和吴廷燮《五季方镇年表》的关系,杨洪升认为:"万斯同撰《补历代史表》中有《五代诸镇年表》一卷,仅录方镇十三个,且多首尾不完。吴廷燮撰《五季方镇年表》,较万表也是稍有增加而已,而且谬误百出。"⑤但这段话与上文所引朱玉龙论述如出一辙,且《缪荃孙研究》的主要征引书目中并未列出万表和吴表⑥,让人怀疑杨氏并未翻阅两表,而是武断地沿袭了朱氏说法。万斯同《五代诸镇

---

① 如开平二年匡国军节度使冯行袭栏、开平二年镇国军节度使康怀贞栏,俱见缪荃孙《补五代史方镇表》,凤凰出版社2014年版,第3页。
② 如秦政权一表中,乾宁元年天雄军李茂庄栏,以『』括注"未详何年拜,加同平章事"字样,因为前文景福元年、二年分别有"未详何时拜""七月加同平章事"等内容,故而加『』者亦表示删除之意。
③ 杨洪升:《缪荃孙研究》,上海古籍出版社2008年版,第383—385页。
④ 万斯同:《历代史表》卷五三《五代诸镇年表》,丛书集成初编本,中华书局1985年版,第1077—1092页。
⑤ 杨洪升:《缪荃孙研究》,上海古籍出版社2008年版,第382页。
⑥ 同上书,第471—490页。

年表》虽然并不完善，但对缪著起了很大引导作用。另外，也要注意缪著与《五季方镇年表》的关系。吴廷燮撰《五季方镇年表》历时颇久，至民国丙子年（1936）方才与其他诸表一起由辽海书社出版，汇为《历代方镇年表》。① 故吴廷燮之表成远在缪著之后，缪荃孙撰《补五代史方镇表》时，应该没有参考过吴廷燮《五季方镇年表》，两者之间也不具有可比性。

关于万表与缪著关系，可以从沿袭与创新两方面来看：

沿袭之处：1. 缪著表格规划沿袭了万表格式，皆以年为经，以人事为纬；2. 年份书写格式"年号+年数+干支"亦沿用不废，不同的仅是缪著把万表字体变小的干支放大到与年号和年数一样大小的字体；3. 方镇军额书写方式沿用万表，仅把万表所用"部……几州"变成了"领……几州"；4. 人事任命书写方式亦有沿袭，先以粗体标明人名，人名之后追述封拜情况；5. 甚至关于封拜的描述，缪著也延续了万表侧重于爵号与检校官称的现象。

创新之处：1. 方镇内容和数量上皆大大突破了万表；2. 加入了万表没有列入的帝都、陪都京尹人事情况，虽然严格来说京尹不能算藩帅；3. 缪著把所有方镇的情况按政权加以区分，从而更能详细地表达方镇对于某个政权的归属情况。

从这些沿袭与创新来看，虽然能说明缪著相比于万表的先进之处，但更多地说明了万表对于缪著的开创之功无法替代。何况，万表作为《历代史表》一种，其某些内容，诸如带节度使衔的重臣人事情况，也能够在关于五代的其他诸王、大臣、将相年表中体现出来。可惜收入于《二十五史补编》的《五代诸镇年表》② 完全取消了表格形式，导致读者无法利用表格优点直观获取有益信息。当

---

① 吴振清：《吴廷燮及其在补史表上的成就》，《史学史研究》1998 年第 3 期。

② 万斯同：《五代诸镇年表》，《隋唐五代史补编》第三册，北京图书馆出版社 2005 年版，第 483—486 页。

然，在缪著中并未提及万表，不过以缪氏之博学与藏书之宏富，知道万表并欲在其基础上完善之，这样的想法肯定存在过①，而且最终付诸实践了。

最后，关于缪著与吴表之间的关系。笔者认为，由于缪著一直以稿本形式存世，在缪荃孙去世的民国己未年（1919）之后十数年内，又被售予北京大学收藏②，故而吴廷燮应该无从得知缪著存在。根据笔者对吴表的考察，也并未发现吴表有引用缪著的痕迹。甚至缪荃孙和吴廷燮本是清史馆同事，但交往也不多，在《艺风老人日记》中，"吴向之"（吴廷燮字向之）仅五见而已，其记载也未涉及对于五代方镇的探讨。③ 所以，两人可能在互不知晓的情况下独立撰著。

关于吴表对方镇的收录原则，吴廷燮在其著《序录》中已有揭明：

> 诸镇名目，一本欧《考》，部分次第，仍沿十道。运历过促，帝室之更，有如传舍，以较列朝，稍为殊异。以地为纲，以代为目，取便省览。入契丹者，别见《辽表》。十国首领，核考其实，即方镇也。南唐节度，陆《书》尚详；后蜀、南汉，记载颇略，今并不录。④

不过，虽然吴廷燮之表仅分上、下两卷，但其内容比万表更为详细。可惜并未纳入南方十国部分内容，不然与缪著当不相上下。

至于吴表格式，可以肯定吴廷燮参考过万表，但吴表却与缪著有着不同的发展方向。其特点是：1. 如《序录》所说，"以地为纲，以代为目"，不过事实上并不区分朝代；2. 年份书写，以"年号＋年数"为格

---

① 《艺风老人日记》中就有6次提及《历代纪事年表》或《历代史表》。
② 杨洪升：《缪荃孙研究》，上海古籍出版社2008年版，第73页。
③ 缪荃孙：《缪荃孙全集·日记三》，凤凰出版社2014年版，第153、344页；《缪荃孙全集·日记四》，凤凰出版社2014年版，第45页。
④ 吴廷燮：《序录》，氏著《历代方镇年表》，辽海书社1936年版，第1页。

式,没有干支;3. 一个表一个方镇,而非一个表数个方镇一起排列信息,这从目录中也能看出;4. 年份之下,有单独一行表格,用以书写人名,所以人名和具体人事任命情况,以及年份、字体皆一;5. 关于具体人事任命,大部分给出所据史料来源。

　　吴表的这种格式,与其他朝代方镇年表整齐划一,是《历代方镇年表》的统一格式。但当中华书局整理出版吴廷燮《唐方镇年表》时,却把表格形式予以删除。虽然并未在《出版说明》予以说明①,但方便编辑和节省篇幅的原因肯定在其中,也可以看出是模仿了《二十五史补编》的编排法。另外,一个表一个方镇的形式也更容易化约成纯文本形式。因此,朱玉龙《五代十国方镇年表》出版时,也沿袭了中华书局点校本《唐方镇年表》格式。其《凡例》曰:"年表编排,基本仿吴廷燮《唐方镇年表》例,以年月为经,以人事为纬,将属某年某人之事,引隶于此年此人之下。阙帅或军废,则示以空行。"②

　　由此可以看到:缪著在格式方面继承了万斯同《五代诸镇年表》体例,并有所突破;而今人朱玉龙《五代十国方镇年表》则延续了中华书局改编《唐方镇年表》的体例。因而,在这两个不同方向格式发展系统之下,便可以指出缪著在格式方面的优缺点:

　　优点:1. 一表之中,系以相邻地域方镇,更能体现方镇节度使人事调动地域性,如后唐房知温:天成元年(926)五月,以贝州刺史拜泰宁军节度使;二年(927)七月,徙武宁军节度使;长兴元年(930)三月,徙天平军节度使;三年(932)八月,徙平卢军节度使。③ 因四个方镇地域相近,所以归入一个表中,从而可以直观地了解房知温在整

---

①　中华书局编辑部:《出版说明》,吴廷燮《唐方镇年表》,中华书局1980年版,第1—3页。

②　朱玉龙:《凡例·七》,《五代十国方镇年表》,中华书局1997年版,第2页。

③　缪荃孙:《补五代史方镇表》,凤凰出版社2014年版,第51—52页。

个后唐时期的人事调动情况。2. 按照政权来安排方镇，能够让读者更清晰地了解每个政权实际控制地域，这可以从缪著单独为秦政权整理方镇中看出。① 李茂贞所控制的秦政权，因没有形式上的称帝建国，故历来史家都不承认其为独立王国，也不把它归入"十国"。但秦政权又的的确确存在，与朱梁政权抗争了数十年，到后唐时期才逐渐纳入中原王朝统治。因此，缪著首次以独立政权名义为秦政权安排一席之地，并从后梁建立之前即开始考证，可以说是严格遵循了以实际控制地域来观察五代方镇的原则。另外，此举一反前人不重视秦政权的传统，颇可与明代以来对秦政权的重视相呼应。② 3. 缪著整理了京尹的信息，而朱著从略，颇为遗憾。

缺点：1. 由于材料缺乏，以及缪荃孙本人精力过于分散，关于五代以外地方性政权，未能足够拓展其内容。因此，可以看到只有三年内容的吴越国方镇表，大量空缺且只到大宝九年（966）的南汉方镇表③，缺少年份且亦有大量空缺的楚国和闽国方镇表④，等等。这些情况，在以真正表格作为外在形式的情况下，更加显得浪费空间，给人一种仓促之感。2. 五代王朝为了控制地方藩镇，采取了很多拆分和新置方镇的措施，故而对于一个方镇的界定带来了困难。但缪著依然以方镇本身为原则进行收纳，且不同朝代同一方镇分别整理，这种方式不如朱著以方镇治所为原则，整理此一方镇在五代连续人事情况来得一目了然。当然，缪著是为了照顾政权实际控制地域，但五代时所谓实际控制，很多仅是名义上控制，事实上每个方镇多有其各自独立性，而且以治所为中心的州域得失，也更

---

① 缪荃孙：《补五代史方镇表》，凤凰出版社 2014 年版，第 133—136 页。

② 关于"五代十国"这一称号的由来，及历来对秦政权的忽视，参见王凤翔《"十国"之说的由来》，氏著《晚唐五代秦岐政权研究》，三秦出版社 2009 年版，第 274—278 页。

③ 缪荃孙：《补五代史方镇表》，凤凰出版社 2014 年版，第 125—128 页。

④ 同上书，第 128—132 页。

能够通过不同朝代连续追加的方式体现出来。虽然各有千秋，但朱著体例更加清晰。

## 二　缪著与朱著在内容方面的对比

前文仅仅是对《补五代史方镇表》在体例上的特点之概述，而缪著最重要的还是在于对五代方镇本身的稽考，故而必须就此探究，方能说明缪荃孙的五代史成就。前文已提及缪著与朱著之间的独立关系，鉴于朱著已经吸收吴表成果，故而在本节中，笔者将对比缪著与朱著异同，以说明缪著对于朱著在内容方面所能起到的补充作用。

### （一）缪著对朱著在大范围方面的补充作用

首先得提及两家著述对于方镇的收纳原则。在朱著《凡例》中，朱玉龙说道：

> 本书收录方镇，以境土在今中华人民共和国领域之内、且受五代十国爵命者为断。交州静海军虽尝请命中朝和南汉，以今界入越南社会主义共和国，不收。契丹所属，在中国领域之内，以其已自立为国，且有吴廷燮《辽方镇年表》在焉，亦不重录。丰州天德军、沙州归义军、凉州河西节度，欧阳氏不著于《职方》，然考之载记，质诸史实，天德军附庸于晋，沙、凉两镇归命中朝，皆有明征，故仍依例收入，并侧附五代诸镇之后。[①]

不过这样的收录原则，虽然继承了吴廷燮对于辽朝方镇的处理方式，但无端缺漏了交州静海军情况，着实遗憾。以今日国界来界定

---

[①] 朱玉龙：《凡例·一》，《五代十国方镇年表》，中华书局1997年版，第1页。

五代史研究范围,亦待酌虑。① 故此,缪著首先在这一点上,即可补充朱著。

其次,上文已提及,缪著对于京尹的整理,以及对于907年之前关于秦政权方镇沿革的整理,都有补充之功。

### (二) 纠正杨氏对缪著的评价

缪著由于以方镇为原则,比朱著以州为原则进行收录视野有所狭窄,又限于材料,缺漏还是很多。所以,得根据两家著述都关注的内容进行考辨,方能比较谁之考证更占优势。对此,杨洪升已提及五处优点、四处缺点,然而尚需一一考辨。

杨氏提及的五处优点,第一、二处涉及方镇流变。对此,上文已经指出,缪著把一个方镇按照朝代拆分开来整理颇有不便之处,但杨氏却认为这是优点,实为牵强。比如杨氏所举第一个例子:

> 例如他考梁保义军道:"唐昭义军地,梁改军额,治邢州,领磁、洺二州。"考后唐保义军道:"梁旧镇,治邢州,领磁、洺州,天祐十三年,阎宝据镇降。"考后晋安国军道:"治邢州。"这使读者可以清楚地了解后梁的保义军源于唐之昭义军,后唐因之,后晋又改名为安国军,因革脉络清晰。②

但这里所引缪著三段话,分别见于三处地方,不如朱著"邢州"条总而言之来得简便:

> 保义军节度使、邢州刺史、管内观察处置等使,领邢、洺、磁三州,后梁开平二年六月置。贞明二年八月并归晋有,晋人改曰安

---

① 《五代静海节度使人事考》,陈国保主编《中国中古史集刊》,第6辑,商务印书馆2020年版,第269—282页。

② 杨洪升:《缪荃孙研究》,上海古籍出版社2008年版,第383页。

国军。①

此处贞明二年（916）即缪著所云"天祐十三年"，此年梁将阎宝以昭义军投降晋国李存勖。而到了后晋开国，则被改为安国军。两家叙述，繁简判然。又如杨氏所举第二个例子：

> 再如他考后梁镇国军节度使道："唐陕虢节度使，龙纪元年赐号保义军，开平二年改镇国军，治陕州领虢州。"考后晋保义军道："唐旧镇，治陕州。"使读者可以清楚地了解唐时就已有保义军，入后梁而改为镇国军，入后晋复军号，和后梁的保义军并非一事。②

而缪著这两段文字，根据朱著，依然可以简化为：

> 保义军节度使、陕州大都督府长史、管内观察处置等使，唐旧镇。后梁开平二年五月，改名镇国军；后唐同光元年十二月，复以为保义军。领陕、虢二州。③

以上朱著简洁明了，比缪著分别在后梁镇国军和后晋保义军下写"治陕州"，更能让人明白这两个镇其实就是一个。

至于杨氏所提缪著第三、四、五个优点，亦需考辨：1. 第三个以缪荃孙对于冯行袭在匡国镇任上三处记载，来说明"对于节度使的上任和

---

① 朱玉龙：《五代十国方镇年表》"邢州"条，中华书局1997年版，第273—274页。

② 杨洪升：《缪荃孙研究》，上海古籍出版社2008年版，第383页。

③ 朱玉龙：《五代十国方镇年表》"陕州"条，中华书局1997年版，第147页。

离任，荃孙多在本条下小字加注，注明其年月和事迹，明有所据"①。但不独缪著如此，朱著更是在缪著基础上提供了史料原文和来源。② 2. 第四个优点，杨洪升通过缪氏一条按语，来说明缪氏对于贺德伦在平卢军任期安排经过了充分考虑，因为有张万进、袁象先来徙，故贺德伦是否一直在平卢军节度使任上，颇令人疑惑。以此反观朱著，因为朱氏把这几年都系为贺德伦，故认为朱氏不如缪氏严谨。③ 但事实上，朱氏并没有漏掉关于张万进、袁象先的记载，并且给出了具体史料。④ 另外，对于为何在贺德伦任期内会有对张万进等人的任命，朱氏在注释中已作出了论证，即"五代藩帅调动频繁，往往一岁之中，迁代数四，亦不得以后文有平卢贺德伦云云，即怀疑《通鉴》乾化三年张万进为平卢语为非也"⑤。可知朱氏并非不严谨。3. 第五个优点，杨洪升通过缪氏对于薛、欧阳两《五代史》的考辨，认为阎宝拜保义军节度使在乾化末年，并认为朱著略同。⑥ 然据朱著，则朱氏在注释中不仅进行了与缪著相似的考辨，还通过对阎宝前任戴思远离任之考辨，来求证阎宝出任时间，故而更能反映真实情况。⑦ 另外，杨洪升也没有指出，缪荃孙原文所云"天祐六年即开平二年"⑧ 有误，天祐六年当为开平三年。

关于缪著在考证后梁匡国军节度使人事任命情况时所出现的四处缺点，则确实存在，与朱表考证也相吻合，毋庸赘言。⑨

---

① 杨洪升：《缪荃孙研究》，上海古籍出版社2008年版，第383—384页。
② 朱玉龙：《五代十国方镇年表》"许州"条，中华书局1997年版，第77页。
③ 杨洪升：《缪荃孙研究》，上海古籍出版社2008年版，第384页。
④ 朱玉龙：《五代十国方镇年表》，中华书局1997年版，第34页。
⑤ 朱玉龙：《五代十国方镇年表》"青州"条注二，中华书局1997年版，第42页。
⑥ 杨洪升：《缪荃孙研究》，上海古籍出版社2008年版，第384页。
⑦ 朱玉龙：《五代十国方镇年表》"邢州"条注四、注五，中华书局1997年版，第282页。
⑧ 缪荃孙：《补五代史方镇表》，凤凰出版社2014年版，第15页。
⑨ 杨洪升：《缪荃孙研究》，第385页；朱玉龙：《五代十国方镇年表》"许州"条，上海古籍出版社2008年版，第78页。

总之，笔者并非想指出缪著不值得参考，只是杨氏对于缪著优点之揭示，其实更需要考证，不能以不实情况来评价学术成果高低。当然，杨氏所指出的其他方面优点，比如"缪荃孙对五代十国时期方镇全面的考察为后人对这一时期历史规律的探讨奠定了基础"①，还是可信的。但问题是缪著一直以稿本存在，世人未知，也就无法为后人奠定基础了。至于缪著缺点，作为后人，自不必过于指摘；但作为学问来说，还是需要辩证清楚。因此，以下笔者依缪著政权安排顺序，依次罗列缪著失误与高明之处：

### （三）缪著与朱著的对比

缪著失误：

梁：1. 缪著以开平四年至乾化二年河阳军节度使系以寇彦卿（第4—5页），然据朱著考证，开平三年至乾化二年当是李周彝在任（第130页）。2. 缪著以张归厚出任镇国军节度使在乾化二年至三年（第5页），然据朱著，当在乾化元年至二年（第148—149页）。3. 缪著以贞明四年至龙德元年镇国军节度使为惠王朱友能（第7—8页），而据朱著，依旧是邵王朱友诲（第149页），究其原因，缪著在贞明四年惠王友能栏下注曰："十二月，以云麾将军、检校太保、陈州刺史，充镇国军节度使、陕虢等州处观察处置等使"（第13—14页），而《旧五代史》原文为："乙巳，起复云麾将军、检校太保、陈州刺史、惠王友能，镇国军节度、陕虢等州观察处置等使、起复云麾将军、检校太保、邵王友诲，并落起复，加检校太傅。"② 可见缪荃孙断句有误，故致此错，以致龙德元年镇国军栏无法解释朱友诲为何尚在陕州，注之曰"友诲镇陕，未知何时"（第8页）。4. 缪著以开平元年至二年泰宁军节度使为王瓒（第9页），然而据朱著，似王班以留后居之（第25页）。5. 缪著以开平元年至四年平卢军节度使为韩建（第9页），但朱著仅于开平元年一见韩建，此后皆著贺德

---

① 杨洪升：《缪荃孙研究》，上海古籍出版社2008年版，第384页。
② 《旧五代史》卷九《梁末帝纪》，中华书局2015年新点校本，第157页。

伦（第33页），考《旧五代史·韩建传》，韩建当后梁建立之后，被朱温征入朝为官，未往藩镇①，故缪著亦误。6. 缪著系刘玘知晋州于贞明二年（第17页），盖由推测而得，然朱著据《旧五代史·梁末帝纪》明确记载，确定为贞明三年（第140—141页）。7. 缪著以开平元年佑国军节度使为韩建（第18页），而朱著依据《资治通鉴》记载，确定王重师已于上一年，即天祐三年，便从淄青转任佑国军（第13页），缪著误。8. 缪著于开平三年宣化军一栏系以李思安（第26页），而朱著系以孔勍（第108页），然缪著似无坚实证据。

唐：1. 缪著以安金全在振武军任上仅一年（第31页），据朱著考证，至少有两年（第321—322页）。2. 缪著于天成三年振武军栏系索自通（第31页），朱著无之（第322页），查《旧五代史》，则索自通当年所任为云州②，同时，缪著于大同军漏系（第31页）。3. 同前，天成三年至四年所系之张温（第31页）亦有误，张温所任亦为云州③，且据朱著考证，《旧五代史》所言张温当为张敬询之误（第328页）。4. 缪著于天成二年至清泰元年大同军皆系张敬询（第31—33页），然据朱著考证，这几年先后由杨汉章、张敬达主政（第327页）。5. 缪著以清泰元年至二年定州义武军下系李周（第43—44页），朱著无之（第299页），考《旧五代史》，实为"安州节度使李周"④，缪氏或误以"安"为"定"。6. 缪著以同光元年至三年河阳节度使栏径系张继业（第45页），而朱著经过考辨，认为当时张全义兼领河阳（第132页）。7. 缪著以后梁开封府改宣武军为同光元年十二月（第45页），朱著在经过考辨之后权从《新五代史》及《资治通鉴》，作十一月（第6页）。8. 缪著以天成三年至长兴二年感化军节度使为王景戡（第55—56页），朱著考证此时已经由李从昶担任（第160页）。9. 缪著以天成元年至长兴元年雄武军节度使皆系王思

---

① 《旧五代史》卷一五《韩建传》，中华书局2015年新点校本，第233页。
② 《旧五代史》卷三九《唐明宗纪五》，中华书局2015年新点校本，第620页。
③ 同上书，第621页。
④ 《旧五代史》卷四七《唐末帝纪中》，中华书局2015年新点校本，第740页。

同（第54—55页），朱著则经过考证，分别列出华温琪、王思同、李德珫三人先后顺序（第238—239页），颇可据。10. 缪著系孙岳任武兴军节度使于长兴二年（第56页），朱著则系之于长兴元年（第246页），盖缪氏误以《旧五代史》之记载①于二年也。11. 缪著于天成二年至三年武泰军节度使系李绍义（第63页），朱著无之（第578页），但在注释中予以解释（第582页），盖李绍义不见他处记载，故比缪氏谨慎。12. 缪著于长兴二年武泰军节度使栏系李彦琦，于长兴三年系李肇，注云"十二月，充留后"（第64页），而朱著皆无（第578页），缪著不可解，或为此栏上面昭武军栏之误系，据朱著"利州"，李肇于长兴二年代赵廷隐为昭武军留后（第593页），而李彦琦于长兴二年正月从昭武军节度使任上奔还京师，更不可能就任武泰军。

晋：1. 缪著于开运三年匡国军栏系冯晖，注云"三月，自静难徙镇"（第70页），朱著无之（第84页），考此栏往上三栏，亦有冯晖系于河阳军，注同，盖重出。2. 缪著于天福三年彰义军栏系张万进，并按："张万进镇彰义，未知何时。据本纪，德珫徙晋州，已云'前泾州节度使'，知必是年受代矣。"（第81页）朱著则进一步详考，遂知在李德珫与张万进之间尚有卢顺密出任泾州（第231页），故缪氏按语过于绝对。3. 缪著于天福元年至五年归义军栏系曹议金（第84—85页），而据朱著注释，曹议金至早在清泰二年即卒，两五代史所言卒年为闻讣之期（第368页）。4. 缪著以天福八年为归义军曹元深代曹元德之时（第85页），朱著则在注释中详考为天福四年左右（第368—369页）。

汉：1. 缪著于乾祐二年至三年镇宁军节度使栏系李洪义（第91—92页），朱著则系以李洪威（第265页），盖李洪义乃李洪威于后周时期避太祖郭威而改名，故在后汉时期，当仍以李洪威为佳，缪著此类差误他处甚多，恕不一一。

周：1. 缪著于显德元年至三年镇安军栏系王令温，并云"卒于镇"（第99—100页），朱著则从显德元年起，即系向训（第75—76页），盖

---

① 《旧五代史》卷四一《唐明宗纪七》，中华书局2015年新点校本，第647页。

缪氏失察朱氏所引关于向训的史料，且《旧五代史·王令温传》明确说道："世宗嗣位，迁镇安军节度使，罢镇归阙。显德三年夏，以疾卒"①，可知王令温并未卒于镇。2. 缪著于显德五年、六年横海军栏仍系以袁羲（第106页），朱著则根据《旧五代史》考证得知当时已由李彦頵任留后（第312页）。3. 缪著于广顺二年、三年永兴军栏仍系李洪信（第108页），而据朱著，进一步考证出广顺二年李洪信就任不久即入朝，由翟光邺代替，翟光邺不久卒于镇，又由袁羲代替，广顺三年已是袁羲权知军府事（第21页），故缪氏失考。

前蜀：1. 缪著于永平二年至天汉元年（912—917）武泰军栏，仍系晋晖，并于天汉元年栏云："三月，卒于镇"（第114—115页），而朱著据诸书考证，此数年间晋晖并未在任（第576—577页），盖缪氏漏考。2. 缪著于武成元年（908）天义军栏系王宗贺，并注云"留后"（第116页），朱著考证得知武成年间山南西道节度使为王宗绾（第598页），盖缪氏失察《资治通鉴》所言王建以王宗贺为兴元留后，实在天复二年②。3. 缪著于武成元年武定军栏系王宗绾（第116页），而朱著于武成年间留空（第607页），如前所述，王宗绾此时正在天义军任上，故不当复任武定军，且王宗绾亦无受任武定事，缪氏失察。

后蜀：1. 缪著于广政二十年永平军、武信军，皆系以孟贻业，前者注曰"十一月，充昭武、文州招讨使"，后者注曰"十二月，兼中书令，充昭武、文州招讨使"（第122页），后者中有"兼"字，意尚可理解，而昭武军并非永平军，其系于永平军栏，不知何意。缪氏所引当自《资治通鉴》而来，显德五年十二月，"丙戌，以奉銮肃卫都指挥使、武信节度使兼中书令孟贻业为昭武、文州都招讨使"③。关于孟贻业出任武信军，

---

① 《旧五代史》卷一二四《王令温传》，中华书局2015年新点校本，第1895页。

② 《资治通鉴》卷二六三"唐昭宗天复二年八月"条，中华书局1956年点校本，第8581页。

③ 《资治通鉴》卷二九四"周世宗显德五年十二月丙戌"条，中华书局1956年点校本，第9588页。

朱著亦同（第563页），那么永平军栏，或当有误。2. 缪著于明德三年武德军栏系赵廷隐，并注曰"自保宁徙镇"（第119页），而据朱著考证，当为明德二年（第556页）。3. 缪著于广政二十七年武德军栏系李廷珪（第122页），盖据《九国志·李廷珪传》记载，而《李廷珪传》并未明言李廷珪出任武德军，仅说"二十八年……退保东川"①，朱著于此年略去（第555页），当得其实。4. 缪著于广政十八年武信军栏系李廷珪，并注曰"兼领"（第121页），而朱著无之（第562页），当时李廷珪就任保宁军节度使，然而史料并未揭明李廷珪兼领武信军，据朱著考证，李廷珪兼领，或指广政二十五年以武信军节度使兼领保宁军都巡检使（第563页）。5. 缪著于明德二年镇江军栏系侯弘实，又于明德三年武泰军栏系侯弘实，并注曰"自宁河徙镇"（第119页），此处"宁河"或为镇江之误，考朱著，侯弘实任镇江军系于明德元年至四年（第585页），任武泰军系于广政七年至十二年（第580页），缪氏所据材料似乎同样来自朱氏所引《鉴诫录》，然朱氏更加谨慎，因为镇江军于广政元年至四年为张虔钊主政，故而系侯弘实于明德元年（第590页），又因为武泰军自明德元年至广政六年先后由赵季良、王处回、谢从志主政（第578—580页），故而系侯弘实于广政七年就任。6. 缪著于明德元年至四年武泰军栏先后系以赵季良、安思谦、侯弘实，而无王处回（第119页），然据朱著考证，王处回自明德元年始即就任武泰军（第578—579页）。7. 缪著于广政十年、十一年保宁军栏系安思谦（第120页），然据朱著考证，当在广政十三年初（第571页）。8. 缪著于广政十四年保宁军栏系伊审征，注云"未知何时拜，旋徙宁江"（第121页），而朱著此年所系为安思谦（第569页），又查关于伊审征的史料，并无拜保宁军的记载，或为错系，保宁军栏上为武泰军栏，据朱著，伊审征似于广政十八年至二十年间出任武泰（第581页），且缪著于广政十八年武泰军栏亦系伊审征（第121页）。9. 缪著于广政二十一年保宁军栏系何建，注云"卒于镇"（第121页），而据朱著所引《旧五代史》，何建并未卒于任上（第569页）。10.

---

① 《九国志》卷七《李廷珪传》，《五代史书汇编》第六册，第3314页。

缪著于广政十三年、十五年、十八年的镇江军栏,分别系王昭远、伊审征、高彦俦（第121页）,而据朱著考证,三人就任时间分别为广政十七年、二十年、二十二年（第588—589页）。11. 缪著于明德元年山南西道系武璋（第122页）,朱著考证其事当在广政四年（第602页）。12. 缪著于广政二年至九年山南西道栏仍系赵季良,并云"卒于镇"（第123页）,据朱著可知,广政二年已由孙汉韶代赵季良,武璋（武漳）又于广政四年代孙汉韶,然后孙汉韶再于广政七年复任山南西道（第602—603页）。13. 缪著于广政九年、十年、十二年山南西道栏系安思谦（第123—124页）,然据朱著考证可知,安思谦当政当在广政十一年至十三年（第603—604页）。14. 缪著于广政十四年山南西道栏系韩保贞（第124页）,而据朱著,韩保贞当于广政十七年始受任（第604页）。15. 缪著于广政十五年山南西道栏系王昭远（第124页）,据朱著,则王昭远系于广政二十六年、二十七年（第605—606页）,虽然具体年月史料没有明说,但据朱著,王昭远于广政十五年时尚未出任夔州宁江军节度使（第588页）,则此年必不能提前出任山南西道。

南汉：1. 缪著于建武军栏系庞巨昭与姚彦章（第125页）,而据朱著,此二人当任容管（第640页）,应系于宁远军栏。2. 缪著于光天元年、乾和元年建武军栏系齐王弘弼（第127页）,而据朱著,其就任当在乾和三年（第646页）。3. 缪著于乾和二年、三年建武军栏系高王弘邈（第127页）,而据朱著,其就任或在乾和十一、十二年（第646页）,盖缪氏未审朱氏所引《南汉书》之"乾和中"。

楚：1. 缪著于广顺三年永顺军系潘叔嗣,注云"权知军府事"（第129页）①,据朱著,当为周行逢权知军府事（第629页）。2. 缪著于天成二年宁远军栏系"弟賨"（第131页）,而朱著终"容州"篇无马賨（第639—643页）,此处值得一提的是缪著关于楚国的两表,前表为武安、永顺、静江、武清四方镇,后表为武安、永顺、静江、武清、宁远五方镇,虽然有重复,但是前后表的详略并不一样,故而可以对比来看。而恰好

---

① 整理本此处误系潘叔嗣、王进逵于武安军栏,然据影印本,实在永顺军栏。

前表天成二年静江军栏所系为马賨，故怀疑后表宁远军栏的内容为后表静江军栏的误系。

吴越：1. 缪著于明州奉国军系钱元玽，于温州静海军系王子传球（第 133 页），然据何勇强考证，此二人实为一人①，且就任明州实为制置使，而非节度使，另外，静海军也指的是遥领安南都护府②，故朱著对于明州、温州建节情况的考证中，未系钱元玽，当更为谨慎（第 527—533 页）。2. 缪著于彰武军栏系钱元珦（第 133 页），朱著终福州未提及钱元珦（第 487—493 页），且钱元珦以遥领楚州顺化军节度使出镇明州③，亦与福州彰武军无关，当属误系。

吴：1. 缪著于天祐十一年静淮军栏系朱瑾（第 138 页），而据朱著，此静淮军当建节于贞明四年，即天祐十五年，且朱瑾未就任即被杀（第 654 页），故是否成其为方镇，颇有疑问。2. 缪著于顺义三年至大和四年昭顺军栏皆系周本（第 138—139 页），而据朱著，这几年依旧是张崇主政庐州昭顺军（第 378—379 页）。3. 缪著于顺义元年清淮军栏系崔太初，注曰"团练使"（第 138 页），然团练使并非节度使。又，缪著于顺义三年系周本、钟泰章、王稔三人（第 138 页），而据朱著考证，清淮军于乾贞元年（927）方始建节，由王稔出任，周本于大和二年受任，钟泰章未曾受任命（第 385 页）。4. 缪著于天祐九年至十二年宁国军栏系徐知训，并注云"《江表志》"（第 141 页），考《江表志》原文，当为"魏王知训为宣州帅"④，盖当时徐温尚且只是吴国一个将领，其子徐知训又何由封王？且南唐烈祖曾封徐温之子徐知证为魏王，徐知证恰好出镇过宣州宁国军（见朱著第 411—413 页），故知训当为知证之误，缪氏亦错系时间。

---

① 何勇强：《钱氏吴越国史论稿》，浙江大学出版社 2002 年版，第 156 页。

② 罗筱玉：《吴越钱氏皇室刺温考》，《温州职业技术学院学报》2009 年第 2 期。

③ 吴任臣：《十国春秋》卷八三《钱元珦传》，中华书局 1983 年点校本，第 1200 页。

④ 郑文宝：《江表志》卷中，《五代史书汇编》第九册，第 5086 页。

5. 缪著于乾贞元年宁国军栏系陈璋（第142页），然据朱著考证，当在大和二年左右（第416页）。6. 缪著于天祐四年昭武军栏系李德诚（第140页），然据朱著考证，此时抚州昭武军尚在危全讽治下（第453页）。7. 缪著于顺义元年至六年百胜军栏系李德诚（第142页），而据朱著考证，李德诚拜虔州百胜军，当在顺义末（第460页）。

南唐：1. 缪著于建隆二年东都江都府栏系朱匡业，注曰"以神武统军拜"（第147页），而朱著此年略之（第375页），盖扬州已经没入北宋，考马令《南唐书》，当是建隆三年朱匡业以神武统军拜宁国军节度使一事①之误植。2. 缪著于保大十五年定远军栏系郭廷谓，并注曰"团练使"（第147页），而朱著略此年份（第396页），盖团练使不当算做方镇。3. 缪著于显德六年至建隆二年南都南昌府栏，皆以韩王从善系之（第152—153页），而朱著考证出这三年当由何敬洙任南都留守（第448—449页）。4. 缪著于升元三年康化军栏系杨珙，注曰"三月，卒于镇"（第149页），然据朱著，杨珙并未卒于镇，而是罢归永宁宫（第430页）。5. 缪著于保大十年康化军栏系常梦锡，并按语曰："常梦锡贬池州，当在是时"（第151页），朱著此年所系为王继勋（第432页），考马令《南唐书·常梦锡传》，常梦锡所居为"池州节度使判官"②，而非池州节度使。6. 缪著于保大四年、五年昭武军栏亦系冯延巳（第150页），然据朱著考证，此二年当为查文徽在任（第457页）。7. 缪著于保大十年奉化军栏系杜昌（第151页），而朱著经过考证，系杜昌业（即杜昌）于保大元年至四年（第435—436页）。8. 缪著于保大十四年奉化军栏系柴克宏，并注云"卒于镇"（第152页），据朱著所引史料可知，柴克宏未就任即卒（第437页），而非卒于镇。9. 缪著于建隆元年奉化军栏系何洙（第153页），朱著系于建隆二年（第438页），然据马令《南唐书》，确为建隆元年三月所任③，缪氏失察。10. 缪著于开宝七年奉化军

---

① 马令：《南唐书》卷五《后主书》，《五代史书汇编》第九册，第5291页。

② 马令：《南唐书》卷一○《常梦锡传》，第5329页。

③ 马令：《南唐书》卷四《嗣主书》，第5286页。

栏系胡则（第154页），朱著无之（第439页），虽然缪氏所言并非无据，但胡则仅为刺史[①]，而非节度使。11. 缪著于乾德二年至四年清源军栏仍系张汉思（第156—157页），然据朱著考证，陈洪进至迟自乾德二年起，即就任清源军（第476页）。

缪著高明：

梁：1. 缪著于宣武军开平四年一栏中列入留后袁象先（第9页），而朱著未列（第66页），据《旧五代史·袁象先传》，袁象先确有权知宋州留后，五个月后即移镇天平军的记载[②]，朱著但据《资治通鉴》等书而未加考辨。2. 缪著于贞明二年天平军节度使栏系以王檀，注曰"二月，自匡国徙镇。九月，被盗所杀"（第11页），此段注文盖据《旧五代史·王檀传》所得[③]，而朱著于贞明元年即系王檀（第52页），误。3. 缪著于龙德三年天平军节度使栏系以知州事、节度副使崔笃（第12页），盖据《资治通鉴》记载[④]而得，朱著漏之（第54页）。

唐：1. 缪著于天成元年北都太原府系永王李存霸（第31页），朱著无之（第337页），事实上永王存霸虽然并未上任，但确实得到过任命。[⑤] 2. 缪著于天祐十四年威塞军栏系以李存矩（第29页），朱著无之（第330页），虽然据《资治通鉴》，似仅为"防御使"[⑥]，但《旧五代史》却写为"节度使"[⑦]，故朱著漏为考辨此条史料。3. 同前，缪著于天祐十

---

① 陆游：《南唐书》卷八《胡则传》，《五代史书汇编》第九册，第5529页。
② 《旧五代史》卷五九《袁象先传》，中华书局2015年新点校本，第922页。
③ 《旧五代史》卷二二《王檀传》，"二年二月，……寻授天平军副大使，知节度使事，充郓、齐、曹等州观察等使"，中华书局2015年新点校本，第349页。
④ 《资治通鉴》卷二七二"后唐庄宗同光元年六月"条，中华书局1956年点校本，第8885页。
⑤ 《旧五代史》卷三四《后唐庄宗纪八》，中华书局2015年新点校本，第545页。
⑥ 《资治通鉴》卷二六九"后梁均王贞明三年二月"条，中华书局1956年点校本，第8811页。
⑦ 《旧五代史》卷二八《后唐庄宗纪二》，中华书局2015年新点校本，第444页。

八、十九年所系之王郁（第29—30页），虽然据《资治通鉴》，似仅为"团练使"①，但《旧五代史》却写为"节度使"②，故朱著亦漏为之考辨。4. 缪著于同光二年至三年的天德军栏系以刘承训（第30页），盖自《旧五代史》记载而得，但后者出现时间当是同光三年③，不过朱著因为贞明六年天德军被契丹占领而没有整理此后的情况（第356—357页），故缪著此条亦有可补之处。5. 同前，缪著于天成三年以后天德军皆系以郭承丰（第31页），盖亦从《旧五代史》记录④作出判断。6. 缪著于同光元年至二年顺化军栏系符习（第40页），朱著无之（第307页），亦漏《旧五代史》记载⑤。7. 缪著于天成元年保义军栏系刘仲殷（第46页），朱著无之（第150页），盖朱著漏《旧五代史》记载⑥。8. 缪著于天成元年山南东道栏系安重诲，注云"五月，兼领，辞"（第65页），朱著无之（第100页），虽然安重诲辞去任命，但亦能反映一定历史事实。

晋：1. 缪著于天福三年邺都栏系刘处让，注曰"权知魏府事"（第75页），朱著无之（第254—255页），或朱氏未能遵守自己的凡例⑦。

周：1. 缪著于广顺元年至显德六年天德军栏，皆系郭勋（第107—

---

① 《资治通鉴》卷二七一"后梁均王龙德元年十月"条，中华书局1956年点校本，第8868页。

② 《旧五代史》卷二九《后唐庄宗纪三》，中华书局2015年新点校本，第454页。

③ 《旧五代史》卷三二《后唐庄宗纪六》，中华书局2015年新点校本，第511页。

④ 《旧五代史》卷三九《后唐明宗纪五》，中华书局2015年新点校本，第613页。

⑤ 《旧五代史》卷三一《后唐庄宗纪五》，中华书局2015年新点校本，第491页。

⑥ 《旧五代史》卷三六《后唐明宗纪二》，中华书局2015年新点校本，第569页。

⑦ 朱玉龙：《凡例·六》："其间虽有正授、权摄、新命试职、在任不在任之别，要以统在守帅之列，故悉为著录。"《五代十国方镇年表》，中华书局1997年版，第2页。

108页），虽然广顺元年郭勋加同平章事据《旧五代史》当在二月①，但朱著因天德军已没入契丹而略去中原王朝的遥领（第357页），更似不妥。2. 缪著于显德四年淮南军栏仍系向训，并云："三月，徙徐州。充淮南道行营都监。"（第113页），而朱著于此年空缺，盖因向训于显德三年即回驻寿州（第375页），然而即使回驻寿州，向训仍然是淮南节度使，直到显德四年五月方徙徐州②，故朱著失察。

后蜀：1. 缪著于明德二年武泰军栏系安思谦（第119页），朱著无之，终"黔州"条后蜀时期皆无安思谦（第578—582页），然缪氏亦非无据，当从《九国志·安思谦传》所得，"奉銮控鹤马步军都指挥使、武泰军节度使，未之任"③，虽然并未赴任，但按朱著凡例，亦当列入。

楚：1. 缪著于广顺三年静江军栏系何景真（第129页）④，朱著自广顺二年以下略去（第638页），盖此后静江军为南汉所夺，然缪氏亦非无据，当从《九国志·何景真传》所得，"奏授景真检校太尉、静江军节度使"⑤，虽然只是遥领，但按朱著凡例，亦当列入。2. 缪著于武清军栏系彭师暠（第129页），朱著终"鄂州"条无之（第417—426页），然缪氏亦非无据，其所据当为《资治通鉴》，广顺元年，廖偃于彭师暠共立衡山王马希萼，以彭师暠为武清军节度使⑥，虽系遥领，亦不当没。

南唐：1. 缪著于保大元年镇海军栏系宋齐丘（第145页），朱著无之（第400页），考马令《南唐书》，宋齐丘未就任即辞⑦，虽如此，朱氏亦

---

① 《旧五代史》卷一一一《后周太祖纪二》，中华书局2015年新点校本，第1711页。

② 《旧五代史》卷一一七《后周世宗纪四》，中华书局2015年新点校本，第1809页。

③ 《九国志》卷七《安思谦传》，《五代史书汇编》第六册，第3317页。

④ 整理本误系何景真于永顺军栏，然据影印本，实在静江军栏。

⑤ 《九国志》卷一一《何景真传》，《五代史书汇编》第六册，第3365页。

⑥ 《资治通鉴》卷二九〇"后周太祖广顺元年九月"条，中华书局1956年点校本，第9465页。

⑦ 马令：《南唐书》卷二《嗣主书》，第5269页。

漏之。2. 缪著于开宝七年宁国军栏系卢绛（第154页），朱著系以李从益（第416页），然缪氏并非无据，当据马令《南唐书》记载①所得，故朱氏漏之。3. 缪著于乾德二年、三年百胜军栏系柴克贞，并于三年栏注曰"留后，徙江州"（第153页），朱著无之（第467—468页），然缪氏亦非无据，考马令《南唐书》有"以虔州留后柴克贞为奉化军节度使"②，柴克贞确实出任过百胜军留后，只是详情如何不得而知，然可补朱著之不足。4. 缪著于保大三年永安军栏系祖全恩（第155页），朱著无之（第471页），然缪氏亦非无据，马令《南唐书》云："升建州为永安军，以祖全恩为节度使，……全恩未拜而卒"③，虽祖全恩未拜即卒，亦不当略之。5. 缪著于保大十二年永安军栏系刁彦能（第156页），朱著所系为陈诲（第472页），据缪氏按语，所据当为马令《南唐书》"元宗即位，出为饶、信二州刺史，建州留后，抚州节度使"④，此条史料朱著在考证刁彦能为抚州节度使时，亦有引用（第458页），然而不知为何并未系刁彦能于建州。6. 缪著于保大十三年永安军栏系朱匡业（第156页），朱著所系为陈诲（第472页），缪氏所据，当为《十国春秋·朱匡业传》所云"改建州留后"⑤，虽然并不能据此认定即在保大十三年出任留后，然而朱著确实失察。

## 三　缪荃孙的五代史成就

上文中，笔者通过对缪著体例、内容之分析，揭示了缪荃孙在五代方镇研究方面的优缺点。但缪氏对于五代史的关注不仅仅有这点，除了

---

① 马令：《南唐书》卷二二《卢绛传》，第5402页。
② 马令：《南唐书》卷五《后主书》，第5291页。
③ 马令：《南唐书》卷二《嗣主书》，第5270页。
④ 马令：《南唐书》卷一一《刁彦能传》，第5335页。
⑤ 吴任臣：《十国春秋》卷二二《朱匡业传》，中华书局1983年点校本，第320页。

《补五代史方镇表》，缪氏用功最多地体现在对周在浚《南唐书注》增补一事中。对此，杨洪升亦有关注，并把署名刘承幹的《南唐书补注》算入缪荃孙"代人撰著"著述之中，颇为合理。① 但杨氏并未对缪荃孙在撰《南唐书补注》的同时校《南唐书注》的情况予以揭示，在关于缪氏校勘学成就的论述中，也没有提到对《南唐书注》校勘情况。② 对此，笔者拟另文分析，此处不赘。③

关于缪荃孙所校勘的五代史籍还有：卢氏抱经楼抄本北宋薛居正《旧五代史》一百五十卷《目录》二卷、陈氏晚晴轩抄本北宋郑文宝《江表志》三卷、晚唐五代罗隐《广陵妖乱志》一卷、卢见曾《雅雨堂丛书》本五代宋孙光宪《北梦琐言》二十六卷。④ 不过此种校勘成果颇难整理，只能从后人重校该书时对于缪氏校勘成果的利用谈起：张剑光、孙励对《江表志》的点校，并未参考缪氏校勘⑤，颇为遗憾；贾二强对《北梦琐言》的最新点校，即以缪氏《云自在龛丛书》本为底本展开，并保留了缪荃孙《北梦琐言逸文》⑥，可谓对缪氏校勘的一种肯定。

上面四种还仅仅是直接进行校勘的典籍，在校勘之后直接汇集为校记的还有两种：《蜀梼杌校记》一卷、《九国志校记》一卷，皆收入《艺风读书记》。⑦ 可惜的是，王文才、王炎对于《蜀梼杌》的校笺似未注意到《蜀梼杌校记》⑧，吴在庆、吴嘉麒对于《九国志》的点校，亦未参考

---

① 杨洪升：《缪荃孙研究》，上海古籍出版社2008年版，第123—124页。

② 同上书，第281—294页。

③ 胡耀飞：《刘承幹〈南唐书补注〉的成书》，湖州市南浔学研究会成立大会暨首届理论研讨会，湖州南浔学研究会，2014年12月27日。

④ 分别见杨洪升《缪荃孙研究》，上海古籍出版社2008年版，第282、290、296—297、299页。

⑤ 张剑光、孙励：《江表志点校说明》，《五代史书汇编》第九册，第5074页。

⑥ 贾二强：《点校说明》，孙光宪撰，贾二强点校《北梦琐言》，中华书局2002年点校本，第4—5页。

⑦ 分别见杨洪升《缪荃孙研究》，上海古籍出版社2008年版，第104、105页。

⑧ 王文才：《蜀梼杌校笺序》，载王文才、王炎《蜀梼杌校笺》，巴蜀书社1999年版，第17—18页。

《九国志校记》。①

　　随着缪荃孙的校勘同时进行的还有辑佚工作。据统计共有三种，分别为：1.《九国志遗文》一卷，收入《艺风读书记》丛书。2.《广陵妖乱志逸文》一卷，附于缪氏自刻《藕香零拾》丛书之《广陵妖乱志》书后。3.《北梦琐言逸文》四卷，亦附于正文之后，刻入《云自在龛丛书》。② 这三种，《北梦琐言逸文》如上述得到了重视。但吴在庆、吴嘉麒点校的《九国志》还是没能参考《九国志遗文》的辑佚成果，颇为遗憾。③

　　当然，除了增补史表、撰述补注、校勘或辑佚典籍等方式外，缪荃孙对于五代史的贡献还体现在整理书目、金石目录、编撰地方志等事当中，但这些比较细碎，其所能反映的对五代史的认识也很难集中呈现，尚待日后慢慢整理。

## 结　语

　　缪荃孙《补五代史方镇表》一直以手稿形式存世，直到1996年被收入《北京大学图书馆藏稿本丛书》，并由天津古籍出版社影印出版方为世人所知。可惜今人朱玉龙《五代十国方镇年表》未能利用这一近百年前的考证成果。而缪著的手稿形式，也限制了人们利用。但这些并不能削减其重要性。

　　关于缪著体例，上承万斯同《五代诸镇年表》，大体继承了万表的表格格式、书写方式等内容，并在内容考证和分类方面有重大突破。同时期，亦有各自独立撰著的吴廷燮《五季方镇年表》，吴表虽然也是从万表格式演化而来，但明显走入另一个方向，与缪著相比，在内容方面也不

---

① 吴在庆、吴嘉麒：《九国志点校说明》，《五代史书汇编》第六册，第3206页。
② 分别见杨洪升《缪荃孙研究》，上海古籍出版社2008年版，第110、113页。
③ 吴在庆、吴嘉麒：《九国志点校说明》，第3206页。

一致。今人朱玉龙根据中华书局去掉表格格式的吴廷燮《唐方镇年表》来撰写《五代十国方镇年表》，则是在吴表基础上进一步发展演变。因此，缪著所属演化系统与朱著所属演化系统互不相干，从而便于对比两者。

相对于朱著来说，缪著在内容方面有三个长处：1. 考察了不在今天国界范围内的交州静海军（今越南北部）内容。2. 以政权名义单独整理了五代王朝开始之前李茂贞秦岐政权方镇。3. 考察了作为各政权首都的京尹情况。不过，虽然杨洪升《缪荃孙研究》中所提缪著四处缺点确实存在，但对缪著的五处褒扬却言过其实。总体而言，就缪著与朱著相重合的内容来看，缪著有 71＋5 处考证稍逊于朱著。当然，缪著也在 23 处内容上优于朱著。

最后，虽然缪荃孙对于五代史的关注，最用力的即《补五代史方镇表》，但也涉及其他方面。比如替刘承幹撰写《南唐书补注》，校勘薛居正《旧五代史》、周在浚《南唐书注》、郑文宝《江表志》、罗隐《广陵妖乱志》、孙光宪《北梦琐言》等书，亦撰有通过校勘所得的《蜀梼杌校记》一卷、《九国志校记》一卷，并辑佚出《九国志遗文》一卷、《广陵妖乱志逸文》一卷、《北梦琐言逸文》四卷三种辑佚书。

附记：本文 2010 年 11 月完成初稿，因等候《缪荃孙全集》出版而一直搁置。至 2014 年，收录缪荃孙《补五代史方镇表》的《缪荃孙全集·杂著》出版后，方于 2015 年 4 月修订完毕。随后，宣读于陕西师范大学历史文化学院和南开大学历史学院合作的第一届"中国史共建论坛"（陕西师范大学，2016 年 4 月 16—17 日），得到南开大学薛磊先生赐示意见，谨致谢忱！修改之后，发表于杨共乐主编《史学理论与史学史学刊》2017 年上卷（总第 16 卷），社会科学文献出版社 2017 年版，第 189—214 页。

# 王赓武先生的五代史研究小议：
# 以对 *Structure of Power in North China during the Five Dynasties* 一书的评价为中心

1963年，马来亚大学出版社（University of Malaya Press）出版了时任马来亚大学（University of Malaya）历史系讲师王赓武先生于1957年在英国伦敦大学（University of London）所撰博士论文 *Structure of Power in North China during the Five Dynasties* 一书。时隔40多年后的2007年，已是新加坡著名华裔汉学家[1]的作者应学生们学习历史的需要在世界科技出版公司（World Scientific Publishing Co.）再版了该书，并改名为 *Divided China Preparing for Reunification*：883-947。对比1963年版[2]，2007年版在内容上并无大变化，仅仅部分语句稍作通顺，冗长注释稍作删减，每页脚注改为每章尾注，并添加由作者执笔的再版前言，对其当初撰写该书的缘由以及此书所揭中国人对天下的理解做了介绍。

根据再版前言，王赓武先生对五代历史的兴趣源于20世纪上半叶中

---

[1] 关于王赓武先生的华人华侨史研究，参见郭扬威《海外华人文化史的耕耘者——国际汉学家王赓武》，载陈学超主编《国际汉学论坛》卷一，西北大学出版社1994年版，第421—424页。

[2] 此版于1968年第二次印刷；1967年时，斯坦福大学出版社（Stanford University Press）也出版过一次，内容不变。现统称1963年版。

国大陆军阀割据,特别是晚清民国 40 年间出于对中国分裂痛心疾首而通过各种方式为统一努力的仁人志士,对他影响颇深。① 也正因此,该书才改名为 *Divided China Preparing for Reunification*。当然,把民国时期军阀割据与晚唐五代政治情势做对比,时人杨荫杭(1878—1945)即意识到这一点,并体现在他的时论文章里。② 然而由这一认识深入到对晚唐五代政治史的研究,则非王赓武先生莫属。虽然在该书之前,学界对晚唐五代的研究层出不穷,但内容基本不超出对政治形势的粗略描述和对军阀黑暗统治的强烈鞭笞。

该书 1963 年初版后,大陆以外汉学界至少有 15 篇书评发表,从而使得该书观点在此后许多研究中被提及③。而大陆学者仅在零星研究中提及该书。关于该书书评,先开列如下:

Timoteus Pokora(鲍格洛)in *Archiv orientalni*, Vol. 32, 1964, p. 482.

Cho-yun Hsu(许倬云)in *Journal of Southeast Asian History*, 1964, Vol. 5, No. 2, pp. 240 – 242.

Arthur F. Wright(芮沃寿)in *Bulletin of the School of Oriental and African Studies*, University of London, 1964, Vol. 27, No. 2, pp. 471 – 472.

John Meskill(穆四基)in *Monumenta Serica: Journal of Oriental*

---

① Wang Gungwu, *Divided China Preparing for Reunification*: 883 – 947, Singapore: World Scientific Publishing Co., 2007, p. X. 王赓武先生在 1947—1948 年随父母回国,并曾前往南京中央大学就读一年,然而因国共战事方殷,故仅肄业而还新加坡,但正是这段经历使他感受到了战乱中国急需统一。参见 Hong Liu & Gregor Benton, Introduction, Gregor Benton & Hong Liu edit. *Diasporic Chinese Ventures: the Life and Work of Wang Gungwu*, New York: RoutledgeCurzon, 2004, p. 2。

② 对于杨荫杭这一思想的研究,参见罗志田《五代式的民国:一个忧国知识分子对北伐前数年政治格局的实时观察》,《近代史研究》1999 年第 4 期。

③ Hong Liu & Gregor Benton, *Introduction*, p. 6.

Studies, Vol. XXIV, 1965, pp. 461 – 463.

P. Leimbigler in *Asien Studien / Etudes Asiatiques*, Vol. 18, 1965, p. 386.

James T. C. Liu（刘子健）in *Pacific Affairs*, Vol. 38, No. 1, 1965, pp. 71 – 72.

F. W. Mote（牟复礼）in *American Historical Review*, 1965, Vol. 70, No. 2, pp. 465 – 467.

Wolfram Eberhard（艾伯华）in *The Journal of Asian Studies*, Vol. 24, No. 3, 1965, pp. 498 – 500.

Herbert Franke（傅海波）in *Journal of the American Oriental Society*, 1965, Vol. 85, No. 3, pp. 429 – 430.

Michael Loewe（鲁惟一）in *The English Historical Review*, Vol. 80, No. 317, 1965, p. 813.

菊池英夫:《王赓武, 五代北シナにおける権力の構造》,《東洋學報》第 48 卷第 1 號, 1965 年 6 月, 第 104—112 頁。

栗原益男:《王赓武〈五代华北における権力構造〉1963》,《ソフィア》第 15 卷第 2 號, 1966 年 6 月, 第 89—93 頁。

邢义田:《试评〈五代时期中国北部政权之权力结构〉》,《史原》第 2 期, 1971 年 10 月。

Rolf Trauzettel（陶德文）in *Zeitschrift der Deutschland Morgenlandische Gesellschaft*, Vol. 122, 1972, pp. 463 – 464.

黄启江:《王著〈五代时期北中国的权力结构〉评介》,《食货月刊》第 8 卷第 1 期, 1977 年 4 月, 第 37—39 页。

以上 15 篇书评, 其中一些仅能算是新书介绍, 但都或多或少有助于了解王赓武先生在五代史方面的成就。

除了本书, 王赓武先生在五代史方面的成就主要体现在单篇论文方面, 已经全部收入《王赓武自选集》。即《〈旧五代史〉及五代时期的历史撰写》《冯道——论儒家的忠君思想》二文。前一文以英文发表于 *Asia*

Major 第 6 卷第 1 期，时间为 1957 年①，先于王著 6 年刊出；后一文亦以英文收入 1962 年出版的由芮沃寿（Arthur F. Wright, 1913 – 1976）、杜希德（Denis Twitchett, 1925 – 2006）两位美国汉学家主编的 Confucian Personalities 一书中②，先于王著一年刊出。而从王先生 1957 年于伦敦大学毕业到该书出版的 1963 年，其学术主攻方向早已移向了（或者说回到了）东南亚华人研究领域。所以，对王先生关于五代史研究的成就，也只能以这三者来进行分析。另外，《王赓武自选集》中还有关于宋初的《小帝国的辞令：宋代与其邻国的早期关系》一文，但作为 1983 年发表的古代东亚国际关系方面的文章③，只能属于另一种学术兴趣，可与此书中的另一篇文章《永乐年间（1403—1424）中国的海上世界》相对读。

首先来看该书，通过阅读，能够感觉到王赓武先生的五代史研究所展现给学界的面貌是细致，甚至会造成阅读困难，如艾伯华（1901—1989）所言："这项研究包含了大量人名，且变换无穷，使人不易顺读。"（艾文第 499 页）另外也导致离题，如许倬云所云："此书对历史事件的叙述十分细致，不免使人偏离作者所要表达的主要观点。"（许文第 242 页）不过，也正是在这种琐碎考证基础上，才能得出无限接近于历史事

---

① Wang Gungwu, "The Chiu Wu-tai Shih and history-writing during the Five Dynasties", Asia Major, Vol. VI, No. 1, 1957. 后由黄启江翻译成中文，刊于《食货月刊》复刊第 8 卷第 5 期；收入王赓武《王赓武自选集》，上海教育出版社 2002 年版。

② Wang Gungwu, "Feng Tao: an essay on Confucian loyalty", Confucian personalities, ed. Arthur Wright and Denis Twitchett, Palo Alto: Stanford University Press, 1962, pp. 123 – 45. 中文本最初收入芮沃寿编，（台湾）"中央研究院"、中美人文社会科学合作委员会编译《中国历史人物论集》，正中书局 1973 年版。又收入《王赓武自选集》。傅海波对于此文并未出现在王书的参考文献中表示遗憾（傅文 430 页），但似乎这应该归咎于出版周期限制。

③ Wang Gungwu, "The Rhetoric of a Lesser Empire: Early Sung Relations with its Neighbours", in China among Equals: the Middle Kingdom and Its Neighbors, 10th to 14th Centuries, ed. Morris Rossabi, Berkeley: University of California Press, 1983, pp. 47 – 65. 中文本由姚楠（1912—1996）翻译，收入《王赓武自选集》。

实的结论。所以,当书评者们给此书提出诸多改进意见时,也不得不首先肯定其论述之工。邢义田在书评中提到了王先生著作并未参考相关几种已有论文,如王伊同(1914—2016)《五季兵祸辑录》、聂家裕《五代人民的逃亡》、傅乐成(1922—1984)《沙陀之汉化》、杨中一《唐代的贱民》和《官户的异义》等(邢文第117页),不过这些都只能对王著进行其他方面的补充,并不能完全否定作者在论述方面的翔实。甚至邢氏所提到的傅乐成之文初发表于1965年12月《华冈学报》第二期,这已经是王著成书之后两年的事情,颇不能以此责王先生之失察。另外,邢氏说王著在参考论文中仅提及"陈寅恪(1890—1969)、周连宽(1905—1998)、全汉昇(1912—2001)三位作者的两篇文章和两本书"(邢文第117页),事实上在参考文献中还有顾颉刚(1893—1980)、史念海(1912—2001)合撰之《中国疆域沿革史》一书(原书第226页)。

关于王著的优点,上述诸家书评已经详细地予以揭示:

首先,该书是西文学界第一次系统地对唐宋变革期五代历史进行研究的著作。正如芮沃寿、陶德文所言,由内藤湖南(1866—1934)所开创的唐宋变革论学说,战后20年的研究重心依然在日本学界,特别是周藤吉之(1907—1990)做了大量工作。(这点也可以从王著的参考论著中得到证明,相比于所参考的18种西文论著,尚且参考了15种日文论著,可谓不相上下。)因此,芮沃寿说道:"作者此书是西方学界第一部关于此时段的研究,具有无可比拟的重要性。"(芮文第471页)相比于艾伯华所提到的傅兰克(Otto Franke)所著 *Geschichte des chinesischen Reiches* 一书之第2、3和4章(艾文498页),王著虽然并未关注契丹,但以一书之篇幅对五代正统王朝进行关注,实属首次。

其次,便是该书的详细考证颇见作者之功力,虽然如上所述,会被诟病为难以卒读,但却能使该书永存其史学价值。邢义田认为:"这本书取材丰富,动用了大量的原手史料,还有国内、外学者的研究成绩。从所附资料说明,以及若干附注中可以看出作者对史料考订,也很下功夫,而附注中也常有精彩的见解。"(邢文第116页)鲁惟一也认为:"此书的处理很细致,作者更期待满足专门治此段历史的学者,而非一般的历史学家。"（鲁文第813页）黄启江也说道："其中既无架空的理论，也无轻率、多余之陈述。"（黄文第40页）可惜，长期以来该书的详细考证并未能够如作者所期待那样得到后来史家重视。比如前文所提傅乐成对沙陀汉化之研究，即并未参考王著。① 即使是近来目为对沙陀三王朝具有集大成之功的研究著作《唐末五代的代北集团》亦未参考王著②。

再次，该书在诸多方面上对其他学者观点提出了商榷意见。许多书评都提到了这点，仅举邢义田所言，王著在附注中精彩地"批评艾伯华（W. Eberhard）著《征服者与统治者》（Conquerors and Rulers: Social Forces in Medieval China, Leiden, 1952）一书（见第3页、第100页）；批评李豪伟（Howard S. Levy）《黄巢传》之英译（见第28页）；批评传统学者对唐代宦官被杀以及对崔胤的评论（见第87页）等"。另外，该书中对于前辈学者的批评还有针对周连宽所论之内容。（原书第24—25页）虽然对于观点的讨论，后来学者会有更加深入的分析，但在这里却能说明该书并非简单地承袭旧说，人云亦云。

最后，也得关注一下该书对所研究之时间的划分。就全书而言，作者把时间设定在884—947年这60多年间，已经显示出其特殊的时间观念。黄启江也在其书评中通过对杨联陞相关观点的引用，来说明为何王著会选择这样一个时间段。黄氏提及，杨联陞认为"一个朝代或于建国称号前已存在，讨论小朝代必须注意到它与前朝内在、外在的重迭部分"③。不仅如此，在王著章节分配中，更未严格遵守五代小朝廷的终始时间，而是根据历史实际来进行叙述。如第二章关于武人节度使与唐廷的论述以904年为终点，盖因904年时唐廷已经完全掌握在朱温手中；又如第四、五章关于唐朝复兴的论述以926年为终点，亦因926年后唐庄宗

---

① 傅乐成：《沙陀之汉化》，《华冈学报》第二期，1965年12月；后收入氏著《汉唐史论集》，联经出版事业公司1977年版，第319—338页。

② 樊文礼：《唐末五代的代北集团》，中国文联出版社2000年版。

③ Yang Lian-sheng, *Studies in Chinese Institutional History*, Harvard University Press, 1961, pp. 4 – 5. 转引自黄启江文，第37页。

被弑之后，唐朝之复兴实际已经停止之故；而第七章关于新权力结构的出现以 947 年为终点，也是因为虽然这时候遭到了契丹入侵，但是新权力结构已然形成，故而后汉、后周以及北宋初年的情况已经无须多费笔墨。

当然，也正如诸家书评所指出的，王著有待提高之处也很多：

首先，芮沃寿便提道："也许加上对地形、文化等因素之差异影响不同地区历史发展这样的分析，会更有帮助。"（芮文第 472 页）亦即，王著缺少分析地形、文化等因素之差异对于不同地区历史发展所造成的影响。邢义田也认为："我们读完该书以后，觉得作者是将当时权力结构的问题，从整个历史脉络中抽离出来，单独加以分析。而当时社会、经济以及外界环境对中国北部权力结构可能有的影响，作者没有适当地注意到。"（邢文第 116 页）

其次，也如艾伯华所指出的："在很多情况下，作者仅知此事发生，而不知其所以然。"（艾文第 499 页）当然，并非完全没有原因解释，但至少解释得不够。这点在邢义田书评中有更详细的举例证明，如"作者提到五代边区节度使形成对五代朝廷真正的威胁（第 104 页），可是却没有提出适当的解释"（邢文第 116 页），又如"作者在第五章提到节度使力量衰落的原因时，认为过去节度使可以从地方豪强大族获得支持，后来由于独立刺史的出现，分削了那些支持节度使豪强大族的数目（第 133—134 页），这个问题如果从社会、经济的角度看也许更佳"（邢文第 117 页），再如"作者谈到刘知远兴起的原因，认为是由于刘知远拥有当时唯一一支可以威胁契丹的军队并且是禁军唯一的领袖（第 194 页），评者以为当时夷夏观念的日益深刻也可以帮助说明"（邢文第 117 页）。

再次，不得不提到一个重要的方面，即对当时官名的理解与翻译。黄启江提到："至于作者立论所根据的各种人物之职称，与其实际职责或权力，容或有差距，但也难以究诘。"（黄文第 40 页）虽说如此，不可避免会在阅读该书英文原文的过程中遇到大量的官名翻译问题，并由此而影响到读者对具体官名的理解。当然，这也确实"难以究诘"，在王赓武先生写作当年，即便是直到今天，也并无一本能够囊括整个唐五代时期官名之英译的词典。因此，这也为重新审视该书相关论点提供了空间。

最后，王著也不可避免地过于专注五代。艾伯华之所以提及傅兰克的著作，即在于提示读者，王著并未关注契丹。另外，牟复礼（1922—2005）也说道："也许此书缺少一个整体的讨论，特别是在宏观考察中国历史的角度下。"（牟文第467页）当然，对于一篇博士论文来说，想要在"专"的基础上继续"博"下去，不是短时间内能够达到的。或许，也正是出于这个关照整个中国史的考虑，才使得王赓武先生在完成关于五代史的研究之后，转而从事其他地区史和断代史的吧！可惜傅海波（1914—2011）所期待的王赓武先生身为"a leading scholar in 10$^{th}$ century history"（10世纪历史的先行学者），想要其继续对五代十国进行深入研究的愿望（傅文第430页）并未遂愿。

不过，随着该书出版，王赓武先生的其他两篇关于五代的文章也陆续面世，即上文所提及的《〈旧五代史〉及五代时期的历史撰写》《冯道——论儒家的忠君思想》。这两篇文章，前一篇可以算作王先生为撰写博士论文而准备的前期史料工作，然后敷演而成文，并在其博士论文中得到了引用。这篇关于《旧五代史》和五代时期实录修撰的文章，其价值当与博士论文不相上下。后来的史家在关注五代史料的时候，此文是最为重要的参考资料。1987年出版的郭武雄《五代史料探源》即是在此文基础上展开的研究，且郭书关于五代实录修撰的论述范围，除了在考证卷数方面确认了宋初360卷之数实有其事，颇有开创之功外，其余皆可本源至王著。①

关于冯道，王赓武先生着眼于提示读者要从五代历史环境来看待冯道之所作所为，故而在指责欧阳修等人的偏激看法时，也对冯道的一些行为予以批评。这篇文章，单纯从内容上来看，确实与他博士论文所论并无大的关联。但王赓武先生的目的显然不在于冯道本人，而是其所处时代。因此，如果说他的博士论文是为了让人重视唐末五代在唐宋之际权力结构变化中所起到的重要作用，那么这篇关于冯道的文章就是从另

---

① 郭武雄：《五代史料探源》，台湾商务印书馆1987年版。

一个方面来让人认识五代时期的现实情况，而不要被宋人五代观所左右。对冯道的评价，自欧阳修以来一直是一个争议不断的话题，而王赓武先生的文章，几乎是第一篇站在现代学术立场上进行分析的文章，故而颇有开创之功。然而，受到语言限制，中文学界对此文的关注并不多。①

总之，通过上文可以发现，因有感于民国初年军阀割据给国家带来的深重灾难，王赓武先生选择了五代史作为博士论文方向。虽然写出了并未在文字上吸引西方读者的论著，但却能够给五代史的研究提供继续深入的启发意义。通过关照唐宋变革论，王著深入分析了唐末五代中国北方地区的权力结构之转变，虽然并未能够与社会、经济、军事地理环境等方面的历史条件相呼应，却也展现了一幅精彩的历史画卷。而其翔实的注释和关于五代史料的单篇论文，更是为后来者贡献了丰富的学术成果。另外，通过本书以及冯道一文，王先生对五代史的开拓之功，也确实引起了学者们对五代这一时期的重新思考。

附记：本文为笔者与尹承兄合译王赓武《五代时期北方中国的权力结构》一书之译后记主体部分，2011年4月16日初稿。曾预先发表于陕西师范大学历史文化学院本科生学术内刊《唐潮》第37期，2011年5月，第20—24页。2013年4月25日，应中西书局编辑李碧妍女史之请，

---

① 大陆地区几乎所有关于冯道的论文皆未提及王文，如：任崇岳《略论冯道》，《史学月刊》1985年第5期；葛剑雄《乱世的两难选择：冯道其人其事》，《读书》1995年第2期；戴显群《论四朝宰相冯道》，《长沙电力学院学报》（社会科学版）2003年第2期；房锐《虎狼丛中也立身——从〈北梦琐言〉所载史事论冯道》，《晋阳学刊》2004年第2期；严修《重新审视冯道》，《复旦学报》（社会科学版）2006年第1期；陈晓莹《历史与符号之间——试论两宋对冯道的研究》，《史学集刊》2010年第2期。王赓武先生《冯道》一文中文版于2002年随着《王赓武自选集》问世，而此后数篇关于冯道的文章竟然还是没有参考，可见一斑。唯有陆扬在其近作《论冯道的生涯——兼谈中古晚期政治文化中的边缘与核心》（发表于荣新江主编《唐研究》第十九卷，北京大学出版社2013年版，第287—329页；收入于氏著《清流文化与唐帝国》，北京大学出版社2016年版，第165—210页）中结合王文进行了政治文化语境下的讨论。

笔者与尹承兄修订搁置已久的译稿以备出版，遂又将此文修订一遍。在此期间，学界又有两篇针对王著2007年版的书评，可一并参考：盛思鑫《大一统思想与意识形态结构——评〈分裂的中国：迈向统一的883—947〉》，共识网，2011年11月14日；Naomi Standen（史怀梅）in *Journal of Song-Yuan Studies*，V. 41，2011，pp. 443–447。

  2014年，王著中译本出版后，中央民族大学历史文化学院李鸿宾教授撰写书评《王朝更替的结构性变化——王赓武〈五代时期北方中国的权力结构〉书后》，后刊于《历史研究》2020年第6期。北京大学历史学系硕士生张晨光针对中译本撰写的书评则早于此而刊载于荣新江主编《唐研究》第二十二卷，北京大学出版社2016年版。尚祈读者一并参考。

# 论史念海先生对藩镇研究的学术贡献
## ——兼论"藩镇时代"研究的历史地理视角

## 前　言

　　史念海（1912—2001）先生是知名历史地理大家，其在历史地理学、中国古都学、历史地理学术史、方志学等领域取得的成就，已经由其门下弟子分别予以揭示，参见《史念海先生八十寿辰学术文集》①《史念海教授纪念文集》②《想念史念海》③《唐潮》第39期《纪念史念海教授诞辰一百周年特刊》④ 等。2012年10月13—14日在陕西师范大学召开的"河山之恋：史念海先生百年诞辰历史学学术研讨会"上，也有史先生亲友、子弟相关回忆，并出版《河山之恋：史念海先生百年诞辰纪念册》⑤

---

　　① 上官鸿南、朱士光主编：《史念海先生八十寿辰学术文集》，陕西师范大学出版社1996年版。

　　② 陕西师范大学西北历史环境与经济社会发展研究中心编：《史念海教授纪念文集》，三秦出版社2006年版。

　　③ 张世林编：《想念史念海》，新世界出版社2012年版。

　　④ 张闶主编：《唐潮》第39期《纪念史念海教授诞辰一百周年特刊》，陕西师范大学历史文化学院，2012年5月。另外，《日新学刊》也刊有两篇纪念文章，参见李建国主编《日新学刊》创刊号，陕西师范大学历史文化学院，2012年6月。

　　⑤ 陕西师范大学西北历史环境与经济社会发展研究院编：《河山之恋：史念海先生百年诞辰纪念册》，2012年。

《史念海先生百年诞辰纪念学术论文集》①。当然，关于史先生的学术成就，仅看弟子们的回忆和追述也不够，需要更直接地通过学习其著作才能获得。特别因为史先生身处唐都西安，对于涉及唐代历史地理研究，也留下了丰富的学术遗产：散见于《河山集》②《方志刍议》③《中国的运河》④《唐代历史地理研究》⑤ 等著作和大量相关论文⑥，近年又集中荟萃为煌煌七册的《史念海全集》⑦ 和三卷本《史念海史学论著》⑧。在本文中，笔者即试图从中窥探史先生对于晚唐五代藩镇研究领域的学术贡献，并拟讨论"藩镇时代"研究的历史地理视角。

安史之乱以后，藩镇割据势力急剧上升，一直持续到宋初平定北汉，这两百多年时间，史家往往以"晚唐五代""唐末五代""晚唐五代宋初""唐宋之际"等词来称呼。但上述几个用词仅从朝代入手，似不足以明确揭示这一时代的重要特征，即藩镇普遍设置和其对政治有重要影响。因此，笔者倾向于使用"藩镇时代"来称呼这两百多年历史。而作为这一时代主要特色的藩镇，则早已经为学界所注意，其关注度近年来呈现

---

① 刘景纯、王社教、侯甬坚主编：《史念海先生百年诞辰纪念学术论文集》，陕西师范大学出版社 2012 年版。

② 史念海：《河山集》第一集，生活·读书·新知三联书店 1963 年版；第二集，三联书店 1981 年版；第三集，人民出版社 1988 年版；第四集，陕西师范大学出版社 1991 年版；第五集，山西人民出版社 1991 年版；第六集，山西人民出版社 1997 年版；第七集，陕西师范大学出版社 1999 年版；第八集《中国古都和文化》，中华书局 1998 年版；第九集，陕西师范大学出版社 2006 年版。

③ 史念海、曹尔琴：《方志刍议》，浙江人民出版社 1985 年版。

④ 史念海：《中国的运河》，重庆史学书局 1944 年版；陕西人民出版社 1988 年修订版。

⑤ 史念海：《唐代历史地理研究》，中国社会科学出版社 1998 年版。

⑥ 辛德勇、王双怀、史先智整理：《史念海先生著述目录初编》，载《史念海教授纪念文集》，三秦出版社 2006 年版，第 319—342 页。

⑦ 史念海：《史念海全集》全七册，人民出版社 2013 年版。

⑧ 史念海：《史念海史学论著》全三册，山西人民出版社 2015 年版。

出上升趋势。① 当然，在这种趋势之下，重新关注藩镇时代研究史，特别是如何吸收并不以藩镇为主要研究对象的前辈学者关于藩镇的看法和观点，也亟待着手。史念海先生关于藩镇的认识与研究，正是这样一种重要的学术资源。②

## 一 史念海先生对藩镇的研究贡献

笔者将从三个方面来对史先生关于藩镇的研究和认识进行整理：首先，史先生研究历史地理，从地志文献出发，特别重视李吉甫《元和郡县图志》；其次，史先生根据对运河水道的关注，认识到运河在藩镇时代的重要性；最后，以对交通的研究为主，散论史先生关于藩镇时代的其他认识。

### （一）李吉甫和《元和郡县图志》

史先生关于李吉甫及其《元和郡县图志》的研究，是他对藩镇时代政治影响学术的观察之一。在史先生与曹女史合撰的《方志刍议》中，收录有《李吉甫与〈元和郡县图志〉》③ 一文。当然，与其说《元和郡县图志》是地方志，不如说是地理总志来得更确切一些。作为关涉全国的地理总志，不仅仅局限于某一地的自然、人文地理，还涉及全国范围地理形势变迁，这就不得不联系到政治对地理的影响，进而反映在地理学

---

① 关于藩镇研究的历史和现状，参见最近两部大著的学术史部分：张达志《唐代后期藩镇与州之关系研究》，中国社会科学出版社2011年版；李碧妍《危机与重构：唐帝国及其地方诸侯》，北京师范大学出版社2015年版。

② 关于史念海先生对隋唐历史地理研究的贡献，白寿彝主编《中国通史》曾有简略介绍，见白寿彝主编《中国通史》第6编《隋唐五代卷》，上海人民出版社1995年版，第165—166页。

③ 史念海、曹尔琴：《李吉甫与〈元和郡县图志〉》，收入史念海《方志刍议》，浙江人民出版社1985年版，第157—196页。此外，二人还合撰《李吉甫》一文，收入《中国史学家评传》，中州古籍出版社1985年版；《中国历史地理学家评传》第一卷，山东教育出版社1990年版。

书籍中。

史先生曾撰《唐代的地理学和历史地理学》一文,全面探讨唐代地理学和历史地理学的关系,认为:"唐代的地理学在后世看来,也就成了当时历史地理学的一部分,至少也可以说是历史地理学的重要资料,也是论唐代历史地理学所不应忽视的。"[1]《元和郡县图志》正是这样一部在当时看来是属于地理学的著作,流传至今则变成了历史地理学文献。加上唐代历史地理学著作能够流传下来的非常少见,因此,《元和郡县图志》为史先生所着重关注也就不奇怪了。当然,史先生更看重的是李吉甫撰述目的及其反映的当时政治形势。史先生说道:

> 李吉甫于宪宗元和年间以中书侍郎平章事,居于相位。唐代自安史之乱后,藩镇割据,德宗姑息养奸,益跋扈难制,宪宗有意削除,李吉甫亦嫉恶不懈,元和号称中兴,吉甫与有力焉。当时一些计谋构思,往往散见于《元和郡县图志》之中。[2]

可见,有一时代之背景,方才成一时代之学术。

关于《元和郡县图志》所蕴藏李吉甫的计谋构思,史先生在《李吉甫与〈元和郡县图志〉》中分上、下篇来揭示。

上篇为《政治军事方面的策略》,分"天宝和元和间的唐王朝""反对藩镇割据的谋略""筹边御侮的经营"三部分,从正史材料中揭示了李吉甫在藩镇时代的政治动向,也为下文论述提供了一个时代背景。

下篇为《学术方面的贡献》,分"承前启后的地理学名著""实事求是重视客观存在""重视对于自然的利用和改造""论述详瞻包括广泛""为封建王朝的政治服务"五部分。特别是最后两部分,与藩镇时代特色紧密相关。

---

[1] 史念海:《唐代的地理学和历史地理学》,氏著《唐代历史地理研究》,中国社会科学出版社1998年版,第9页。

[2] 同上书,第11页。

在"论述详瞻包括广泛"一节中，史先生首先指出《元和郡县图志》以唐代为主而兼顾历代变迁，突破了以往《禹贡》和《汉书·地理志》的手法。然后具体指出一些体例，比如记载人口时兼顾开元（713—741）、元和（806—820）户数，从而能够看出安史之乱对人口的影响。又指出李吉甫对各地贡赋的记载，能够从中看出当时物产、物候情况。另外，关于交通道路的记载史先生更指出《元和郡县图志》"超迈前贤"①。

史先生首先指出，《元和郡县图志》一书：

> 首先创始了八到的体例，而且还兼记载了各州所辖属县的所在方位和距州城的里数。书中记载每州幅员广狭之后，接着就记载八到。八到中首先是至上都长安和东都洛阳的里数，再就是到邻近各州的里数。道里十分明确，畸零之数也在记载之列。交通道路本是经济文化交流的重要条件，也是关系到当时的战略部署和战役胜负的重要因素。正因为《元和郡县图志》在这方面有详瞻完备的记载，使它更有价值。②

确实如此，八到和里程，不是冷冰冰的数字，而是根据具体勘察所得到的资料，不仅有利于地图绘制③，更能在战争频仍的藩镇时代起到军事参考作用。另外，史先生还指出《元和郡县图志》中对八到和里程的补充记载，包括从河中府到陕州要经过的白陉，陕州太阳桥、京兆府中渭桥，等等。

在"为封建王朝的政治服务"一节中，史先生在谈完《元和郡县图

---

① 史念海、曹尔琴：《李吉甫与〈元和郡县图志〉》，史念海《方志刍议》，浙江人民出版社 1985 年版，第 189 页。

② 同上。

③ 关于《元和郡县图志》中八到、里程对绘图的准备作用，参见汪前进《现存最完整的一份唐代地理全图数据集》，《自然科学史研究》1998 年第 3 期；成一农《对"计里画方"在中国地图绘制史中地位的重新评价》，中国社会科学院历史研究所明史研究室编《明史研究论丛》第十二辑《明代国家与社会研究专辑》，中国广播电视出版社 2013 年版，第 24—35 页。

志》按十道进行内容编排后，进一步指出：

> 这里更应注意的，《元和郡县图志》这部书，虽按十道的区划叙述，实际上论证的关键所在却是按当时藩镇防区。这不仅说明这部书不是一般行政区划的地理著作，而是一部富有军事意义的地理著作，也反映出吉甫的军事思想。……全国都划成军事防区，《元和郡县图志》就明确记载了这样的防区。这种论述体例，使读者对藩镇割据的局面可以一目了然。①

一个地方对于军事的重要性，特别体现在交通方面。因此，史念海先生也特别注意李吉甫关于交通要道的意见，并在李吉甫基础上进一步论述自己观点。比如宿州，在《隋唐时期农牧地区的变迁及其对王朝盛衰的影响》一文中史先生说道："在运河经过的地方，埇桥最为冲要。这是唐朝所不能稍为疏忽的要地。为了控制埇桥，还特别设置了宿州。"② 而史先生关于埇桥重要作用的看法，正是从阅读《元和郡县图志》而来，史先生在谈到李吉甫关于宿州的看法时说："他写宿州，指出这里'南临汴河，有埇桥，为舳舻之会，运漕所历，防虞是资'。汴河本是沟通黄河流域和江淮流域的大动脉，是南北经济文化交流的通道，他却特意提出中央与藩镇军事上必争的埇桥。控制埇桥，也就是控制汴河。唐朝政府所依赖的江淮漕运，关系到唐朝中央的安危，而江淮漕运的畅通与否，系于埇桥，所以他说'防虞是资'。他对运河和军事两相关系，突出了运河的军事作用。"③ 正是受到李吉甫《元和郡县图志》启发，史先生才特别在前文中提出埇桥"最为冲要"。

---

① 史念海、曹尔琴：《李吉甫与〈元和郡县图志〉》，《方志刍议》，浙江人民出版社 1985 年版，第 189 页。

② 史念海：《隋唐时期农牧地区的变迁及其对王朝盛衰的影响》，氏著《唐代历史地理研究》，中国社会科学出版社 1998 年版，第 259 页。

③ 史念海、曹尔琴：《李吉甫与〈元和郡县图志〉》，《方志刍议》，浙江人民出版社 1985 年版，第 194 页。

总之，史先生对李吉甫《元和郡县图志》重要性之论述，主要是站在藩镇时代大背景之下，对身为朝廷重臣和地方大吏的李吉甫如何利用《元和郡县图志》来阐述其军事观点，作了一个详细抉发。从而突破了人们对于《元和郡县图志》仅仅是一部地理总志的看法。正如史先生所说，"元和年间，唐王朝和割据的藩镇间矛盾已经十分深刻，而李吉甫反对继续奉行姑息政策，这一点在《元和郡县图志》中随处有所反映。从李吉甫所处的时代和他的身世、职掌等方面来说，这是必然的归宿"[1]。后人更应在史先生基础上，继续从《元和郡县图志》中抉发李吉甫军事思想，以深刻揭示藩镇时代特色。[2]

### （二）藩镇时代与运河

在中国唐史学会历史上，20世纪80年代的考察热和90年代的出书热是那个时期最重要的学术活动，也十分具有时代特色，如今已经不可再寻。当时留下的遗产，则需要慢慢消化。1984年7月14日至8月25日，中国唐史学会、杭州大学、江苏省社会科学院、安徽省社会科学院、河南省历史学会联合组织的"唐宋运河考察队"对唐宋运河的考察，正是这样一个如今已经鲜为人知的学术史片段。在这次考察之后，中国唐史学会不仅两次刊发了《唐宋运河考察记》[3]，还出版了《运河访古》[4]

---

[1] 史念海、曹尔琴：《李吉甫与〈元和郡县图志〉》，《方志刍议》，浙江人民出版社1985年版，第196页。

[2] 屈新福曾备举《元和郡县图志》成书以来诸家研究，却唯独没有涉及史先生的这篇文章，比较遗憾。见屈新福《李吉甫及其〈元和郡县志〉》，硕士学位论文，安徽大学，2009年。

[3] 中国唐史学会唐宋运河考察队编：《唐宋运河考察记》，陕西省社会科学院出版发行室1985年版；中国唐史学会唐宋运河考察队编：《中国唐史学会唐宋运河考察队考察日记》，《中国唐史学会会刊》第四期，1985年9月，第1—141页；阎守诚：《考察纪程》，《运河访古》，上海人民出版社1986年版，第406—424页。

[4] 中国唐宋运河考察队编：《运河访古》，上海人民出版社1986年版。

以收录考察队员相关论文,以及第一本隋唐运河专著①。这些当然是很重要的学术积累,但其在另一方面,却也催生出了另一本更为全面的学术著作问世,即史念海先生《中国的运河》。

在《中国的运河》一书序言中,史先生说道:

> 《中国的运河》这部书本是我的旧作。建国初年,有些同志主张重印出版。当时别有任务,无暇从事修订,因而就搁置起来。近年一些有关的著作,间或引用这本拙著中的论点,有的就利用这本拙著中的资料。这样不以覆瓿相视,看来还有重印的必要。②

这里所说的"近年一些有关的著作",当指以《运河访古》为代表的一系列有关唐宋运河的论著。特别是在《运河访古》一书中,有与史先生旨趣直接相关的论文,比如潘镛、王永谦《隋唐运河与中晚唐漕运》,孟昭庚《唐代军事争夺下的运河》,赵和平《宁陵保卫战》,都是与藩镇时代运河所起到的经济、军事作用有关的论述。

史先生本人撰写《中国的运河》之旨趣,则在于其历史地理学欲为世所用的想法。此书初版于1944年,正值抗日战争时期,但当1949年以后,特别是改革开放以后,百废待兴的时代,重新认识运河的重要性就显得十分必要了。当然,本文所要指出的是史先生对运河的研究中,有关藩镇的部分论述。在《中国的运河》一书中,涉及藩镇时代运河作用的主要是第五章、第六章。

第五章《隋代运河的开凿及其影响》,不仅涉及运河在隋代的大开凿,还谈到了唐人所受到运河的作用。其"魏州和幽州"一节说道:

> 在永济渠的沿岸也兴起两个经济都会:一个在永济渠的南段,这是相当于现今河北大名县的魏州;一个在永济渠的北口,就是隋

---

① 潘镛:《隋唐时期的运河和漕运》,三秦出版社1986年版。
② 史念海:《中国的运河·序》,陕西人民出版社1988年版,第1页。

时的涿郡，而唐时的幽州，也是现在的北京市。……幽州在对外贸易方面，很像扬州。扬州是对海外贸易的口岸，而幽州却是对塞外贸易的要津。扬州居住着无数的波斯胡人，幽州也一样居住着无数的塞外胡人。唐代中叶安史之乱的主要发动者安禄山，就是其中之一。正因为幽州的繁荣富庶才使安禄山得有凭借而敢于作乱。就是安史乱后，以幽州为理所的卢龙节度使，虽然名义上还属唐朝管辖，实际上和一个敌国差不多。促成这些反叛者和割据者，地方的富庶该占着一个重要原因。……安史之乱后的河北三镇，恰是盘踞在这永济渠的流域。魏博节度使以魏州为根据地而抗拒命令，和卢龙节度使宛出一辙。魏州近于中原，虽与幽州等处同受河北藩镇的长期控制，还能得到永济渠的裨益，因而保持了一定的繁荣。这样的繁荣一直延续到唐末五代时期。自从后唐把这里建为陪都以后，经过后晋、后汉、后周以至宋代，魏州的名称虽代有改易，而陪都的制度却没有取消。①

在这里，史先生通过对永济渠所起到的经济作用的论述，揭示了幽州、魏州之所以能够繁荣的原因，以及由此而导致的以幽州为中心的卢龙镇和以魏州为中心的魏博镇之所以能够在整个藩镇时代割据一方的原因。

关于魏州，史先生早年在其《两唐书地理志互勘》② 一文中已经论及，并且其成果为毛汉光《魏博二百年史论》③ 所吸收。毛氏在其文中还参考了全汉昇于1944年出版的《唐宋帝国与运河》④ 一书，而史先生

---

① 史念海：《中国的运河》，陕西人民出版社1988年版，第186—188页。

② 史念海：《两唐书地理志互勘》，《禹贡》（半月刊）第3卷第2—6、9期，1935年3—6月。

③ 毛汉光：《唐末五代政治社会之研究——魏博二百年史论》，《中央研究院历史语言研究所集刊》第五十本第二分，1979年；收入氏著《中国中古政治史论》，上海书店出版社2002年版，第349—417页。

④ 全汉昇：《唐宋帝国与运河》，商务印书馆1944年版。

《中国的运河》初版也是在这一年①，不能不说是两位史学大家的一个巧合。

在论述过漕运重要作用之后，史先生进一步涉及藩镇时代中原王朝定都问题，其书第六章标题即《政治中心地的东移及运河的阻塞》。其第一节为"关中萧条和国都东迁"，史先生说道：

> 朱温是凭借着汴州兴起的，汴州正濒于汴河。朱温势力的形成和汴河的交通有关。朱温篡唐以后，就把他的故居汴州建为国都。汴州在经济上是一个繁荣的都会，而漠漠平原毫无险要可守，原不是理想的国都的所在。朱温何尝不知道这一点！所以在汴州住了一二年，又把国都迁到洛阳。到了他的儿子继位，再回到汴州。这衰世之君是谈不上永远大计的。②

这是对五代时期国都东移的论述。在后文中，史先生还特别提及了周世宗为了征南唐而对运河的疏通，以及为了征契丹而对永济渠的利用。③ 随后是对宋初定都问题的涉及：

> 自从唐代安史之乱后，国家的兵权部分常在藩镇手里，形成外重内轻的局面。下至宋代开国，其间差不多有二百年，一切扰乱不安的现象都是由于这种外重内轻的局面而起。宋太祖深知这个病根，想把二百年的颓风一手挽过来。经过他的努力，藩镇的兵柄是解除了，国家的兵备都集中在京师，这一下彻底造成了内重外轻的局面。二百年的颓风虽挽救过来，但紧接着的问题就来了。这时几十万禁

---

① 史先生在《中国的运河·后记》中说"这本书在三十年代印制的时候，由于印刷条件很差"云云，应该是指民国30年代，而非19世纪30年代。

② 史念海：《中国的运河》，陕西人民出版社1988年版，第214—215页。

③ 同上书，第221—223页。

卫军都驻在京师，所需的粮秣，再加上政府官吏的俸给，和国都猥多的人口日用的食粮，实为一笔巨大的消耗。……宋代的积弱和局面的狭小，都可由建都于开封一事看出来，说穿了还不是贪恋着运河的便利，而忘却了经久的远图。①

随后，史先生进一步论述了宋代"主要的运道及其疏浚""经济中心地和政治中心地的合一"，以及汴河、惠民河、邗沟等的具体情况。

不得不提及，史先生对于藩镇时代与运河关系的研究，涉及五代十国时，并未能够更深入地去探索。但在史先生一些散见的学术文字中，已经可以看出他在这方面其实有着深入思考。比如为杜文玉师《南唐史略》作序时说：

> 通常所说的唐朝后期中央政府的财政主要依靠江淮八道支持，除两浙、湖南外，大部分都在后来的南唐境内，所以南唐社会经济的持续发展不仅对改变中国古代经济地理的基本格局有直接影响，同时也对江南经济重心地位的确立和巩固具有重要的意义。南唐在文化方面的成就也是引人注目的。自唐末以来，由于北方持续战乱，大批北方士人南迁，促进了南方文化的发展，并在南唐与蜀形成了两个文化中心，其中南唐文化比蜀还要发达一些，影响也更大。②

可见，正是在对运河的研究基础上，史先生才能更进一步指出南唐在经济和文化上的繁荣所具有的重要条件。

对于运河和藩镇时代军事、政治、经济问题的论述，在史先生之后的唐史或宋史学者，不能说他们忽视史先生学术成就，但至少并未引起

---

① 史念海：《中国的运河》，陕西人民出版社1988年版，第216—219页。
② 史念海：《序》，杜文玉《南唐史略》，陕西人民教育出版社2001年版。

足够的重视。① 因此，笔者也希望当下学者关注相关问题时，能全面搜罗学术史成果再下笔。

### （三）藩镇时代的交通及其他

关于史先生对藩镇时代交通的研究，李碧妍在其博士学位论文中充分予以关注，频繁引用史先生《河山集》第四集中关于吐蕃进攻关中的论点。但史先生对此的关注不仅仅在于吐蕃进攻时期。以下按自然区域摘录史先生相关论点。

黄河水运。在《三门峡与古代漕运》② 一文中，史先生关注到了定都与长安的秦汉、隋唐两期通过三门峡运输粮食到关中的史实。在《论济水和鸿沟》③ 一文中，则关注了作为黄河下游的济水和鸿沟在沟通黄河与运河方面的作用。

运河水道。前文已经以《中国的运河》为例略述史先生对于运河的研究。事实上，史先生在其他散篇论文中也经常关注运河，并进一步论述运河交通带给沿岸城市的经济发展。比如《论唐代扬州和长江下游的经济地区》④《隋唐时期运河和长江的水上交通及其沿岸的都会》⑤《隋唐时期的交通与都会》⑥ 等。

---

① 直接涉及藩镇时代都城东移问题，但并未参考史先生著述的论文如：张其凡《五代都城的变迁》，《暨南学报》（哲学社会科学版）1985 年第 4 期；林立平《六至十世纪中国都城东渐的经济考察》，《北京师范大学学报》1988 年第 3 期；周宝珠：《朱梁建都开封及其历史意义》，《开封大学学报》1998 年第 3 期。

② 见《河山集》第一集，生活·读书·新知三联书店 1963 年版，第 232—252 页。

③ 见《河山集》第三集，人民出版社 1988 年版，第 303—356 页。

④ 见《河山集》第三集，人民出版社 1988 年版，第 286—302 页；亦见《唐代历史地理研究》，中国社会科学出版社 1998 年版，第 234—249 页。

⑤ 见《河山集》第七集，陕西师范大学出版社 1999 年版，第 174—211 页；亦见《唐代历史地理研究》，中国社会科学出版社 1998 年版，第 313—346 页。

⑥ 刊史念海主编《唐史论丛》第六辑，陕西人民教育出版社 1995 年版，第 1—57 页。

关津城池。在古代，战争攻防，领土得失，与关津城池的重要作用密不可分。对此，史先生的《函谷关和新函谷关》《论雁门关》《与代县友人论雁门关书》《壶口杂考》①《唐代原州的木峡关和石门关》《说唐与吐蕃相争已久的维州城》② 等，都是涉及关津城池的重要文章。其中不免涉及战争频繁的藩镇时代的历史情况。

山河险阻。在古人的生活中，山河险阻很多时候是一辈子的障碍。因此，如有天然的屏障，比如高山和大河，可能就会在此基础上形成一个个独立的地理单元，并演变成文化单元。其中就地理单元来说，山河险阻是天然的防御工具，特别是在藩镇时代这样战争频繁的情况下。对此，史先生也予以论述，撰有《陕西北部的地理特点和在历史上的军事价值》《关中的历史军事地理》《秦岭巴山间在历史上的军事活动及其战地》③ 等论文。

中外交通。唐代是一个开放的朝代，即使是在藩镇时代，虽然因为战乱而隔断了很多通往西域及其他地方的道路，但其他一些陆路以及日渐重要的海路一直维持着唐朝的盛世。对此，史先生撰有《唐宋两代广州之对外贸易》④《隋唐时期域外地理的探索及世界认识的再扩大》⑤《河西与敦煌》⑥《唐代通西域道路的渊源及其途中的都会》⑦ 等论文。

在交通之外，史先生的学术领域也触及了：

---

① 四篇皆收入《河山集》第四集，陕西师范大学出版社 1991 年版，第 381—401、402—426、427—434、521—535 页。

② 二篇皆收入《河山集》第七集，陕西师范大学出版社 1999 年版，第 239—248、497—503 页。

③ 三篇皆收入《河山集》第四集，陕西师范大学出版社 1991 年版，第 75—144、145—244、245—332 页。

④ 《新民月刊》第 2 卷第 3 期，1936 年 5 月。

⑤ 见《河山集》第五集，山西人民出版社 1991 年版，第 530—570 页；亦见《唐代历史地理研究》，中国社会科学出版社 1998 年版，第 496—533 页。

⑥ 见《河山集》第五集，山西人民出版社 1991 年版，第 308—368 页。

⑦ 见《河山集》第七集，陕西师范大学出版社 1999 年版，第 212—238 页；亦见《唐代历史地理研究》，中国社会科学出版社 1998 年版，第 347—372 页。

黄河流域。史先生出生和成长于黄河流域，其一生的学术也贯穿着对黄河流域的研究，其中当然也牵涉藩镇时代黄河流域。比如对黄河流域农业研究，有《开皇天宝之间黄河流域及其附近地区农业的发展》①《黄河流域蚕桑事业盛衰的变迁》②《陕西地区蚕桑事业盛衰的变迁》③等文。比如对黄河及其支流清浊、改道研究，有《论泾渭清浊的变迁》《由历史时期黄河的变迁探讨今后治河的方略》④等文。

农牧分布。中国数千年历史，很大程度上是一部农牧相争史。对此，史先生也予以极大关注，撰有《黄土高原及其农林牧分布地区的变迁》《两千三百年来鄂尔多斯高原和河套平原农林牧地区的分布及其变迁》⑤《唐代河北道北部农牧地区的分布》⑥《隋唐时期黄河上中游的农牧业地区》⑦《隋唐时期农牧地区的变迁及其对王朝盛衰的影响》⑧等论文。

人地关系。人类是自然的一部分，却也在改造着自然。因此，关于人与自然的话题，也是人类永恒的话题。史先生对此也有论述，如《隋唐时期重要的自然环境的变迁及其与人为作用的关系》⑨一文。

---

① 见《河山集》第一集，生活·读书·新知三联书店1963年版，第196—217页；亦见《唐代历史地理研究》，中国社会科学出版社1998年版，第88—110页。

② 见《河山集》第一集，生活·读书·新知三联书店1963年版，第253—279页。

③ 见《河山集》第三集，人民出版社1988年版，第188—285页。

④ 二篇皆见《河山集》第二集，生活·读书·新知三联书店1981年版，第189—213、356—390页。

⑤ 二篇皆见《河山集》第三集，人民出版社1988年版，第55—81、82—107页。

⑥ 见《河山集》第六集，山西人民出版社1997年版，第405—426页；亦见《唐代历史地理研究》，中国社会科学出版社1998年版，第111—130页。

⑦ 见《河山集》第六集，山西人民出版社1997年版，第368—404页。

⑧ 见《河山集》第七集，陕西师范大学出版社1999年版，第77—99页；亦见《唐代历史地理研究》，中国社会科学出版社1998年版，第250—271页。

⑨ 见《河山集》第五集，山西人民出版社1991年版，第182—210页；亦见《唐代历史地理研究》，中国社会科学出版社1998年版，第63—87页。

地域文化。前文提到，山河险阻能够形成不同的文化单元。在这一领域，史先生撰有《开元天宝时期长安的文化》《唐代前期关东地区尚武风气的溯源》①等论文。另外，《两〈唐书〉列传人物本贯的地理分布》②一文，也统计了唐人入传者地域分布，及其反映的地域文化。其中对一些人物具体籍贯的考证，更是极其宝贵的学术积累。

行政区划。唐代行政区划，最显著的特征是前期道州县虚三级制，和后期藩镇州县实三级制。对此，史先生撰有《两唐书地理志互勘》③《论唐代贞观十道和开元十五道》④等论文。

都城制度。在史先生的学术贡献中，有一块很重要的领域就是古都研究。对此，史先生的《中国古都和文化》一书，作为《河山集》第八集，是其在这一领域重要的代表作。其中，也包括《唐代长安外郭城街道及里坊的变迁》《唐代长安和洛阳》⑤等涉及藩镇时代长安、洛阳的论文。此书之外，则有《黄土高原的演变及其对汉唐长安城的影响》《汉唐长安城与生态环境》《唐长安城外龙首原上及其邻近的小原》《环绕长安的河流及有关的渠道》《最早建置都城的构思及其对汉唐诸代的影响》⑥《唐长安城的池沼与林园》⑦等论文，以及与曹尔琴女史合作《游城南记校注》⑧一书。

---

① 二篇皆见《河山集》第五集，山西人民出版社1991年版，第369—401、501—529页。

② 见《河山集》第五集，山西人民出版社1991年版，第402—500页；亦见《唐代历史地理研究》，中国社会科学出版社1998年版，第373—467页。

③ 刊《禹贡半月刊》第3卷第2—6、9期，1935年3—6月。

④ 见《河山集》第七集，陕西师范大学出版社1999年版，第520—557页；亦见《唐代历史地理研究》，中国社会科学出版社1998年版，第27—62页。

⑤ 二篇皆见《河山集》第八集《中国古都和文化》，中华书局1998年版，第451—492、493—539页。

⑥ 五篇皆见《河山集》第九集，陕西师范大学出版社2006年版，第172—256、289—307、308—326、327—365、366—394页。

⑦ 刊史念海主编《汉唐长安与关中平原》，《中国历史地理论丛》1999年12月增刊。

⑧ 北宋张礼原著，史念海、曹尔琴校注：《游城南记校注》，三秦出版社2003年版。

## 二 藩镇时代研究的历史地理视角

通过前文对史念海先生关于藩镇时代诸多零散研究的总结，已能看出其视野之宽广。虽然史先生并未提出专门关注藩镇时代研究，但他对唐代历史地理诸多领域的研究，为后人对藩镇时代的进一步研究提供了很好的榜样。正如前文所述，笔者对藩镇时代的定义来源于唐后期五代宋初藩镇势力的强大。藩镇的出现起因于唐朝统治地域内缘和外缘的失衡，即游牧区和农耕区，或曰羁縻区和郡县区之间的不协调所致。① 这本身就是一个历史地理问题，藩镇问题所反映的中央与地方之间关系紧张，也需要从历史地理角度来予以思考，方能更好地理解。

### （一）藩镇政治（政区）地理

政治地理的基础是政区地理，谈政治地理离不开对政区地理的整理。就藩镇时代政治地理而言，亦先须对藩镇时代政区地理予以整理。《元和郡县图志》即为反映这一时代政区地理的绝好文献。

如前文所述，史先生对藩镇时代最重要的揭示即《元和郡县图志》，此书是对于当时全国政区的一次全局性整理，也是藩镇时代流传至今的唯一一部完整的地理总志。在此之前，著者李吉甫已经撰写过《十道图》十卷、《古今地名》三卷、《删水经》十卷、《元和国计簿》十卷，皆为涉及古今政区的著作，可知其早已考虑对于《元和郡县图志》的编撰。特别是元和二年（807）十二月所上《元和国计簿》，据《旧唐书·宪宗纪》记载：

---

① 关于唐朝统治地域的内缘与外缘，参见李鸿宾《"二元制构造"下的唐朝华夷观及其变化》，陈尚胜主编《儒家文明与中国传统对外关系》，山东大学出版社2008年版，第118—128页；后收入氏著《唐朝的北方边地与民族》，宁夏人民出版社2011年版，第52—64页。

> 己卯，史官李吉甫撰《元和国计簿》，总计天下方镇凡四十八，管州府二百九十五、县一千四百五十三、户二百四十四万二百五十四。其凤翔、鄜坊、邠宁、振武、泾原、银夏、灵盐、河东、易定、魏博、镇冀、范阳、沧景、淮西、淄青十五道，凡七十一州，不申户口。每岁赋入倚办，止于浙江东·西、宣歙、淮南、江西、鄂岳、福建、湖南等八道，合四十九州，一百四十四万户。比量天宝供税之户，则四分有一。天下兵戎，仰给县官者，八十三万余人。比量天宝士马，则三分加一。率以两户资一兵，其他水旱所损，征科发敛，又在常役之外。吉甫都纂其事，成书十卷。①

此书之编撰，可以说是《元和郡县图志》的准备工作，可惜并未流传下来。但从这段话中已经可以看出，在李吉甫眼中，当时国家形势可分两点概括：

第一，全国以藩镇（方镇）来划分，而非通常的州（府）、县，显示出当时藩镇（方镇）已经自成其一级政区。这就涉及对于唐代藩镇（方镇）一级政区的理解，对此，学界多有探讨。② 但即便藩镇在事实上成为政区，唐廷也一直未予以正式承认。不过就当时李吉甫的认知而言，他对藩镇（方镇）的行政区地位是认可的，不过在编纂时尚把藩镇（方镇）置于诸道之下显示。

第二，对于全国范围内的藩镇（方镇），李吉甫按照是否申上户口和上供赋税，划分出两种情况：其一是凤翔等十五道不申户口，其二是浙江东、西等八道贡赋者。此外，就藩镇总数来看，尚有两者之间近一半藩镇（方镇）似在两可之间。总而言之，这三类藩镇，对于后人理解藩

---

① 《旧唐书》卷一四《宪宗纪上》，中华书局1975年点校本，第424页。
② 参见赖青寿《唐后期方镇（道）建置研究》，《历史地理》第17辑，上海人民出版社2001年版，第98—123页；成一农《唐代的地缘政治结构》，李孝聪主编《唐代地域结构与运作空间》，上海辞书出版社2003年版，第8—59页。

镇类型实有帮助，张国刚、王援朝的藩镇分类，也能从中看到影子。①

如果政区层级不完全属于政区地理，那么政区分类则可归入政治地理。在藩镇政区地理这一方面，《元和郡县图志》开了一个好头，经过史先生等学者②的阐扬，已日益得到重视。近年来，《中国行政区划通史》唐代卷和五代十国卷分别由郭声波和李晓杰担纲，即很好地注意到藩镇这一层级的行政区性质。③ 但若从整体上来看，尚需合观唐代后期和五代十国两百年左右历史，以求得对此一藩镇时代政区地理的综合认识，并在此基础上进入政治地理研究。对此，笔者初步认为可有以下研究点：

1. 对藩镇类型的进一步归类与研究。对藩镇分类，除了按照政治立场来分，也需要考虑藩帅本身的政治身份，近年来对于观察使藩镇④的日渐重视，是一个很好的开端。当然尚需进一步整理防御使、团练使、经略使、都护等类型的藩镇。

2. 对中央、藩镇、州县之间，藩镇与藩镇之间，以及五代十国诸政权之间互相关系的研究。对此，王赓武《五代时期北方中国的权力结构》、王寿南《唐代藩镇与中央关系之研究》、陈志坚和夏炎对唐代州的研究、张达志《唐代后期藩镇与州之关系研究》、李碧妍《危机与

---

① 张国刚归类的东南财源型藩镇包括浙东、浙西、宣歙、淮南、江西、鄂岳、福建、湖南、荆南9个，见张国刚《唐代藩镇研究》，湖南教育出版社1987年版，第81页。王援朝归类的南方财源型藩镇包括剑南东西川、山南西道、武昌镇、淮南道以及长江以南地区诸藩镇，见王援朝《唐代藩镇分类刍议》，史念海主编《唐史论丛》第五辑，三秦出版社1990年版，第111—112页。王氏的归类比张氏的归类范围更大，特别是增加了剑南、岭南，笔者更倾向于王氏的归类。

② 史先生之前，即有日本学者的一些关注，比如青山定雄：《唐宋時代の交通と地誌地圖の研究》，吉川弘文館1963年版；藤田純子：《唐末の行政地理書〈元和郡縣圖志〉の編纂事情》，《鷹陵史學》第2號，1977年。近几十年则更多，且从略。

③ 郭声波：《中国行政区划通史·唐代卷》，复旦大学出版社2012年版；李晓杰：《中国行政区划通史·五代十国卷》，复旦大学出版社2014年版。

④ 郑炳俊：《唐代の観察処置使について——藩鎮体制の一考察》，《史林》第77卷第5號，1994年9月；李志刚：《唐代观察使与中晚唐秩序的重建》，博士学位论文，首都师范大学，2013年。

重构：唐帝国及其地方诸侯》，以及《唐研究》第十九卷"从地域史看唐帝国——边缘与核心"专栏所收论文等一系列论著已经有很全面的关注。① 但进一步研究，则需要结合不同类型藩镇予以个别观察。② 以及对晚唐五代十国诸政权根据自身的需求设立不同政治目的的梳理③。

3. 藩镇地域史个案研究。近 30 年来，藩镇研究中出现了大量个案研究，特别是一些学位论文以单个藩镇作为研究对象，更易着手。但诚如陈翔（1979—2012）所指出："个案研究是深化藩镇问题认识的重要路径，这是一个很有意义的课题。……但是，目前的藩镇个案研究，似乎有点类似于当下中古时期的家族个案研究中所呈现出来的跑马圈式的研究模式。举凡如今的藩镇个案研究，结构上大同小异。不外乎先从本镇

---

① *Structure of Power in North China during the Five Dynasties*, Kuala Lumpur：University of Malaya Press, 1963. 此书四十多年后出简洁本：Wang Gungwu, *Divided China Preparing for Reunification*：883 - 947, Singapore：World Scientific Publishing Co., 2007. 近有以 1963 年版为基础的中译本问世：王赓武著，胡耀飞、尹承译：《五代时期北方中国的权力结构》，中西书局 2014 年版。王寿南：《唐代藩镇与中央关系之研究》，嘉新水泥公司文化基金会 1969 年版；大化书局 1978 年修订版。陈志坚：《唐后期中央和地方关系研究——以州的制度为中心》，博士学位论文，北京大学，2000 年；后修订出版《唐代州郡制度研究》，上海古籍出版社 2005 年版。夏炎：《唐代州级行政体制研究》，博士学位论文，南开大学，2005 年；后修订出版《唐代州级官府与地域社会》，天津古籍出版社 2010 年版。张达志：《唐代后期藩镇与州之关系研究》，博士学位论文，复旦大学，2009 年；后修订出版同名专著，中国社会科学出版社 2011 年版。李碧妍：《危机与重构：唐帝国及其地方诸侯》，博士学位论文，复旦大学，2011 年；后修订出版同名专著，北京师范大学出版社 2015 年版。荣新江主编：《唐研究》第十九卷，北京大学出版社 2013 年版。

② 笔者已经在书评中指出张达志一书中或多或少存在的对藩镇类型未能更好地加以鉴别的笼统之论，收入本书书评编。

③ 比如，伍伯常：《中唐迄五代之军事传统与北宋统一战略》，硕士学位论文，香港中文大学，1986 年；易图强：《五代藩镇动乱与军事上、行政上削藩制置》，硕士学位论文，南开大学，1993 年。前揭李碧妍的博士学位论文即直接表明通过地理角度来研究藩镇问题的著作，通过河南、关中、河北、江淮四个区域来从宏观上展现大唐帝国面对藩镇的"危机与重构"。

的自然环境、交通状况、战略形势甚至地理沿革谈起；其次论及本镇与中央的关系，抑或是本镇的军队构成；最后论及本镇的地位、作用。研究者选取任一藩镇进行研究时，似乎已经预先设计好了想要论述的框架。那么，从这种大同小异的论述框架入手，得到的有关藩镇的认识也几乎是一致的，因为学术界早已对藩镇问题进行了许多概论性的研究。"① 因此，如何突破藩镇个案研究的困境，是需要继续努力的方向。笔者曾借评论王凤翔《晚唐五代秦岐政权研究》一书②归纳过四种地域史研究范式："第一，以单个的割据政权本身为研究主体，涉及政权的方方面面包括政治史；第二，以地域集团为研究主体，揭示地域性社会集团对地域社会与政治的影响；第三，结合数个相邻地域进行整体研究，以揭示某种政治现象的特殊性与普遍性；第四，从外交史角度入手，重点观察各个割据政权之间的纵横捭阖。"③ 如今看来，其中第四点可进一步申论，即从政治地理着眼，把藩镇（政权）视为一个政治实体，充分考察其社会、经济基础上的生存之道，即如何与周围藩镇（政权）或唐廷互动，如何与治下州县（政权之下的藩镇）互动，乃至如何与周边民族势力互动，也许值得挖掘。特别是把时间延长到五代宋初时期，像堀敏一（1924—2007）、毛汉光研究魏博镇④那样入手，很有必要。目前的个案研

---

① 陈翔、秦中亮：《书评：张正田〈"中原"边缘：唐代昭义军研究〉》，荣新江主编《唐研究》第十八卷，北京大学出版社2012年版，第529—537页；收入《陈翔唐史研究文存》，花木兰文化出版社2013年版，第284—285页。

② 王凤翔：《晚唐五代秦岐政权研究》，三秦出版社2009年版。

③ 胡耀飞：《地域政治史研究的新视野——读王凤翔〈晚唐五代秦岐政权研究〉》，成建正主编《陕西历史博物馆馆刊》第18辑，三秦出版社2011年版，第362—366页。

④ ［日］堀敏一：《魏博天雄軍の歷史——唐五代武人勢力の一形態》，《歷史教育》第6卷第6號，1958年6月；毛汉光：《唐末五代政治社会之研究——魏博二百年史论》，《"中央研究院"历史语言研究所集刊》第50本第2分，1979年；收入氏著《中国中古政治史论》，上海书店出版社2002年版，第349—417页。

究，或局限于藩镇与唐中央关系，或局限于晚唐一百多年[1]，或局限于五代单个割据政权[2]，而较少考虑单个藩镇在晚唐五代两百多年间的独特发展轨迹。因此，若能在已有基础上，从时间上延长，从地域上放宽，或有必要。

4. 在唐廷、五代十国各小朝廷中频繁的党争也牵涉藩镇政治地理。比如对于牛李党争，学界讨论十分丰富。[3] 但党争所牵涉的一大问题，即地方藩镇与朝中大臣之间的各类互动。此外，还有一类人的存在加剧了事实复杂性，即宦官群体。根据李丹婕研究，宦官群体在玄、肃、代三朝完成了从"仆"到"臣"的角色转换[4]，亦即取得了与文官一样的政治影响力。从此，部分上层宦官开始走出内廷，参与国家事务决策，乃至君主废立。晚唐宦官之祸，因此也是唐史学界讨论的热点

---

[1] 比如邢启振：《唐后期武宁镇战略地位研究》，硕士学位论文，山东师范大学，2013年。

[2] 五代十国研究中文论著，参见胡耀飞整理《五代十国研究中文论著目录》（上），贾二强、拜根兴主编《中国唐史学会会刊》第31期，2012年11月；胡耀飞整理《五代十国研究中文论著目录》（中），贾二强、拜根兴主编《中国唐史学会会刊》第32期，2013年12月；胡耀飞整理《五代十国研究中文论著目录》（下），贾二强、拜根兴主编《中国唐史学会会刊》第33期，2014年12月。日文方面，参见胡耀飞整理《唐末五代宋初研究领域日人论著综合目录（初稿）》，包伟民主编《宋史研究通讯》第65期，2015年6月。西文部分，参见王宏杰整理《五代研究外文文献目录》（*A Bibliography of Five Dynasties Studies in Western Languages*），未刊稿，2011年4月。

[3] 专著方面主要有以下几种：傅锡壬：《牛李党争与唐代文学》，东大图书公司1984年版；王炎平：《牛李党争》，西北大学出版社1996年版；方坚铭：《牛李党争与中晚唐文学》，中国社会科学出版社2009年版；李润强：《历史、社会与文学：牛李党争研究的新视野》，人民出版社2012年版。相关论文不再赘述，参见竹内洋介编《唐代"牛李黨爭"關係研究文獻目録（1927—2010年）》，東洋大學アジア文化研究所2011年版。

[4] 李丹婕：《从"仆"到"臣"——玄肃代时期宦官群体角色的转型》，《中国典籍与文化》2010年第2期。

问题。① 唐代后期宦官势力强大最终招致自身灭亡，在五代以后势力大减。但在唐代后期，无论是身居高位、掌握神策军军权的宦官，还是出监藩镇、领导平叛大军的宦官，对他们及他们所在宦官家族的研究，是对藩镇时代研究中涉及藩镇政治地理不可忽视的一环。

### （二）藩镇军事地理

藩镇时代的一大特色及军事行动频繁，史先生对《元和郡县图志》和运河航运的重视即因当时唐廷与藩镇和藩镇之间的战争需要依靠对军情信息的搜集和依靠运河航道来输送粮食。正如李吉甫在《元和郡县图志》序言中所说：

> 天宝之季，王途多艰，由是坠纲解而不纽，强侯傲而未肃。逮至兴运，尽为驱除。故蜀有阻隘之夫，吴有凭江之卒，虽完保聚，缮甲兵，莫不手足裂而异处，封疆一乎四海。故《豳》《卫》风偃，朔、塞砥平，东西南北，无思不服。臣吉甫当元圣抚运之初，从内庭视草之列，寻备衮职，久尘台阶，每自循省，赧然收汗。谟明弼谐，诚浅智之不及；簿书期会，亦散材之不工。久而伏思，方得所効，以为成当今之务，树将来之势，则莫若版图地理之为切也。所以前上《元和国计簿》，审户口之丰耗；续撰《元和郡县图志》，辨州域之疆理。时获省阅，或裨聪明，岂欲希郦侯之规模，庶乎尽朱赣之条奏。况古今言地理者凡数十家，尚古远者或搜古而略今，采谣俗者多传疑而失实，饰州邦而叙人物，因丘墓而征鬼

---

① 专著方面主要有以下几种：王寿南：《唐代宦官权势之研究》，正中书局1971年版；王寿南：《唐代的宦官》，台湾商务印书馆2004年版；王守栋：《唐代宦官政治》，中国社会科学出版社2009年版。近年来出土的一定数量的宦官墓志铭，引起了宦官研究的高峰，相关论文层出不穷，以杜文玉、陆扬两位学者最为关注，此不赘述。

神，流于异端，莫切根要。至于丘壤山川，攻守利害，本于地理者，皆略而不书。将何以佐明王扼天下之吭，制群生之命，收地保势胜之利，示形束壤制之端？此微臣之所以精研，圣后之所宜周览也。①

在这段话中，李吉甫明确表明其撰写《元和郡县图志》目的在于"辨州域之疆理"，以备"丘壤山川，攻守利害，本于地理者"，能够"佐明王扼天下之吭，制群生之命，收地保势胜之利，示形束壤制之端"。亦即李吉甫是为了军事行动。结合《元和郡县图志》上于元和九年左右，而淮西吴元济割据势力在元和十二年被平定，则《元和郡县图志》当在此中起到一定作用。

当然，藩镇时代军事地理不仅需要丘壤山川和攻守利害，还牵涉其他更多内容。综合而言，藩镇军事地理可包含的内容包括：

1. 藩镇设置的军事目的对藩镇辖区的影响。藩镇起源于唐廷对边疆的防卫，对此，因牵涉安史之乱这一重大历史事件，已有诸多学者予以讨论。在安史之乱被平定之后，全国进入藩镇时代，边疆问题不再是唐廷的考虑重点，反而在内地生出许多"内疆"。比如昭义镇设置，其之所以能够横跨太行山脉，正在于唐廷欲借太行山以东的邢、洺、磁三州对河北跋扈藩镇进行监视，以及保护横穿太行山的重要关口。②

2. 藩镇时代军事环境下的城镇地理之发展。学者对于五代镇将的关

---

① 李吉甫：《元和郡县图志序》，中华书局1983年点校本，序第2页。
② 关于昭义镇的研究，学界已有很多，专著有张正田：《"中原"边缘——唐代昭义军研究》，稻乡出版社2007年版。学位论文有王韵：《论唐、五代的昭义镇》，硕士学位论文，四川师范大学，2003年；陈翔：《关于唐代泽潞镇的几个问题》，硕士学位论文，陕西师范大学，2006年，已收入《陈翔唐史研究文存》；郎洁：《唐中晚期昭义镇研究》，硕士学位论文，中央民族大学，2007年；吴文良：《泽潞刘氏的兴亡与唐代中后期的政治》，硕士学位论文，首都师范大学，2007年。其他单篇论文不赘。

注，即基于县以下军镇城镇化发展趋势。① 此外，受到人口增加、经济发展等因素影响的晚唐五代县数量增长，也在一定程度上是军事实力增强的反映。② 除了镇、县一级小城镇外，州、府一级大城镇也值得关注。包括城墙的增广③、坊市的消解④乃至都城的变迁⑤，皆在此类。

3. 由地理造成的经济因素对于军事行动的影响。就此而言，最重要的内容是漕运。唐廷所依靠的东南财税，是唐廷稳固在北方统治的基础，也

---

① 日野开三郎：《五代镇将考》，《东洋学报》第 25 卷第 2 号，1938 年，中译本收入刘俊文主编《日本学者研究中国史论著选译》第五卷《五代宋元》，中华书局 1993 年版，第 72—104 页。田雁：《五代行政区划单位"军"的形成》，《江汉大学学报》（人文科学版）2004 年第 2 期；田雁：《论五代特殊地方行政单位"军"的设置》，《保定学院学报》2013 年第 3 期。

② 鲁西奇：《新县的置立及其意义——以唐五代至宋初新置的县为中心》，荣新江主编《唐研究》第十九卷，北京大学出版社 2013 年版，第 155—232 页。

③ 愛宕元：《唐末五代期における城郭の大規模化——華中・華南の場合》，《東洋史研究》第 51 卷第 1 號，1992 年 6 月。

④ 林立平：《封闭结构的终结》，广西人民出版社 1989 年版，第 115—163 页；田银生：《唐宋之际市坊制度的松懈与解体》，《城市规划汇刊》1998 年第 6 期；程存洁：《论五代时期的城市变革》，"唐长孺、胡如雷先生与隋唐史研究"学术研讨会会议论文，河北省社会科学院，2005 年 4 月；宁欣：《唐宋都城社会结构研究——对城市经济与社会的关注》，商务印书馆 2009 年版。

⑤ 关于唐代长安、洛阳的研究，学界日益形成长安学、洛阳学，相关论著汗牛充栋，此不赘述。五代都城方面的研究较少，日本学者参见宫崎市定《读史札记·五代的国都》，《史林》第 21 卷第 1 号，1936 年。久保田和男《五代国都新考》，《史観》第 119 號，1988 年 9 月；久保田和男《五代宋初の洛陽と國都問題》，《東方學》第 96 號，1997 年；此二文作为第一、二章收入氏著《宋代开封研究》，上海古籍出版社 2010 年版，第 17—58 页。中国学者参见周宝珠《朱梁建都开封及其历史意义》，《开封大学学报》1998 年第 3 期；盛险峰《郊庙地点与五代两都分立》，《社会科学战线》2003 年第 4 期。十国方面，有山崎覺士《呉越国の首都杭州——双面の都市变貌》，《アジア遊学》第 70 號，2004 年 12 月；高宁《南汉时期兴王府城形态结构初步研究》，硕士学位论文，暨南大学，2007 年；胡耀飞《南唐两都制研究》，硕士学位论文，陕西师范大学，2011 年。笔者近日还就唐末朱朴建议迁都襄邓地区的讨论，在唐宋之际的时代背景下予以分析，见本书上编。

需要依靠漕运抵达北方，故而对于运输十分重视。全汉昇、史念海、潘镛等先生对于大运河的重视，即因此而来。藩镇类型划分中，"财源型藩镇"也因此立名。从军事角度对于南北水路交通的研究，至今不绝。① 此外，还有沿海藩镇和政权对海外贸易的重视，内陆藩镇和政权与周边民族政权的经济交往，使他们的经济实力得以增强，从而保证他们与其他藩镇和政权在军事对抗中的优势地位。这些都可以成为军事地理的关注对象。

4. 唐廷与跋扈藩镇之间的战争，跋扈藩镇（五代十国）地域扩张和跋扈藩镇（五代十国）之间的领地争夺。这些战争，无论是否"正义"，都可以作为军事史研究课题，并从战争所涉及的地理要素中去寻求战争胜败原因。比如出兵道路选择，军营驻扎地选择，作战形式、战役战术所受到的地理环境影响等。对此，一些从军事设施和战争进程等角度来关注某个区域政治、军事的论著②，一些对战役模式、战术运用的研究，比如阵前水战③、阵前骑斗④、城防战⑤等，多可以归类为历史军事

---

① 比如张晓东：《五代十国时期的漕运与军事》，硕士学位论文，上海师范大学，2005 年；王颜、杜文玉：《五代十国时期南北水路交通研究》，《中国历史地理论丛》2008 年第 3 期；张晓东：《汉唐漕运与军事》，上海书店出版社 2010 年版。

② 比如直接以军事地理命名的论著，如穆渭生《唐代关内道军事地理研究》，陕西人民出版社 2008 年版；张晓笛《高氏荆南军事地理研究》，硕士学位论文，华中师范大学，2012 年；谢宇荣《唐末五代环洞庭湖三区历史军事地理研究》，硕士学位论文，陕西师范大学，2014 年。

③ 许永璋（楚汉）：《略论吴权与南汉白藤江之战》，《东南亚纵横》1990 年第 4 期；何灿浩：《唐末五代的水军和水战》，《宁波大学学报》（人文科学版）2001 年第 1 期。

④ 赵雨乐：《唐末五代阵前骑斗之风——唐宋变革期战争文化考析》，《西北大学学报》（哲学社会科学版）2005 年第 6 期；赵雨乐：《论唐五代战将的单挑与骑斗》，《九州学林》2005 年第 9 期，第 82—103 页；收入氏著《从宫廷到战场：中国中古与近世诸考察》，香港中华书局 2007 年版，第 183—206 页。

⑤ 赵雨乐：《唐末五代的夹城战争——潞州之围的几点考察》，第六届唐代文化学术研讨会，中国台北，2003 年 11 月；改题《梁唐夹城之战：变革期的战略文化初探》，中国三至九世纪历史发展暨唐宋社会变迁国际学术研讨会，武汉大学，2004 年；改题《梁唐战略文化典范：潞州之围的剖析》，收入氏著《从宫廷到战场》，香港中华书局 2007 年版，第 207—230 页。

地理。

  5. 地方土豪势力的地理分布。这方面日渐为学者所重视，因为虽然藩镇制度一直存在于整个藩镇时代，但在这一制度框架下的统治者并非一成不变，任何时候都有社会流动存在，特别是在藩镇时代前后两期之间成为分水岭的王仙芝、黄巢之乱，更催生了一大批地方土豪势力的兴起，且其中大部分借助藩镇体系巩固了在当地的统治，并进一步发展为五代十国政权。比如淮南杨行密集团①、两浙"杭州八都"②，乃至安南"十二使君"③ 等。而对这些土豪势力的地域分布特征之关注，也很值得探讨。

  当然，以上这些并非藩镇军事地理全部。

---

  ① 杨行密集团造就了杨吴政权，并影响了随后的南唐政权，参见何永成《十国创业君主个案研究——杨行密》，博士学位论文，中国文化大学，1992年；胡耀飞《杨吴政权家族政治研究》，花木兰文化出版社2017年版。

  ② 杭州八都造就了董昌罗平国和钱镠吴越国，参见佐竹靖彦《杭州八都から吴越王朝へ》，《東京都立大学人文学報》第127號，1978年，收入氏著《唐宋變革の地域的研究》，同朋舍1990年版；赵雅书《五代吴越国的创始者——钱镠》，《台大历史学报》第7期，1980年；冻国栋《罗隐〈吴公约神道碑〉所见唐末之"杭州八都"》，《魏晋南北朝隋唐史资料》，第15辑，武汉大学出版社1997年版，第94—99页，收入氏著《中国中古经济与社会史论稿》，湖北教育出版社2006年版，第445—453页；何勇强《钱氏吴越国史论稿》，浙江大学出版社2002年版，第53—74页；山崎覺士《唐末杭州における都市勢力の形成と地域編成》，第20—33页；刘闯《唐末董昌研究三题》，《杭州电子科技大学学报》（社会科学版）2018年第1期。

  ③ 十二使君是安南地区在曲、杨、矫、吴四大土豪势力依次统治安南地区之后，集中出现的土豪群体，参见 Keith Weller Taylor, The "Twelve Lords" in Tenth-Century Vietnam, *Journal of Southeast Asian Studies*, Vol. 14, No1, Mar., 1983, pp. 46 – 62；胡耀飞《"十二使君"：唐宋之际安南地方豪族初考》，复旦大学亚洲研究中心编《全球地域化视角下的亚洲研究》，复旦大学出版社2014年版，第45—60页；叶少飞《十世纪越南历史中的"十二使君"问题考论》，杜文玉主编《唐史论丛》第26辑，三秦出版社2018年版，第325—356页。

### （三）藩镇文化地理

藩镇时代，全国各个区域的政治、军事进程迥然不同，最终在北宋统一南北时得到一致性。这在文化方面的差异显而易见，前揭史先生对于地域文化的关注即是。日本学者对唐宋之际的中国研究，有一影响至深的理论即"唐宋变革论"，即使是所谓整个时代的变革，也不得不正视有着很多区域性差异。故而佐竹靖彦针对不同地域进行了唐宋变革方面的研究，当然此书更多针对社会史话题。① 社会史的地域差异，更适合作为区域研究，而非进行历史地理论述。但文化史话题有所不同，学界一些文学地理、宗教地理的研究，已经提供了很好的历史地理角度论述。在藩镇时代，不仅各个藩镇之间文化差异日渐明显，作为唐朝政治中心的长安，在藩镇时代也出现了新兴文化现象。及至五代十国，更在各个政权内发展出不同的文化景观。

1. 唐廷、藩镇之间，五代十国诸政权之间文化区域的分类。陈寅恪即从河北地区的胡化角度来谈河朔藩镇的独立性②。虽然许多学者对河北地区的胡化程度颇有不同意见，但不可否认受到胡化影响，以致长庆元年（821）身为唐廷文官代表的张弘靖入主幽州之后，因与武人氛围格格不入而生出事端。③ 因此，笔者曾将这种地域文化氛围造成的文化差异加以强调，用以凸显某一从 A 地域向 B 地域进行"空间转移"所造成的文化冲突，并以此为基础关注过北方沙陀武将进入南方淮南政权的事例。④ 当然，实际情况远远复杂许多，即使是河朔藩镇之内，也

---

① 佐竹靖彦：《唐宋變革の地域的研究》，同朋舍 1990 年版。

② 陈寅恪：《论李栖筠自赵徙卫事》，《陈寅恪史学论文选集》，上海古籍出版社 1992 年版，第 384—390 页。

③ 陈磊：《唐长庆元年幽州的军变——从史料撰写的层面看》，《兴大历史学报》第 25 期，2012 年 6 月。

④ 胡耀飞：《出入杨吴政权之"空间转移"：以沙陀武将为例》，任大熙主编《亚洲研究》第 8 辑，韩国庆北大学亚洲研究中心，2010 年 2 月；收入氏著《杨吴政权家族政治研究》，花木兰文化出版社 2017 年版，第 152—170 页。

有不同的文化分区。① 这就需要更多历史文化地理方面的关注②。此外，藩镇内部、政权内部自然也有各种不同类型的文化形态，不过地理性不强。

2. 移民所造成的文化流布。关于唐宋之际移民问题，吴松弟、顾立诚等学者已有详尽论述。③ 移民除了能够打破军事、政治等方面旧有格局外，还能促进各地不同文化交流。特别是在藩镇割据、五代十国林立的情况下，因各种因素造成的移民，皆能促进不同地域之间人们的交流。特别是对于唐末五代而言，这是一个在后世家谱中大部分祖先迁徙的时间段，若能从历史地理角度，而非仅仅局限于家族史、社会史，当能更多地揭示历史真相。

3. 文学、宗教等文化要素的地理分布。学界对于各种断代的文学地理和宗教地理研究，已然较为丰富，晚唐五代时期相关研究亦复不少④，能够联系文学、宗教与藩镇和五代十国的研究也有一些。不过多从地域文学史、国别文学史和地域宗教史、国别宗教史等角度出发，较少形成全局观。尚待继续深入。

## 结　语

通过对史念海先生在李吉甫及其《元和郡县图志》、唐宋运河、隋

---

① 顾乃武：《唐代河朔三镇的社会文化研究》，博士学位论文，厦门大学，2007 年；陈磊：《唐代后期河北地区的文化分区与社会分群》，李鸿宾主编《隋唐对河北地区的经营与双方的互动》，中央民族大学出版社 2008 年版，第 179—240 页。

② 相关研究可参见张伟然《唐人心目中的文化区域及地理意象》，李孝聪主编《唐代地域结构与运作空间》，第 307—412 页。

③ 葛剑雄主编：《中国移民史》第三卷，吴松弟撰《隋唐五代时期》，福建人民出版社 1997 年版；顾立诚：《走向南方——唐宋之际自北向南的移民与其影响》，台湾大学出版委员会 2004 年版。

④ 文学方面的有李浩：《唐代三大地域文学士族研究》，中华书局 2008 年版。宗教方面的有吴洲、刘泽亮：《中晚唐禅宗地理考释》，宗教文化出版社 2012 年版。

唐交通及其他相关历史地理领域的成果之整理，可以看出史先生对藩镇研究学术的贡献，虽然可能不到其所有学术贡献的三分之一，却也十分庞大。以上这些论述，有已经被学界充分吸收的成果，也有尚未被学界所利用的构思。特别是在《河山集》全九集、《方志刍议》《中国的运河》《唐代历史地理研究》等结集之外的一些散篇论文，以及那些序跋、科普文字，都很容易被读者所忽略。但所有这些，都是后人的宝贵学术财富。

从史先生对藩镇研究的学术贡献出发，可以进一步展望藩镇时代历史地理研究。对此，笔者从藩镇政治（政区）地理、藩镇军事地理、藩镇文化地理三方面整理了学界已有的相关成果，并稍作评述，以展望日后可以继续深入的视角。当然，笔者视野有限，对历史地理的理解也有不足，希望能抛砖引玉，得到更多学者关注。

附记：本文初刊李勇先主编《历史地理学的继承与创新暨中国西部边疆安全与历代治理研究——2014年中国地理学会历史地理专业委员会学术研讨会论文集》，四川大学出版社2015年版，第174—190页。在2014年9月20—21日该会召开期间，承蒙侯甬坚先生肯定，谨此致谢！

# 书写童年:藩镇时代的儿童史研究引论

## 前　言

相比于西方欧美①、日本②、中国台湾③、中国香港④等地儿童史的兴盛，中国大陆儿童史作为一个比较边缘的社会史分支，传统史学研究

---

① 俞金尧:《西方儿童史研究四十年》，《中国学术》2001年第4期；俞金尧:《儿童史研究及其方法》，《国外社会科学》2001年第5期；郭法奇:《霍尔与美国的儿童研究运动》，《华中师范大学学报》(人文社会科学版) 2006年第1期；施义慧:《19世纪英国下层儿童生活史研究述评》，《史学月刊》2008年第4期。

② 日本学者儿童史研究，中国学界关注不多，主要引介北本正章的英国儿童史研究，其著有《子ども観の社会史 近代イギリスの共同体・家族・子ども》，新曜社1993年版。对此书介绍参见方明生《儿童观社会史研究的视野、目的与方法——与日本青山学院大学北本正章教授的网上对话》，《全球教育展望》2012年第10期。

③ 台湾儿童史研究，以留美回台的熊秉真最为丰富，相关专著包括:《幼幼:传统中国的襁褓之道》(联经出版事业公司1995年版)、《安恙:近世中国儿童的疾病与健康》(联经出版事业公司1999年版)、《童年忆往:中国孩子的历史》(麦田出版股份有限公司2000年版；广西师范大学出版社2008年简体版)。另外有两种以母子关系为研究对象的著作：郑雅如:《情感与制度:魏晋时代的母子关系》，台湾大学出版中心2001年版；廖宜方:《唐代的母子关系》，稻乡出版社2009年版。宋史方面代表作则有:周愚文《宋代儿童的生活与教育》，师大书苑有限公司1996年版；刘静贞:《不举子——宋人的生育问题:杀子、溺女、堕胎》，稻乡出版社1998年版。

④ 香港儿童史研究以张倩仪为主力，出版有《另一种童年的告别:消逝的人文世界最后回眸》，台湾商务印书馆1997年版；香港商务印书馆2001年版。简体版改题《再见童年:消逝的人文世界最后回眸》，世界图书出版公司2012年版。

对此并无深入探究，相关论著颇为寥寥。① 且集中于一般性的概述，教育史②和童谣、民俗故事的收集、整理与研究③，多未具体联系儿童史理论和方法。而关于儿童心理研究，又多局限于当下，并未深入历史。④ 然而，作为一个人塑造期的四分之一或五分之一人生阶段，应该是最为值得关注的内容之一。虽然在人物个案研究或传记中，很多论著已经涉及这一点，即对个人童年时段加以关注，但限于材料，并不能完整地专门呈现某位古人的童年经历，只能从一些诸如"二十四孝"⑤的典故中，

---

① 以引介西方儿童史研究著名的俞金尧虽然有前述两篇儿童史学术史文章，但其本人似未具体研究儿童史，而只是停留于史学理论阶段。另一位教育学领域的学者郭法奇则撰写过多篇涉及儿童教育史学科论证的文章，但儿童教育史并不完全是儿童史。参见郭法奇《儿童教育史研究：价值、特点及设想》，《天津师范大学学报》（社会科学版）2009年第2期。

② 中国古代教育史的研究虽涉及儿童，大多数并未专门以儿童为研究对象，而是关注成人如何教育孩子。相关研究参见徐梓《蒙学读物的历史透视》，湖北教育出版社1996年版；阎爱民《中国古代的家教》，商务印书馆1997年版；刘咏聪《中国古代的育儿》，商务印书馆1997年版；陈汉才《中国古代幼儿教育史》，广东高等教育出版社1999年版。另有一大批涉及古代家训的论著，因所训不仅仅是儿童，故此处不赘，参见胡耀飞整理《中国家训研究论著目录（中、日文部分）并序》，卢建荣主编《社会/文化史集刊》第21期，新高地文化事业有限公司2017年版，第213—267页。

③ 20世纪第一本"儿童史"著作当属王稚庵《中国儿童史》，上海儿童书局1932年版。不过这本书只是按《世说新语》体例分类编排历代名人儿童时期故事，不能算是真正的儿童史研究。从童谣入手的相关研究，参见吴其南《中国童话史》，河北少年儿童出版社1992年版；雷群明、王龙娣《中国古代童谣》，上海文艺出版社2003年版。

④ 比如：朱智贤《儿童心理学史》，北京师范大学出版社2002年版；刘晓东《儿童精神哲学》，南京师范大学出版社2003年版；朱智贤：《儿童心理学》，人民教育出版社2003年版；詹栋梁：《儿童哲学》，广东教育出版社2005年版。

⑤ 关于"二十四孝"，因涉及孝道这一集褒贬于一身的文化形式，学界的研究十分丰富，兹不赘述。相关学术史及综合研究，参见李澄《中国传统孝文化及其当代反思——以〈孝经〉〈二十四孝〉为例》，硕士学位论文，郑州大学，2010年；潘文芳《"二十四孝"研究》，硕士学位论文，福建师范大学，2010年。

寻求儒家学者心目中比较正统的儿童形象。这类所谓的"儿童",往往是"少不戏弄"的小大人[1],而非真实儿童,也无法涵盖各个阶层的儿童,甚至只是一种童年书写手法。因此,对于儿童史的研究,需要更宽泛的视野,以及对儿童史和童年书写的区分。

根据中国古代史研究惯例,断代研究较为常见。在儿童史方面,大陆学界目前已有专著似仅有王子今《汉代儿童生活》一书,该书较为全面地探究了汉代儿童史。[2] 唐代儿童史和宋代儿童史虽各有相关论文,并有近年两篇综述,但总体而言并未得到太多的综合关注。[3] 因此,就本文而言,则在于就笔者耕耘的藩镇时代(但不代表其他时代特点不重要)作为范围,对当时的儿童世界做一概观式梳理,以期社会动荡年代的儿童史和童年书写史得到更多关注。

## 一　藩镇时代儿童史的史料问题

儿童史的研究,首先自然是对儿童本身行为的研究。无论是历史上的儿童,还是现当代的儿童,虽然时代在发展,但儿童的行为心理大体变化不大。因此,古代的儿童史研究可以借鉴现当代的儿童心理学。比如对现当代语境下的"儿童"这一概念本身的界定,及其与"婴儿""少年"等概念之间的关系。就唐代而言,据《旧唐书·食货志》载:"男女始生者为黄,四岁为小,十六岁为中,二十一为丁,六十为老。"[4] 如果以"成丁"为成人与少年之间的界限,则"成丁"之前的"黄"可

---

[1] 华翔凤:《唐代儿童教育的价值观导向研究》,硕士学位论文,陕西师范大学,2014年。

[2] 王子今:《汉代儿童生活》,三秦出版社2012年版;增订为《秦汉儿童的世界》,中华书局2018年版。

[3] 李晓敏、郑言午:《新世纪以来的国内唐代儿童史研究概述》,《北华大学学报》(社会科学版)2013年第6期;铁爱花、侯艳兰:《20世纪以来国内宋代儿童史研究综述》,《北华大学学报》(社会科学版)2015年第3期。

[4] 《旧唐书》卷四八《食货志上》,中华书局1975年点校本,第2089页。

对应"婴儿","小"可对应"儿童","中"可对应"少年"。这样,现当代意义上的所谓"儿童史",在古代的语境下,大致以四岁至十六岁的儿童为研究对象。当然,四岁左右和十六岁左右的上下浮动,一般在可接受的范围,不必拘泥于这一界限。

此外,儿童史不仅涉及儿童本身,也涉及伴随儿童成长的大人的历史,主要是大人对待儿童成长的历史。这种对待,大致可以分为教育和非教育两类。其中教育类,包括与儿童有血缘关系的大人对儿童的童蒙教育,也包括大部分没有血缘关系的塾师对儿童的智识教育,以及儿童在儿童世界本身和成人世界中通过与他人的接触所得到的主动或被动教育。非教育类则涉及更多面向,包括大人对儿童行为出于善意的观察、书写,出于恶意的捉弄乃至对儿童身体的虐待、侵犯和残害等。总之,在单纯儿童史研究少见的情况下,可以从医疗社会史、家庭史、文学史、教育史等相关领域中挖掘儿童史材料。①

虽然儿童史研究可以有诸多面向,但作为处于文化水平学习阶段,甚至从未得到教育机会的儿童,他们本人留下的材料并不多。很大部分是通过成人的渠道,以文字、图像等形式保存下来,无论是哪一种儿童史研究,从大分类来看,中国古代历史时期儿童史研究的相关史料可以分为文字和图像两大类别。② 以下分别予以梳理:

### (一) 文字

古代流传下来的涉及儿童史的文字材料,基本上或多或少散见于各

---

① 李晓敏、郑言午即分类综述了医疗史、家庭史、文学作品、儿童教育等相关领域中涉及儿童的研究,参见李晓敏、郑言午《新世纪以来的国内唐代儿童史研究概述》,《北华大学学报》(社会科学版) 2013 年第 6 期,第 68—70 页。

② 被誉为儿童社会史先驱的法国文化史学家 Philippe Ariès (1914—1984) 在其开创性著作《儿童的世纪:家庭生活的社会史》(Centuries of Childhood: A Social History of Family Life) 中即同时运用了欧洲的绘画、日记、传记、家书等材料来支撑其观点。关于此书教育史意义,参见徐小敏《〈儿童的世纪:家庭生活的社会史〉在教育史研究上的意义》,硕士学位论文,上海师范大学,2011 年。

类历史史料中。或者说，古代历史研究的史料，或多或少都会涉及儿童史材料。因此，熟悉了古代史料本身的存在情况，即可从大方向上掌握儿童史史料。① 但作为单独的儿童史研究，有一些涉及儿童史的特殊史料需要专门注意：

儿童本人和关于儿童的诗文。

在当代小学课本中，通常会出现几首古代儿童诗作，比如最著名的曹植《七步诗》和骆宾王《咏鹅》等。也有一些关于儿童的诗文，比如胡令能《小儿垂钓》诗和柳宗元《童区寄传》等。这些古代文人童年时代的诗文和古代文人书写儿童的诗文，虽然有些说不上文采非凡，但必定通俗易懂，容易成为后人以此教育小孩好好学习的例证。另外，这些诗文也反映了古代儿童的童年生活和受教育情况，是较为宝贵的儿童史材料之一。因此，若统计《全唐诗》《全唐文》等诗文集中儿童所撰写的诗作和关于儿童的诗作，可以得到更为有意思的观察。此外，在敦煌文献中，也存在大量"学郎"的诗和题记，能够反映敦煌地区儿童史。对此，学界已有相关成果。②

童蒙教材。

当下所谓"教材"，是指在课堂上向学生传授知识时教师所用的知识储存材料。但在古代并无"教材"这类统一说法，而更多的是以字书、蒙书、经书等形式呈现，其中字书为识字之用，蒙书有启蒙智识之意，经书则完全是经典之书，不论是否为儿童，皆需要遵奉。

一直到今天，大家熟悉的少儿国学教材，依然是《三字经》《百家

---

① 黄永年：《唐史史料学》，上海书店出版社2002年版（中华书局2014年再版）；冯尔康：《清史史料学》，沈阳出版社2004年版；陈高华：《中国古代史史料学》，天津古籍出版社2006年版；王晖、贾俊侠：《先秦秦汉史史料学》，中国社会科学出版社2007年版；严昌洪：《中国近代史史料学》，北京大学出版社2011年版；何忠礼：《中国古代史史料学》，上海古籍出版社2012年版。

② 杨秀清：《浅谈唐、宋时期敦煌地区的学生生活——以学郎诗和学郎题记为中心》，《敦煌研究》1999年第4期。

姓》《千字文》《弟子规》等。不过《三字经》自宋末元初后才广泛流传①，《百家姓》也在吴越国（907—978）晚期问世②，仅有周兴嗣《千字文》最早出现于南朝梁天监（502—519）年间③，《弟子规》则晚至清初才由李毓秀（1647—1729）编撰④。故就藩镇时代而言，儿童世界出现最多的童蒙教材尚有其他许多种类，这可以通过敦煌文献加以发掘。

根据汪泛舟《敦煌古代儿童课本》整理，敦煌地区"儿童课本"包括识字、教育、应用三大类。每一类下各有不同小类，其中识字类包括《新集时用要字壹仟叁佰言》《诸杂难字一本》等文字多不相连的单纯识字课本，《千字文》《开蒙要训》《蒙求》等语句连贯押韵并有意义的识字课本，《百家姓》《姓望书》等姓氏识字课本；教育类包括《论语》《孝经》等儒家经典，也包括《百行章》《太公家教》《崔氏夫人训女文》等中原亡佚而在藏经洞保存的蒙书；应用类包括《上大人》等习字教材，《吉凶书仪》《书仪镜》等书仪教材，《字宝》等字典，《九九乘法歌》《立成算经》等算术书。⑤而在此基础上对敦煌地区蒙书和童蒙教育的研

---

① 相关时间辩证，参见李卓林《〈三字经〉研究》，硕士学位论文，东北师范大学，2012年。关于《三字经》的综合研究，还可以参见张红梅《蒙学读物〈三字经〉述评》，硕士学位论文，华中师范大学，2005年；卢永芳《古代蒙学教材〈三字经〉研究》，硕士学位论文，四川师范大学，2010年。相关研究综述，可参见宫丽艳《近年来〈三字经〉研究述评》，《宁波大学学报》（教育科学版）2013年第2期。

② 周扬波：《〈百家姓〉新解》，氏著《从士族到绅族——唐以后吴兴沈氏宗族的变迁》，浙江大学出版社2009年版，第134—140页；钱征：《〈百家姓〉著者考》，《钱镠研究》第十八辑，2010年，第58—64页。

③ 相关时间辩证，参见史湘萍《〈千字文〉研究》，硕士学位论文，东北师范大学，2012年。

④ 黄灿：《〈弟子规〉研究》，硕士学位论文，上海师范大学，2011年。关于《弟子规》的综合研究，还可以参见周明杰《〈弟子规〉研究》，硕士学位论文，东北师范大学，2014年。

⑤ 汪泛舟：《敦煌古代儿童课本》，甘肃人民出版社2000年版，第1—14页。

究，除了前辈学者的耕耘，近年也有以硕士学位论文为代表的一系列成果。①

具体到藩镇时代蒙书材料，吴越国后期出现的《百家姓》虽然可以算入藩镇时代，但其广泛流传已经在宋代以后，并且脱离了魏晋南北朝隋唐这一世族占主导地位的社会大环境，其对姓氏的编排已经极大改变了中国人关于中古时代世族社会的看法，即完全按照吴越国北宋之际政治局面来编定"赵钱孙李，周吴郑王"等姓氏顺序，与中古时期各大著名家族的姓氏构成如北朝的"崔卢李郑王"和南朝的"王谢""顾陆朱张"等大不相同。然而藩镇时代，特别是前半期即晚唐，事实上仍然是一个延续了魏晋南北朝隋唐的世族社会，故《百家姓》虽然代表了从世族到绅族的转变，但毕竟不能成为世族社会的标志。因此，作为童蒙教材，需要更进一步关注上述其他内容。

比如与五代冯道（882—954）有关的成书于唐高宗时期（650—683）的杜嗣先（634—712）《兔园策府》（亦称《兔园册》，或简称《兔策》）②。冯道作为被后世人关注最多的五代人物之一，其出身河北藩镇乡村子弟的背景，对其在数朝宰相任上的政治作为有较大影响，而《兔园策》在其中亦有不可估量的作用。③ 类似例子还有宋初赵普（922—992）与半部《论语》治天下的故事，也为人们所熟悉，虽有伪托嫌疑，

---

① 黄金东：《唐五代时期敦煌地区童蒙教育研究》，硕士学位论文，中央民族大学，2006年；张玲子：《敦煌写本〈开蒙要训〉研究》，硕士学位论文，北京师范大学，2007年；王晶：《敦煌写本蒙书〈孔子备问书〉探究——兼论敦煌蒙书》，硕士学位论文，西北师范大学，2008年；张波：《唐五代敦煌地区的家庭教育》，硕士学位论文，兰州大学，2011年；韩巧梅：《敦煌写本〈珠玉抄〉研究》，硕士学位论文，西北师范大学，2012年。相关敦煌蒙书和童蒙教育研究论文，此处从略。

② 综合性研究参见王璐《敦煌写本类书〈兔园策府〉探究》，硕士学位论文，西北师范大学，2006年；郭丽《〈兔园策府〉考论——兼论唐代童蒙教育的应试性倾向》，《敦煌研究》2013年第4期。

③ 参见陆扬《论冯道的生涯——兼谈中古晚期政治与文化中的边缘与核心》，荣新江主编《唐研究》第十九卷，北京大学出版社2013年版，第314—315页。

但不妨碍《论语》作为众多童蒙教材中最为经典的一种，对其在藩镇时代流传过程的讨论。①

家训。

中国古代是一个家族社会，并且无论是先秦时期宗法制社会、两汉时期经学传家、魏晋南北朝隋唐的士族、宋代以降的宗族，都与家族成员文化水平息息相关。要取得文化成就，则需要通过教育来实现。因此，自魏晋南北朝开始，家训应运而生，甚至波及日本等东亚文化圈国家。② 在中国，最有名的自然是《颜氏家训》，相关研究蔚然大观。③ 不过相对来说，所谓家训，指在一个家庭或家族内部以训诫方式，由长辈向晚辈传授成人世界社会经验，其反映的是成人世界观，而非儿童世界观。因此，虽然在教育史领域值得关注，作为儿童史材料，其价值并不突出。

藩镇时代，因为世族社会的延续，也出现一些家训，值得从更大范围予以重视，特别是在如何适应藩镇割据这一社会新背景下的变化。比

---

① 洪业：《半部论语治天下辨》，（台湾）《清华学报》第8卷第1—2期合刊，1970年8月，收入氏著《洪业论学集》，中华书局1981年版；张其凡：《"半部论语治天下"探索》，《学林漫录》第10集，中华书局1985年版，收入氏著《宋代人物论稿》，上海人民出版社2009年版。蒋君章：《宋初名相赵普：半部〈论语〉治天下的历史功绩》（上），《东方杂志》第19卷第1期，1985年7月；蒋君章：《宋初名相赵普：半部〈论语〉治天下的历史功绩》（下），《东方杂志》第19卷第2期，1985年8月。周桂钿：《从"半部论语治天下"谈起》，《中华文化论坛》1994年第4期。

② 日本的家训，参见李卓主编《日本家训研究》，天津人民出版社2006年版。

③ 对《颜氏家训》文本的整理，参见王利器《颜氏家训集解》，中华书局1993年版（中华书局2013年增补版）；周法高《颜氏家训汇注》，"中研院"史语所1993年版。相关研究参见刘国石《八十年代以来〈颜氏家训〉研究概述》，《中国史研究动态》1997年第4期；孙丽萍《近十年来〈颜氏家训〉研究概述》，《华夏文化》2009年第1期；王文娟《二十世纪以来〈颜氏家训〉研究综述》，硕士学位论文，东北师范大学，2014年。

如亲历王仙芝（？—878）、黄巢（？—884）之乱的柳玭（约833—895）所撰之《柳氏叙训》，被陈尚君称为"汉唐世族文化的最后一部家法记录"，具有"在唐宋社会转型过程中的典范地位"，学者可结合时代背景加以关注。① 而作为宋元以下新时代家训典范的当数所谓《钱氏家训》，此虽名为吴越国武肃王钱镠所撰，但其实更多属于钱氏子孙积累附会而成。② 但《钱氏家训》对于认识从藩镇武人出身的家族如何转变为近世宗族提供了很好的认识手段。

医书。

儿童由于处在成长发育期，其抵抗能力不如大人，故医学界有专门的儿科，用以针对儿童病患进行治疗。因此，在古代的医书中，能够得到许多与儿童有关的材料。在唐代著名的医书《千金方》《外台秘要》中皆有记载。对此，李晓敏、郑言午已经从医疗史角度对相关研究进行了梳理。③ 但因藩镇时期医书不多，故而此处不再赘述。

### （二）图像

图像史学是方兴未艾的研究门类，由于中国古代遗留下来的诸多图像史料，特别是与考古相关的洞窟壁画、石窟造像、画像砖，与传世文物相关的绘画、版画、绣像等，都成为图像史研究材料。就儿童史而言，这些形形色色的图像中涉及儿童形象的内容，也能作为材料来源，是观

---

① 陈尚君：《唐柳玭〈柳氏叙训〉研究》，《国文学报》第51期，2012年6月。

② 关于钱镠的诗文著述，参见胡耀飞《武人的另一面：吴越武肃王钱镠诗文系年考》，冻国栋、李天石主编《"唐代江南社会"国际学术研讨会暨中国唐史学会第十一届年会第二次会议论文集》，江苏人民出版社2015年版，第333—350页。

③ 李晓敏、郑言午：《新世纪以来的国内唐代儿童史研究概述》，《北华大学学报》（社会科学版）2013年第6期。亦可参见郑言午《共生与互动——唐代儿童与父母的关系》，硕士学位论文，郑州大学，2014年。

察古代儿童行为珍贵的图像史料。

对此，曾玮通过对美国学者 Anita Schorsch 所撰《绘画中的儿童社会史》（*Images of Childhood: An Illustrated Social History*）一书史料运用的分析，揭示了西方学界儿童史研究的图像利用。[①] 在此基础上，曾玮进一步通过对熊秉真《童年忆往：中国孩子的历史》、同氏《幼幼：传统中国的襁褓之道》、张倩仪《再见童年：消逝的人文世界最后回眸》这三本儿童史专著所反映的中国文化圈儿童社会史研究中的新史学方法进行了梳理。[②]

在此之前，学界早已有通过图像来研究儿童史的相关论著。比如 Ann Barrott Wicks 主编《中国艺术中的儿童：明清时期（1368—1912）》（*Children in Chinese Art: Ming-Qing Dynasties, 1368–1912*）一书，即从明清时期各种艺术形式中发掘儿童形象，并进行儿童史研究。[③] 中国学界也有黄宛峰《汉代孝子图与孝道观念》一书，通过汉代画像石中的孝子图像，研究汉代孝道观念。[④] 当然，黄宛峰之书并不纯粹是儿童史研究，但其对画像石中孝子图像的运用，依然值得重视。

就唐代而言，由于丰富的墓葬壁画的存在，利用图像研究儿童史也有一些成果。比如胡同庆、王义芝《敦煌古代游戏》即大量利用了敦煌壁画材料。[⑤] 王义芝尚有《敦煌壁画中的儿童骑竹马图》《敦煌古代儿童游戏初探》等文，通过敦煌壁画揭示了以儿童为主角的游戏。[⑥] 最新的综

---

[①] 曾玮：《儿童社会史的图像证史方法研究》，硕士学位论文，上海师范大学，2013年。

[②] 同上。

[③] Ann Barrott Wicks, *Children in Chinese Art: Ming-Qing Dynasties, 1368–1912*, University of Hawaii Press, 2002.

[④] 黄宛峰：《汉代孝子图与孝道观念》，中华书局2012年版。

[⑤] 胡同庆、王义芝：《敦煌古代游戏》，甘肃少年儿童出版社2012年版。

[⑥] 胡朝阳、王义芝：《敦煌壁画中的儿童骑竹马图》，《寻根》2005年第4期；王义芝、胡朝阳：《敦煌古代儿童游戏初探》，《寻根》2007年第3期。

合研究则属于杨秀清的整理。① 此外，其他学者也有相关论述。②

到了宋代，由于存世大量瓷器的保存，关于瓷器上的儿童图案也日渐得到关注，比如喻明福《宋代的执荷童子》一文即揭示了瓷器图案中执荷童子形象。但这些尚不是真正的儿童史研究。③ 此外，真正大量出现于唐宋时期的绘画，给儿童史研究提供了更为丰富的材料。不过目前更多还处于资料整理阶段，仅有一些图录，或仅就美术史角度研究。④ 所以，相关研究空间依然较大。

## 二 藩镇时代各阶层的儿童世界和童年书写

社会学对于社会阶层的划分，一般根据成人身份予以认定，即使是未成年人，大多也会根据其家庭出身予以判别。这样划分的根据亦有其合理性，盖某一阶层在培育子女时，会从自身社会身份出发，将其作为自己这一阶层预备人才加以培养。但这一培养过程明显带有家长期望在

---

① 杨秀清：《敦煌石窟壁画中的古代儿童生活研究》（一），《敦煌学辑刊》2013年第1期；杨秀清：《敦煌石窟壁画中的古代儿童生活》（二），《敦煌学辑刊》2013年第2期；杨秀清：《敦煌石窟壁画中的古代儿童生活》（三），《敦煌学辑刊》2013年第3期。

② 杨雄：《莫高窟壁画中的化生童子》，《敦煌研究》1988年第3期；高德祥：《敦煌壁画中的童子伎》，《中国音乐》1991年第2期；路志峻：《论敦煌文献和壁画中的儿童游戏与体育》，《敦煌学辑刊》2006年第4期；胡星儒：《敦煌壁画中的儿童斗百草游戏》，《今日教育·当代幼教》2007年第11期；胡雪玲：《敦煌壁画中的儿童堆筑图》，《今日教育·当代幼教》2007年第12期；李贤靖、宋琪：《敦煌壁画中的儿童游泳图》，《今日教育·当代幼教》2008年第1期；宋广玲：《从考古资料看唐五代敦煌儿童的游戏活动》，《丝绸之路》2013年第10期。

③ 喻明福：《宋代的执荷童子》，《陶瓷学报》2012年第3期。

④ 王伯敏、夏与参编：《古代画家的儿童画选集》，天津美术出版社1957年版；陈鹏编：《婴戏图与货郎图》，人民美术出版社1958年版；畏冬：《中国古代儿童题材绘画》，紫禁城出版社1988年版；耿明松编：《中国古代儿童生活画》，五洲传播出版社2010年版。

内，而无法完全保证子女日后成为怎样的人，是否会最终脱离这一阶层。不过就大部分情况而言，以某一预期目标为目的的培养模式，依然能够取得一定效果，这也是世族能够维持家业的原因。另一方面，即使父母并无这样的预期，在潜移默化之下子女也会复制父母的职业和身份。故对于儿童世界的归纳，有必要按阶层来整理。在此基础上，也形成了对各种阶层儿童有各自的书写模式，或成为后世观察当时儿童世界的窗口，或造成一定的障碍。这也需要从童年书写角度来认识。

### （一）世族

在八九世纪，虽然地方行政上以藩镇普遍存在为特色，但中央朝廷和大部分州县依然由世族所把持。[①] 对于这一现象，自然需要涉及世族家庭内部自我繁衍，其中最重要的就是世族家庭儿童教育问题。因此，对于世族社会儿童史研究，尚需更多关注。在这方面，前文所提及的家训材料固然值得考察，对于各种史料中对世人儿童史的书写材料，更需要多方位收集。

所幸对于这方面的研究，有很多中晚唐五代文学史著述可以参考，特别是对一些晚唐五代文人的传记书写，通常都能涉及传主童年时代的家庭环境、生活经历、教育过程。比如独孤及（725—777）七岁立志之事，据梁肃所撰行状：

> 七岁诵《孝经》，先秘书异其聪敏，问曰："汝志于何句？"公曰："立身行道，扬名于后，是所尚也。"后博究五经，举其大略，而不为章句学，确然有可大之业，知者益器之。[②]

---

[①] 谭凯（Nicolas Tackett）通过整理大量墓志铭，对于9世纪的世族在唐廷中的主导地位有详细分析，参见谭凯《中古中国门阀大族的消亡》，胡耀飞、谢宇荣译，社会科学文献出版社2017年版。

[②] 对独孤及的童年，参见郭树伟《独孤及研究》，中州古籍出版社2011年版，第39—41、55—57页。

这则故事不仅提到了独孤及幼年的阅读史，更涉及家庭教育中的有意识地培养从小立志的态度，以及独孤及本人对自己人生的预期。

诸如此类，在世族社会可以说数不胜数，一定程度上已经超出了历史书写的范畴，而反映了世族社会中的普遍情况。

### （二）武人

藩镇时代的一大特色，是藩镇以武力为后盾进行割据。对此，即需要大量的武人作为藩镇政权的权力基础。而武人的童年，便值得加以关注。比如对于儿童武艺的记载，即有后梁（907—923）太祖朱温（852—912）长子朱友裕（？—904）"幼善射御，从太祖征伐，性宽厚，颇得士心。唐中和中，太祖会并帅李克用攻围华州，贼将黄邺固守甚坚。俄有一人登陴大詈，克用令蕃骑连射，终不能中，命友裕射之，应弦而毙。大军喜噪，声震山谷，克用因以良弓百矢遗焉"①。李克用（856—908）进攻华州之役在中和三年（883），时朱温虚龄32岁，若20岁左右生子，朱友裕亦仅12岁左右，能有此武力，让人惊叹。② 像这样的记载，尚未得到很好整理。

此外，有一个在整个古代都较为突出的童年书写现象也值得提出，即儿童时期与群儿做战阵之状，以预告其日后必为大将或开国帝王。比如杨吴太祖杨行密（852—905）"少孤，与群儿戏，常为旗帜战阵状"③，又如吴越武肃王钱镠（852—932）"自幼常与群儿聚戏于树阴石上，或伐薪，必使群儿聚以供己，随多少而赏罚焉"④ 等皆是此类。在越南史籍《大越史记全书》（1479年成书）中，对于越南历史上第一个独立王朝丁

---

① 《旧五代史》卷一二《郴王友裕传》，中华书局2015年新点校本，第186页。
② 承蒙黄纯艳老师提醒，宋代岳飞、岳云父子的年龄可作为参考，其中岳飞17岁生岳云，岳云12岁即从军。若照此，朱温、朱友裕的年龄差亦可理解。
③ 《新唐书》卷一八八《杨行密传》，中华书局1975年点校本，第5451页。
④ 钱俨：《吴越备史》卷一《武肃王》，《五代史书汇编》第十册，杭州出版社2004年版，第6171页。

朝（968—980）的先皇帝丁部领（924—979）幼年的描述也是如此，并更为详细：

> 帝少孤，母谭氏与其徒入居洞山神祠侧。为儿童时，与群童牧牛于野。群童自知识量不及，相与推为众长。凡游戏，必率众交手为乘舆捧之，及以芦花左右引之，象天子仪仗。暇日往击别村儿童，所至皆慑服，相率日供樵爨，以充课役。母见之喜，为烹家豚飨之。诸册父老转相告曰："此儿器量若是，必能济事，我辈苟不来附，异日悔之晚矣。"遂率子弟往从之，与立为长，居陶澳册。其叔父据芃册，与帝拒战。时帝年幼，兵势未振，因奔北。过谭家娘湾桥，桥折，陷于淖泥也。叔欲刺之，见二黄龙拥之，惧而退。帝收余卒复战，叔乃降。由是人人畏服，凡征战所过，易如破竹，号万胜王。①

这里将丁部领儿童时事迹和长大后平定"十二使君"的事相结合，认为其部众是在儿童时与群童牧牛时积累起来的，乃至与其叔父兵戎相见。虽颇为传奇，实际也是反映了一种对以武力起家的帝王童年的书写模式。

关于这些武人童年记载，皆反映出当时动乱之世，波及儿童世界。虽然作为男孩，从小爱好打架之事在所难免，在一群孩子中也会出现一个"孩子王"，但直接以成人世界观中的等级尊卑之分参入孩子间的游戏，未免过度渲染。

### （三）商贾

谭凯（Nicolas Tackett）曾将中晚唐的精英群体区分为身份精英（sta-

---

① 吴士连撰，陈荆和编校：（校合本）《大越史记全书》本纪卷一，东京大学东洋文化研究所东洋学文献刊行委员会1984年版，第179页。其中关于与叔父交战事，根据笔者2013年11月27日在国家图书馆古籍部所查越南西山朝（1778—1802）据吴士连《越史摽案》改编之《大越史记》，编者尚引及另一版本，即引所谓《外传》者记载，实为丁部领幼时与幼童顽皮，怕母亲责骂，遂匿于野，为叔父追至某河而见双龙，非兵戎相见。

tus elite)、社会经济精英（socioeconomic elite)、政治权力精英（political power elite)，其中社会经济精英为随着土地占有制而变迁的精英群体，即通过财富占有和积累土地，跻身社会中层乃至上层。① 其中即有大量商人、富农。这一阶层社会群体的儿童世界和子女教育又是如何呢？学界尚无深入揭示。此处仅举一例以示，即黄巢的童年。

据《新唐书·黄巢传》记载：黄巢"世鬻盐，富于赀。善击剑骑射，稍通书记，辩给，喜养亡命"②。可知黄巢家因世代贩盐而经济上十分富裕，从而使得黄巢本人童年无忧无虑，能够从容学书记，练骑射，乃至养亡命。在这样的氛围下，黄巢自幼即特立独行。根据张端义《贵耳集》："黄巢五岁，侍翁、父为菊花联句。翁思索未至，巢信口应曰：'堪与百花为总首，自然天赐赭黄衣。'巢之父怪，欲击巢，乃翁曰：'孙能诗，但未知轻重，可令再赋一篇。'巢应之曰：'飒飒西风满院栽，蕊寒香冷蝶难来。他年我若为青帝，移共桃花一处开。'跋扈之意已见婴孩之时，加以数年，岂不为神器之大盗耶！"③ 这一记载，虽有传闻之疑，但颇能反映乱世之下，商人社会中的各种不安思潮。若黄巢之父以家业为重，对黄巢的反常颇为在意；若黄巢，则不顾世俗之桎梏，欲突破士农工商之身份界限，成就大业。

这样的例子，虽说不一定常见，但依然能够窥其一斑。商人阶层因其身份限制，史料记载不多，其社会影响力也少为关注，然而通过各种记载，还原其一生，特别是儿童时期行止，借以丰富对其人生经历的认识，当有更多发现。藩镇时代商人在社会地位有所提高的情况下④，相关

---

① 谭凯：《中古中国门阀大族的消亡》，胡耀飞、谢宇荣译，社会科学文献出版社2017年版，第52—53页。

② 《新唐书》卷二二五下《黄巢传》，中华书局1975年点校本，第6451页。

③ 张端义：《贵耳集》卷下，《全宋笔记》第六编第十册，大象出版社2013年版，第347页。

④ 张剑光、邹国慰：《唐代商人社会地位的变化及其意义》，《上海师范大学学报》（哲学社会科学版）1989年第2期，收入张剑光《唐代经济与社会研究》，上海交通大学出版社2013年版，第3—12页。

史料日渐丰富，则更应该加以关注。①

### （四）农民

　　无论是世族、武人还是商贾，就财富而言可以算作社会中上层。但中上层社会儿童的无忧无虑，并不代表下层社会的儿童有相同生活环境。在藩镇时代这一乱世，更应该让人关注下层儿童境遇。对此，特别值得一提的是柳宗元（773—819）《童区寄传》一文。此文描绘了中晚唐湖南地区被鬻卖的11岁小儿区寄用计杀二豪贼而逃脱之事，反映出当时南方下层社会儿童的悲惨境地，如"自毁齿以上，父兄鬻卖以觊其利"②。学者更因此而论述了中晚唐人口买卖的原因。③

　　此外，另一个值得关注的重要角度，就是对诸多"农民起义"的研究，特别是其中参与者的出身背景。所谓"农民起义"自然并不一定都是真正的农民，但毕竟有一定数量的农民因各种各样的原因参与其中。这样，就可以对他们的人生经历加以关注，即通过分析其出身环境和加入"农民起义"的原因等途径。对此，笔者已经就参加王黄之乱的成员进行初步梳理，从相关史料中颇能揭示农民阶层的儿童世界。④

### （五）僧道

　　众所周知，僧人、道士作为一个社会身份，并非与生俱来。他们一

---

　　① 目前已有的唐宋商人家庭相关研究包括：宋军风：《唐代商人家庭状况初探》，硕士学位论文，曲阜师范大学，2004年；田欣：《宋代商人家庭》，社会科学文献出版社2013年版。

　　② 柳宗元：《童区寄传》，《柳宗元集》卷一七，中华书局1979年点校本，第475—477页。

　　③ 沈端民：《中晚唐买卖人口的原因是什么？——读〈童区寄传〉札记》，《零陵学院学报》1986年第1期。

　　④ 胡耀飞：《黄巢之变与藩镇格局的转变（875—884）》，博士学位论文，复旦大学，2015年。

般会有一个从世俗家庭出家、遁入空门的过程。而在出家之前,很多是20岁以下乃至10岁以下。也就是说,刚刚度过或正在经历童年阶段,即遁入空门。因此,其出家之前的经历,就是一个极为关键的阶段。包括其出家前属于哪一个阶层,拥有怎样的出身,其之所以出家,以及出家前经历对出家后的影响,都属于儿童史的范围。

对此,华翔凤曾从《宋高僧传》中辑录了有关僧人童年行为记载,惜所制之表命名为"《宋高僧传》中有关寺院蒙童教育价值观传记摘录"①,颇有不妥。盖僧人出家前行为,虽有暗示其日后出家的可能,但不都代表"寺院蒙童教育价值观"。在梳理僧人儿童史材料时,需要予以区分各种不同的情况,如出家前在俗世生活者,如因父母信佛而从小在寺院接受教育者。其中特别要坚持的一点,则是超越"佛教与社会"关系的研究模式②,而深入僧人社会内部的动向③,将"民生宗教"④ 转入"宗教民生"。

## 结 语

儿童史作为一个新兴的学科门类,近年来与妇女史一样,受到了学

---

① 华翔凤:《唐代儿童教育的价值观导向研究》,硕士学位论文,陕西师范大学,2014年。

② 学界研究十分丰富,诸如张㮚弓《汉传佛教与中古社会》,五南图书出版股份有限公司2005年版;严耀中《佛教戒律与中国社会》,上海古籍出版社2007年版;刘淑芬《中古的佛教与社会》,上海古籍出版社2008年版;尚永琪《3—6世纪佛教传播背景下的北方社会群体研究》,科学出版社2008年版;谢重光《中古佛教僧官制度和社会生活》,商务印书馆2009年版;张国庆《佛教文化与辽代社会》,辽宁民族出版社2011年版;郝春文、陈大为《敦煌的佛教与社会》,甘肃教育出版社2013年版。

③ 已有的相关研究如李艳茹《唐代小说呈现的佛教寺院社会生活图景》,香港大学饶宗颐学术馆2011年版。

④ 余欣以敦煌地区为个案所提出的"民生宗教"的概念,已在学界颇有影响。参见余欣《神道人心:唐宋之际敦煌民生宗教社会史研究》,中华书局2006年版。

界的日渐关注。虽然在民国时期，就已经得到鲁迅（1881—1936）①、丰子恺（1898—1975）② 等人对儿童问题的关注，但从未专门涉及儿童史，更未单独成为一个分支，相关研究尚处于零散阶段。本文即就藩镇时代（中晚唐五代时期）的儿童史研究提出一些自己的想法。其中，就史料而言，可以分为文字、图像两大类，前者包括儿童本人和关于儿童的诗文、童蒙教材和家训等，后者包括洞窟壁画、石窟造像、画像砖和绘画等。就具体的研究而言，则可以从世族、武人、商人、农民、僧侣等不同阶层予以分别关注。另外，也需要区分儿童社会生活史和对儿童的历史书写。因此，十分希望拙文能够起到抛砖引玉的作用，将藩镇时代儿童史研究深入下去。

附记：本文初刊金滢坤主编《童蒙文化研究》第1卷，人民出版社2016年版，第260—278页。

---

① 鲁迅著，蒋风编：《鲁迅论儿童教育和儿童文学》，少年儿童出版社1961年版；鲁迅著，哈尔滨市教师进修学院编：《鲁迅论少年儿童文艺》，黑龙江人民出版社1976年版；鲁迅著，子杨、子羽编：《鲁迅和儿童文学》，少年儿童出版社1994年版；鲁迅著，徐妍辑笺：《鲁迅论儿童文学》，海豚出版社2013年版。以上四种，分别代表了中华人民共和国成立初、"文化大革命"、改革开放后二十年和21世纪四个时间段对于鲁迅关于儿童教育和文学的整理。

② 丰子恺儿童题材漫画，是民国以来一直风行的画作，相关整理和研究也蔚然大观。就漫画整理而言，大致有：丰子恺《丰子恺儿童漫画集》，四川少年儿童出版社1988年版；丰子恺《丰子恺儿童画集》，上海古籍出版社2003年版；丰子恺《丰子恺儿童漫画选》多卷本，海豚出版社2010年版；丰子恺画，吴浩然编《丰子恺儿童战事画》，齐鲁书社2013年版。就研究而言，则有周作人、丰子恺配图，钟叔河笺释《周作人、丰子恺儿童杂事诗图笺释》，中华书局1999年版。此外，丰子恺还有一些儿童相关文学，也已经被汇集成《丰子恺儿童文学选集》，中国少年儿童出版社2008年版；《丰子恺儿童文学全集》多卷本，海豚出版社2014年版。

# 初论藩镇分类的学术史梳理

## ——从汪篯《唐代方镇的三种情况》谈起

在安史之乱期间，及安史之乱平定之后，北方地区陆续设置了大大小小的藩镇（或曰方镇）。从此，开启了长达两百多年的藩镇时代，直至宋初方才陆续消除其政治影响。藩镇时代的最大特色就是藩镇这一政治体介乎地方政府和地方政权之间的性质，一度成为州、县这两级行政区划之上的高层政区，取代了唐前期都督府的位置。[1] 但基于藩镇设置之前全国各地具体情况的不同，设置后的藩镇也大小、性质各异。而一千年来古代史家多以河朔三镇作为全国藩镇的代表，来描述所谓"藩镇割据"现象。[2] 随着

---

[1] 郭声波：《中国行政区划通史·唐代卷》，复旦大学出版社2012年版，第24—27页。

[2] 以赵翼（1727—1814）为例，其对藩镇时代的认识为："安禄山以节度使起兵，几覆天下。及安、史既平，武夫战将以功起行阵，为侯王者，皆除节度使。大者连州十数，小者犹兼三四，所属文武官，悉自置署，未尝请命于朝，力大势盛，遂成尾大不掉之势。或父死子握其兵而不肯代，或取舍由于士卒，往往自择将吏，号为留后，以邀命于朝。天子力不能制，则含羞忍耻，因而抚之。姑息愈甚，方镇愈骄。其始为朝廷患者，只河朔三镇；其后淄青、淮蔡，无不据地倔强；甚至同华逼近京邑，而周智光以之反；泽潞亦连畿甸，而卢从史、刘稹等以之叛。迫至末年，天下尽分裂于方镇，而朱全忠遂以梁兵移唐祚矣。"参见赵翼撰，王树民校证《廿二史札记校证》，中华书局1984年点校本，第430页。赵翼以河朔三镇的模式推而广之到全国，并从安史之乱直接描述至唐末，认为方镇在唐后期的跋扈，从安史之乱结束后开始，存在一种逐渐严重的过程，直至唐末。知其并未全面考虑唐后期各类藩镇在各个时间段的具体情况。

对藩镇研究的日渐增多，关于藩镇分类问题逐渐成为学者讨论的重要内容，以期破除对藩镇的刻板印象。目前，学界对藩镇类型的分法，普遍征引且信从20世纪80年代张国刚的四分法①，却少见对藩镇分类本身的学术史梳理②。事实上，张氏分类有进一步完善的余地，而且也不是最早的，比如英年早逝的汪籛（1916—1966）先生在"文化大革命"前即写过名为《唐代方镇的三种情况》这一篇简短的札记，专门讨论了藩镇类型问题。③ 因此，在进行对藩镇时代研究之前，需要将藩镇分类学术史予以全面梳理，以备汲取前辈学者许多被遗忘的真知灼见。

## 一　汪籛之前的藩镇分类

近百年来，关于藩镇研究的议题，首先要数吴廷燮（1865—1947）《唐方镇年表》。此表虽曰年表，即为工具书，其学术风格承乾嘉之余绪。但作者在《旧序》中简要提到过不同方镇之间的差别，可作为藩镇分类起源。吴廷燮说道："唐之方镇，增改实繁。今所表者，时代限制乾符为定。用人重轻，不以地广，而以兵多。河东、宣武，号称大镇，究厥地形，如今一道。江西、福建，即今一省，而置观察，号为小

---

① 张国刚：《唐代藩镇类型及其动乱特点》，《历史研究》1983年第4期；修订后改题《唐代藩镇的类型分析》，收入氏著《唐代藩镇研究》，湖南教育出版社1987年版，第77—103页。后者近有新版，然观点未有变化，故本文以旧版为准。

② 在《二十世纪唐研究》中，专门辟有"藩镇问题"一节，其中设"藩镇的分类"一小节，然仅列出张国刚《唐代藩镇类型及其动乱特点》、程志《论中唐藩镇的本质和作用》（《东北师大学报》1986年第6期）和王援朝《唐代藩镇分类刍议》（《唐史论丛》第五辑，三秦出版社1990年版）等研究，并未梳理此前许多学者的认识。参见贾志刚执笔《藩镇问题》，胡戟等主编《二十世纪唐研究》，中国社会科学出版社2002年版，第55页。

③ 汪籛：《唐代方镇的三种情况》，氏著《汉唐史论稿》，北京大学出版社1992年版，第175页。

镇。并、汴戎士皆诩十万，洪、福、潭、越，不过万人，盖以此也。"①吴氏此语，可见其对藩镇内部差别已有意区分。根据这段话，吴氏首先明确了所关注藩镇之时间段，即在乾符（874—879）以前。吴氏分类原则并不简单根据地域大小，而是兵力多寡，故"兵多"者即使地少，可目之为"大镇"；兵少者虽曰"地广"，亦仅为"小镇"。不过吴氏分类较为简单，也只提及河东（并）、宣武（汴）、江西（洪）、福建（福）、湖南（潭）和浙东（越）等镇，未能就全国范围内的所有藩镇情况予以梳理。

吴廷燮之后，对藩镇问题研究并无专门著作，但散见于各类通史。在 20 世纪三四十年代，大陆出现了数种通史撰述，主要有周谷城（1898—1996）《中国通史》（1939）、钱穆（1895—1990）《国史大纲》（1940）、吕思勉（1884—1957）《吕著中国通史》（1940、1945）等。②至 20 世纪 40 年代以后，又新出几种隋唐五代断代史著作，主要有陈寅恪（1890—1969）《唐代政治史述论稿》（1947）、吕思勉《隋唐五代史》（1957）、岑仲勉（1886—1961）《隋唐史》（1957）、韩国磐（1920—2003）《隋唐五代史纲》（1961）等。③ 在其中，对于藩镇时代的涉及详

---

① 吴廷燮：《唐方镇年表》，中华书局 1980 年点校本，第 1287 页。

② 关于民国时期的通史撰述，顾颉刚云："其中较近理想的，有吕思勉《白话本国史》《中国通史》、邓之诚《中华二千年史》、陈恭禄《中国史》、缪凤林《中国通史纲要》、张荫麟《中国史纲》、钱穆《国史大纲》等。其中除吕思勉、周谷城、钱穆三四先生的书外，其余均属未完之作。钱先生的书最后出而创见最多。"参见顾颉刚《当代中国史学》，上海古籍出版社 2002 年版，第 81 页。除了顾氏所提及的，还有诸如齐燕铭《中国通史讲义》（北平中国大学 1935 年版）仅止于东汉，黄现璠、刘镛《中国通史纲要》（北平文化学社 1942 年版）仅止于南北朝，张荫麟《中国史纲》（重庆青年书店 1944 年版）仅止于东汉建立，陈恭禄《中国史》（一、二，商务印书馆 1940、1947 年版）仅止于汉献帝，皆未完成。

③ 关于 20 世纪上半叶和五六十年代有关隋唐五代史的著作，包括通史中的隋唐五代史和隋唐五代断代史，参见胡戟所列"二十世纪四类唐史著作年表"，见胡戟《二十世纪的唐研究》，胡戟等主编《二十世纪唐研究》，中国社会科学出版社 2002 年版，第 4—8 页。

略不同，也并不一定都注意到藩镇分类问题。①但这些通史或断代史的撰述目的或作为教材，或作为历史普及，或作为学术观点集中体现，加之相关作者本身的名声，在当时的读者以及日后的学者早年成长过程中势必产生不小的影响，故需要专门梳理。

就通史而言，最早注意到藩镇之差别的，可以列举周谷城《中国通史》。其中写道："节度使之设，原来是因帝国版图辽阔，用以防外患的。后因中枢腐化，节度使力强，乃起而称乱。迨大乱既起，为平乱计，又须借重另外的武人。所以'安史既平，武夫战将，以功起行阵，为侯王者，皆除节度使'。（见下面所引）（笔者引按：即赵翼《廿二史札记》）这么一来，安内乱的节度使与防外患的节度使，乃一样重要起来。因其重要，国家亦特别推尊。于是他们专横起来，遂造成节度使之大祸。"②在周氏看来，节度使分两种：一为"安内乱的节度使"，一为"防外患的节度使"。这两者，在安史之乱以前，仅有后者；在安史之乱以后，则出现了前者，并与后者同等重要。从周氏的分类看来，其着眼点在于节度使的功能，分别为"安内乱"和"防外患"，而功能说是日后学者分类藩镇的重要依据之一。

另一位对藩镇分类有所措意的是吕思勉，其在《吕著中国通史》中

---

① 涉及藩镇时代而未就藩镇进行分类的通史，有李泰棻《中国史纲》（武学书馆1927年版）、邓之诚《中华二千年史》（商务印书馆1934年版）、雷海宗《中国通史选读》（1934—1935年作者清华大学讲义，北京大学出版社2006年版）、金兆丰《中国通史》（中华书局1937年版）、金兆梓《中国史纲》（中华书局1941年版）、缪凤林《中国通史要略》（商务印书馆1943年版）、范文澜《中国通史简编》（1948年作者校订本，河北教育出版社2000年版）、吕振羽《简明中国通史》（光华书店1948年版）、陈怀白《中国通史讲话》（苏北新华书店1949年版）、翦伯赞主编《中国史纲要》（初为1940年代讲义，北京大学出版社2006年版）等。

② 周谷城：《中国通史》，开明书店1939年版，本文所据为1948年第12版，第611页。周氏对于藩镇的认识，亦可参见其《中国政治史》第三篇《门阀藩镇之交替》（自新莽元年至北宋初元，即公元9—960年），中华书局1940年发行，本文所据为1944年赣初版，第126—171页。周氏为首次将门阀与藩镇合并观之者，而此前、此后学者皆各自为政，故周氏之眼光值得进一步阐发。

写道:"因安、史之乱而直接引起的,是藩镇的跋扈。唐朝此时兵力不足,平定安、史,颇藉回纥的助力。铁勒仆骨部人仆固怀恩,于引用回纥颇有功劳,亦有相当的战功。军事是要威克厥爱的,一个战将,没有人能够使之畏服,便不免要流于骄横,何况他还是一个蕃将呢?他要养寇自重,于是昭义、成德、天雄、卢龙诸镇,均为安、史遗孽所据,名义上虽投降朝廷,实则不奉朝廷的命令。唐朝自己所设的节度使,也有想学他们的样子,而且有和他们互相结托的。"① 在这段话中,吕氏对于安史之乱后的藩镇形势进行了简单的概括,并对两种节度使予以分类。其分类原则是藩镇的起源,即分"安、史遗孽所据"和"唐朝自己所设的节度使"。更进一步,吕氏又总结了这两类藩镇节度使的根本差别,即前者因仆固怀恩之叛而不奉朝命,后者有效仿前者的情况。虽然仆固怀恩之叛的原因未必如吕氏所论②,但对两大类藩镇的揭示,颇为得之。简而言之,即根据藩镇与朝廷之间的关系进行分类,这也是日后学者分类藩镇的另一主要依据。

与周谷城、吕思勉两分法不一样的是钱穆三分法。在《国史大纲》中,钱穆辟有专论藩镇章节《唐中叶以后之藩镇》,然无涉分类。③ 不过钱穆在讨论唐末黄巢之起时,提到对当时全国形势的横剖面分类:"唐末的中国,用横剖面来说,大体可分为三部:一是大河以北的藩镇所辖地;二是大河以南唐两京及其迤东一带;三是长江以南",并依次简述三部分的特征为"藩镇所辖地,虽则文化、经济逐步破毁,然以极单纯的武力来压制较小的区域,一时不致摇动。中部两京及其迤东一带,经安、史乱后,残破最甚。……江南为财赋所出。大时代没落之大骚乱,即在中

---

① 吕思勉:《吕著中国通史》,华东师范大学出版社1992年版,第414—415页。

② 陈翔:《再论安史之乱的平定与河北藩镇重建》,氏著《陈翔唐史研究文存》,花木兰文化出版社2013年版,第205—220页。

③ 钱穆:《国史大纲》第二十八章《大时代之没落:唐中叶以后政治社会之各方面》,《钱宾四先生全集》第27册,联经出版事业公司1998年版,第513—534页。

部发动而蔓延遍及于南部"。① 这一对全国形势的分类，虽然并未针对藩镇，因为钱穆理解中的藩镇似专属跋扈的河朔藩镇。② 不过从现在来看，已经大体区分了各大区域的差异，特别是对江南地区的"财赋所出"的点明，也涉及对区域功能的总结。

除了周谷城、吕思勉、钱穆等学者，其他民国史家的通史，甚少具体针对藩镇类型进行区分者。在通史风过去之后，许多史家鉴于通史时间段过长、个人难以把握，乃有断代史的盛行。就隋唐五代史而言，其最著名者，即陈寅恪、吕思勉、岑仲勉三家。不过诸家断代史中，涉及藩镇类型者，少有具体立论。③ 虽然如此，亦有一些观点可以作为日后藩镇分类的基础。比如陈寅恪曾曰："故论唐代河北藩镇问题必于民族及文化二端注意，方能得其真相所在也。兹先举二三显著之例，以见当时大唐帝国版图以内实有截然不同之二分域。"可知陈氏对于河北胡化的强调，以及在此基础上对"河北集团"与"长安集团"之间政治文化对立的揭示，即从文化上为河朔藩镇的独特性贴上了标签。④

其中唯有吕思勉的思考较为多元。如前所述，首先在其通史中已有反映，但在《隋唐五代史》中未进一步揭示。不过也提到另一种思考，即以与长安的距离远近先后揭示"兴元后藩镇起伏"的情况，诸如"以上兴元已后河南北、江淮情形也，其关陕、河东虽近，军政亦不肃"，以

---

① 钱穆：《国史大纲》第三十章《黑暗时代之大动摇：黄巢之乱以及五代十国》，联经出版事业公司1998年版，第551—552页。

② 这与范文澜的认识类似，参见范文澜《中国通史简编》，河北教育出版社2000年版，第322—325页。

③ 涉及藩镇时代而未能就藩镇予以分类者，包括蓝文征《隋唐五代史》（商务印书馆1947年版）、岑仲勉《隋唐史》（高等教育出版社1957年版）、吴枫《隋唐五代史》（人民出版社1958年版）、韩国磐《隋唐五代史纲》（生活·读书·生活三联书店1961年版，人民出版社1979年修订版）等书。

④ 陈寅恪：《唐代政治史述论稿》，生活·读书·生活三联书店2001年版，第210—211页。

及"偏远之区,亦时有变故"等段落之间的接语,即是此意。[1] 此外,他在第二十章《隋唐五代政治制度》中又提及一种思考:"唐自中叶以后,号称藩镇跋扈,然始终擅命者惟河北。形要之地如襄、鄂,险寒之地如两川,窎远之地如黔、粤,皆未尝显然背命。东南财赋之区,尤为中央命脉所系。苟唐主赫然整顿,举藩镇之背命者讨平之,偃蹇者废易之,实未尝不可以复振。"[2] 此处所谓"擅命者""形要之地""险寒之地""窎远之地"和"财赋之区",以及"背命者""偃蹇者",可目之为吕氏对于全国藩镇格局的思考。其出发点,一为对中央的态度,二为地理形势,三为经济因素。可以说,这已经是综合了此前学者的很多认识。

## 二 汪篯的藩镇分类

在民国时代通史著作和"文化大革命"前隋唐断代史著作之后,本文继续特别提出的是汪篯先生的札记《唐代方镇的三种情况》一文。事实上,此文作为札记,只是在几十年后的1992年方才问世,对于学界而言长期以来未能形成影响。然而,学术史的梳理并不是简单地按照发表时间进行,而应该考虑到历史上的各种"潜流"。特别是由于"文化大革命"的兴起,许多学者如汪篯先生等受迫害而死,导致其未能出版的手稿一直到"文化大革命"后才问世。或者很多学者如后文要提及的王仲荦(1913—1986)等,在"文化大革命"期间因受各种运动的冲击而无法从事学术研究,导致很多在"文化大革命"以前就已经形成的观点,直到"文化大革命"以后才出版。因此,正视这些延迟问世的学术观点,需要今人在梳理学术史时特别予以关注。

本节即专门讨论汪篯《唐代方镇的三种情况》一文观点及其学术史意义,首先全录汪文如下:

---

[1] 吕思勉:《隋唐五代史》,上海中华书局1957年版;本文征引上海古籍出版社1984年版,第304、307页。

[2] 同上书,第1227页。

对河朔再叛以后的局面，有些人为要强调藩镇为祸之烈，就把长庆以后和元和以前都说成是"天下尽裂于方镇"，好像在唐后期一百五十年中，除了十几年以外（因为元和只有十五年），都是天下尽裂于方镇的局面。其实唐的方镇，有三种情况。一是河北藩镇，主要是河北三镇，只占有今河北一省之地和河南局部地区。此外，北方的某些藩镇，有时有些效法三镇，但都没有能维持很长久。二是其他设立节度使的地区，这其中又有两类，一类是由军将出镇的，如宣武、陈许等。那里的军将有时也跋扈，军中有时也发生军乱。但一般说来，节度使的任免还是由唐廷掌握的居多。另一类是剑南东西川、凤翔和淮南等。这些是所谓"宰相回翔之所"，不能把它们看作割据势力。三是设置观察使或团练使、经略使的地区。这一类由中央直接控制，一般不把它们看作是藩镇。事实就是这样。古人也有说唐藩镇为祸甚烈的人，但他们对天下尽裂于方镇这个提法，也并不轻易使用，而只是用于唐朝末年即唐末农民战争以后。①

从此文来看，汪氏主要观点可以归纳为三个方面：第一是对唐代方镇名实的定义；第二是对唐代方镇三种情况的区分；第三是对三种情况的方镇分类的时间限定。

从定义而言，汪氏在此文中虽未明言，但在行文中严格区分了"方镇"和"藩镇"两个词。在汪氏看来，"方镇"应该包括"藩镇"在内，但"方镇"未必都是"藩镇"。就"方镇"而言，包括设置节度使、观察使、团练使或经略使的所有地区；但就"藩镇"而言，仅指设立节度使的"方镇"。这一区分的科学性，诚然有待继续探讨。不过在大家的印象之中，"藩镇"确实更容易与"割据"一词结合为"藩镇割据"；而"方镇"一词，受吴廷燮《唐方镇年表》、朱玉龙《五代十国方镇年表》、

---

① 汪篯：《汉唐史论稿》，北京大学出版社 1992 年版，第 175 页。

戴伟华《唐方镇文职僚佐考》等书名①的影响，更容易被理解为全国范围内的所有统州政区。②

从区分而言，汪氏对全国的方镇分了三种四类情况：一是河北三镇为主的河北藩镇；二是其他设立节度使的地区，包括由军将出镇的和由宰相出镇的；三是设置观察使、团练使或经略使的方镇。可见，在汪氏看来，第一种情况完全属于藩镇，第三种情况基本不算作藩镇，而第二种的两类情况则介于藩镇和方镇之间。

从时间限定而言，汪氏重点澄清前人将唐末的"天下尽裂于方镇"的情况推及于整个唐后期的误解，认为唐末农民战争以后方才是真正的"天下尽裂于方镇"，在此之前的方镇并非全然一样，应分三种情况。这与前揭吴廷燮将所关注的方镇限定在乾符以前异曲同工。事实上，"天下尽裂于方镇"虽出自前揭赵翼之语，赵翼本人也并未用以描述整个唐后期，而是加上"迨至末年"一语作为限定的。

总体来说，汪氏分类原则为三点，一是与中央的关系，二是藩镇节帅的职衔，三是地域的特殊功能。其中第三点，涉及汪氏分类的第二种第二类情况，即对"宰相回翔之所"的揭示，实有考虑到这些地域的区位因素。这个原因并未在汪氏文中特别指出，然而结合在汪氏之前的各种对藩镇的认识，依然能够看出汪氏的划分依据。

---

① 虽然如此，在吴廷燮《序录》、朱玉龙《前言》中，并未区分方镇与藩镇之别，而统称为方镇。参见吴廷燮《唐方镇年表·序录》，中华书局1980年点校本，第1页；朱玉龙《五代十国方镇年表·前言》，中华书局1997年版，第1页。而戴伟华之书名沿袭自严耕望《唐代方镇使府僚佐考》一文，严氏、戴氏皆未区分方镇、藩镇之别。参见严耕望《唐代方镇使府僚佐考》，氏著《唐史研究丛稿》，新亚研究所1969年版，第177—236页；戴伟华《唐方镇文职僚佐考·凡例》，广西师范大学出版社2007年修订版，第8—9页。

② 在汪氏之后，台湾学者王寿南亦有类似认识，认为"藩镇"是"方镇"的别称之一，但在行文中称："为便于清晰观念起见，凡所指偏重地理区域时，则称'方镇'，凡叙述政治人物时则称'藩镇'。"参见王寿南《唐代藩镇与中央关系之研究》，大化书局1978年版，第1—2页。

根据前文对藩镇分类的学术史梳理，结合汪氏的分类，可列表 1 如下：

表 1    "文化大革命"前学者关于藩镇类型的梳理

| 学者 | 分类时限 | 分类原则 | 分类类型 | 明确提及的藩镇或地区 |
|---|---|---|---|---|
| 吴廷燮 | 乾符以前 | 兵力多寡 | 大镇 | 河东、宣武 |
| | | | 小镇 | 江西、福建、湖南、浙东 |
| 周谷城 | | 军事功能 | 防外患的节度使 | |
| | | | 安内乱的节度使 | |
| 吕思勉 | 肃、代时期 | 藩镇起源 | 安、史所据 | 昭义、成德、天雄、卢龙 |
| | | | 唐朝所设 | |
| | 兴元以后 | 与长安距离 | 近 | 关陕、河东 |
| | | | 远近之间 | 河南北、江淮 |
| | | | 偏远 | 振武、福建、西川、浙东、黔中、安南 |
| | 中叶以后 | 对中央态度、地理形势、经济因素 | 偪寨者 | |
| | | | 擅命者（背命者） | 河北 |
| | | | 形要之地 | 襄（山南东）、鄂 |
| | | | 险寒之地 | 两川 |
| | | | 窎远之地 | 黔、粤 |
| | | | 财赋之区 | 东南 |
| 钱穆 | 唐末 | 文化、经济 | 大河以北藩镇 | |
| | | | 大河以南 | 中部两京及迤东一带 |
| | | | 长江以南 | |
| 陈寅恪 | 唐代 | 民族、文化 | 河北集团 | 河北藩镇 |
| | | | 长安集团 | |
| 汪篯 | 唐后期 | 与中央关系、藩帅职衔、地域功能 | 河北藩镇 | 河北三镇 |
| | | | 设立节度使的地区 | 宣武、陈许（军将出镇）东西川、凤翔、淮南（宰相回翔） |
| | | | 设置观察使、团练使或经略使的地区 | |

根据表1的整理，即可看到诸多学者对藩镇的认识中，诸家原则之间的对比。需要说明的是，表1所有学者的著述中，对于藩镇类型的区分，皆为各自单独论述，并无在行文中明确表示与其他学者的观点讨论、商榷的情况。因此，对于日后进一步研究藩镇类型的读者而言，这些观点都自成体系，可互相增益。但不能因某位学者的观点与其他学者类似，而对其观点来源产生质疑，或责备某位学者未参考他人观点，盖一时代之学术规范未能尽如当下这般完善。

## 三  20世纪80年代的藩镇分类

20世纪80年代，学术界因政治环境的改变而再次迎来繁荣，不仅老一辈学者纷纷出版雪藏十几年的著作，新一代学者也开始崭露头角。对于藩镇分类问题的深入探讨，也在此期间达到了一个高峰。这一高峰的标志，当然是张国刚《唐代藩镇研究》的经典论述。[①] 不过正如前文所论，在此之前，已有多位学者涉及藩镇之间的差异，更有汪籛先生等明确区分了不同藩镇的类别。此外，老一辈学者中也有在80年代出版的早年书稿中涉及藩镇的差异。这一点，可举王仲荦《隋唐五代史》（上、下）为例。

王氏《隋唐五代史》前身为《魏晋南北朝隋初唐史》（上海人民出版社1961年版）上、下册。根据作者1985年所写《隋唐五代史》序言，《魏晋南北朝隋初唐史》上、下册为作者20世纪50年代在山东大学历史系的讲稿，以两税法为界限分前后两个阶段，而上册出版后下册因"文化大革命"而中辍。至1977年后，方分作《魏晋南北朝史》和《隋唐五

---

[①] 杨志玖在给张书作序时，先后概括了张书的四大特点，亦可目之为藩镇问题研究的四个方向：藩镇类型、藩镇动乱特点、河北割据藩镇为何长期存在以及藩镇割据的社会基础。其中，杨志玖未据张书章节顺序安排，而将"藩镇类型"放在首位，并曰"他把唐代藩镇分为四个类型"云云，即对此观点的充分重视。参见杨志玖《唐代藩镇研究·序言》，第2页。

代史》，分别于 1980 年、1988 年出版。① 可知，在讨论王氏《隋唐五代史》一书所载观点时，不能局限于其书的出版年代，而应理解，在 20 世纪 50 年代前后，其观点即已成型。因此，笔者在此单独讨论王氏的观点。

根据王氏梳理："这个河北三镇，从此成为国中之国，形成半独立状态。一直到唐亡，这个局面，无所改变。靠近河北三镇的一些藩镇，也仿照河北三镇，闹半独立。……总的情况是这样，唐已置河北于度外，但汴州、徐州、淄青、淮西，倘若落在割据势力的手中，则江南、淮南不可保，大动脉的运河运输线也有被切断的危险，所以对这些敏感地区，唐王朝是不能放弃不管的。此外，为了确保江淮财赋的集积，唐王朝于广陵置淮南节度使，于丹徒置浙西节度使。……这样方镇的布局，是颇有深意的。……安史乱后，吐蕃贵族蚕食河西、陇右地区，唐在西边列置藩镇，而且每年调关东军队到西边防秋……这些方镇，开始时是有屏藩首都，拱卫关中的作用的。"② 可见，在王仲荦理解下，虽然没有明说，其实已经将当时的藩镇分成四类："河北三镇""靠近河北三镇的一些藩镇""江南、淮南"等地和"屏藩首都"的西边藩镇。

在 20 世纪 80 年代新一代学者中，最著名的藩镇类型梳理者当属张国刚，他将 9 世纪初叶 44 个藩镇（两京、同州、华州和陇右不计入）分为河朔割据型（河朔型）、中原防遏型（中原型）、边疆御边型（边疆型）、东南财源型（东南型）四类。其分类原则为与中央的政治、财政和军事关系。③ 由于这一四分法首次清晰地以现代学术语言对不同藩镇情况进行了分类，故而问世后十分流行。唐长孺（1911—1994）在其 1993 年出版的《魏晋南北朝隋唐史三论》中曾以脚注形式注出"中外学者已作过大

---

① 王仲荦：《隋唐五代史·序言》，上海人民出版社 1988 年初版，2003 年再版，第 1 页。

② 王仲荦：《隋唐五代史》，上海人民出版社 1988 年版，2003 年再版，第 482—484 页。

③ 张国刚：《唐代藩镇研究》，湖南教育出版社 1987 年版，第 81 页。

量研究"的方镇类型相关论著,虽仅包括日野开三郎《支那中世的军阀》、王寿南《唐代藩镇与中央关系之研究》、张国刚《唐代藩镇研究》三种,但张书作为日本、中国台湾、中国三个国家和地区的各自代表性成果之一,足见其在唐氏心目中的地位。① 此后学者,凡涉及藩镇类型者,亦言必称张氏分类。②

诚然,张氏分类对四种类型藩镇的具体阐释方面,有其非常细致的讨论。不过细绎张氏原书,至少有两个方面需要予以正视:第一是张氏对四类藩镇类型的分法,基本来源于杜牧《战论》一文③和李吉甫《元和国计簿》④的分类,仅稍有更正并予以命名而已;第二是张氏讨论未能揭示在他之前众多现当代学者对藩镇类型差异的认识。就前一方面来说,张氏分类并不能算作其原创;就后一方面而言,即使抛开20世纪90年代初才问世的汪篯分类,张氏对于其他在他之前即出版的诸多学者讨论,未能进行有效的对话。

此外,与张氏同时的新一代学者中,对藩镇分类问题的关注,尚有王援朝《唐代藩镇分类刍议》一文,因未如张文作为专书的一部分正式

---

① 唐氏脚注原文为:"日野开三郎《支那中世的军阀》,收入氏著《东洋史学论集》第1卷,三一书房1980年版;王寿南《唐代藩镇与中央关系之研究》,嘉兴水泥公司文化基金会1969年版;张国刚《唐代藩镇研究》,湖南教育出版社1987年版。"参见唐长孺《魏晋南北朝隋唐史三论——中国封建社会的形成和前期的变化》,武汉大学出版社1993年版,第443页。

② 比如:张天虹《唐代藩镇研究模式的总结和再思考——以河朔藩镇为中心》,《清华大学学报》(哲学社会科学版)2011年第6期;于笛《唐代藩镇问题综述——浅谈藩镇性质与结构问题的几个重要认识》,《金田》2014年第2期。其中张天虹一文亦提及王援朝分类,然未作进一步讨论。

③ 杜牧:《战论》,杜牧撰,吴在庆校注《杜牧集系年校注》,中华书局2008年版,第649—651页。

④ 李吉甫《元和国计簿》并未传世,相关信息参见司马光《资治通鉴》卷二三七,唐宪宗元和二年末条,第7647页。

出版，王文并未得到普遍注意。① 王文主要观点为："藩镇之间的差异在安史之乱后到黄巢起义这个时期内最为显著，根据其在朝廷政令的执行，官吏的任免，军队的统率指挥，财政税收等方面的不同，以及对唐王朝中央集权统治所起的不同作用，可将这个时期的藩镇分为长期割据型、一度割据型、京东防内型、西北防边型、南方财源型。"② 可见，王援朝在学术用语上沿袭了张国刚的一些用词而稍有变通。以及，王援朝在时间上所针对的是安史之乱后到黄巢起义之间，而张氏的时间点基本以元和年间为主。不过王氏分类也存在与张氏分类相同的问题，即未能在行文中直接给出对话的对象。无论从发表时间，还是从行文来看，王氏必然是在看到张氏文章后，希望提出不同意见。③ 但王氏并未给出张氏文章篇名和具体观点，也未点明自己在张氏观点基础上有哪些差异。当然，王氏也没有对 20 世纪 80 年代以前许多学者对藩镇分类问题的认识进行梳理。

张国刚、王援朝之外，另有 1986 年发表的程志《论中唐藩镇的本质和作用》一文。此文虽未以藩镇分类为题，但内容实为对全国藩镇在唐末以前各自职能的具体分析。作者先统计了自安史之乱到黄巢起义的大小 89 个藩镇，认为其中真正长期半独立的只有河朔三镇，占 3.3%。然后根据藩镇的职能，分别讨论了藩镇的监察职能、军事职能、防卫边疆职能、恢复统治秩序职能和经济职能。不过程氏并未严格将各个藩镇限定在某一职能中来讨论，只是会在讨论某一职能时会侧重涉及某一地域的藩镇。这样的研究，无疑比张国刚、王援朝二人直接把某个藩镇限制于某种类型要灵活得多。当然，由于程文所论为藩镇职能，故并未明确

---

① 王援朝：《唐代藩镇分类刍议》，史念海主编《唐史论丛》第五辑，三秦出版社 1990 年版，第 106—129 页。

② 王援朝：《唐代藩镇分类刍议》，第 106 页。

③ 王援朝曰："近年来，人们对藩镇问题进行了较深入的研究，逐渐认识到藩镇并非一模一样，而是具有不同类型。过去被作为典型的河北三镇并不能代表所有的藩镇。"同上书，第 106 页。

与其他学者直接对话。

# 结　语

藩镇类型是藩镇时代研究中的重要部分，然并无多少学术史资源可倚靠，或者说并无明显学术史脉络可供追溯。因此，20世纪80年代新一代学者多直接从史料入手，对藩镇分类进行探究。延及当下，学界即将20世纪80年代学者的观点奉为圭臬。这样的思路固然有其正确性，不过也遗漏了一些前辈学者的相应观点。因此，在后来者看来，要在分类问题上继续探究，即须全面关照20世纪80年代以前的各种学者的观点，包括发表的和未发表（延迟发表）的。

根据本文的梳理，吴廷燮可以说最早以兵力多寡简单分类了藩镇。随后，在民国时期的通史潮中，有周谷城《中国通史》、钱穆《国史大纲》、吕思勉《吕著中国通史》等涉及藩镇分类。其中，以钱穆从文化、经济角度的三分法，最为接近于后来学者的分类。至四五十年代，又有陈寅恪从民族、文化对河北藩镇予以强调。吕思勉更进一步从对中央的态度、地理形势和经济因素等角度，对唐中叶以后的全国藩镇情况作了梳理。而在此期间还有两位学者的潜在学术贡献，则是学术史必须提及的，即汪篯、王仲荦。其中汪篯的札记虽然没能及时发表，但却是学界第一次正式提出藩镇分类问题，从藩镇与中央关系、藩帅职衔和地域功能来分类藩镇的三种情况；而王仲荦旧稿从地理区位及其功能来分类藩镇的四种情况，特别是西北藩镇的防御功能，也是值得重视的分类方法。

正是在以上前辈学者的基础上，20世纪80年代大陆学界新一辈历史学者方才全面提出藩镇分类问题。其中最直接的研究是张国刚、王援朝二人，且前者的四分法流布最为广泛，后者在一定程度上也是前者的补充发展。另有并非以分类为目的，但也涉及藩镇不同职能的程志的观点，虽未明言，也是与张国刚对话的文章。此后，学界对藩镇类型问题的认识渐趋定型，即以张氏分类法。

目前来看，张氏分类法有其经典之处，不过也不能全然不顾其他分类法，而仅仅依照张氏分类法来使用，乃至固化对藩镇类型的认识。此外，诚如前揭唐长孺所引，中国台湾学者王寿南、日本学者日野开三郎都对藩镇分类有各自的认识。根据笔者梳理，新加坡学者王赓武、美国学者 Robert M. Somers 和中国学者何灿浩，也分别对唐末藩镇类型有进一步考察。① 因此，已经有必要在全面梳理藩镇分类学术史的基础上，进一步讨论藩镇的类型问题了。而继承和发扬吕思勉、汪篯、王仲荦等先生被忽略的学术闪光点，则是继续探讨的开端。

附记：本文曾宣读于"长安唐宋史学术沙龙"第五期"藩镇时代专场"，西安：陕西师范大学，2017年10月28日。承蒙黄楼、仇鹿鸣、李碧妍等同仁批评，谨致谢忱！本文已收入胡戟、杜海斌主编《汪篯教授百年诞辰纪念文集》，社会科学文献出版社2019年版，第316—327页。

---

① 参见胡耀飞《黄巢起义对晚唐藩镇格局的影响》，《文史哲》2017年第4期。

# 谭其骧先生学术简述

谭其骧（1911.2.25—1992.8.28）先生，字季龙，浙江嘉善人。1923—1926年肄业于秀州中学。1930年夏，毕业于上海暨南大学历史社会学系，师从潘光旦撰写毕业论文《中国移民史要》。1932年8月，毕业于北平燕京大学研究生院，师从顾颉刚撰写毕业论文《中国内地移民史·湖南篇》。1932—1935年，任国立北平图书馆馆员，兼任辅仁大学、北京大学、燕京大学历史讲师。1934年，参与发起禹贡学会，主编《禹贡》半月刊，1936年学会成立后当选为七位理事之一。1935年起，先后在广州学海书院，北平清华大学，燕京大学，遵义浙江大学，上海暨南大学任教。1950年起，长期执教复旦大学历史系，并于1957年起任系主任。1957年，奉命主编《中国历史地图集》，至1978年内部本全部出齐。1959—1982年，兼任复旦大学历史系中国历史地理研究室主任。1982—1986年，兼任复旦大学中国历史地理研究所所长。著有《长水集》上下册、《长水集续编》《长水粹编》《求索时空》《谭其骧日记》等。

谭其骧先生作为大陆历史地理学界元老，其学术并非笔者所能尽述，谨就拙见所及对其重要学术贡献作一简述如下。

1. 中国历史地理学研究的开拓者之一

中国历史地理学，一般认为始于禹贡学会。不过在当时，除了北平的"禹贡学派"，还有南京的"史地学报派"，后者自1921年11月创刊，至1926年10月停刊，共发行20期，总时间上比"禹贡学派"早了10年左右。① 当然，基于影响力而言，"禹贡学派"对大陆的历史地理学显然更胜一筹。而谭其骧先生正是禹贡学会的重要人物。

民国年间的学术界，受时局的影响十分突出，而这也是自古以来的一贯传统。晚唐时期对《荀子》《春秋》的重视，即是对当时藩镇割据时局的反映。晚清民国对西北、东北史地的研究也是如此。但禹贡学派除了受时局影响之外，更注重的是继承传统沿革地理。在谭其骧先生所起草的《禹贡》半月刊发刊词②中，他总结了五项任务：

（一）把沿革史中间的几个重要问题研究清楚；从散漫而杂乱的故纸堆中整理出一部中国地理沿革史来。

（二）把我们研究的结果，用最新式的绘制方法，绘成若干种详备精确而又合用的地理沿革图。

（三）要广事搜罗所有中国历史上的地名，一一加以考证，用以编成一部可用、够用、又精确而又详备的中国历史地名辞典。

（四）要完成清人未竟之业，把每一代的地理志都加以一番详密的整理。

（五）把这些史料（地理书籍中往往具有各种文化史料）辑录出来，作各种专题的研究。③

事实上，谭先生不仅这么说了，而且这么做了。此外，他负责的前

---

① 彭明辉：《时代变局与学术动向：以历史地理学与现代中国史学为例（一九一九——九四九）》，《国立政治大学历史学报》第12期，1995年5月。

② 对谭先生作为发刊词起草者的认定，参见侯甬坚《历史地理实干家谭其骧先生》，复旦大学历史地理研究中心主编《谭其骧先生百年诞辰纪念文集》，上海人民出版社2012年版，第32—50页。

③ 转引并节选自葛剑雄《悠悠长水·谭其骧前传》，华东师范大学出版社1997年版，第71—74页。

三卷《禹贡》半月刊,也以他自己的严格要求来把关。①

2. 主编《中国历史地图集》

虽然说《中国历史地图集》的编纂是一个偶然事件促发的,即毛泽东问吴晗"鸣沙"在哪里。② 但从谭其骧先生个人角度来说,他也一直希望能够"整理出一部中国地理沿革史"。而《中国历史地图集》正是这一期望借助一个偶然的机会所完成的一部巨著。

这部1954年筹办的《中国历史地图集》,一度被称为"54号图",1978年出齐内部本,1988年出齐公开本。其时间范围从先秦到明清,地域范围则遵循历史时期实际疆域,30年来多次重印,嘉惠学林三代人,无须赘述。

值得一提的是,谭先生本人对《图集》的要求并不止于此,他曾说过这样一段话:

> 要真正称得上完整的历史地图集,就应该包括历史时期任何自然、经济、政治、军事、民族、文化等所有有资料可据又能够用地图表示的地理现象,只有等这部地图集完成了,绘制中国历史地图的事业才能算大功告成,或者说告一段落。③

3. 创建复旦大学历史地理学科

历史地理研究要得到长足发展,必得有一个研究基地,培养一批研究人才。在民国时期的禹贡学会年代,已经开始组织学生,通过为《禹贡》半月刊撰稿的形式进行培养,从而发现了史念海、侯仁之两人,三

---

① 杨军辉:《禹贡学会与〈禹贡半月刊〉研究》,硕士学位论文,西北师范大学,2008年。

② 石奉天:《谭其骧先生与〈中国历史地图集〉的编制》,《谭其骧先生百年诞辰纪念文集》,上海人民出版社2012年版,第19—24页。

③ 转引自葛剑雄《悠悠长水·谭其骧后传》,华东师范大学出版社2000年版,第174页。

人在1949年以后鼎足大陆历史地理学界，并分别建立了复旦大学、陕西师范大学、北京大学三个历史地理研究基地。

就复旦大学来说，首先是1959年7月在历史系建立了中国历史地理研究室，谭先生为主任；其次是1982年6月，成立了中国历史地理研究所，在历史系之外另立门户；最后是1999年，在研究所的基础上成立了历史地理研究中心。当然，谭先生没能看到中心的成立，但却亲手创建了研究室和研究所，并培养了一大批研究人才。其二代、三代、四代弟子们，如今正在把谭先生的早年学术设想发扬光大。[1]

4. 其他学术贡献

谭先生一生，可以说是为他人作嫁衣裳的一生，但没有实实在在的学术底蕴，也做不出漂亮衣服。除了收集有他本人学术论著的《长水集》上、下册和《长水集续编》外，谭先生还主编过《黄河史论丛》（复旦大学出版社1986年版）、《清人文集地理类汇编》全七册（浙江人民出版社1986年版）、《中国历代地理学家评传》三卷本（山东教育出版社1990—1993年版）等。正是这些实实在在的工作，奠定了他在大陆历史地理学界的元老地位，并为历史地理学保留了不可多得的学术遗产，至今令人景仰不已。

**参考书目**

葛剑雄：《悠悠长水：谭其骧前传》，华东师范大学出版社1997年版。

谭其骧著，葛剑雄编：《谭其骧日记》，文汇出版社1998年版。

葛剑雄：《悠悠长水：谭其骧后传》，华东师范大学出版社2000年版。

葛剑雄：《禹贡传人——谭其骧传》，浙江人民出版社2003年版。

复旦大学历史地理研究中心编：《谭其骧先生百年诞辰纪念文集》，

---

[1] 吴松弟：《谭其骧先生与复旦大学中国历史地理研究所》，《谭其骧先生百年诞辰纪念文集》，上海人民出版社2012年版，第158—167页。

上海人民出版社2012年版。

葛剑雄:《悠悠长水:谭其骧传》,广东人民出版社2014年版。

附记:本文原刊潘耀明主编《国学新视野》2012年冬季号,香港中国文化院,2012年12月,第85—88页。本文为受楼培兄之托,为该刊所撰,旨在简述谭其骧先生一生业绩。因字数所限,遗漏尚多,然所揭皆有所思,敝帚自珍,尚祈是正!

# 民国以来心理史学在隋唐五代史研究中的运用

## 引 言

  心态史学与心理史学是来自西方的史学方法，分别以法国和美国为代表。[①] 受传统史学影响，我国对法国心态史学或者美国心理史学的接受，是近二十多年的事。[②] 而且其开展也不够广泛。笔者并非史学理论专业，无意于讨论心态史学和心理史学的区别及当代中国学者对心理史学的认识与接受[③]，只想分析隋唐五代史领域中对于心态史学和心理史学自觉或不自觉的运用，以期求得进一步观察。但是，由于在国内史学界对psychohistory 的接受过程中，更多地偏向于心态史学[④]，真正对心理史学的运用不多。具体综述文章略无所闻。因此，本文以对心理史学揭示为

---

[①] 周兵：《心理与心态——论西方心理史学两大主要流派》，《复旦学报》（社会科学版）2001 年第 6 期。

[②] 陈曼娜：《二十世纪中外心理史学概述》，《史学史研究》2003 年第 1 期。

[③] 可参见邹兆辰《当代中国史学对心理史学的响应》，《史学理论研究》1999 年第 1 期。关于国内史学界对西方心理史学的响应，还可以参见张广智《心理史学在东西方的双向互动与回响》，《学术月刊》2002 年第 12 期。

[④] 邹兆辰：《近年来我国心理史学发展趋势》，《史学理论研究》2005 年第 4 期。

主，心态史学或将另文介绍。①

按照年鉴学派吕西安·费弗尔（Lucien Febvre，1878—1956）的理解，心理史学属于个人心理学范畴，侧重于对历史上单个人心理分析。它应该包括三个系列："首先，它将专心于探讨人所得之于社会环境的东西：集团心理学。其次，考查人所得之于他的特殊机体的东西：特殊心理学或生理心理学。最后，研究作为人这样的存在所得之于其个人的心理特点、得之于其身体结构的意外状态、得之于其社会生活的偶然事件的东西：差别心理学。"② 在这里，三个系列即三个步骤，心理史学研究属于最后一步。下文中，笔者将以"差别心理学"的标准来分析隋唐五代史研究中对心理史学自觉或不自觉的运用③。按照时间和地域来分，可以从三个方面来叙述：

---

① 关于隋唐五代史研究中对于心态史学的运用，笔者并未见到相关综述文章。明显地运用了心态史学方法的隋唐史论文有：卢向前：《"惜训恶注"与时人心态——甘露事件研究之三》，《唐研究》第六卷，北京大学出版社 2000 年版，第 233—254 页；李怡：《心态史学视野下的唐代女装研究》，《郑州航空工业管理学院学报》（社会科学版）2003 年第 1 期；李怡、潘忠泉：《唐人心态与唐代贵族女子服饰文化》，《中华女子学院学报》2003 年第 4 期；冻国栋：《墓志所见唐安史乱间的"伪号"行用及吏民心态——附说"伪号"的模仿问题》，氏著《中国中古经济与社会史论稿》，湖北教育出版社 2006 年版，第 259—277 页；于俊利：《从唐代祭祀看唐代文人的心态变迁与文学选择》，《暨南学报》（哲学社会科学版）2009 年第 1 期等。因与本文主旨无涉，故仅存目以备。

② ［法］吕西安·费弗尔撰：《历史与心理学——一个总的看法》，王养冲译，田汝康、金重远选编《现代西方史学流派文选》，上海人民出版社 1982 年版，第 49—65 页。

③ 在此，还得区别心理史学研究与心理思想史研究的不同之处。关于隋唐五代的心理思想史，燕国材曾对孔颖达（574—648）、孙思邈（581—682）、李筌、韩愈（768—824）、李翱（772—841）、刘禹锡（772—842）、柳宗元（773—819）等人，《诸病源候论》《无能子》等书，和隋唐时期的佛教、道教的心理思想进行了详细考察，参见氏著《唐宋心理思想研究》（湖南人民出版社 1987 年版）相关章节。

## 一 民国时期

民国时期，对心理史学的运用只有零星体现，其特点是相关学者并非专门研究隋唐历史人物，而只在研究中涉及隋唐历史人物而已。如张耀翔（1893—1964）《中国历史名人变态行为考》①、林传鼎（1913—1996）《唐宋以来三十四个历史人物心理特质的估计》② 等。其中，张氏之文从身体、感觉、注意、记忆、思想及联念、情绪、智能、语言、社交、嗜好、技能、睡·梦·酒醉、疯狂·自杀，共 13 个方面来归纳历史名人变态行为。其中涉及变态心理占绝大多数。所选取例子，则涵盖了整个历史阶段，其中不乏隋唐五代人变态心理及其行为表现。不过，张氏之文的一个缺点，就是仅仅列举，而少论述其原因。在文章"总结"里，张氏仅从两点论述了导致这些变态行为的原因，即：尽孝、尽忠，无法全部解释。总之，虽然张氏之文提供了一个视角，但更需在此基础上进一步研究。

同样作为心理学家，林氏之文也以历史人物为测验对象，其主旨在于充实其对人的心理特质的研究，因此其选取范围并没有局限在隋唐五代历史人物。③ 不过，还是可以从他对其中唐代历史人物的研究中，得出有用信息。

林氏研究中，唐代人物有 10 人：王勃（648—675）、张九龄（673—740）、李白（701—762）、杜甫（712—770）、李泌（722—

---

① 张耀翔：《中国历史名人变态行为考》，《东方杂志》第 31 卷第 1 号，1934 年 1 月。

② 林传鼎：《唐宋以来三十四个历史人物心理特质的估计》，辅仁大学心理研究专刊，1939 年。

③ 当然，也并非上下五千年的人物都在其研究范围内，林氏认为："在作心理估计时，我们的材料至少得有一个统一的基点，然后才有评判的标准。"考虑到上古、秦汉、魏晋六朝与隋唐以后的人物之文化典型相去甚远，特别以科举制之有无为其区分标准，故而林氏选取了唐宋以来的 34 人。见氏书，第 25 页。

789)、权德舆(759—818)、韩愈(768—824)、白居易(772—846)、元稹(779—831)、李贺(790—816)。他对全部34人的选择标准是:"(1)传记中有适合于心理测验的材料;(2)当选取之人必需于一时代史乘中有显明的记载。"① 由于林氏研究中,正文部分是对34人心理学数据的统计,非常专业,亦无法反映作者对历史人物的具体分析。但在附录部分,则有对全部34人的详细描述,从这里可以看出民国时期心理学家在研究历史人物心理特质时,所用何种史料和对史料何种解读。因此,也就可以从林氏史料运用之准确与否,来评判其心理学数据统计的精确与否。

遗憾的是,林氏史料选择,还是有其差误处。比如对于张九龄生年,林氏采用由"年六十八"推知的673年说,而据宋人欧阳修(1007—1072)《集古录》对碑铭史料的引用,张九龄当为"年六十三",故生于678年。在林氏对张九龄的参考书中,只有新旧《唐书》,而未见《集古录》,即使清人温汝适(1754—1820)所撰《张曲江年谱》,亦未见参考。因为据1960年考古发现,张九龄确实生于678年。②

当然,这些史料误用,并不能抹杀林氏用心理学方法研究历史人物的功绩。张氏文章也不可仅仅视之为罗列材料。但民国时期这些研究,无疑有其意义,这体现在两点:首先,虽然是心理学方法的应用,对于原始史料引用,也得保证最基本的可信与可靠。其次,统计学方法有时候并不一定能够涵盖全部,特殊人物亟待个案研究。

## 二 台湾学者

1949年以后,大陆地区心理史学并没有继续展开。因此,本节先关

---

① 林传鼎:《唐宋以来三十四个历史人物心理特质的估计》,辅仁大学心理研究专刊,1939年,第30页。

② 关于张九龄生年考辨,参见顾建国《张九龄年谱》,中国社会科学出版社2005年版,第1—3页。

注台湾地区隋唐五代史学者对心理史学的运用。台湾地区最早关注心理史学的当属殷海光（1919—1969）①，但殷氏并非隋唐史家。

最早利用心理史学研究隋唐五代史的当始于李树桐，早在20世纪五六十年代，他就"从性情、风度、才识、用人、处事等角度分析"，认为"李渊确实有过人之处"，从而揭示出太原起兵的另一个侧面，丰富了对唐高祖李渊（566—635）的认识。②另外，李氏在其他问题，如唐高祖在玄武门事变前后态度等问题上，也有精彩论述。李氏之后，台湾地区隋唐五代史研究者中最看重心理史学的当属雷家骥。雷氏对武则天（624—705）的研究，特别是运用心理史学方法，主要体现在《狐媚偏能惑主：武则天的精神与心理》③一书中。此书④认为武则天是"一个权威人格者，可能有妄想心理，甚至已出现了迫害、夸大、宗教、色情等妄想症状"，虽然在作者经过与医学朋友讨论后，认为"充其量仅能判断她是一个人格失调者"⑤，但此结论已经足够轰动。因此，人民出版社策划"中国历代帝王传记"，请雷家骥来执笔《武则天传》，自有其远见。

综观台湾学者研究，其特点主要有二：第一为重视对心理史学理论本身的思考，比如张玉法《心理学在历史研究上的应用》一文，介绍了18世纪以来心理史学发展⑥；第二为重视个案研究，如张世贤对五代十

---

① 李源涛：《社会科学的方法与港台历史学》，《华东师范大学学报》（哲学社会科学版）1995年第6期。

② 参见苏士梅、于赓哲执笔的综述《晋阳起兵和李渊称臣突厥》，胡戟、张弓、李斌城、葛承雍主编《二十世纪唐研究》，中国社会科学出版社2002年版，第28页。

③ 雷家骥：《狐媚偏能惑主：武则天的精神与心理》，联鸣公司出版社1981年版。

④ 雷氏利用心理分析来研究武则天的文章，还有《武则天的家庭角色及其与庶子女的关系———一个中古时期特殊家庭与亲子关系的个案研究》，载张国刚主编《中国中古史论集》，天津古籍出版社2003年版，第216—248页。

⑤ 雷家骥：《自序》，氏著《武则天传》，人民出版社2001年版，"自序"第1页。

⑥ 张玉法：《心理学在历史研究上的应用》，收入于彭明辉主编《史学方法与历史解释》，中国大百科全书出版社2005年版，第162—193页。

国时期开国君主政治人格类型之分析①。前一点是对民国时期心理学家用心理学概念研究历史的继承，后一点则是在继承基础上批判地进步。

## 三　大陆学者

1949年以后，大陆史学界在一段时期内对于心理史学并没有继续运用。这与中华人民共和国成立初期对所谓胡适（1891—1962）唯心史观的批判有关，"从此史学工作者对历史上人们心理闭口不谈，噤若寒蝉。这种状况持续了近30年"②。"文化大革命"之后，史学界才慢慢开始接受并运用心理史学。

大陆学者对心理史学的运用主要有两个特点：第一，文学史家对古代文学家的研究中，较多注意到了古代文学家心理活动及其对文学创作的影响，而史学家很少用心理分析方法；第二，正如前文所说，心理史学更多地向着心态史学发展，因此对于个人心理的研究也往往从属于对于群体心理的研究。前一个独特点并不在本文论述范围内，那是文学史学术史家的工作。就后一个特点，如牛志平对唐人婚姻心理的研究③，林继中从对中唐田园诗的分析来透视中唐士大夫之间盛行的"变迁感"④，王雪玲从唐人住宅选择情况来分析他们居住陋室却心怀天下的心理⑤，陈磊通过对墓志的解读来分析晚唐河北地区人们对割据现状的认同心理⑥，

---

① 张世贤：《五代开国君主政治人格类型分析》，《行政学报》第18期，1986年5月。

② 彭卫：《心态史学研究方法评析》，《西北大学学报》（哲学社会科学版）1986年第2期。

③ 牛志平：《试论唐人的婚姻心理》，《中国史研究》1989年第3期。

④ 林继中：《变迁感：中唐士大夫的心理压力——中唐田园诗的透视》，《暨南学报》（哲学社会科学版）1993年第3期。

⑤ 王雪玲：《试论唐人身居陋室的心理及其原因》，《陕西师范大学学报》（哲学社会科学版）2001年第1期。

⑥ 陈磊：《唐代后期河北地区的文化分区与社会分群》，李鸿宾主编《隋唐对河北地区的经营与双方的互动》，中央民族大学出版社2008年版，第179—240页。

都有体现。

此外，真正心理史学研究也一直存在。1987年，作为心理学家的武珍和方再林共同署名发表了《中国历代名人变态心理研究》[①]一文，文章首先通过历史材料列举了历史上名人的四种变态行为：智能异常、情绪变态、性格变态、特殊嗜好，作者的选取标准有二：心理特征的统计学标准、社会道德观念标准。最后，解释了三种变态因素：社会因素、遗传因素、心理动力因素。相对于民国时期张耀翔的文章来说，此文篇幅小是一方面；通篇没有提到张耀翔的成果，实在是一个遗憾。更让人怀疑，后出这篇文章之写就，其灵感来源是否就是张耀翔的成果。从武文对变态行为归纳来看，亦似有可能。不过，毕竟武文对变态原因的解释，相对于张文的粗糙来说，还是更加系统化。

当然，武文再一次反映了对个人心理研究往往从属于对群体心理研究这一特点，且研究者并非隋唐史学者。在对个人心理研究中，虽然有隋唐史学者参与，但对心理史学运用却没有充分的理论自觉，仅仅牵涉到心理分析。如李协民《试论安禄山和史思明的微妙关系》[②]一文，根据史书记载，细致入微地分析了起兵前后安禄山（703—757）和史思明（703—761）两者之间的人际关系："安有时需要史、喜欢史、重用史，有时又嫉妒史、怀疑史、不用史，甚至要杀史；史既知安狠，又得靠安，极力给安办事。安史之间的关系就一直这样微妙的发展着。"此分析非常深刻。又如王炎平《论"二圣"格局》[③]一文，从唐高宗（628—683）希望深入贞观之治的局面入手，分析了他需要一个既美貌

---

[①] 方再林、武珍：《中国历代名人变态心理研究》，《人才研究》1987年第11期。

[②] 李协民：《试论安禄山和史思明的微妙关系》，《河北大学学报》1983年第3期。

[③] 王炎平：《论"二圣"格局》，《中国唐史学会论文集》，三秦出版社1989年版，第196—204页。

又通文史的皇后，是高宗在关陇集团压制下，"在政治上需要可靠而得力的助手，在感情上需要安慰"这样的原因。而武则天也十分明智，认为欲"在政治上发挥越来越大的作用，亦须得到高宗的允许和支持"，从而形成"二圣"格局。亦能自圆其说。但这些文章都没有以心理史学为理论工具。不过，受到过西方史学训练的学者对心理史学的运用已经有其自觉意识了。如熊存瑞（Victor Cunrui Xiong）在其 *The Personality of Sui Yangdi* 一文①中，用俄狄浦斯情结（the Oedipus complex）来解释隋炀帝杨广（569—618）的弑父行为，虽然不一定能够服众，但也是一种积极尝试。

由于心理史学难以把握，一些历史学出身的学者也尝试用非学术文体来探究古人心理世界。这方面的代表，是受黄仁宇（1918—2000）影响，并明确以心理史学自命的《天子的隐秘——七位中国帝王的心理传记》一书②，其中的《性角色困扰下的激情女皇——武则天》③《悲情勃发的感受性沉溺人格者——李煜》④，写的就是隋唐五代历史人物。作者赵良在其《自序》中不仅解释了用"抒情散文式的心理传记"来撰写的原因，还承认如"对李煜的人格确定想必会引起争议"⑤。由此可见，心理史学运用及其成果之命途多舛。

当然，也并不是说，大陆地区隋唐五代史研究中心理史学并没有大

---

① Victor Cunrui Xiong（熊存瑞）：*The Personality of Sui Yangdi*，"多元视野中的中国历史——第二届中国史学国际会议"会议论文，清华大学，2004年8月。

② 赵良：《天子的隐秘——七位中国帝王的心理传记》，中国广播电视出版社1994年版。2001年由群言出版社再版，改名为"帝王的隐秘——七位中国皇帝的心理分析"。

③ 赵良：《性角色困扰下的激情女皇——武则天》，氏著《帝王的隐秘——七位中国皇帝的心理分析》，群言出版社2001年版，第75—114页。

④ 赵良：《悲情勃发的感受性沉溺人格者——李煜》，氏著《帝王的隐秘——七位中国皇帝的心理分析》，群言出版社2001年版，第115—163页。

⑤ 赵良：《自序》，氏著《帝王的隐秘——七位中国皇帝的心理分析》，"自序"，群言出版社2001年版，第1—9页。

的发展。20世纪以来,隋唐五代史学界对心理史学开始重视,有两点值得注意:

第一,学术类隋唐五代历史人物传记中,对心理史学运用越来越普遍,特别是在揭示传主童年和青少年经历的时候。如刘玉峰在唐德宗李适(742—805)的研究中,不认同历来认为唐德宗一开始就"猜忌大臣",作者说:"简单地把'猜忌大臣'归结为唐德宗本性猜忌之所致,只能是一种抽象的唯心主义做法。"为了破除成见,作者从史料入手,还原了唐德宗"即位伊始,励精求治"的面貌,并指出"推以诚心的朝臣……却偏偏各谋私利,得势弄权"才是使唐德宗"由推诚置信转向了猜忌防范"的原因。① 同样,作者也用相同方法揭示了唐德宗并非"刚愎拒谏"②。刘玉峰的研究,是对唐德宗从早年积极到晚年消极之心理转变的分析。当然,这样的研究并未得到全面认同。如樊文礼对晚唐晋王李克用(856—908)的研究中,从毗沙门天王显身与李克用交谈这样一个离奇传说,得出了"据说这件事更加坚定了李克用的自负心理以及人们对他的看重"③ 这样的结论。这里,作者用了"据说"这个词,以表明对这件事真实性的怀疑,但从唐人对毗沙门天王信仰已经非常普遍④的角度来看,这件事并非凭空杜撰。因此,若作者能够更加深入,当会对李克用自负心理有更进一步认识。

第二,学术综述中对于心理史学的集中关注。同一领域学者在特定时间段内的成果能够从学术综述中得到统一展现,因此学术综述是了解学术动态的窗口。综述有专题历年性综述和研讨会综合性综述,在隋唐五代史领域这两类综述中,对于心理史学皆曾经辟专章介绍。前一类综述,如《二十世纪唐研究》中,廖孝莲、于赓哲执笔的《武周的兴灭》

---

① 刘玉峰:《唐德宗评传》,齐鲁书社2002年版,第90—99页。
② 同上书,第99—102页。
③ 樊文礼:《李克用评传》,山东大学出版社2005年版,第36页。
④ 关于唐人毗沙门天王信仰的普遍化问题,参见王涛《唐宋时期城市保护神研究——以毗沙门天王和城隍神为中心》,中国社会科学出版社2012年版。

专辟一小节综述"从心理学的角度研究武则天的所作所为"①,虽然是对20世纪八九十年代的综述,但反映了21世纪初学者们对心理史学的特殊重视。后一类综述如周加胜在整理2007年11月18—21日在上海召开的"中国唐史学会第十届年会暨唐代国家与地域社会国际学术研讨会"上学者们所提交论文的过程中,专门介绍了数篇"心理史学"文章②。总之,从前一类综述需要数十年积累才能成文,到后一类综述仅仅一次学术研讨会上就能见到数篇心理史学文章,表明了心理史学在隋唐史研究中不断得到重视。

除了上述两种动向外,随着隋唐五代史研究队伍的不断扩大,一些有志于隋唐五代史的高校学生也逐步利用心理史学。如西北大学2002级历史学基地班赵珍在该系学生学术刊物上发表的《论隋炀帝的"南方情结"》③一文,从人性层面解析了隋炀帝个人性格中"南方情结"的形成及其影响。笔者《"为国去贼,为民除害"——公元918年朱瑾政变事件剖析》④一文从涉事人物过往经历出发,分析了他们性格因素的形成及这类性格在事件中的具体表现。当然,这些文章只是初步尝试,作者们也没有具体引征心理学理论。因此,还有比较大的发展空间。

---

① 廖孝莲、于赓哲:《武周的兴灭》,胡戟等主编《二十世纪唐研究》,第42—43页。另外,最近在对唐高宗研究情况进行综述时,也集中提到了心理史学的影响,见王效锋、阴小宝《唐高宗研究的回顾与展望》,樊英峰主编《乾陵文化研究》(二),三秦出版社2006年版,第369—370页。

② 周加胜:《中国唐史学会第十届年会暨唐代国家与地域社会国际学术研讨会会议综述》,杜文玉主编《中国唐史学会会刊》第二十六期,2007年,第8—11页。介绍的这几篇论文为:游自勇《怪异、书写与阐释:唐宋士人对安史之乱的"预见"》、毛蕾《试论太子李承乾从聪敏至堕落的心理轨迹》、杨增强《试论武则天的双重多维度人格》等,前一篇属于心态史学,后一篇属于心理史学。

③ 赵珍:《论隋炀帝的"南方情结"》,《史林新苗》2004年第4期,第7—12页。

④ 胡耀飞:《"为国去贼,为民除害"——公元918年朱瑾政变事件剖析》,赵昌智主编《扬州文化研究论丛》第六辑,广陵书社2011年版,第82—97页。

## 总　结

　　以上即为笔者对近百年来两岸隋唐史学界的心理史学运用之整理。总而言之，在民国时期，心理史学只是零星地呈现，其特点为：首先，虽然是心理学方法的应用，对于原始史料的引用，尚未足够可信与可靠。其次，统计学方法有时候并不一定能够涵盖全部，特殊人物缺乏个案研究。1949年以来，台湾地区的隋唐史研究，其运用心理史学的特点主要有二，第一为重视对心理史学理论的直接运用，第二为重视个案研究。前一点是对民国时期心理学家用心理学概念研究历史的继承，后一点则是在继承基础上批判地进步。

　　而大陆地区直到改革开放以来才慢慢关注心理史学，其独特点为：第一，文学史家在对古代文学家的研究中，较多地注意到了研究古代文学家心理活动及其对文学创作的影响，而史学家很少用心理分析方法；第二，心理史学更多地向着心态史学发展，对于个人心理的研究往往从属于对于群体心理的研究。当然，20世纪以来也有新动向，表现在：第一，学术类隋唐五代历史人物传记中，对心理史学的运用越来越普遍，特别是在揭示传主童年和青少年经历的时候；第二，学术综述中对于心理史学的集中关注。

　　附记：本文初稿于2009年，曾宣读于"历史学与当代中国社会：2015全国历史学博士后论坛"暨第22届国际历史科学大会平行会议，济南：山东大学，2015年8月23—24日。会上承蒙汪谦幹先生提供意见，谨此致谢！经修改后，刊于樊英峰主编《乾陵文化研究》第11辑，三秦出版社2017年版，第316—322页。

# 金子修一先生课程听课记

2010年9—12月，受杜文玉先生之邀，日本国学院大学金子修一先生莅临陕西师范大学历史文化学院，为隋唐史方向研究生先后开设了"日本'东亚世界论'的回顾与展望"和"关于《大唐元陵仪注》诸问题"两门课程。笔者有幸在两个多月时间内，聆听到了日本学者对于东亚世界论的学术史总结和对《大唐元陵仪注》的研究心得。在本文中，笔者将根据自己每次课堂笔记和当天日记，结合金子先生发放的参考资料，对这两个多月课程进行综述。

## 一 日本"东亚世界论"的回顾与展望

根据安排，这门课持续时间一个多月，上课时间共有9次，每次3个课时，共计27个课时。但实际上，9月30日的课因为在"十一"放假之前一天，所以仅上了两节课。课程时间分布如下：9月20日、9月27日、9月30日、10月9日、10月11日、10月14日、10月15日、10月28日、10月29日、11月1日。由于笔者疏忽，未能参加10月29日、11月1日两次课，但根据蒙海亮、霍斌、王庆昱等同学笔记，亦能了解大概。因此，笔者无法详细还原每一次课的实际情况，所以只能按照自己的理解，逐一介绍金子先生的讲课特点。

### （一）态度认真

日本学者治学严谨众所周知，而日本学者讲课，亦如他们治学态度一样认真。举例而言，9月20日第一次课，金子先生便让我们各自写下姓名、年龄、方向，然后用汉语逐一念我们的名字。虽然金子先生汉语发音不准，但还是一个个地念了出来，以示对每一位同学的尊重。又比如，10月28日课上，金子先生一进教室，便提及之前某节课上，在书写板书时，把谷川道雄（1925—2013）《隋唐帝国形成史论》一书书名中的"史"字错写成了"试"，因此表示抱歉。此外，金子先生十分具有守时观念，每次下课，即便上一节课延迟了五分钟，也要推迟下一节课五分钟，以确保大家能够依然拥有十分钟休息时间。值得一提的是，金子先生全程用汉语授课，即便发错了一个语音，在我们的提醒下也会认真改过来。另外，由于金子先生不擅长使用计算机，所以这门课一直由先生本人手写板书，并在极易混淆的日本简化汉字和中国简化汉字之间抉择。

### （二）尊敬前人

这门课名字为"日本'东亚世界论'的回顾与展望"，因此，金子先生势必会提到诸多前人研究，而其中提到最多的就是其导师西嶋定生（1919—1988）的成果。金子先生由于继承了西嶋先生衣钵，故而在介绍后者研究成果时，必然会有更多体会。而又由于西嶋先生的论著大多在20世纪六七十年代完成，在今天看来不免有值得商榷的地方，金子先生却不为之讳，在尊敬前人的基础上，积极提出自己的看法。比如9月20日，在提到西嶋先生《中國古代帝國の形成と構造：二十等爵制の研究》（東京大學出版會1961年版）一書、《漢代における即位儀禮》（《榎博士還曆記念東洋史論叢》，山川出版社1975年版）一文、《東アジア世界と冊封體制》（岩波書店2002年版）一書时，认为西嶋先生对史料的一些解读有问题。又如10月14日，提到西嶋先生和堀敏一（1924—2007）关于东亚世界的不同观点，认为堀先生所谓以中国为中心的东亚世界不会排除与北亚、中亚各民族的关系，而金子先生认为堀先生的提法有所夸张。当然，金子先生对前贤进行商榷的前提是充分尊重前贤劳动成果，故而在9月27日课上，一开始便给大家发放了一份摘自他自己《隋唐の國際秩序と東アジア》一书的序章《隋唐國際關係研究の諸問題》，这序章其实就是一项学术史整理。在每一次课上，根据内容，金子先生也会陆续提到相关研究成果。现开列如下：

9月20日，金子先生首先对自己的三本论著进行介绍：《古代中國と皇帝祭祀》（汲古書院2001年版）、《隋唐の國際秩序と東アジア》（名著刊行會2001年版）、《中國古代皇帝祭祀の研究》（岩波書店2006年版）。就学术史而言，由于出版了的成果便是公开提供给学界的一份参考，故而即便是自己的书，也可以成为自己研究方向的"前人"。另外，还提到西嶋定生《倭國の出現：東アジア世界のなかの日本》（東京大學出版會1999年版）一书。

9月30日，金子先生从他自己《隋唐の國際秩序と東アジア》一书中摘录了第40—41页的内容，以及一张栗原朋信（1909—1979）于1969年制作的表格"漢代公印の規格表"。另外，在提到汉代印章时，还把他的书给我们传阅，其中所刊图片，有一幅为广西壮族自治区博物馆藏，由北海道大学吉开将人提供。

10月9日，金子先生发给每人一张复印件——刊于《中国文物报·文物考古周刊》第30期（2010年9月17日）的孙慰祖《从秦官印和封泥看浙江、江东在秦代的隶属关系》一文，这也反映了金子先生对中国学界最新学术信息的获取非常及时。

10月11日，第一节课，金子先生提及西嶋定生《日本歷史の国際環境》（東京大學出版會1985年版）一书。第二节课，提及石母田正（1912—1986）的研究，以《日本古代國家論》（岩波書店1973年版）、《中世的世界の形成》（岩波書店1988年版）两书为代表。然后，重点提及日本唐代史研究会于1979年出版的关于东亚世界的论文集《隋唐帝國と東アジア世界》（汲古書院1978年版）一书，分别介绍书中刊文的作者，如栗原益男（1918—2000）、菊池英夫、谷川道雄、堀敏一、池田溫、布目潮渢、中村裕一等人。第三节课，重点介绍堀敏一的成就，列举了其五本著作：《中國と古代東アジア世界：中華的世界と諸民族》（岩波书店1993年版）、《律令制と東アジア世界——私の中國史學（2）》（汲古書院1994年版）、《東アジアのなかの古代日本》（研文出版

社1998年版)、《東アジア世界の形成——中國と週邊國家》(汲古书院2006年版)、《東アジア世界の歷史》(講談社2008年版),并提及堀先生两位弟子:静冈大学重近启树、明治大学氣賀澤保規。

10月14日,金子先生提及西嶋定生于1961年发表的《古墳與大和政權》(笔者按:未能还原日文原文标题)和1966年发表的《古墳出現の國際的契機》两篇文章。

10月28日,金子先生提到日本庆应义塾大学前嶋信次(1903—1983)对于天宝六载来朝的陀拔斯单国归信王、罗利支国义宁王、岐兰国义宾王、涅蒲国奉顺王、渤达国守义王、都盘国顺德王、阿没国恭信王、沙兰国顺礼王等的综合研究。

10月29日,主要讲羁縻问题,金子先生提到了栗原朋信、好并隆司等人关于汉代羁縻的研究。又提及一本书:坂元義種《古代東アジアの日本と朝鮮》(吉川弘文館1978年版)。另外,当王庆昱同学问金子先生关于十六国北朝史研究现状时,金子先生提到了三崎良章《五胡十六國の基礎的研究》(汲古書院2006年版)一书。

11月1日,金子先生提到了李成市《東アジア文化圈の形成》(山川出版社2000年版)、森安孝夫《シルクロードと唐帝國》(講談社2007年版)、渡邊信一郎《中國古代の王權と天下秩序:日中比較史の視點から》(校倉書房2003年版)。

### (三)史论结合

史论结合虽然说是写论文时需要注意的问题,但在讲课时,如何吸引学生兴趣,也需要老师们根据所讲授的内容选取一些具体史料来演绎。这一方面,金子先生充分利用自身的学术积累和日本学界学术背景,为同学们生动地展现了其相关论证:

1. 9月20日课上,金子先生通过对比日本天皇制和中国皇帝制度,来引起大家对于中国古代皇帝权力之特殊性的兴趣。

2. 9月30日课上,金子先生提到了1985年他在山梨大学任教期间,一次假期去天水文管所,发现了一颗蛇纽"樊舆侯印",这个发现推翻了日本学界一般看法，即蛇纽应该出现于高温多湿地区，而橐驼纽则出现于北方沙漠地区。

3. 10月14日课上，金子先生为了说明西嶋先生对于中国史的兴趣，顺带提及了西嶋先生家在冈山县，那个地方以及大阪、奈良等地都分布着很多三四世纪的古坟，而这些古坟的出现则与当时倭、百济、新罗、高句丽等国接受中原王朝的封号同步，因此可以说是受到了中原的影响而建立了这些古坟。两者之间的相同之处，则是古坟按照不同豪族的势力有大小之别，这可以说与中国秦汉时期的二十等爵制有异曲同工之妙。在这样的环境下，想不对历史感兴趣都难。

4. 10月15日课上，金子先生提到《唐大诏令集》卷三九所载上官仪《册赠渤海王文》，用以说明唐王朝用国内的封号赐予外臣；又提到《旧唐书·宪宗纪上》元和元年九月丙寅条关于渤海郡王高崇文的记录，用以说明当时渤海郡王和渤海国王并行。

5. 同日，金子先生为了说明日本与渤海国的往来，提到了日本"六国史"之一《续日本纪》里记载的一些渤海与日本交往的情况，比如神龟四年（727）九月庚寅条"渤海郡王使首领高齐德等八人来着出羽国，遣使存问兼赐衣服"，和十二月丁亥条"渤海郡王使高齐德等八人入京"，以及丙申条"渤海郡者，旧高丽国也……至是，渤海郡王遣宁远将军高仁义等廿四人朝聘"等。另外，也提到《天平三年（731）越前国正税帐》关于"送渤海郡使人使等食粮伍十斛"的记载，和长屋王木简中关于"渤海使"的内容。

当然，以上仅仅是一些口头例子，而事实上金子先生还经常发放材料给我们阅读，比如：10月9日，从《三国志》卷三十《魏书·东夷传》中摘取了关于倭国的记载；10月14日，复印了中华书局版《旧唐书》卷一九五《回纥传》（第5204—5205页），让我们看其中对回纥的册封记载。另外，对于《旧唐书》中的"金河王"，金子先生还提出疑问，举了殿本《旧唐书》和《资治通鉴》的记载，认为是"静汉王"；虽然笔者觉得或许是"静河王"，可与下文"静漠王"相呼应。另外，金子先生还发过两张他自己抄写的史料：

第一张是"关于太上皇帝睿宗的外交权"。在这张复印件中，金子先生抄了《旧唐书》卷一九九下《北狄传·渤海靺鞨》的部分，和《册府元龟》卷九七一《朝贡四》的内容，分别如下：

睿宗先天二年遣郎将崔欣往册拜祚荣为左骁卫员外大将军渤海郡王仍以其所统为忽汗州加授忽汗州都督自是每岁遣使朝贡。(『旧唐书』卷一九九下北狄传渤海靺鞨，五五六〇页)

(先天二年〈七一三〉) 正月突厥二月新罗室韦吐蕃处月突厥羯者于阗六月南天竺新罗各遣使朝贡凡夷狄朝贡太上皇皆御门楼以见之。

开元元年十二月，(中略) 林邑国王建多达摩遣使献象五头帝降书谓之曰卿国在海南远通朝贡所献方物深达款诚今赐卿马两匹宣知朕意。(『册府元龟』卷九七一朝贡四)

第二张是"唐朝以前的'册封'事例"，金子先生抄录了两段史料，分别引自《新唐书》卷二二二上《南蛮传上·南诏上》（第6273页）和《新唐书》卷二二二下《南蛮传下·室利佛逝》（第6305页）：

……时贞元四年（七八八年）也（韦）皋乃遣谍者遗书吐蕃疑之因责大臣子为质异牟寻愈怨后五年乃决策遣使者三人异道同趣成都遗皋帛书曰……吐蕃欺孤背约神川都督论讷舌使浪人利罗式眩惑部姓发兵无时今十二年此一忍也……讷舌等皆册封王小国奏请不令上达此二忍也。(『新唐书』卷二二二上南蛮传上南诏上，六二七三页)

室利佛逝一曰尸利佛誓。……咸亨至开元间数遣使者朝表为边吏侵掠有诏广州慰抚又献侏儒僧祇女各二及歌舞官使者为折冲以其王为左威卫大将军赐紫袍金钿带后遣子入献诏宴于曲江宰相会册封宾义王授右金吾卫大将军还之。(『新唐书』卷二二二下《南蛮传下·室利佛逝》，六三〇五页)

可以发现，以上几段文字皆没有标点，而金子先生在课堂上却让同学们来读，那么这不仅是锻炼阅读史料能力，也考察临时句读能力。

最后两节课，虽然笔者没有赶上，但也从同学处得到了一些信息，并复印了金子先生发放的"日本'东亚世界论'的回顾与展望"内容的概括，是对这些天来讲课内容的一个概括，共15条。

## 二 关于《大唐元陵仪注》诸问题

11月1日之后，金子先生前往上海参加了几次学术研讨会，11月11日返回西安，继续讲第二门课"关于《大唐元陵仪注》诸问题"。课程时间分布如下：11月11日、11月12日、11月15日、11月18日、11月19日、11月22日、11月25日、11月26日、11月29日、12月2日、12月3日、12月6日，凡12次，每次2—3课时不等。下文按照时间顺序，根据金子先生讲课内容安排，逐一还原课堂实况：

### （一）中国古代皇帝祭祀制度

不知是否因为祭祀与即位都属于礼的一部分，且一为吉礼，一为凶礼，正好对应，可以互观之故，金子先生在开讲《大唐元陵仪注》之前，先花了11月11—25日七次课时间，给我们讲了中古时期皇帝祭祀制度，以致正式开讲《大唐元陵仪注》之后，增加了原先并未安排的12月2日以后的三次课。下面是关于皇帝祭祀制度的讲课内容：

11月11日：本次课程，金子先生发放了两份材料：一份是复印《新唐书》卷一一《礼乐志》（中华书局1975年点校本，第310—311页），重点在第310页关于吉礼内容的记载；一份是他的《古代中国と皇帝祭祀》一书第一部第一章《中国古代の皇帝制度の諸問題》第8—9页，其中有一张表"『大唐開元禮』における大祀・中祀・小祀と皇帝の自稱との關係"。然后，金子先生就南郊北郊、天郊地郊、祈谷祀天等，历数了郑玄、曹魏、北朝，以及王肃、西晋以来的规矩，主要在于要区别皇帝亲祭和有司摄事，并援引马端临《文献通考》卷九九《宗庙考九》的内容，"正祭则时享禘祫是也"，"告祭则国有大事告于宗庙是也"等予以说明。另外，还讲了四时祭，特别是三年一祫和五年一禘，并且画图示意。

11月12日：本次课程，金子先生先讲到皇帝亲祭和有司摄事的区别，于是发放《大唐开元礼》（民族出版社2000年影印本）之《大唐开元礼总目》（第7页）复印件。在这个总目中，能看出皇帝亲祭和有司摄事的区别，但金子先生提醒我们需要注意两点：1. 卷一〇和卷一一提到的明堂，只有武周朝有；2. 卷二八的小祀没有皇帝亲祭和有司摄事的区别。

然后，金子先生发放了《古代中国と皇帝祭祀》第二部第四章《魏晋南北朝の皇帝祭祀の推移》的内容（第148—157页）之复印件，包含第九表《東晉の郊廟親祭》、第十表《劉宋の郊廟親祭》、第十一表《南齊の郊廟親祭》、第十二表《梁の郊廟親祭》、第十三表《陳の郊廟親祭》；又发放了某篇论文部分内容，其中有两个表：表一《睿宗までの郊廟親祭》（第22—23页）和表2《玄宗以降の郊廟親祭》（第26—27页）。于是，就这些表文，金子先生对古代中国皇帝祭祀情况进行了讲解，讲解过程中，特别提到了朔旦冬至，即十一月朔日和冬至日重合问题；又提到梁师都贞观二年（628）灭亡与东突厥贞观四年灭亡，这两件事或与贞观五年的南郊有关系，但没有足够证据；还提到因为贞观十四年李淳风献上的新历法，才有当年的朔旦冬至；也提到贞观十七年太子李承乾被废与当年亲谒太庙有关，所以应该是临时性的告祭。

最后，又发放了他所著《中國古代皇帝祭祀の研究》一书第七章《唐代における郊祀・宗廟の運用》（第318—319页）的内容，文中引述两段史料，以分别揭示皇帝亲祭和有司摄事两种形式祭祀的实况。

11月15日：本次课程主要就武则天时期的祭祀进行讲述，金子先生先列出他的两篇文章题目：《略论则天武后在政治上对祭祀礼仪的利用》（收入赵文润、李玉明主编《武则天研究论文集》，山西古籍出版社1997年版）、《則天武后の明堂の政治的役割》（收入《古代中國と皇帝祭祀》），然后在讲述时提及：1. 洛阳有发现明堂里的天堂，而虽然据说洛阳也有天坛（圜丘），但并无遗迹；2. 武后亲祀并同时大赦、改元，在唐代历史上也是首次。另外，金子先生特别就长安二年（702）武则天亲郊目的，发放了两份他自己手写的文件：

> 每至朝仪有事，礼申大祀，或郊丘展报，或陵庙肃诚，上帝宗于明堂，法驾移于京邑。元正献寿，南至履长，朝日迎于青郊，神州奠于黑座。公凡一摄太尉，三摄司寇，重主司空，再入门下。……又属皇明远被，日本来庭，有敕令公与李怀远、豆卢钦望、祝钦明等，宾于蕃使，共其语话。至神龙元年，又除徐州刺史，预陪祔庙，恩及追尊，赠公皇考滑州长史。（杜嗣先墓志）
>
> 长安三年（七〇三），其大臣朝臣真人来贡方物。……则天宴之于麟德殿，授司膳卿，放还本国。（『旧唐书』倭国日本传）

这两段文字，都已经有标点，故而阅读比较方便。然后，金子先生主要解释《杜嗣先墓志》中的语句意思，比如"南至履长"和"元正献寿"等，并提及渡邊信一郎《天空の玉座——中国古代帝国の朝政と仪礼》（柏書房1996年版）一书。

11月18日：本次课金子先生讲到唐中宗时期亲祀，提到神龙元年（705）八月份祔庙情况，有太祖景皇帝李虎、献祖光皇帝李天赐、世祖元皇帝李昺、高祖、太宗、高宗、敬帝。还有景龙三年（709）韦后亚献，是为仿武后于高宗时亚献之先例，由韦巨源、祝钦明希韦后旨而成。又提到睿宗是唐代第一个亲自北郊的皇帝。

之后，金子先生将话题转移到了汉代以来皇帝即位后谒庙情况，如西汉前期于宗庙即位；西汉后期于柩前即位，然后谒庙；东汉则在柩前即位，然后大葬，然后再谒高庙和世祖庙。南朝的情况，则是太子即位的话，不谒庙。而北朝、隋朝则没有相关记载。

讲完以上两部分，金子先生又发放了他自己手书的复印件，内有四段史料：

（先天元年〈七一二〉七月）壬辰，制传位于太子，太子上表固辞。太平公主劝上虽传位，犹宜自总大政。上乃谓太子曰：汝以天下事重，欲朕兼理之邪。昔舜禅禹，犹亲巡狩，朕虽传位，岂忘家国，其军国大事，当兼省之。……八月庚子，玄宗即位，尊睿宗为太上皇（太上皇帝——『旧唐书』）。上皇自称曰朕，命曰诰，五日一受朝于太极殿。皇帝自称曰予，命曰制、敕，日受朝与武德殿。三品以上除授及大刑政决于上皇，余皆决于皇帝。（『资治通鉴』卷二一〇唐纪二六）

诰：昔重华嗣德，格于文祖，高密陟后，至于神宗。……皇帝初嗣大宝，允膺休命，……宜躬亲祀典，用展肃邕。可以今月四日谒享太庙，所司准此。（『唐大诏令集』卷七五「令皇帝亲谒太庙诰」先天元年十月）

昨者奸臣构衅，窃犯禁闱。……皇帝遂与岐王范、薛王业等，……戮鲸鲵于阙下，扫枪攙于天路，元恶大憝，罔不伏诛，人神用康，功业弥广。信可总璇衡之大政，守家国之鸿绪，能事备矣，朕又何忧。自今已后，军国政刑，一事已上，并取皇帝处分。……朕方高居大庭，缅怀汾水，无为养志，以遂素心。（『唐大诏令集』卷三〇「睿宗命明皇总军国刑政诏」）

（先天）二年正月突厥、二月新罗·室韦·吐蕃·处月·突厥·于阗、六月南天竺·新罗，各遣使朝贡。凡夷狄朝贡，太上皇皆御门楼以见之。

开元元年十二月，……林邑国王建多达摩遣使献象五头。帝降书谓之曰：卿国在海南，远通朝贡，所献方物，深达款诚，今赐卿马两匹，宜知朕意。（『册府元龟』卷九七一朝贡四）

就这四段史料，金子先生主要想讲述的是唐睿宗虽然退位，却仍然掌握大政的情况，且大政包括三品以上除授和大刑政，乃至接见朝贡使节。另外，金子先生还提及《睿宗命明皇总军国刑政诏》应该改为《睿宗命明皇总军国刑政诰》。

11月19日：此次课，金子先生先发放了一张他自己手书的史料之复印件，内容如下：

（开元）五年（七一七）正月，玄宗将行幸东都，而太庙屋坏，乃奉七庙神主于太极殿。玄宗素服避正殿，辍朝三日，亲谒神主于太极殿，而后发幸东都，乃敕有司修太庙。明年庙成，玄宗还京，行亲祔之礼。（『旧唐书』卷二五礼仪志五）

（天宝九载〈七五〇〉一一月四日己丑）自今已后，每亲告献太清宫、太微宫，改为朝献，有司行事为荐献。亲告享宗庙为朝享，有司行事为荐享。亲巡陵为朝拜，有司行事为拜陵。应缘诸事告宗庙者，改为奏。其郊天后土（＝地祇）及祀祝云敢昭告于者，并改为敢昭荐于。（『册府元龟』卷三〇帝王部奉先三）

伏承今月二日册皇太子，六日朝献太清宫，七日享太庙，八日有事于南郊者。款谒宫庙，尊崇祖祢，展敬天之礼，百神受职。（『全唐文』卷四五二邵说「为郭令公贺南郊大礼表」）

然后，金子先生开始讲课：提及支持太平公主的岑羲拟武则天称号为"天后圣帝武氏"，而支持玄宗的姜皎拟为"则天皇后武氏"；提及开元十年（722）唐玄宗巡幸洛阳，由中宗祔庙，祧迁敬帝；至于开元元年至开元十一年，为什么没有南郊，则说需要回国再考虑；提及开元十三年封禅泰山、开元十七年十一月亲飨太庙并告巡陵；提及讲太清宫的事，说"天宝""载"等词汇都与道教有关；提及老子不死，故不用神主，用白石制作的老子像，以事生之礼事之；提及天宝十载连续三天朝太清宫、谒庙、南郊，可能是为了庆祝玄宗即位40周年，以后遂为定制；提及所发《全唐文》中那次，即代宗广德二年（764）立太子、朝献太清宫、享太庙、有事于南郊，各皆比金子先生书中表格里的日期晚一天，不知为何；提及建中三年（782）当天大赦文中，发布了两税法；提及穆宗以后亲郊当天改元，遂成定制。

11月22日：此次课上，金子先生首先讲到踰年改元现象，提及东汉时期殇帝、冲帝、质帝，然而北乡侯因为没有逾年，所以也没有帝号。又提到了曹魏齐王芳时期行用《景初历》的情况，故而月份往前推了一个月，导致景初三年（239）废止《景初历》时，需要在十二月之后加一个后十二月才正式进入正始元年正月。

金子先生继续讲晚唐亲郊，提及德宗贞元元年（785）的原因是平定藩镇，并让我们重视陆贽的《陆宣公翰苑集》。贞元六年的理由未知。贞元九年的理由，让我们参考《册府元龟》卷三四《帝王部·崇祭祀》同年条原注，"以是岁有年、蛮夷朝贡，思亲告郊庙"。然后，让我们看上一门课的时候发放的"唐朝以前的'册封'事例"，这份材料里即提及贞元九年的册封缘由。最后，金子先生总结道，从则天武后到玄宗朝是一个郊庙亲祭高峰，而德宗朝则是第二个高峰。

随后，金子先生发放了新材料，共四段史料：

> 属兴伐叛之师，未暇燔柴之礼，赖祖宗保佑，上帝监临，氛氲澄清，弓戈櫜（櫜）戢。今因南至，有事圆丘，荐诚敬于二仪，申感慕于九庙。（『文苑英华』卷四二八，大和三年〈八二九〉一一月一八日赦文）

> （会昌）五年（八四五）正月己酉，群臣上尊号曰仁圣文武章天成功神德明道大孝皇帝。是日，朝献于太清宫。庚戌，朝享于太庙。辛亥，有事于南郊。（『新唐书』武宗纪）

> （会昌元年正月）八日，早朝出城，幸南郊坛。坛在明德门前，诸卫及左右廿万众相随。诸奇异事不可胜计。（圆仁『入唐求法巡礼行记』卷三）

> 会昌五年岁次乙丑，正月二日拜南郊，仪仗威仪，一似元年，不许僧尼看。（同书卷四）

这四条材料，主要是说明会昌元年（841）、五年两次亲郊。特别是圆仁的描述，金子先生最感兴趣，认为会昌元年的亲郊反映了当时长安居民被允许参观郊礼，会昌五年的亲效反映了会昌废佛的情况。

金子先生又继续讲解晚唐郊祀情况，提及僖宗为什么第二年冬至当天朝太庙，却没有南郊？似乎没给出答案，也许是笔者没听清楚，甚是抱歉！而黄巢之后的文德元年（888）朝太庙，则当时暂且在少府监的大厅举行。随即，金子先生又发下某份材料，复印自某书第 400—401 页，重点让我们看其中的两幅图："唐长安城平面图""唐洛阳城平面图"，让我们看太清宫、太庙、南郊地分别之所在，以明连续三天的郊庙，从太清宫到太庙，再到南郊地点，这个路线有利于居民的参观。另外，这份材料图片之外的文字则是关于唐哀帝南郊不成的记载。

于是，金子先生一路讲完了整个唐代的郊庙情况。随后又发下四段手写材料的复印件：

　　从九月二十九日降郊礼敕后流贬人，不在此例。（『文苑英华』卷四二九，会昌五年正月亲郊大赦文）

　　从九月二十二日降郊礼敕后流贬，及引决妄称冤人等，并重推覆囚徒，并不在此例。（同书卷四三〇，宣宗大中元年正月大赦文）

　　从九月四日降郊礼敕后流贬，及引决妄称冤人等，并重推覆囚徒，并不在此限。（『唐大诏令集』卷七二，乾符二年南郊赦）

　　（元和一五年〈八二〇〉）十二月敕，郊礼日近，恐有奸人觊望恩赦，从今日至来年正月三日以前，京畿应有奸非盗贼，准法处分，不在赦原之限。纵属诸军使，亦委府县，依律科断。（『册府元龟』卷六一二刑法部定律令四）

这些材料主要是想让我们看"郊礼敕"的情况，这不仅能说明郊礼在三大礼中最重要，也能反映亲祭的准备时间越来越长。

　　11 月 25 日：本次课程，金子先生讲到了唐代后期朝贺礼的废止。另外，临时复印了上一门课上的一份资料，即"肅宗朝以後の諸外國の王號表"，主要是为了说明安史之乱以后，外国入朝数量剧减，地域也局限于新罗、渤海、南诏。最后，金子先生推荐分别发表于《唐史论丛》第十一、十二辑的两篇论文：金子修一《唐代长安的朝贺之礼》；金子修

一、小泽勇司《唐代后半期的朝贺之礼》。然后，金子先生提到了一个争论，即很多人认为各个王朝的祭祀都是按照儒家经书而来，没有太大的变化，那么研究这样的问题有何意义？对于这样的疑问，金子先生认为，如果从各个王朝对于经书的不同运用来看，还是会发现问题的。对于唐朝来说，则是有司摄事制度化、皇帝亲祀特殊化。总之，金子先生用他二十年思考这一问题的经验，告诉我们要注意制度和现实的差异。

### （二）释读《大唐元陵仪注》

11月25日第二节课之后，金子先生开始涉及《大唐元陵仪注》相关内容。在上这门课之前，金子先生特地去富平县参观了唐代宗元陵，并对中宗定陵之被破坏感到寒心，可慰的是懿宗简陵保护得比较好。

开讲之前，金子先生发放了他在中国社会科学院所作报告之中文版，由博明妹翻译成中文的《围绕"大唐元陵仪注"的诸多问题》。并先对比了中日两国皇帝即位不同情况：中国是在先帝驾崩之后由新帝即位，而日本则是新帝即位之后先帝让位成为上皇，形成院政。于是似乎天皇变成了皇太子，而上皇才是皇帝。

随后，金子先生发放《古代中国と皇帝祭祀》一书的第一部第一章《中國古代の皇帝制度の諸問題》中的两页（第6—7页）内容，内有根据西嶋先生《皇帝支配の成立》一文之一部分改编的一个表格"玉玺分类表"，并提及栗原朋信《文獻にあらわれたる秦漢璽印の研究》（载氏著《秦漢史の研究》，吉川弘文館1960年版）一文。主要是为了表明，汉代的皇帝拥有"皇帝""天子"两种不同系统的玺印，从而反映了西嶋先生在《漢代における即位儀禮》一文中所提到的，汉代皇帝即位有即天子位和即皇帝位两个阶段。详细而言，汉代前半期在高祖庙即位，昭帝以后在枢前即位，东汉时期在枢前即位，然后先后去高帝庙和光武帝庙进行谒庙。另外，关于枢前即位，即天子位为凶礼，即皇帝位为嘉礼。

11月26日：本次课，金子先生继续昨天的内容，历举两汉以来谒庙，主要说明唐以前谒庙事例越来越少，其作用逐渐为郊祀所取代。然

后，讲汉代即位式，引用尾形勇观点，收入井上光贞（1917—1983）等编《東アジア世界における日本古代史講座》第9卷《東アジアにおける儀禮と國家》（學生社1982年版）的《中國の即位儀禮》一文，主要观点是，除了正常情况以外，在皇帝"讓位"（尾形勇用语）时，先即皇帝位，再即天子位，即以"皇帝臣某"告天即位。

关于即天子位与即皇帝位的区别，金子先生还发放一张他手书的史料复印件：

三公奏尚书顾命太子即日即天子位于柩前请太子即皇帝位皇后为皇太后奏可（司马彪『续汉书』礼仪志下）

三公奏尚书顾命。太子即日即天子位于柩前。请太子即皇帝位、皇后为皇太后。奏可。（西嶋）

三公奏「『尚书』顾命太子即日即天子位于柩前。请太子即皇帝位、皇后为皇太后」。奏可。（松浦）

以上，金子先生就《续汉书》中这段史料原文，提供了西嶋先生句读和松浦千春1993年发表的《漢より唐に至る帝位繼承と皇太子—謁廟の禮を中心に—》（《歷史》第80號）和《唐代後半期の即位儀禮について》（《一關工業高等專門學校研究紀要》第28號）两文中的句读，并认为松浦先生的更为合理。

在介绍了上面背景知识之后，便开始正式讲授《大唐元陵仪注》内容，主要依据发放的《文史》2008年第4辑上由他领衔署名的《〈大唐元陵仪注〉概说》一文。然后根据此文进行讲解，在遇到文中人名、书名等内容时稍作解说，比如对大津透日本史研究背景的介绍，对贞观、显庆、开元三部礼仪的篇目数量情况的对比，对来村多加史、洼添庆文、江川式部等人的介绍，等等。

11月29日：本次课，金子先生先发放了两份新材料：一为11月5日他在复旦大学所作报告的复印件《开元四年的庙制改革与则天武后的评价》；一是《大唐元陵仪注试释》（二）一文的两页（第17—18页），因为其中有"代宗丧葬・德宗即位仪礼关系年表（增补）"。随后，继续读他上次没读完的《围绕"大唐元陵仪注"的诸多问题》一文，并重点解释了"以日易月"和"以日易年"的现象。

之后，又继续讲《文史》上的文章，顺便在讲解之前介绍此文中所涉及的 10 位合作者的学术信息：江川式部、稻田奈津子、金子由纪、河内春人、铃木桂、野田有纪子、榊佳子、牧飛鳥、小倉久美子、小幡みちる。

12 月 2 日：本次课，金子先生根据《文史》上的文章，讲丧仪程序，期间介绍了五服、"期年"避李隆基讳而改为"周年"，并发下《通典》卷八三《凶礼五・丧制之十・复》大唐元陵仪注的内容，以配合介绍程序之 6 的内容。即：

> 其告丧之礼，使至所在，集州县官及僧道、将吏、百姓等于州府门外，并素服，各以其方向京师，重行序立。百姓在左，僧道在右，男子居前，妇人居后。立讫，使者立于官长之右，告云「上天降祸，大行皇帝，今月某日奄弃万国」。刺史以下抚膺哭踊，尽哀。止哭，使者又告云「大行皇帝有遗诏」。遂宣诏，讫，刺史以下又哭，十五举声。使者又告「皇帝伏准遗诏，以今月某日即位」。刺史以下再拜称万岁者三。百姓及州县佐史朝夕巷哭，各十五举声，三日释服。节度、观察、团练使・刺史并斩缞绖杖，诸文武官吏服斩缞，无绖杖。大小祥・释服，并准遗诏。其有敕书，使者宣告如常礼。其三品以下仪制，并具开元礼。（『通典』卷八三凶礼五「丧制之十复」大唐元陵仪注）

其中，金子先生在谈到州县吏民在使节引导下向长安城遥望以哭的时候，还分析了站左站右方位问题。关于遗诏内容两种形式，则让我们参考他在上师大唐史学会第十届年会上发表的论文《从皇帝遗诏来看唐代的中央和地方》，收入严耀中主编的论文集中。

12 月 3 日：本次课，金子先生首先继续讲那篇《围绕"大唐元陵仪注"的诸多问题》，期间提到了《册府元龟·帝王部·继统》的重要性，还有《五礼通考》的重要性，并让我们注意制度的编纂与实际行用之间的不一致性。随后，金子先生又发了两份材料：1. "唐代庙制一览（『旧唐书』卷二五）"；2. "（参考）唐王朝系图"。其中，后者是金子先生自己手写的帝系图。

结束对《围绕"大唐元陵仪注"的诸多问题》的讲解之后，金子先生继续按照程序讲解《文史》上的那篇文章。

12月6日：本次课，金子先生最终讲解完《文史》上的《〈大唐元陵仪注〉概说》一文，并发放了最后一份材料"《大唐元陵仪注》概说追补"，内容为关于《文苑英华》卷八三六《代宗睿文皇帝哀册文》和"大唐元陵谥册文"的解说文字。

## 结　　语

以上便是金子修一先生两个多月时间内为我们所开课程的记录。前一门课，由于内容分散，所以笔者仅就内容分类总结，重在突出金子先生讲课的风范；后一门课，因内容集中且有系统，故而按时间顺序逐次介绍。由于笔者疏漏，其中曲解之处在所难免，还望读者诸公谅解！

除了正式上课之外，金子先生对我们的教益还有两种场合：

12月2日，金子先生在陕西师范大学长安校区图书馆一层报告厅为前来听讲的不限于历史文化学院的老师和同学们开讲了关于遣唐使的讲座，"日本遣唐使概说"。在这场讲座中，金子先生主要利用了两份材料：1. 古濑奈津子《遣唐使眼里的中国》中译本（武汉大学出版社2007年版）里的"遣唐使一览表"；2. 他自己《隋唐の国際秩序と東アジア》一书里的"天皇の在位と遣唐使との關係表"。另外，在11月30日，金子先生就已经给陕西师范大学文科部学生开了一场讲座，名为"唐代天坛祭祀的原因和意义"，可惜，由于讲座开设于雁塔校区，且主要针对大一大二文科基础部的学生，所以并未通知研究生，导致笔者错过了这次讲座。

12月9日，金子先生应邀在陕西师范大学历史文化学院会议室，与此前一直跟他上课的研究生进行座谈。座谈中，同学们各自提出问题，金子先生就同学们的问题逐一作出回答。同学们的提问包含三个方面：1. 日本唐史学界的情况及日本唐代史研究会的活动，日本学界如今研究唐史的热点问题等，对于后者，金子先生提及森部丰的粟特研究，和大津透等人的《天圣令》研究。2. 关于金子先生早年读书的情况，他回忆起他读书时候每年要读100本书，日文、中文、英文甚至法文，并建议我们多走访博物馆、参加研讨会，后者即所谓"耳学问"。3. 关于赴日进修读研或读博的相关问题。

就这样，在12月9日，我们结束了与金子先生相处的两个多月时光，虽然说真正的学问是带不走的，但这些日子的学习，能够从金子先生身上学到哪怕百分之一，那也是有所收获的。

# 书评编

# 也评武建国《五代十国土地所有制研究》

2002年，中国社会科学出版社出版了云南大学武建国（1954—2013）《五代十国土地所有制研究》一书。作为学界第一部专门研究五代十国时期土地所有制的专著，此书首次提出并解决了诸多空白领域和悬而未决的问题。对此，已有黄纯艳和吴兴南两篇书评[①]予以揭示，读者自可结合该书本身进行判断。就总论五代十国经济史的研究著作而言，杜文玉师《五代十国经济史》[②]是武建国一书出版后十多年来的集大成之作，读者若想进一步了解，可以移步参阅。本文不就具体的学术史脉络进行梳理，仅就学术规范等问题来对一些学术现象进行梳理，以便后人在此基础上可以进一步深入。

1. 学术规范问题

对于一本出版多年的学术著作，而作者又是从1992年即开始研究五代十国土地所有制关系（见本书前言第2页，下文页码标识同此）的学者[③]，不必苛责其不当之处。但是，如果笔者的提醒能够促使后来人引以为戒，将是笔者莫大的荣幸。本书作者虽然对前人研究十分尊重，但在

---

① 黄纯艳：《土地制度史研究的新贡献——评〈五代十国土地所有制研究〉》，《中国社会经济史研究》2004年第1期；吴兴南：《中国土地制度史研究的新成果——评〈五代十国土地所有制研究〉》，《思想战线》2004年第2期。

② 杜文玉：《五代十国经济史》，学苑出版社2011年版。

③ 事实上，作者对唐代土地制度的研究还可以追溯到20世纪80年代，见武建国《唐代前后期土地买卖的变化》，收入云南大学历史系编《史学论丛》第一辑，云南人民出版社1986年版。

行文过程中，不可避免地会遗漏相关学者观点出处。经笔者查阅，共有以下两处：（1）第一章第一节"国家土地政策的转变及土地的私有化"中说道，"在以往土地问题的研究中，往往是偏重于土地现实关系的研究，忽略了对国家基本土地政策的研究，这就不可避免地会产生某些偏颇和不全面"（第2页），然而作者并未注明以往研究到底是哪些学者的哪些论述；（2）第二章第五节"置营田与屯田"中说道，"有的学者认为，后周自太祖广顺三年以后，由于悉罢全国营田务，因此后周的营田从此结束"（第68页），然而作者并未注明是哪些学者的观点。由此产生一个现象，即在全书脚注中，除了史料出处的交代和其他史实问题的前人引述之外，见不到对于五代十国经济史本身的前人观点引述情况，虽然作者在"参考文献要目"中列有数篇相关论文信息。这样的写作，自然会有作者的顾虑，即对前人研究的批评，不便指名道姓。可是，也偏离了正常的学术讨论规范，让读者无法获知到底是哪些学者犯了作者所指出的错误，也无法让犯错误的学者知道自己的不足并改进之。

学术规范问题除了对前人成果需要尊重之外，也涉及对于历史现象的描述必须得有史料的支撑，不能毫无引征。在本书中，大部分情况，特别是直接引用史料的时候，自然完全做到了注出史料。但在有些史实描述过程中，作者还是没有对史料来源予以说明。笔者发现以下几处：（1）第一章第一节中说道，"唐代土地买卖的范围和条件，与北朝、隋朝相较，已经放宽"（第3页），对于这段话，即使联系上下文，也无法得知作者是通过对哪些史料的比较，才作出了这样的判断；（2）同样在第一章第一节中，作者说道，"这紧锣密鼓般的道道令文和括田、授田"（第10页），但是并未看到作者对这些令文具体史料来源进行罗列，仅看到作者自己转述而已。当然，在叙述众人皆知历史常识的时候，并不一定需要作出注释。可是，像这样两处需要史料来坐实的判断，并未给出史料来源，恐怕有失严谨。

2. 史料运用问题

黄纯艳在其书评中，已经指出此书在史料运用方面的优点，即"作者还运用《续资治通鉴长编》'建隆二年七月'条、《宋史·徐铉传》

《范文正公奏议·答手诏条陈十事》等论述南唐和吴越的营田。书中多次运用宋人文集、小说笔记和方志资料以及碑铭等进行论述，弥补了五代十国资料的不足"（黄文第 109 页）。然而需要指出的是，使用宋人文集和小说笔记尚且说得过去，毕竟宋人离五代不远，且他们一二代以上的直系先祖即生活于五代十国时期。可是，如果用方志资料，特别是宋以后方志，则需要谨慎。此书第二章第一节"招集流民垦辟荒土"中说道，"甚至还出现'蜀多生五谷，弃之如粪土'的现象"，作者对这两句诗的史料来源所作的说明是，"嘉庆《四川通志》卷一六四《隐逸》"（第 50 页）。可是，利用清代中晚期《四川通志》上的一个非常夸张的五言诗句来说明五代十国时期蜀地农业生产情况，笔者认为有欠妥当。

另外，即使在引用宋人言论时，也必须找到原始出处。此书第二章第五节中，作者引用了宋人郏侨的一段话来说明吴越国时期浙西地区营田情况，然而脚注中对其史料出处则写道，"《天下郡国利病书》卷一五转引宋郏侨语"（第 74 页）。以此看来，作者并未进一步查找郏侨这段话的来源，即以此作为宋人言论进行论述，似有失严谨。笔者认为，即使作者找不到郏侨原话，亦当作出说明，而非直接转引了事，不然无法保证后人引用是否存在对前人原意的歪曲。当然，在提倡寻找原始出处的时候，也要避免另一种情况，即原始出处并无单行本流传，仅仅保存在后人著述的转引之中，而使用这一史料的时候，却直接写原始出处，而不涉及后人著述。在此书中即有一例：第二章第一节里，作者使用了宋人许载《吴唐拾遗录·劝农桑》来揭示杨吴顺义年间的改革税制（第 39—40 页），在第三章第一节中又再次引述，并在注释中直接写引自此书（第 89 页）。可是，《吴唐拾遗录》并未传世，其唯一的片段《劝农桑》仅因保存于《容斋续笔》卷一六《宋齐丘》之中，才得以窥其一斑。①而作者虽然在书末参考文献要目中列出了《容斋随笔》一书（第 148

---

① 张刚：《宋人南唐史研究》，硕士学位论文，上海师范大学，2010 年。关于《吴唐拾遗录》的原文，见洪迈《容斋续笔》卷一六"宋齐丘"条，中华书局 2005 年点校本，第 418—419 页。

页），却并未在正文中揭示是从《容斋续笔》中转引了《吴唐拾遗录》的内容，颇有误导之嫌。

最后需要指出，此书在论述南方"十国"（北汉除外）情况时，大量运用了清人吴任臣《十国春秋》，而并无对《十国春秋》史源进行考辨，也有失严谨。比如第二章第五节中，关于南唐楚州屯田一事，作者引用了《十国春秋·唐元宗本纪》的记载（第71页），其实吴任臣在此处的叙述直接转抄了陆游《南唐书·元宗本纪》的记载①，作者自可以使用陆书。

3. 经济史论述的具体问题

首先，此书第一章第二节"唐末土地所有制结构的变化"中，作者论述了唐哀帝在天祐二年（905）十月"企图将农民耕垦的土地皆系为'公田'"的事，并认为"这是唐哀帝于唐王朝行将灭亡之际发布的诏令，在当时的政治局势下，也只能是一纸具文"（第30页）。此处作者所说这一诏令为唐哀帝所发，笔者认为不妥。事实上，唐哀帝为梁太祖朱温在篡位之前为缓冲政治局势而扶立，其本人缺乏实际执政能力和威信。因此，以唐哀帝名义发布的诏令，蕴含的是朱温本人意图。在这里，实际上是朱温想要限制河南尹张全义的势力。根据《旧五代史·张全义传》，"（唐）昭宗至洛阳，梁祖将图禅代，虑全义心有异同，乃以判官韦震为河南尹，移全义为天平军节度使、守中书令、东平王。其年八月，昭宗遇弑，辉王即位。十月，复以全义为河南尹，兼忠武军节度使、判六军诸卫事"②。可见，朱温为了保证篡位顺利，移镇张全义于天平军，在看到张全义没有异心之后，才复任河南。那么，朱温通过唐哀帝所下诏令，即收回农民耕垦之土地重新划为"公田"，也应当是为了限制张全义在洛阳地区权势，而非所谓"倒行逆施"（第30页）

---

① 陆游：《南唐书》卷二《元宗本纪》，杭州出版社2004年点校本，第5478页。

② 《旧五代史》卷六三《张全义传》，中华书局2015年新点校本，第976—977页。

可以解释。从这个例子可以看出，作者并未深入结合经济史与政治史之间的关系。

其次，在此书第二章第二节"招引逃户复业与请射承佃"中，关于后唐情况，作者首先列出了很多后唐时期诏令，然后说道："后唐对于逃户土地的处理，既有比较优惠的政策，又有各级政府的重视，招引逃户归业的成效应该会是比较显著的。"（第53页）可是，作者在说这句话时，并未坐实这个论断是否真的成立。也就是说，作者并不能通过具体实例来证明这种"显著的""成效"。在这一节中，作者还说道："后周的政策与前代相比，显然更为完善和进步，它既有利于招引逃户早日归业，又有利于刺激农户踊跃承佃，全力投入土地的耕作与经营，从而促进和保证逃户土地的耕垦利用，尽快产生经济效益。"（第59页）在这里，作者同样未能举出实际例子来证明这一推断。除了这两例把无法坐实的推断当作结论之外，作者也在并未揭示史料的情况下，仅根据一两个例子即推想整个南方"十国"情况。如第二章第三节"籍没土地的处置"中，作者说道，"南方诸国对籍没土地的处置，大体如北方。如，前蜀王建武成元年（908）敕"（第60页），可是作者并未提及南方其他国家的情况。又如第四章第一节"大土地所有制发展的途径"中，作者在引述了《三山志》以证明福建地区的情况之后，说道："据此言及以上所引五代关于给百官俸禄的诏敕奏文，可以断定北方五代都未曾实行职田制，南方诸国极可能亦未推行职田制，而都是实行俸料钱制或俸户制，以俸料钱制为主要方式。"（第112—113页）可是，作者还是没有利用史料来证实南方诸国是否都如《三山志》所说的那样。当然，这两个例子中，很有可能是因为本身没有史料保存下来。即便如此，作者也应如他在另外论述中那样，"北方五代是否设置过学田，目前尚未见有关记载，难以估计和推测，暂付之阙如"（第63页），如此方为严谨态度。可是作者并未在这两个例子中写下相同论断，从而容易让人误解。

4. 其他表述及词句问题

首先看表述问题，笔者共发现以下几例：（1）第二章第一节中，作者转引了任爽《南唐史》相关户数统计（第42—43页），从而也沿袭了任爽对安州的统计。① 但是，在五代十国时期，安州并不在吴一南唐政权的疆域之内。② 因此，虽然可以根据唐代情况来对比五代，但至少不能把安州计算在内。(2) 第二章第五节中，作者在叙述张筠职务时说，"张筠曾以饶州刺史兼任'西京管内三白渠营田制置使'"（第65页），但当时饶州在杨吴政权境内，故北方政权任命的饶州刺史无法直接统治其地，只是遥领。那么，对于张筠来说，他并非以饶州刺史"兼任"，而是其实职即为"西京管内三白渠营田制置使"。

其次看词句问题，笔者共发现以下几例：(1) 第一章第一节所引《(唐)未年(827)敦煌安环清卖地契（斯1475背面)》文书标题中的"未年"误作"末年"，文书内容中误第二个"安环清"为"定环清"（第14—15页）；(2) 第一章第二节所引《旧唐书·秦宗权传》的内容中，"孔儒""东及"（第23页）二词当为"孙儒""东极"③；(3) 第二章第一节两处"徐知浩"（第39—40页）皆当为"徐知诰"；(4) 同一节"如王审知仲兄审土邽治泉州"（第44页）一句，"审土邽"当为"审邽"；(5) 同一节中连续三页的一张表格里，"宋太平兴国比唐开无"（第47—49页）出现三次，其中"开无"为"开元"之误；(6) 第二章第五节"前详州节度副使程义徽"之"详州"（第66页）当为"洋州"；(7) 同一节"冯延己"（第70页）当为"冯延巳"之误；(8) 第三章第一节"国有荒闲无主土地的私有化"中，脚注"吴越拾遗录"（第89页）当为"吴唐拾遗录"；(9) 同一节"五十国时期"（第95页）当为"五代十国时期"；(10) 参考文献要目中，"徐玄"（第148页）当为"徐铉"。当然，词句问题很大可能是编校不及时。

---

① 任爽：《南唐史》，东北师范大学出版社1995年版，第61—62页。此书作者在注释中，误以"南唐史"为"南唐书"（第43页）。

② 谭其骧主编：《中国历史地图集》第五册《隋·唐·五代十国时期》，中国地图出版社1996年版，第89—90页。

③ 《旧唐书》卷二〇〇下《秦宗权传》，中华书局1975年点校本，第5398页。

以上，笔者从学术规范、史料运用、经济史论述和表述及词句问题四个方面梳理了武建国先生《五代十国土地所有制研究》一书细节问题所在。当然，更多的是吹毛求疵。作为以五代十国为研究对象的专著，史料缺乏不可避免，所以作者经常陷入无以为据的局面。但作为经济史学家，作者在适当引述经典作家理论之时，能够从较少史料中梳理出脉络，还是值得学习的。只是作者有时并未详细注明前人研究，也较少联系五代十国政治史，稍显美中不足。如今，关于五代十国时期经济史的论著越来越多，笔者无意列举，更不愿以晚出的论著来驳此书观点，虽然也有在此书之前的一些论文作者似未参考。[①] 但是，在利用此书的同时，如果能够辩证地看待其缺失，将有助于更好地认识作者的学术贡献。

附记：本文初稿于2010年，为笔者读研期间草稿，曾拟发表于港台刊物，而编辑皆以批评太过且无建设性意见，不予刊发。今敝帚自珍，收载于此，盖纪念武建国先生披荆之功，该书贡献诚不以拙文出而略减，读者诸君尚祈明察。

---

[①] 就笔者目力所及，此书出版之前晚唐五代土地所有制及土地买卖政策论文有以下四篇：杨志玖、张国刚：《藩镇割据与唐代的封建大土地所有制——再论唐代藩镇割据的社会基础》，中国唐史研究会编《唐史研究会论文集》，陕西人民出版社1983年版，第292—305页；葛金芳：《唐宋之际土地所有制关系中的国家干预问题》，《中国史研究》1985年第4期；吕婉如：《试论五代土地政策及土地所有制关系的发展及意义》，《史苑》第57期，1996年12月；赵云旗：《论唐代土地买卖政策的发展变化》，收入郑学檬主编《中国古代社会研究——庆祝韩国磐先生八十华诞纪念论文集》，厦门大学出版社1998年版，第209—224页。以上所列，也许是作者失察，未见该书征引。此书出版之后则有总结数十年来唐宋土地制度研究的耿元骊《唐宋土地制度与政策演变研究》（商务印书馆2012年版），其中对此书有深入解读，读者自可参阅。

# 敦煌学与博物学的交点

## ——余欣著《博望鸣沙：中古写本研究与现代中国学术史之会通》

2012年7月2日，在复旦大学光华楼西主楼2001会议室举行了一场特别的研讨会，以该校历史系余欣教授为首的"中古中国共同研究班"成员，在中国唐史学会会长冻国栋、中国敦煌吐鲁番学会会长郝春文、中国唐史学会副会长黄正建、故宫博物院研究员王素、中国唐代文学学会会长陈尚君、复旦大学文史研究院院长葛兆光等前辈学者的参与下，举行了"中古中国知识·信仰·制度研究"书系发布会。这套丛书的出版，是复旦大学中古史研究（即魏晋南北朝隋唐时段）的一个里程碑，其第一辑所收五种专著和一种同人论文集，从整体上反映了整个"中古中国共同研究班"的学术成就。其五种专著中，就有本文所要推介的《博望鸣沙：中古写本研究与现代中国学术史之会通》（上海古籍出版社2012年版，以下简称《博望鸣沙》）一书。

当然，从历史上看，复旦大学历史系早年在隋唐史方面的成就有目共睹。自1925年建系以来，特别是80年代，以徐连达（1931—2019年生）、赵克尧、许道勋（1939—2000）三位先生为代表的隋唐史研究，取得了丰富的成果。比如徐连达早年致力于官制，编纂有《中国历代官制词典》（安徽教育出版社1991年版），随后与朱子彦合著《中国皇帝制度》（广东教育出版社1996年版），近年结集其论文集《隋唐史与政治制度研究论集》（漓江出版社2015年版），另外也关注文化史，出版有《唐朝文化史》（复旦大学出版社 2003 年版、安徽文艺出版社 2017 年修订版改题《隋唐文化史》）；赵克尧、许道勋两位合作的唐代帝王传记系列，有《唐太宗传》（人民出版社 1984 年版）、《唐玄宗传》（人民出版社 1993 年版），赵克尧更是一直关注汉唐文化、经济史的研究，出版有论文集《汉唐史论集》（复旦大学出版社 1993 年版）。

21 世纪初，随着前辈学者的相继故去和退休，厦门大学历史系教授韩昇先生（1958 年生）和当时刚刚从北京大学历史系毕业的余欣博士（1974 年生）加盟复旦大学历史系，薪火相传，开启了复旦大学中古史研究第二个阶段。与前一阶段三位先生关注传统制度史、文化史、经济史不同，韩昇先生相继出版的《正仓院》（上海人民出版社 2007 年版）、《东亚世界形成史论》（复旦大学出版社 2009 年版、中国方正出版社 2015 年增订版）、《海东集：古代东亚史实考论》（上海人民出版社 2009 年版），以及译介的多部日本学者的著作，显示出他在中古中日交流史方面的成就。余欣博士第一部专著《神道人心：唐宋之敦煌民生宗教社会史研究》（中华书局 2006 年版），则是在他博士论文基础上修改而成。这部由北京大学中国古代史研究中心荣新江教授指导的博士论文，反映了余欣博士在敦煌学、中西交通史方面所继承的传统和取得的成就。也就是说，第二个阶段特色在于海陆视域下的东亚整体研究。

然而，从余欣教授第二部著作《中古异相：写本时代的学术、信仰与社会》（上海古籍出版社 2011 年版）开始，则可以看出他在保持敦煌学功底的基础上，开始进一步发扬其社会史兴趣。特别是在这种社会史兴趣之外，更趋近于"博物之学"，试图重建"中古东亚博物学"。2012 年出版的《博望鸣沙》及其所属"中古中国知识·信仰·制度研究书系"则试图把社会史、制度史，以及知识传播所代表的中外交通史进行融合。可以说，从新世纪第二个十年开始，改革开放以来的复旦大学中古史研究慢慢进入第三个阶段，即注重宏观视野下的各种角度融会贯通之学。

具体就《博望鸣沙》而言，作者坚持的依旧是博物学理念，但突出的是敦煌出土古代写本。据作者自述，在"博望鸣沙"这一书名中，"博

"望"是指西汉时期凿空西域的博望侯张骞，"鸣沙"取自作者导师荣新江曾出版过的敦煌学论文集《鸣沙集》和敦煌鸣沙山。两者结合，则可以把"博望"当成动词，"博望鸣沙"即指作者向他的导师致敬。（第1—2页）从这么一个有三层含义的书名来看，此书便可以看作一本敦煌学著作，虽然不完全是敦煌学。

该书分绪论、上编、下编三大部分。在绪论中，作者从重估写本对于中国学术的价值入手，论述了写本对于书写整体文化史的作用，和中古写本研究与现代学术史的融合。一般而言，历史研究最基本的就是对各种史料的运用。20世纪初以来，敦煌吐鲁番学的发展，则集中地为中古史研究提供了丰富的史料。这些史料的保存形态则是写本，亦即印刷术发明以前的抄本，以及官方和民间的各类文书，再加上壁画、建筑等非文字材料，足以使得敦煌吐鲁番学成为一门专门的学科。但是，当一百年研究热过去之后，尚未释读的敦煌吐鲁番文献所剩无几，该整理的文献大都整理并公布出来了，该补的史实大都补充完了，接下来的工作又将如何展开呢？以后的敦煌学是否还能够突破窠臼、走向新的局面呢？这是整个敦煌吐鲁番学界思考的问题，作者在绪论中也试图对此予以回答（第2页）。因此，作者在绪论中主要提及两种以中古写本研究为中心的学术研究取向，并反映在上、下两编中。

该书上编名为"书与人：学术史视野下的中古写本研究"，一共八章，可分三类：前两章主要关注以民国湖南湘阴人许国霖（字雨新）、安徽歙县人许承尧（字际唐，1874—1946）为代表的"大量的'二线'的敦煌学研究者以及非敦煌学专业研究者"（第47页）；第三章至第六章分别对首都博物馆、哥伦比亚大学东亚图书馆、东京大学附属图书馆、御茶之水图书馆四家图书馆所藏敦煌文书从学术史角度进行了关照；第七、八章则关注了《本草集注》《大唐西域记》两种敦煌写本的辗转。总之，这一编主旨在于以个案为例，从学术史角度揭示敦煌学研究史上或不为人知的事实，或值得专门关注的学术史。

特别值得赞赏的是第一章对许国霖先生学术贡献的阐扬。此章题为《空谷微妙声："边缘敦煌学家"许国霖的历史印痕》，对学术史上这位边缘人物进行了一番考索。作者从2002年8月"国际敦煌学学术史研讨会"期间中国国家图书馆所组织的特展中,发现一件夹在许国霖所编《敦煌石室写经题记汇编》中的夹叶,上面恰好提供了关于许氏的信息:"许国霖,字雨新,湖南湘阴人,北平平民大学毕业,曾任国史编纂处征料员,湘阴县乡村教育筹办委员会委员,现任国立北平图书馆馆员,编有《佛学论文索引》《越缦堂东都事略札记》。"据作者考证,这张夹叶是许氏在《敦煌石室写经提及汇编》出版前,呈交给商务印书馆的自荐材料底稿。(第48页)从这张底稿出发,作者进一步从《国立北平图书馆馆刊》《微妙声》月刊中发现了许氏所有著述,包括《敦煌石室写经题记》《越缦堂东都事略札记》《佛学论文索引》等文,以及《敦煌石室写经题记汇编》(佛学书局1937年版)、《敦煌石室写经题记与敦煌杂录》(商务印书馆1937年版)两种单行本。最后,作者还对许国霖学术贡献予以评价,认为其虽然做的工作是资料整理性质,但却更能反映其独特的学术眼光。在此文最后,作者更进一步指出学术史研究的意义所在,即:"学术史不仅是学科自律的重要手段,也是学科自觉和学科自我发展的内在要求。"(第80页)[1]

该书下编名为"学与术:写本考辨及诗史——图文集解",同样有八章篇幅,大致可分为五类:第九章以俄藏敦煌文献为例,对比俄藏敦煌文献与其他敦煌文献,揭示俄藏敦煌文献的特殊文献价值;第十、十一章主要涉及敦煌文献辨伪;第十二章笺证了《珠英集》残卷中所见刘知幾佚诗,属于传统文献辑佚;第十三章从社条文书透视唐宋妇女结社,是为社会史研究;第十四、十五、十六章则都是从图像结合文献方式,分别考证了历史上的婴戏、虎魄宝生如来像、东西星命学中的罗睺、计都等。如果说上编是对写本本身流传过程的学术史研究,下编则是对写本所反映历史的揭示,并其中涉及如上所说的各种研究角度。

在下编中,最能代表作者学术旨趣的便是最后三章。其中第十五章

---

[1] 关于许国霖生平的补充考证,参见高山杉《许国霖是否下落不明》,《东方早报》2012年9月16日。

名《左图右书：不空所进虎魄宝生如来像稽考》，最初曾在 2011 年 10 月 26 日的"中古中国共同研究班"上宣读，当时题为《虎魄宝生如来像考：〈不空三藏表制集〉研读札记》，此次增补之后的题名，则更显示出其图文结合的特色，也可以说是研究班学术成果的一个反映。在此章中，作者从《大正藏》所收《代宗朝赠司空大辨正广智三藏和上表制集》中的《进虎魄像并梵书随求真言状》一文出发，先后考证了虎魄佛具源流、宝生如来信仰及其形象变迁、不空正法护国思想，分别涉及博物学、民间信仰、图像史、唐代中后期思想史、政教关系等，可以说是作者甚至是复旦大学中古史研究群体学术新视野的集中反映，对相关领域学术研究的推进也必将起到十分重要的作用。

笔者有幸在 2011—2012 学年上半学年选修了余欣教授已经连续开设七年的研究生课程"中国古代民间信仰研究"，从而得以见识到他那广博的学术视野，受益良多。在那一学期，也旁听了历次"中古中国共同研究班"活动，初步了解了研究班成员对"佚存书"《天地瑞祥志》的整理，这可以说是对写本研究和博物学研究的最佳结合。（参见该书第 12 页）《博望鸣沙》更是在其前两部专著基础上，综合了前两书特色，确立了作者本人治学特色。如果要说什么意见和建议的话，笔者不才，只能说本书作为一本论文集，各章内容过于分散，而绪论又比较冗长，可能会让读者不容易对本书有总体把握。另外，本书全取敦煌材料，又似乎不能代表中古时代写本的整体情况。然而，瑕不掩瑜，作为首部以中古时代写本为研究对象的著作，其贡献并非拙笔所能尽述，还请读者自行品赏。

附记：本文为应刘铮先生之请而撰写，发表于《南方都市报》"南方阅读周刊" 2012 年 7 月 29 日第 04 版。出刊后，承蒙余先生批评，谨此致谢！

# 孔子、老子、释迦牟尼的千年穿越：
# 读诸桥辙次《三圣会谈》

  时下网络，穿越小说大行其道，即以身为现代人的主人公穿越时空进入作者所中意的特定历史时段和地点，从而营造出让读者置身于古代的带入感。从被认定为第一部穿越小说的李碧华《秦俑》（天地图书有限公司1989年版）开始，经过21世纪初在网络、电视上的发扬光大，如今已经无人不知穿越。殊不知，早在20世纪80年代初，日本学者、著名的辞典编纂家诸桥辙次（1883—1982）先生就写出了不亚于任何穿越小说的《孔子·老子·释迦"三圣会谈"》（讲谈社1982年版）。该书是作者在99岁高龄写就的，以孔子、老子、释迦牟尼3人与作者本人（书中的"尚由子"）在庐山五老峰会谈的方式，展现了儒道释三教的各种哲学观念。

  该书自1982年初版以来，到1985年已经重印了8次，可见其在日本国内的风靡程度。8年之后，中国才有了由蔡骃、翟新根据1985年版翻译的第一个中译本《孔子·老子·释迦牟尼"三圣会谈"》（中国广播电视出版社1990年版），收入陈熙中主编的"中国学名著译丛"。到现在20多年过去了，旧版本已不易得，幸而中信出版社又把1990年中译本再版推出，不过译者署名改成了"翟四可、蔡骃"，书名也改成《三圣会谈：你是自己最好的老师》（中信出版社2012年版）。下面，笔者便就中信版谈一下自己的一得之见，以期读者能够更多地了解此书。

就学术成就而言，此书作者诸桥辙次先生首先是一位辞典编纂家，其次才是一位汉学研究者。① 但他编纂辞典的目的，其实是更好地认识中国文化，因为大部分汉学研究者入门第一步就是学习汉语，这就必不可少地得先弄懂汉字。诸桥先生也是如此，他早年在中国留学期间，发现每天耗费在图书馆的时间有三分之一是用来查找词语的，于是决心首先编写一部完善的辞典。由于印刷技术水准和中日时局等原因，辞典编纂耗尽了他毕生精力，以致原本想要从事的汉学研究不得不屈居第二位。相比于日本其他汉学家的著作等身，诸桥先生生前编订的《诸桥辙次著作集》（大修馆1977年版）仅仅九卷篇幅。

不过，即便编纂辞典耽误了他很多的时间，但编纂辞典这种活动的经历，却让他得以熟谙中国古代典籍各个方面。② 因此，诸桥先生的汉学研究集中在对古典文本的诠释之上，比如《中国人の知恵》（讲谈社1977年版）、《中国古典名言事典》（讲谈社1979年版；中译本题《中国古典名言集》，冯作民译述，岳麓书社1989年版）、《十二支物语》（大修馆1988年版；中译本题《十二生肖趣谈》，程曦译，教育科学出版社1990年版；台版题《十二生肖的故事》，星光出版社1986年版）、《论语の讲义》（大修馆1989年版）、《老子の讲义》（大修馆1992年版）等。这其中很多学术领域，都能在《三圣会谈》中得到反映。作为诸桥先生最后一部著作，《三圣会谈》可以说是他一生学问的汇聚。

本文开头已经谈到，此书撰写方式十分特别。具体来说，就是由作者本人（尚由子）出面，邀请孔夫子、老子、释迦牟尼三位最能代表东方文化的人物，在"辅轩"推荐的两位会务助手史郎君（"专攻日本史，也精通中国事务"，第4页）、鼠堂君（"在佛教方面学有专长，道教也懂得不少"，第4页）的帮助下，去当年发生过"虎溪三

---

① 虞云国：《〈大汉和辞典〉及其它》，刊《南方都市报》，2012年4月8日。
② 李宗惠：《日本汉学大师诸桥辙次》，载《"惠"及人生——李宗惠回忆录》，上海出版集团2010年版。

笑"的庐山，就各自学说进行交流。这样的方式，是作者假定三位2000多年前圣人尚未去世，并且还能够自由活动，让人不免联想到眼下盛行的历史穿越小说。但诸桥先生的灵感自然有其出处。根据自序，诸桥先生是在看到了日本室町时代（1336—1573）画僧如拙所画《三教图》之后得到启示。在《三教图》中，孔子、老子和释迦牟尼这三位原本属于不同时间与空间的圣人被绘在一起，这幅图以及其他一些把本来风马牛不相及的意象放在一起的绘画，让诸桥先生想到，是否能够通过小说笔法来让三位圣人聚在一起自由地交流各自的思想呢？于是就写成了这样一部小书。

叙述方式有了，那么在哪里展开这样一番"关公战秦琼"式的讨论呢？诸桥先生便开始在第一章《选定会谈场所》中阐述了自己的看法。这个会场的选择并非凭空而来，而是考虑到了两大因素：1. 因为要让三圣感到交通方便，于是放弃了远在海岛的日本富士山，而定在了中国范围；2. 因为要平衡儒、道、释三教，于是放弃了儒学方面的泰山、佛教方面的天台山、道教方面的昆仑山和蓬莱山，最终选择了庐山。庐山的象征意义，主要在于历史上曾发生过"虎溪三笑"故事，代表了早在东晋末年就存在的所谓儒释道三教交流现象。当然，具体就慧远（334—416）、陶渊明（427年卒）、陆修静（406—477）三人生卒年来看，他们不可能相聚庐山。不过，传说中的"虎溪三笑"，不正是最早的穿越吗？

第二章之后，该书便进入了主题，由已经到场的三位圣人就各自学说展开论述。该书共分十章，除了第一章之外，以下依次是：第二章《爱好》、第三章《孔子的进退》、第四章《老子和释尊的生涯》、第五章《三圣论人》、第六章《三圣的生死观》、第七章《释尊的"空"》、第八章《老子的"无"和孔子的"天"》、第九章《关于"中"》、第十章《关于仁、慈和慈悲》。这九章内容中，第二章是三位圣人交流各自爱好；第三、四章涉及三位圣人经历，亦即三家学说起源问题；第五、六章是对人和生死的看法；第七、八章是对于三教中相似的"空""无""天"，即世界本原的讨论；第九、十章是对中庸、慈悲等人生观的探讨。也就是说，这本书基本上把三家学说最基本、最核心的部分亮了出来。但由于笔者本非哲学史专业，故不打算就诸桥先生所提具体哲学论断提出自己的看法，读者自可通过阅读此书来理解。本文仅就诸桥先生写作中其他一些方式稍作勾勒：

首先，由于该书本是为日本读者所写，故而诸桥先生在行文时经常加入日本元素，以加深读者理解。而对中文读者来说，这也是了解日本文化的一种方式。比如在第一章，尚由子选择会谈场所，首先就想到了富士山，并举出大光圆心禅师熊泽泰禅（1873—1968）对富士山的评价。（第5页）在第三章，诸桥先生提及孔子姓氏时，以日本氏族作比附。（第51页）因为在中国古代，姓、氏有别，氏从姓分化出来以互相区别各个分支，但又坚持同姓不婚原则，以维护共同的祖先。而在日本，天皇没有姓氏，从天皇家分出来的贵族为了跟皇族表示区别，受赐源、平、藤原等"氏"，变为臣籍，而朝臣、宿祢等"姓"则是表示身份的一种阶级称呼。不过，在诸桥先生的模拟中，为了模拟中国古代宗族大宗、小宗原则，把源氏、平氏等称为"姓"，把散布在地方上的如甲斐源氏等称为"氏"，而著名的"武田"等苗字则称为"族"。这样虽说并不符合一般认识，却也是诸桥先生一得之见。不过在解释孔子姓氏时，把"宋"称为其"氏"，把"孔"称为其"族"，则稍有不妥。又比如在第四章，诸桥先生借鼠堂君之口介绍了存在于日本的佛教节日，诸如佛诞会（祭）、成道会（祭）、涅槃会（祭）等。（第94页）甚至在第九章中，借孔夫子口，比较了颜李学派代表人物颜元（1635—1704）和日本水户学派代表人物、水户藩第二代藩主德川光圀（1628—1701）关于学问与政治关系的看法。（第195页）

其次，诸桥先生作为日本汉学界知名学者，其书中也不可避免加入了他本人和日本学界一些学术观点。比如在第一章，诸桥先生选定庐山的理由中，就有提及他本人年轻时旅行中国的经历，特别是1921年住在庐山牯岭街，用了一个月时间，每天在山间名胜走访调查，还把在中国的经历写成了《西游漫笔》。（第11—13页）《西游漫笔》是译者翻译过来的名字，原题应该是《游支杂笔》（目黑书店1938年版），已经收入

《诸桥辙次著作集》第九卷，可惜尚无中译本，若能收入中华书局的"近代日本人中国游记"丛书，善莫大焉。又比如在第一章中还提及日本近代哲学家井上哲次郎（号巽轩，1856—1944）"我欲改换少陵句，人生九十古来稀"一语，以证明作者本人99岁也算得上是一个"老人"，从而得以与三圣和五老峰同列为"五老"。还有在第四章中引述他前辈本城蕡（号问亭，1863—1915）关于杨朱和庄子是同一人的观点（第86页），在第九章中转引友松圆谛（1895—1973）《阿含经》译文（第182页），在第十章中引述中村元（1912—1999）关于六朝时期"慈""悲"二字的解释（第242页）等，都在一定程度上揭示了日本汉学界动态乃至作者本人师承和交游情况。值得一提的是，1921年初，当时诸桥先生正在北京，曾与胡适（1891—1962）有过一次笔谈，就胡适所著《中国哲学史》（上）各自发表看法，是为诸桥先生学术旨趣的展现，以及近现代中日学术交流的见证。①

最后，由于诸桥先生设定的会谈时间在作者本人99岁的时候，也就是1982年，所以三圣在谈论各自学说的时候，势必会涉及他们之后各代弟子所提出的看法，甚至援引对方学说。从而出现了孔夫子引用孟子看法，老子和释尊互相援引等情节。比如在第四章中，孔子大谈日语发音（第82页），老子提及东汉魏伯阳（第83页），释迦牟尼谈到日本学界对原始佛教经典的研究工作（第95页）等等。这样的例子在书中不胜枚举，读者若能一一判别，也是一个有趣的过程。而诸桥先生之所以如此，则是因为他把三圣不仅仅看成三大思想体系的创始人，而是看成代言人。亦即，通过创始人的代言，来阐发儒道释核心观点。这样，既能避免古今众多思想家你方唱罢我登场的杂乱局面，也能让读者感到某种穿越时空的趣味。

行文至此，笔者不得不说，诸桥先生的学问，并非一篇书评所能够

---

① 参见李庆整理《胡适和诸桥辙次的笔谈》，刊王元化主编《学术集林》卷十，上海远东出版社1997年版。

涵盖。特别是《三圣会谈》的写作方式，即便已经过去30年，仍旧使人感到耳目一新。前引虞云国文章中，虞先生建议国内出版社学习一下诸桥先生所在的大修馆出版《大汉和辞典》的资金筹集法。笔者认为，当今学者，或许也应该学学诸桥先生这本《三圣会谈》所运用的写作方式，以增进学界与大众之间的沟通与交流。而不是把优秀的传统思想任人"水煮"、任人"那些事儿"、任人"什么玩意儿"。

附记：本文原刊《南方教育时报》2013年6月21日第13版"读书课"。

# 评张达志《唐代后期藩镇与州之关系研究》

关于晚唐五代时期的藩镇研究，近十年来呈现出以个案研究为主的繁荣景象，以某个藩镇或某类藩镇为考察对象的硕博士学位论文层出不穷①，着眼于整个晚唐政治大局的撰述亦有不少②。本文所要介绍的张达志《唐代后期藩镇与州之关系研究》（中国社会科学出版社2011年版）一书，亦从学术理路与学术史发展角度对藩镇研究现状进行了梳理（第19—42页）。此书根据作者博士学位论文（复旦大学，2009年）修改而成，但其对晚唐藩镇问题的关注则早在硕士时期就开始了，受其导师韩昇教授指点，作者更注重唐宪宗平藩举措的深远影响和黄巢前后藩镇形态变化。在似乎题无剩意的情况下，作者通过对《资治通鉴》和两"唐书"的对读，又在全面翻阅唐代墓志的基础上，写出了这部《唐代后期藩镇与州之关系研究》，可谓十年磨一剑。下文中，笔者先对此书内容作一介绍，再就其优缺点予以评述，以期在藩镇时代研究的背景下略述此书学术定位。

该书包括绪论、结语和五章正文及相关附表。绪论是对全书论述主旨的一个概括，包括选题来源、学术史综述和作者所要展开的论述角度。第一章《藩镇与州之行政往还》，作者论述了晚唐时期中央朝

---

① 参见李碧妍《唐镇海军研究》，硕士学位论文，上海大学，2008年；杨文春《唐代淮西镇割据问题研究》，硕士学位论文，首都师范大学，2011年。

② 比如李碧妍：《危机与重构：唐帝国及其地方诸侯》，北京师范大学出版社2015年版。

廷和地方藩镇、州的行政三角关系，以及州和藩镇之间的合作关系，和朝廷通过谢上表对州的直接控制。第二章《藩镇与州之军力强弱》，作者主要从藩镇内军力分布，来看藩镇与治下州之间军事统属关系，特别讨论了刺史所能掌握的军权问题。第三章《建置牵动府州之升降》，作者从藩镇和州的等级升降来看两者关系，并揭示晚唐时期两者的势力通过分割藩镇和迁移治州等方式而发生的消长变化。第四章《赋税影响州镇之沉浮》，作者从财政角度分析了朝廷对于州的控制程度，呼应了绪论所提出的疑问，并重点分析元稹（779—831）弹奏严砺（？—809）一事之重大意义。第五章《六州牧孙公义之仕途》，作者通过孙公义（772—851）的个案，把前文所论述内容贯穿起来，用以观察晚唐中央与藩镇治下之州的关系。此外，全书还有或穿插于正文之内，或附于书后的图表数十帧，几乎占全书三分之一篇幅。特别是放置于附录中的"唐代后期谢上表示例表""唐代后期府州升级一览表""唐五代藩镇建置与辖州变化一览表""唐代后期赦宥诏敕所见给复放免、禁两税外加征、却诸道贡献条文编年表""唐代州级与户数比较表"等数表（第232—340页），考证最为繁密，颇见功力！

通观全书，其突出特点主要在于：

第一，全书再一次破除了对于宋人唐史观的迷障。作者以其构思巧妙的章节安排，特别在绪论第一节《题外遐思》中质疑宋人洪迈（1123—1202）关于观察使权限的一个看法，揭开了全书对此看法的反驳。关于宋人唐史观，王德毅认为，宋人主要是从现实政治着眼，其中最重要的目的即援引《春秋》大义，重建伦理道德。[①] 因此，就单纯史实而言，很多时候不作深究，甚至有所歪曲。作者在《题外遐思》中提到洪迈的论断，即此一例。对于洪迈《容斋随笔》，学者曾指出其史

---

① 王德毅：《宋代史家的唐史学》，《"国立"台湾大学文史哲学报》第五十期，1999年6月。

鉴功能。① 因此，作者所指洪迈误解了"诸使"在唐代的意蕴，正是洪迈急于以史为鉴，而忽视了对史实的考订。此外，在作者所引《容斋随笔》原文中，也有"今之州郡控制按刺者，率五六人，而台省不预，毁誉善否，随其意好，又非唐日一观察使比也"之语（第2页），可见洪迈正是出于他所处南宋时期一路长官有五六人、不受中央控制的现象，才以晚唐"史实"为殷鉴。

第二，作者在破除宋人观念迷障的基础上，重新对晚唐时期藩镇与州的关系做了全面研究，这也是该书撰述主旨所在。在作者之前，关于藩镇与州关系的研究并不多见，直接讨论这个问题的有夏炎《唐代州级行政体制研究》② 第十一章"州级行政与藩镇的关系"，但偏重于藩镇对州的行政控制，忽视了中央在藩镇与州之间的地位。因此，作者此书是在王寿南《唐代藩镇与中央关系之研究》③ 和陈志坚《唐代州郡制度研究》④ 两部著作之后，可与二者合而观之的著作。此外，作者进一步阐发了日野開三郎（1908—1989）在1961年发表的《藩鎮體制と直屬州》⑤ 一文中注意到的藩镇与州地位由唐到宋的升降过程。从而对于学界历来关注藩镇（道）是否为地方一级行政机构这一老问题，提出了自己的看法。总之，作者认为，"唐代后期至北宋初期，藩镇与州的角色发生了深刻的变化，即藩镇渐弱而州渐强"（第229页，另参第47页）。此外，在

---

① 仓修良：《洪迈和〈容斋随笔〉》，氏著《史家·史籍·史学》，山东教育出版社2000年版，第253—276页。

② 夏炎：《唐代州级行政体制研究》，博士学位论文，南开大学，2005年；后修订出版为《唐代州级官府与地域社会》，天津古籍出版社2010年版。

③ 王寿南：《唐代藩镇与中央关系之研究》，嘉新水泥公司文化基金会1969年版；大化书局1978年修订版。

④ 陈志坚：《唐后期中央和地方关系研究——以州的制度为中心》，博士学位论文，北京大学，2000年；后修订出版为《唐代州郡制度研究》，上海古籍出版社2005年版。

⑤ 日野開三郎：《藩鎮體制と直屬州》，《東洋學報》第43卷第4號，1961年3月。

具体论述过程中，分别对前人研究成果予以推进。

第三，作者对"谢上表"的重视，为重新审视传世文献提供了新视角。众所周知，今天的唐史研究已经进入一个非新材料不足以言创新的阶段，作者在该书中也大量利用了出土墓志（第18页）。但是唐史研究的基础还是得建立于传世文献之上，就这点而言，作者也十分扎实，且有所创新。此处所说谢上表，是指新任刺史到任后向皇帝所直接呈送的致谢表文，是皇帝与刺史之间的直接文书往来。关于谢上表，洪迈在其《容斋随笔》中即有提及元结（719—772）的两封谢上表，并评论道："观次山表语，但因谢上，而能极论民穷吏恶，劝天子以精择长吏，有谢表以来，未之见也。"① 洪迈这段话，可能因为对唐代制度的误解，故而作者并未在书中引用，但依然能够说明洪迈对于谢上表的看法。在洪迈的观念中，谢上表可能多为形式化内容，所以当他读到元结两封谢上表时说，"有谢表以来，未之见也"，即元结借助谢上表来劝谏皇帝，颇为特异。而作者在此书中对谢上表的关注，则从另一个角度来看谢上表的重要作用，即这是与"谢除官表"一样，仅有的刺史与皇帝之间直接文书往来，并揭示出"谢上之后，他表无因"的"他表"并非直达皇帝，而是呈送朝廷。（第90—91页）从而论证了作者所想要表达的唐宪宗前后特别是南方地区州和中央之间的直属关系。但值得指出的是，这些谢上表能够流传下来的大部分原因，是被收入于有文名的文人文集中，比如令狐绹、李商隐、刘禹锡、独孤及等人。而这些文人被派之州，只能是朝廷所能直接控制的非割据藩镇地区，也就造成了在作者关于谢上表的统计中，并无一例是河北藩镇。另外，作者所提及的上谢上表之州多为刺史贬黜之州，恐怕也无法说明朝廷对这些地方有绝对控制力，只能认为被贬黜到这些地方的刺史们更希望通过谢上表来表明心迹，试图有朝一日能够返回政治中心。

第四，作者对晚唐的关注，特别重视唐宪宗一朝（805—820）所定政策对后世的影响。这些政策包括军事上"归还刺史军权"（第118—132页）、经济上"两税三分制"（第166—201页）等，都在相当大程度上影

---

① 洪迈：《容斋随笔》卷一四，中华书局2005年点校本，第189页。

响了藩镇与州之间的从属关系，从而使得中央对州的控制更为加强。关于唐宪宗及其藩镇政策，以赵文润、拜根兴、李天石、陆扬等人的研究①最为专门，也有零星如卢向前对唐宪宗时期泽潞节度使卢从史（？—810）出兵山东一事的考察②。以泽潞节度使跨太行山管辖邢、洺、磁三州这一特殊情况而言，若作者能就此对藩镇与州的一个侧面作一考察的话，似更有趣。

通过对此书优点的揭示，也能看出有待提高的地方。关于藩镇时代，在繁荣之下，千篇一律的个案研究也让学者开始反思方法论问题。比如陈磊打破了以往河朔藩镇研究的模式化论述，从地域文化和社会群体分化来关注河北藩镇之间的差异③，张天虹从社会阶层上下流动角度关注河朔藩镇的另一面④。另外，对于藩镇统治地区上层和中、下层武将家族的研究，也正在被进一步重视。⑤ 陈翔（1979—2012）博士也在评论张正田《"中原"边缘——唐代昭义军研究》（稻乡出版社2007年版）一书的书评中，提出藩镇研究最重要的是还原当时复杂的样貌，而非印证学界已有结论。⑥ 那么，张达志的这本书，其贡献又在哪里呢？笔者认为有如下

---

① 赵文润、拜根兴：《唐宪宗》，三秦出版社1992年版；李天石：《唐宪宗传》，吉林文史出版社1995年版，人民出版社2017年修订版；Yang Lu, *Dynastic Revival and Political Transformation in Late T'ang China: a Study of Emperor Hsien-Tsung (805 - 820) and His Reign*, Ph. D. Thesis, Princeton University, 1999。

② 卢向前：《卢从史出兵山东与唐宪宗用兵河朔三镇之关系》，《中华文史论丛》2007年第3期。

③ 陈磊：《唐代后期河北地区的文化分区与社会分群》，李鸿宾主编《隋唐对河北地区的经营与双方的互动》，中央民族大学出版社2008年版，第179—240页。

④ 张天虹：《唐代藩镇研究模式的总结和再思考——以河朔藩镇为中心》，《清华大学学报》（哲学社会科学版）2011年第6期。

⑤ 冯金忠：《唐代地方武官的世袭问题——以将门为中心的考察》，花木兰文化出版社2012年版，第195—224页；董春林：《唐代武将研究概况》，未刊稿，2008年。

⑥ 陈翔、秦中亮：《书评：张正田〈"中原"边缘——唐代昭义军研究〉》，《唐研究》第十八卷，北京大学出版社2012年版，第520—527页。

几点：1. 在越来越细化的研究趋势下，打破了藩镇之间的藩篱；2. 从藩镇与属州的行政关系来看藩镇的复杂样态，从而打破对每个藩镇都是一个整体的呆板认识；3. 对州这一级行政区重要性的揭示。但是，正因为这几点的贡献，也让笔者产生疑问：

首先，打破藩镇之间的藩篱后，正如前文指出的，本书并未有效地揭示出藩镇之间的地域性差异。在藩镇研究已经细化到藩镇个案研究的背景下，以整个唐朝版图为研究对象，恐怕需要慎重。根据笔者翻阅，作者在正文中所举出的例子，包括前文提及的谢上表，以及第五章孙公乂个案研究中关于孙会、孙公乂父子历任刺史州的揭示（第216页），大部分非河朔藩镇；即便是河朔藩镇的例子，如下文所提易州刺史的例子，也运用有误。亦即，作为藩镇时代割据现象最突出的地域，河朔藩镇并未被区别对待，而是把它作为全国所有藩镇的一部分。笔者认为，如果作者能够在绪论中开宗明义地对所有藩镇进行区域划分，并在行文时加以区别对待，也许更能得出接近史实的结论。何况，关于藩镇分类，学界研究已经很多，在此基础上并不难取舍。可惜本书绪论关于选题缘起和前人研究的部分内容（第1—42页）过于繁复，甚至很多与正文内容毫不相干的研究都一一罗列；而对读者来说最重要的本书概念结构部分（第42—44页），关于本书的研究方法、研究视角问题，却没能很好地予以揭示。

其次，作者关于藩镇节度使与属州刺史关系的揭示是本书重点，并主要体现于第二章。作者虽然全面照顾到了全国各地藩镇，并试图突出唐宪宗归还刺史军权政策所起到的重要作用。但在笔者看来，似乎有两点需要更进一步认识：1. 在安史之乱以前，州刺史掌兵情况如何？这是安史之乱以后，唐宪宗改革之前，对于州刺史军权来源的考察，如果不进行这一步，读者便无法理解到底是安史之乱促发了州刺史掌军权，还是安史之乱以前州刺史就兼管军事了。另外，通过对安史之乱以前州刺史掌兵情况的研究，也才能了解到州级兵源问题，这就需要与唐代前期府兵制联合考察，而作者并未进行这一步研究。2. 从作者论述来看，基本上在宪宗以前和宪宗以后，州刺史大量领兵情况大多凭借战争才出现。

评张达志《唐代后期藩镇与州之关系研究》 ❖ 335

也就是说，在战争相对多的时期和地区，更能够看出刺史掌兵情况。但是，历史记载往往留下最多的就是动乱年代，反而和平年代和和平地区记载稀少。那么，作者以这些集中的历史记载来反映州刺史军事地位日渐上升，是否可以再议呢？笔者认为，如果作者能够在论述时分区域归纳州刺史掌兵情况，按时间统计州刺史掌兵年限，则会更有说服力。

再次，关于唐代后期观察使升节度使现象，作者认为这种升级带来了属州地位特别是军事地位的提升，并且对属州在经济上迅猛发展也是一大契机。（第163—165页）然而，笔者认为，作者所举几个例子，如江西观察使升镇南军节度使、湖南观察使升钦化军节度使等例子，是唐末黄巢起义（875—884）前后社会大动荡背景下所产生的，何况镇南军节度使一度被废，重新回到观察使体制，直到中和二年（882）地方土豪出身的抚州刺史锺传（？—906）在强藩淮南节度使高骈支持下占据江西时，依旧只是观察使。① 唐末这些位于南方的观察使藩镇，其升为节度使，更多是地方土豪叛乱所引发的朝廷对他们的一种妥协，这只能认为是属州自身军事性质强化导致了观察使藩镇军事化，从而不得不与北方节度使所治之藩镇一再趋同，而非相反。因此，与其说是州地位提升，不如说是州独立性②增强，中央对州的控制非但没有加强，反而日益减弱。而北宋能够实现全国诸州直属朝廷，与五代统治者鉴于唐末节度使权力之大，从而分割藩镇、滥设并虚衔化节度使一职有关。

此外提一些小意见：1. 作者在论证刺史非军事要急，不得私自赴藩镇时，举了易州刺史张孝忠（730—791）的例子，但作者原文也已经说到张孝忠之不敢赴成德节度使治所，更多是出于防备（第57页），那么用此论证对朝廷某个政令的执行情况，恐怕不太妥当；2. 作者论及夔州

---

① 《资治通鉴》卷二五五"唐僖宗中和二年七月己巳"条，中华书局1956年点校本，第8272页。

② 何灿浩：《唐末地方的独立化》《唐末的州》，氏著《唐末政治变化研究》，中国文联出版社2001年版，第21—52页；朱德军：《唐代中后期地方独立化问题研究》，硕士学位论文，天津师范大学，2005年。

刺史刘禹锡（772—842）就任时间时，在相关注释中似未明其详（第65页），而实际上在刘禹锡《夔州谢上表》中，已经明确提及长庆二年（822）正月二日到任①；3.作者论及谢上表所代表的刺史与皇帝之间直接联系时，认为"其他涉及日常政务的公文，全部呈交尚书省各部"（第91页），而根据刘后滨研究，晚唐时期尚书省已经徒有其名，行政文书的上传下达已经转移到中书门下。②

最后，一些手书之误亦有待完善。比如：误"易图强"为"异图强"（第23页），误"以防寇贼"为"以放寇贼"（第60页），误"元和十二年"为"大历十二年"（第119页）等。其他如目录行文过于追求简洁导致读者难以把握作者所要表达的内容宗旨，全书对于公元年份括注过于频繁等，也期待进一步修正。

附记：本文原刊郑培凯主编《九州学林》第33期，香港城市大学中国文化中心，2013年，第207—213页。

---

① 刘禹锡：《夔州谢上表》，刘禹锡撰，陶敏、陶红雨校注《刘禹锡全集编年校注》，岳麓书社2003年版，第1063页。

② 刘后滨：《唐代中书门下体制研究：公文形态·政务运行与制度变迁》，齐鲁书社2004年版，第262—281页。

# 读气贺泽保规
# 《绚烂的世界帝国:隋唐时代》

日本人与中国人的差异，不仅反映在语言、文化方面，还通过对历史传统的不同态度体现出来，其中即包括日本学界对于学术普及工作的积极响应。气贺泽保规先生的这本《绚烂的世界帝国：隋唐时代》，属于讲谈社"中国的历史"这一套丛书，也是这样一种由学界中人主笔的历史读物。该书除了序章、末章外，一共分了十章，每章以一个专题展现隋唐时代某一特色，作者在叙述方面既照顾时间先后，又突出了隋唐时代政治、军事、文化等各方面的成就。

从学术史角度来说，该书作者只是日本学界研究隋唐史的大家之一，该书内容安排也体现出作者本人的学术兴趣，而无法真正涵盖整个隋唐时代的全部内容。张国刚在该书《推荐序》中，即重点提及作者对隋朝的研究心得在书中的体现。该书第五章《武后与唐代的女性》所反映的是作者对武则天的兴趣，因其出版过《则天武后》（白帝社1995年版）一书，但对唐代女性性格的描述可能会让人觉得过于夸张。该书第七章《隋唐国家的军事与兵制》重点在于作者曾经研究过的府兵制，因其出版过《府兵制の研究》（同朋舍1999年版）一书，而甚少关于唐后期藩镇时代的叙述。

因此，对于中国读者来说，最重要的是作者时时与日本史、东亚史结合叙述的用意。虽然这在最初是为了引起日本读者的兴趣，但鉴于中国通史一般颇为忽略对周边政权的叙述，特别是站在他者角度来思考中国，所以这部分其实最值得一读。

在本书序章中，作者即以"急剧动荡的东亚"为标题，反映出在"东亚世界"这一时代背景下的写作用意。在序章中叙述唐武宗灭佛时，又点出日僧圆仁（794—864）在长安的见闻。随后，又进一步介绍了回鹘、吐蕃两个曾给唐朝强大军事压力的外族政权的崩溃，新罗人张保皋在唐与新罗之间出入政、商两界的动向，日本藤原氏一族借助"承和之变"开启"摄关政治"的情况，这些都发生于9世纪40年代初。看起来比较巧合的事，事实上并不相关，正如10世纪东亚也是一个动荡时代，中国内地分裂为五代十国，西南地区经历着从南诏向大理的过渡，东北地区契丹王朝取代了渤海国，越南最终从中国分离出去，朝鲜半岛出现后三国鼎立，日本也爆发了平将门之乱，但这些都只能说是凑巧而已。

显然，作者用意并不在于强硬地把东亚各国发生的事联系在一起，而是通过一些特殊历史人物的活动，从侧面反映当时社会。比如在中文版序言中，作者即点出近年新发现《井真成墓志铭》对于研究遣唐使这一群体的价值。此外，在第一章中通过遣隋使来观察隋朝，第八章用了整整一章篇幅描述了曾撰写《入唐求法巡礼行记》的圆仁笔下山东地区新罗人社会，五台山信仰群体，长安城及法门寺、云居寺毁佛运动。在第九章，又进一步描述了隋唐时期东亚各国动向。这些都是日本学者极为感兴趣也极为擅长的领域。

当然，同样在唐代，像圆仁这样富有传奇色彩的人物，还有一直以来也受到东亚学界关注的阿倍仲麻吕（689—770）、鉴真（688—763）、空海（774—835）、崔致远（857—?）。阿倍仲麻吕是作为遣唐留学生在唐朝学习、任官，最终老于唐朝的日本人。关于他的一生，近年有加藤隆三木撰写的小说体传记《唐风和月：阿倍仲麻吕传》（上海文艺出版社2012年版）可以作为通俗读物予以了解。鉴真六次东渡日本，开创了日本佛教律宗。保存于日本的淡海三船（722—785）所撰《唐大和上东征传》更是媲美《入唐求法巡礼行记》的史料。井上靖（1907—1991）以鉴真为主人公的小说《天平之甍》及据此改编的同名电影，早已风靡两国。空海是从长安返回日本后开创真言宗的高僧，且所撰《文镜秘府论》也是中日文学交流史上的名著，近年日人梦枕貘的小说《沙门空海》更是把空海的形象推广于年轻人中。崔致远则是被称为"东国儒宗"的人物，虽然活动于唐王朝多事之秋的末期，但留下了一部对于研究唐史来说弥足珍贵的《桂苑笔耕集》（党银平校注本，中华书局2007年版），近年又有李时人、詹绪左编校《崔致远全集》（上海古籍出版社2018年版）的出版，显然也值得被更多人关注。虽然作者在本书中并未对此四人予以详述，但他们与圆仁一样，都是当时的"世界公民"，也是了解唐代东亚的窗口。

总之，作者意图在于，离开了任何一个周边政权的存在，都无法成就隋唐帝国的世界性，也不能够成绚烂的隋唐时代。正如近代以来的东亚，离开了在中国积极为民族复兴而奔走的琉球人、朝鲜人、越南人，离开了怀有各种目的来中国游历、刺探乃至侵略的日本人，都无法谱写出一部完整的中国近代史。近年出版的韩昇《东亚世界形成史论》（复旦大学出版社2009年版）也有着同样的学术追求，可以作为此书的"前传"参看。

在该书结语中，作者则通过对历史的梳理，开始展望当下的东亚，姑以其原话作为本文结尾：

"我以为，在东亚正处于微妙国际关系的今天，我们在回顾上述日中两国的过去的同时，似乎应该更进一步互相尊重、互相尊敬，并且各自冷静地确认自己的立足点。"

附记：本文原刊《南方都市报》2014年3月9日"南方阅读周刊"第02版。

# 道教史与宗族史的结合：
# 读吴真《为神性加注：唐宋叶法善崇拜的造成史》

  道教史与家族史的结合，一直是学界感兴趣的话题，但大多局限于中古时期的家族形态，能够延续到宋元以下的个案不多。但历史上确曾有在中古时期家世奉道，又借由道教信仰而形成近世宗族者，即松阳叶氏家族。《为神性加注：唐宋叶法善崇拜的造成史》（中国社会科学出版社2012年版）一书作者吴真是香港中文大学哲学博士学位毕业，该书为其博士学位论文修改版。但据《后记》，作者于2006年完稿博士学位论文，五年之后的2011年，竟然被浙江师范大学的"学者"给抄袭了，让人震惊！不过因祸得福，作者重新提出了一个全新的主题，即该书正标题所示，"为神性加注"，从而全面改写了旧稿，推陈出新。

  该书并无绪论，因此只能从作者结语《为神性加注——道士成神的造成史》中去寻求作者关于"为神性加注"的理论思考。该书正文八章内容，便成为了结语的铺垫。从内容上看，该书正文大致可以分为五个部分：第一部分为第一章《道教国师的政治人生》，即对叶法善本人真实历史活动的考察；第二部分为第二章《仙师的自我设计与朝廷的政治加注》，即叶法善本人对自己的尊崇和朝廷对叶法善的政治加注；第三部分为第三章《叶法善仙传的文学加注》和第四章《类型化的故事与神性化的角色》，作者从文学角度考察了对叶法善有意或无意的文学加注；第四部分为第五章《中晚唐括苍地区叶法善崇拜的初兴》、第六章《宋代道法传统的发明与道经的托名》和第七章《宋代地方道观的各自加注》，作者从道教史的角度关注了叶法善崇拜在宗教方面的加注；第五部分为第八章《叶氏宗族的道士祖先崇拜》，内容为宋元以后松阳等地叶氏宗族对道士祖先的一种宗族加注。在结语中，作者总结了全书的观点。

纵观全书，叶法善崇拜造成史与家族或者宗族密不可分：

首先，在第一章论述叶法善自我设计时，最重要的就是叶法善上表要求回赠父祖官爵、归乡修葺祖茔、请李邕撰写父祖碑文以及舍宅为观。即叶法善通过对自己父祖的尊崇，一来彰显自己孝心，二来巩固自己家族在松阳地方的地位。需要注意的是，松阳叶氏是在叶法善向朝廷提出请求之后，依靠他本人的声望，才得以发扬光大的。或者说，在叶法善让人写了《叶国重碑》和《叶慧明碑》后，才能得知松阳叶氏在叶法善之前有这样两位人物。在叶法善之前，即便是在后世《越国公叶真人世系之谱》中被编排为叶法善叔祖父的叶静能，虽然曾在唐高宗和中宗时期充任内道场道士，也没能给整个家族带来荣光。这与叶法善和叶静能的"正/邪"之分固然有联系，但更说明关于叶法善之前的松阳叶氏家族生存情况基本无法稽考。又据作者所引《吴中纪革叶氏世谱》，江南叶氏始祖是东晋时期的叶琚，松阳叶氏的始祖则是叶琚分散于吴中、建安、衢州、处州的四个儿子之一叶俭。（第242页）然而无论是叶琚还是叶俭，在唐以前文献中都没有记载。在文献记载中，整个六朝时期，也没有姓叶的道士。① 由于此书并不是专门研究叶氏族源的，所以没有对叶法善以前的叶氏家族予以追踪。但如果要追溯叶氏家族的道教信仰，有必要对中古时期叶氏家族发展予以深入探究。下文中，笔者略作考证，以求教于作者。

叶氏以南阳为郡望，是因为得姓于先秦楚国沈诸梁（字子高）食采于叶地，即后世南阳郡叶县。著名的叶公好龙即此人轶事。但叶氏在秦

---

① 感谢山东大学孙齐兄代为查询《神仙传》《道学传》等相关文献。

汉以后的发展,却很难追寻踪迹。下面,笔者就正史、姓氏书、出土墓志三部分,来追寻一下中古叶氏人物。根据正史,可得如下数人,谨列表1以见:

表1　　　　　　　　　中古前期叶氏人表

| | 姓名 | 年代 | 籍贯 | 行事 | 出处 |
|---|---|---|---|---|---|
| 1 | 叶庆祖 | 南朝宋 | 不详 | （薛）道标率其党薛元宝等攻合肥,（刘）勔所遣诸军未至,为道标所陷,（裴）季文及武卫将军叶庆祖力战死之 | 《宋书》卷八七《殷琰传》 |
| 2 | 叶皓（叶略） | 陈末隋初 | 无锡 | （杨素）进击无锡贼帅叶皓,又平之（笔者按:《北史》作"叶皓",《隋书》作"叶略"。） | 《北史》卷四一《杨素传》;《隋书》卷四八《杨素传》 |
| 3 | 叶孝辩 | 隋末唐初 | 吴郡? | （沈）法兴与左右数百人投吴郡贼帅闻人遂安,（闻人遂安）遣其将叶孝辩迎之。法兴至中路而悔,欲杀孝辩,更向会稽。孝辩觉之,法兴惧,乃赴江死 | 《旧唐书》卷五六《沈法兴传》;《新唐书》卷八七《沈法兴传》 |
| 4 | 叶(业)遵 | 南朝宋 | 不详 | 《叶诗》二十卷,叶遵注《礼记》十二卷,叶遵注 | 《旧唐书》卷四六《经籍上》;《新唐书》卷五七《艺文一》 |

由表1可知,在叶法善之前,正史所载叶姓人物仅寥寥数人。其中叶皓、叶孝辩,一在无锡,一在吴郡,出现于史籍的时间也相近,应属同一家族。籍贯不详的叶庆祖出仕南朝宋,应该也是南方人。

至于叶遵,只在艺文志中出现,对《诗经》《礼记》有注,但生平不

道教史与宗族史的结合:读吴真《为神性加注:唐宋叶法善崇拜的造成史》　　343

详。据《隋书》卷三二:"《业诗》二十卷,宋奉朝请业遵注。……又有《业诗》,奉朝请业遵所注,立义多异,世所不行。……梁有《礼记》十二卷,业遵注,亡。"① 可知又作"业遵"。业氏不见于《元和姓纂》,而宋人邓名世《古今姓氏书辩证》卷四〇载之,曰:"《经典释文》曰:宋奉朝请业遵,字长孺,燕人,作《礼记注》十二卷。"可知业遵确为南朝宋人,但籍贯为燕。这一姓氏差异,笔者认为当从两唐书记载,因为《古今姓氏书辩证》并未记载业氏来源,当就业遵记载列为一姓,可能原本并无此姓。而业遵又出现于南朝,或即叶遵之误书。(葉、業形似)至于"燕人",疑亦"叶人"之误。(燕、葉形似)

再据姓氏书,唐代《元和姓纂》有两条记载涉及叶氏其他人物:

第一条,卷一第58A条"翁氏",岑仲勉引影宋抄本《丛编》一所引《集古目》:"唐翁公浮屠碑,唐湖州武康县。主簿王待征撰,不著书人名氏。翁公名义恪,字敬玄,杭州盐官人。为沂州刺史,市丞叶贞以冤系狱,义恪辩而出之。造七级浮屠于州之义法寺以报德,碑以神龙元年立。"② 据文意,其中"沂州刺史"当为"湖州刺史"之误。可知,神龙元年(705),湖州市丞叶贞造七级浮屠以报翁公之德。叶贞身为本州市丞,且有经济实力造浮图,当富有家赀,则叶氏在湖州也有一定实力。另外,据作者引述《吴中纪革叶氏世谱》,说东晋叶琚四子分布于吴中湖州、建安、衢州、处州。(第242页)此处湖州叶贞似乎能够对上湖州叶氏,但湖州一般被称为吴兴,而吴中则是苏州,何况纪革一地也在苏州境内。因此,前文叶皓、叶孝辩应当符合吴中的记载。

第二条,卷一〇第496B条"叶氏",岑仲勉校记:"《吴志》有都郡叶雄　七字洪氏据《秘籍新书》增。'都郡'误,应从《广韵》《姓解》

---

① 《隋书》卷三二《经籍一》,中华书局1973年点校本,第918、922页。
② 林宝撰,岑仲勉校:《元和姓纂(附四校记)》卷一,中华书局2008年版,第26页。

《通志》及《类稿》五三、《备要》二四作'都尉'。"① 此处所谓《吴志》，当指《三国志·吴志》，但今本并无"叶雄"此人，却有被孙坚枭首的董卓部下"都督华雄"②，疑《元和姓纂》或宋人谢枋得（1226—1289）《秘籍新书》误以"华雄"为叶雄。则所谓叶雄，似无此人。

到了两宋之际，邓名世《古今姓氏书辩证》卷四〇"叶氏"也有对叶氏人物的记载："后汉日南徼外蛮叶调赐金印紫绶。《吴志》，孙坚有都尉叶雄，即其后也。章贡叶氏，大理评事怀德生材。钱塘叶氏，桂州司法晓二子：昌言，秘书丞；昌龄，屯田员外郎。归化叶氏，闽尉同生诣，著作佐郎。"③ 其中叶调是东汉时期日南（今越南境内）蛮族，可以不计。叶雄的记载应该是误袭自《元和姓纂》。章贡、钱塘、归化三叶氏，则都是宋代叶氏地望，其中叶昌言、叶昌龄皆庆历六年（1046）进士。④ 由此可知，两宋之际姓氏书对叶氏人物的记载，没有超出《元和姓纂》范围。

但到了明代凌迪知《万姓统谱》，却又多出了一些唐以前的叶姓人物。其卷一二四在周朝之下列有叶公，三国之下列有叶雄，这两人当是袭自前人记载。但在晋朝之下列有叶谭、叶子韶，其中叶谭是"零陵人，清简有节操，至洛阳举孝廉，王济谓谭曰：'君吴楚之人也，亡国之余，有何秀异而应斯举？'谭曰：'君不闻明珠大贝生于江海之滨乎？'武子无以对。后除郎中，拜太子舍人，迁秘书监"。⑤ 这段记载应该出自《说郛》卷五八上所引司马彪（？—306）《零陵先贤传》，首曰"叶谭，字令思，零陵人"云云。然据《晋书》卷五二《华谭传》，可知这则故事其实写的是华谭（244—322），"华谭，字令思，广陵人"⑥，或因葉、華

---

① 《元和姓纂（附四校记）》卷一〇，中华书局2008年版，第1625页。
② 《三国志》卷四六《孙破虏传》，中华书局1959年点校本，第1096页。
③ 邓名世：《古今姓氏书辩证》卷四〇，文渊阁《四库全书》版。
④ 龚延明、祖慧：《宋登科记考》卷四，江苏教育出版社2005年版，第206—207页。
⑤ 凌迪知：《万姓统谱》卷一二四，文渊阁《四库全书》版。
⑥ 《晋书》卷五二《华谭传》，中华书局1974年版，第1452页。

形近致误。且所谓"吴楚之人""亡国之余",并非指先秦叶国,而是三国孙吴。但作为华谭同时代人的司马彪,为何有此误书,不得而知,也许是《说郛》传刻之讹。

另有叶子韶,《万姓统谱》曰:"建昌人,有道术,辟谷服气。尝独居,忽有一白衣人言:'君道德臻备,仙籍褒升,当在人间役使鬼神。'其后能立致风雨,驱雷电,救人疾疫。其应如响,不知所终云。"① 建昌在晋代为豫章郡属县。关于叶子韶的记载,仅见于此。如果可信,则能证明晋代即有叶氏族人为道士。但其实不然,叶子韶之事,初见于杜光庭《神仙感遇传》,名"叶迁韶"②;又见于五代沈汾《续仙传》,名"叶千韶"。③ 此人活跃于晚唐咸通(860—873)年间,且名"叶千韶",与作者在第七章所提及的抚州崇仁县梅栾邓叶四真人祠中叶姓真人(第205—206页)之真实身份或有关联。两位叶姓人物很有可能被后人记混,误把名气更大的叶法善之名加于不出名的叶千韶身上。

最后看一下出土墓志。《唐代墓志汇编》大中〇八五号墓志,是两宋以前唯一一方叶氏墓志,即题"乡贡进士东海糜简"所撰《南阳叶公逆修墓志铭并序》。此方墓志录自《越中金石记》卷一,故出土信息不得而知。其内容如下:"唐越州上虞县宝泉乡处士叶再荣,南阳人也。其先盛族,以晋时过江,即□□睦郡乌龙山管寿昌县仁风乡。大历二年(767),从宦下车,自晋抵越,具载图谱,削繁不书。……以开成四年(839)七月廿四日卜宅吉兆,选地得宝泉乡孝敬里新成村,预造坟墓合祔,……以□□□年甲戌(854)八月廿壬申日归葬此原。"④ 此志为逆修墓志,

---

① 凌迪知:《万姓统谱》卷一二四,文渊阁《四库全书》版。
② 杜光庭:《神仙感遇传》,引自李昉等编《太平广记》卷三九四,中华书局1961年版,第3151页。感谢孙齐兄提供此则信息!
③ 沈汾:《续仙传》卷中,文渊阁《四库全书》版。
④ 糜简:《南阳叶公逆修墓志铭并序》,杜春生编《越中金石记》卷一,收入《石刻史料新编》第二辑第十册,新文丰出版公司1977年版,第7122页;周绍良、赵超主编《唐代墓志汇编》大中〇八五,上海古籍出版社1992年版,第2314—2315页。

即预刻之后，下葬时再予以修改。但此处值得注意的有两点：第一，叶再荣祖先"晋时过江"，居于睦州寿昌县，再迁居越州上虞县。若据前文所提及明清家谱言之，睦州不在叶琚四子分布地，但又确实是晋时过江。第二，从"具载图谱"可知，叶氏即便在中古时期没有闻人，也一直有编纂图谱的行为，而且这里叶再荣一支，明显与叶法善所属松阳叶氏有别。

综上所述，在整个中古时期，叶氏并不是一个大姓。叶氏来源单一，皆出自南阳叶县。大约东晋南渡，但并非如明清时期家谱所说由东晋叶琚的四个儿子分居四地。不过这能够反映出，明清时期家谱大多热衷于把祖先归并为一个人物。叶氏人物在叶法善之前无闻，也为这一虚构创造了客观条件。

笔者上面考察如此之详细，实在是为了给本书所讨论到的叶氏宗族问题做一补充。从这一考察结果可以发现，叶静能和叶法善在初、盛唐的活动，几乎是横空出世。在他们之前，江南地区绝少叶氏人物，括州地区更无一人，也没有叶姓道士。虽然《叶国重碑》《叶慧明碑》如作者所说，填补了5至7世纪括州道教活动的空白。（第5页）但这两方在叶法善授意下撰写的碑文，是否如实地反映了当时的情况颇值得存疑。当然，可以肯定的是，叶法善对自己家族的尊崇，给了叶氏崛起于乡里一个契机，也造成了此后叶氏家族的发展基本上离不开与道教的关系。特别是在宋元时期，可以说是相辅相成，作者在第五章、第八章即重点做了叙述。

在第五章，作者通过大历十二年（777）《宣阳观钟铭》所载叶氏人物，对叶氏家族在大历年间加注叶法善时所提供的经济资助进行论述，以此揭示作为"象征资本"的叶法善在中晚唐处州道教发展中所起到的象征性作用。而叶氏家族成员的经济实力，又与叶法善本人舍宅为观的最初设计有关，因为一旦成为道观，便能够为家族带来更多占田。由此，在叶法善之前并不兴盛的叶氏家族，到了晚唐，一跃而为处州大姓之一。

在第八章，作者引入对宋代道观住持制度的考察，通过区分甲乙道观和十方道观,来为叶氏宗族对道观的控制提供依据,并逐渐把道观当作宗祠来经营。这便涉及近世宗族的形成,即叶氏家族通过对叶法善这一"象征资本"的运用,来为当下宗族利益服务。这也是当时地方信仰与宗族势力相结合时普遍采取的一种手段。作者进一步通过对明代叶法善崇拜的揭示指出,明代那些躺在叶法善身上"吃老本"(象征资本)的道观逐渐衰败,而获得叶氏宗族支持的则一直到清代都保持着良好的香火运营。(第251页)这证明了当地方信仰与宗族势力相结合时,两者更能取得双赢效果。江南叶氏家族在宋元时期能够涌现出叶梦得(1077—1148)、叶适(1150—1223)这样的人才,与整个叶氏宗族借由叶法善崇拜所取得的发展密不可分。

总之,叶氏家族兴起于叶法善对家族的尊崇,也借叶法善崇拜趁势走上近世宗族发展道路。这与如今已经衰落的抚州麻姑山邓氏等道教世家形成了鲜明对比,可惜作者并未就此深入关注,特别是一直延续至今的龙虎山张氏家族,更值得拿来作为参照。不过,像松阳叶氏家族这样因道教信仰而发展成为地方性宗族势力,已经是十分难得的例子。与龙虎山张氏、麻姑山邓氏等仅仅局限于一座山不同,松阳叶氏虽然也有卯山,但其信仰范围已经扩大到整个处州乃至浙南地区。另外,根据雷闻研究,麻姑山邓氏家族在唐代一直与王公贵族保持联系,为他们进行道法服务[1],而松阳叶氏在叶法善之后基本没有能够像叶法善那样再度成为内道场道士的人物。可以说,松阳叶氏和麻姑山邓氏分别代表了唐代新兴于玄宗时期的两类道教世家发展方向,即虽然叶氏未能在上层延续影响力,却保持了整个家族在原籍地的兴旺,而邓氏依附于皇权,一旦唐王朝灭亡,其后裔也就不再闻名于后世。不过这也给未来的道教史研究提供了一个发展方向,即在众多道教家族个案研究的基础上,来看道教传统在家族内部的传承,而非仅仅局限于对道派内部传承。

---

[1] 雷闻:《碑志所见的麻姑山邓氏——一个唐代道教世家的初步考察》,荣新江主编《唐研究》第十七卷,北京大学出版社2011年版,第39—69页。

此外，本书值得进一步深入的地方尚有几处，谨在此提出，以求教于方家：

第一，作者在论及叶法善请李邕撰《叶国重碑》《叶慧明碑》时说，"时在括州太守任上的大书法家李邕"（第30页），不知何据。据朱关田《李邕年谱》，李邕（675—747）于开元五年（717）三月赴任松阳令，道出兖州金乡，撰并书《叶国重碑》。又撰《叶慧明碑》，由国子监太学生韩择木书并题，七月立于金乡。李邕未至松阳令任上，即改括州司马。① 则李邕当时是在贬谪途中，且本书所附《叶国重碑》《叶慧明碑》，皆仅书"江夏李邕"（第265、267页），可知其本人有所隐晦，不书结衔。另外，这两块碑只有《叶国重碑》是李邕所书，所以讨论书法史时只能就此碑论述，而不应把《叶慧明碑》也算上。或者可以从书法史的角度入手，对这两块碑的具体问题再予以深入探讨。

第二，作者在论述叶法善归葬故乡时，引用《太平广记》"诏衢、婺、括三州助葬"的记载，认为"衢州、婺州、括州三个州相临近，开元年间皆属浙西观察使管辖，朝廷特令三州助葬"。（第37页）似误。叶法善去世于开元初，当时安史之乱尚未爆发，浙江西道也要到乾元元年（758）才设立，而且并不包括衢、婺、括三州，这三州其实在浙江东道境内。② 笔者认为，如果《太平广记》的记载不误，则诏三州助葬，估计出于两个因素：一是三州都分布有叶氏族人；二是回到括州之前，需要先后经过衢州、婺州，故让三州预先为之清道。当然，浙西南衢、婺、括（处）三州与日后浙东道治所所在越州等地地理差异颇大，路途亦遥，从而自成一个地理区域，若能从地域史的角度观察其中的信仰，或更有趣。特别是作者也谈到为叶法善进行神性加注的一个重要环节，就是唐末衢州龙丘人丰去奢作为外姓道士进入处州弘扬叶法善神灵。（第128—136页）不过值得怀疑的是，与丰去奢一起出现于《续仙传》的丽水人

---

① 朱关田：《李邕年谱》，收入氏撰《唐代书法家年谱》，江苏教育出版社2001年版，第157—160页。

② 任记国：《唐代浙江西道研究》，硕士学位论文，浙江大学，2009年。

华造，似乎并未如作者所论有机会于景福（892—893）间任处州刺史（第128页），因为自中和元年至开平元年（881—907），一直是卢约占据处州①，虽然卢约也是自立型刺史。

第三，唐宋之际松阳叶氏，或曰处州叶氏，乃至浙南处、婺、衢三州叶氏，虽然以道术闻名，且因对叶法善加注而成为地方强宗，到了宋代转移到科举领域，也簪缨不绝。但在唐末五代尚未全面兴盛之时，其家族成员信仰多元，尚需多方考察。比如，笔者就发现五代吴越国时有叶氏僧人活动迹象。据《武林梵志》卷一〇"六通寺"载："五代杭州六通慈德僧彦求，姓叶氏，缙云人也。梁均王贞明年间纳戒，造景霄律席。迥见毘尼秘邃，方将传讲我悟沓婆罗汉反求坚固法，乃游闽岭，得长庆祖传心诀。回浙，受丹丘人请，居六通院。其道望惟馨，汉南国王钱氏钦其高行，复命住功臣院，终于龙华寺。四远人聚，日有千僧食，大作佛事也。"② 在这里，"缙云"当指缙云郡，即处州，则叶氏僧亦叶法善族人，但却信奉佛法。更值得注意的是，作者虽然在辨析敦煌文献北图8418号《姓氏录》时，确认了曲、豆二姓当是割裂"丰"姓致误（第131页），但在S.2052号《新集天下姓望氏族谱》中的瞿、昙二姓（第121页），作者并未发现疑点。笔者认为，瞿、昙并非二姓，而是"瞿昙"一姓，文书抄写者不识为一姓而误分之，遂曰"松阳郡出五姓"。瞿昙（gotama 或 gautama）是佛祖姓氏③，但佛祖本人不可能有后代播迁到处州，所以可能是处州当地佛教徒的共享姓氏，正如很多僧人会在自己的法号之前加"释"字一样。或者是西域佛教徒以瞿昙为氏定居于此，

---

① 相关考证参见郁贤皓《唐刺史考全编》卷一四九《处州》，安徽大学出版社2000年版，第2140页。

② 吴之鲸：《武林梵志》卷一〇，杭州出版社2006年版，第273页；《武林梵志》记载节引自《宋高僧传》卷二八，今为节省篇幅，暂取《武林梵志》的记载。

③ 妙智：《论我国古代对佛姓的研究》，《法源》总第20期，2002年。参见网络版http：//www.chinabuddhism.com.cn/a/fayuan/2002/2k02f15.htm，2013年4月16日浏览。

唐代长安即有一支来自西域的瞿昙氏家族世代为天文官①。若果真如此，则处州地区佛教势力不容小觑，而具有道家传统的叶氏家族出现一位僧人，也就能够理解了。至于如今不见姓瞿昙者，则或已经简化为瞿氏。

第四，本书一大缺憾在于没有现代制图手段下绘制的历史地图。因为涉及宗族迁徙及信仰分布，仅仅依靠字面来让读者理解作者所要表达的意思，显然不够。特别是在对冲真观的研究中，这个道观在历史上和当下分属不同行政区划，更需要运用历史地图来给读者呈现一种动态变迁。在《后记》中，作者提到2010年时，她曾受武义县人民政府之邀，"访问了叶法善崇拜的另一中心——唐宋的丽水县，今日的武义县"（第327页）。但如果翻开当下浙江省地图即可发现，今日武义县属于金华市管辖，与丽水市及其治所所在的丽水县仅仅相邻而已，怎么唐宋丽水县就变成今日武义县了呢？虽然作者在第184页第三条脚注中已经指出，明正统十四年（1449）从丽水县划出宣慈乡等三乡置宣平县，而冲真观正好在宣平县境；在本书其他多处提及冲真观时，一些由作者实地拍摄的配图也直接提及在武义县柳城镇所摄。但作为读者，还是不明白为何宣平县的文物又进入了武义县？事实上，作者不仅应该解释这一行政区划变更发生于1958年，即在这一年宣平县被合并入武义县，从而成了金华市武义县辖区；更可以从此进一步阐释作者在第262页提到的，为何"2006年以来，浙江的武义县、松阳县、遂昌县、青田县等地纷纷宣称叶法善为本县历史名人，将叶法善当作文化名片加以推广"。据笔者了解，鉴于宣平县和武义县地理、文化差异比较大，旧宣平县的很多民众在并县之后，一直期望能够恢复宣平县。笔者认为，这个要求一直迟迟无法实现，恐怕跟原本与叶法善无关的武义县不想放弃叶法善这一历史名人资源有关。当然，这里涉及的是神性加注在当代社会的体现，与本书主要关注唐宋时期差距较大。

第五，作者在引用南宋《唐叶真人传》时，或曰"黑靼作乱"（第

---

① 张惠民：《唐代瞿昙家族的天文历算活动及其成就》，《陕西师范大学学报》（自然科学版）1994年第2期。

道教史与宗族史的结合：读吴真《为神性加注：唐宋叶法善崇拜的造成史》 ❖ 351

213 页），或曰"黑闼作乱"（第 300 页），未知孰是？若据前者，作者指出此处黑鞑或暗指南宋时期北方蒙元，但若据后者，也可能指隋末唐初刘黑闼（？—623）作乱。那么，虽然是一字之差，却也影响对这一故事的判断。因此，如果作者能够在引述文献时，先就文献本身作一校证，当能确保严谨性，甚至由此引出更多值得思考的小问题。另外，作者在对《全唐文》等清人所整理的唐代文献进行引用时，也有必要先对《全唐文》中的文献本身进行史源学考证，毕竟唐肃宗李亨（711—762）恐怕不会如作者所说，在叶法善逝世同年（720）以太子身份亲自撰写《叶法善像赞》（第 37 页）。至于对道教文献、家谱材料的辨析，更需要谨慎。即便是金石文献，也需要稽考其源流，确保真实性，方能加入讨论。

最后，笔者在阅读过程中，陆续发现一些鲁鱼之讹，顺便摘录之，以资作者日后修订时之参考：第 7 页引《叶国重碑》之"道征若声，心么苦气"当作"道微若声，心么若气"，"讯家僮之作业"当作"讯家童之作业"[1]；第 9 页引《叶慧明碑》之"媾幽寻之方士"，当作"觏幽寻之方士"[2]。

附记：本文原刊常建华主编《中国社会历史评论》第 15 卷，天津古籍出版社 2014 年版，第 432—438 页。

---

[1] 阮元主编：《两浙金石志》卷二，浙江古籍出版社 2012 年版，第 23 页上栏。
[2] 同上书，第 24 页下栏。

# 唐代中央与地方关系研究的遗珍

## ——读《陈翔唐史研究文存》

英年早逝的陈翔（1979—2012）博士遗著《陈翔唐史研究文存》（花木兰文化出版社 2013 年版）是作者生前大部分学术作品合集，分上、下编：上编是作者博士学位论文《唐代中央与地方关系研究——以三类地方官为对象》（武汉大学，2010 年）；下编包括作者硕士学位论文《关于唐代泽潞镇的几个问题》（陕西师范大学，2006 年）并其他单篇论文和书评。这些文章涵盖两大主题：一是唐代中央与地方关系问题；二是唐代后期藩镇研究。以下就此揭示本书贡献，并略陈拙见。

关于唐代中央与地方关系问题，近年来逐渐得到唐史学界的深入研究，特别是 2013 年由陆扬组稿的《唐研究》第十九卷"从地域史看唐帝国——边缘与核心"[1] 专栏。陈著则从地方官视角来考察唐代中央与地方关系。本书上编作为博士学位论文，除了第一章绪论、第五章余论外，正文共分三章：第二章《唐代京官兼任之地方官》、第三章《唐代带京衔之地方官》、第四章《唐代州县"摄"官》。从题目可以看到，作者重点在于三类地方官。

第一类地方官指京官兼任之地方官，作者整理出两种类型：以京官遥领地方官者，这种情况以宗室诸王、宰相居多；以京官兼任地方官且实际赴任者，这类官员属于差遣性质。（第 5 页）作者第二章针对的即后

---

[1] 荣新江主编：《唐研究》第十九卷，北京大学出版社 2013 年版，第 1—421 页。

一种情况。在学术史梳理中，作者首先指出学界普遍认为京官兼任之地方官现象的出现是为了解决当时内重外轻问题，后引用《崔长先墓志》指出，崔长先（564—625）"以本官检校陕州总管府长史"，并非出于地方行政考虑，而有军事层面原因。（第5—6页）以此引出作者所欲在前人基础上深入研究京官兼任之地方官的动机。

在正文，作者首先区分了"京官兼任之地方官"与"带京衔之地方官"的不同，通过书写习惯来区别史料中这两类官，作为基本概念梳理。（第23—29页）随后用清单方式，从正史、政书、类书、笔记、墓志中找出整个唐代"京官兼任之地方官"的例子，按前、后期列为表四、表五。（第112—124页）在此基础上进一步分析，得出其复杂样貌。在前期，"京官兼任之地方官"的出现有极为多样的意图：军事层面上加强平定割据势力，对边疆地区征讨，防御异族或叛党；政治层面上加强对两京政治管理，对功臣、诸王藩维王室的重视；行政层面上重视地方州郡建设；经济层面上加强对河南、河北地区经济管理等。在后期，"京官兼任之地方官"出现了象征化趋势：开元年间，宗室诸王以京官兼任地方官现象趋于象征意义；肃代时期，以军事、经济为主；德宗时期，以经济为主，军事层面考虑已经不如经济突出。（第38页）

第二类地方官即带京衔之地方官。作者在绪论中指出"带职"并非方镇使府僚佐才有，地方府州县官同样有此现象。然后就学术史进行梳理，指出前人研究对京兆尹兼官问题研究颇多，而忽略了对地方官带京衔现象的分析。于是在第三章，作者同样分唐代前、后期予以整理。前期情况较少，整理出8例，制成表二。（第45页）随后分析此8例地域分布，认为地处军事要冲或边疆地区有4例，占去一半。另4例多从奖励吏治层面进行。从而得出，唐代前期加授地方官衔的目的限于重视军事和奖励地方吏治。（第48页）

后期情况日渐增多，因此制成表六至表十三共8个表，分别列出唐后期带京衔之府州长官、府少尹、府别驾、府州司马、府州长史、府州录事参军·判司、县令、县尉。（第124—147页）在此基础上，作者按加授原因整理了唐后期带京衔之地方官的9种类型，并举例说明，如立有战功而被加授者3例、在任上做得出色迁转后加授者3例等。（第

48—62页）又基于此8个表对唐后期带京衔之地方官地域分布特点予以论述，得出均衡化的特点。又整理了中央政府对带京衔地方官特殊权利的四条政策和规定。（第65—67页）最后，作者依次论述了带京衔之地方官的意义、作用与功能。（第67—73页）最后一小节（第73—74页）关于带京衔的变质论述颇短，似未能进一步详细展开，是为憾事。

第三类地方官为州县"摄"官。作者指出这类官也分为两类：一是朝廷任命的"敕摄"官；一是地方长官"版授"的"假摄官"。（第13页）后一种即作者所要论述的摄官。在学术史中，作者指出前人研究时，更进一步指出赖瑞和对于带京衔地方官与州县摄官的概念混淆。①（第17页）不过作者着眼点在于有唐一代前、后期州县摄官在时空范围内变化问题，以突破前人局限于一时一地的研究，从而引出第四章内容。

作者首先区分唐代州县摄官三种类型：差遣检校类型、参军检校类型、一般代理类型，并予以分析。（第76页）随后整理唐代中央政府关于幕职官差摄州县的政策及其变化，并分差摄州刺史、令·录、州判司·县尉·簿·丞三大类进行梳理。（第93—101页）最后总结唐代州县摄官特点，从摄官任命方式、身份、奏正机会、待遇四方面论述。（第102—107页）作者结论是：唐代后期，对州县摄官的限制和规定，比前期渐渐放宽，奏正机会越来越大，最终导致摄官身份越来越低，待遇越来越差。（第107—108页）

综观本书上编，作者通过对三类地方官的整理，从一侧面梳理了唐代中央与地方关系在不同时空范围内所具有的不同特点。并得出带京衔之地方官在唐代后期较多，与唐代前期较多京官兼任之地方官，正好互补。反映了中央集权消解，地方势力上升。州县摄官也顺应了唐代后期地方势力发展的变化。（第112页）

然而，笔者认为，本书上编可能还需要进一步阐释三个问题：

第一，正如作者所说，京官兼任之地方官、带京衔的地方官、州县摄官存在互补，在整个唐代此消彼长过程中，也能反映中央集权下降趋势。但作者论述重点在对三类官本身的考证，对三者之间的关系仅仅在

---

① 作者对赖瑞和观点的进一步指正，参见收入该书的对赖瑞和《唐代中层文官》一书的书评。

余论中稍作提及，似未能深入呈现三者如何互动。

第二，作者对三类地方官的整理自然丰富，但是否还需要看待这三类地方官与传统意义上地方官之间的关系呢？那些并不是由京官兼任的地方官、并不带京衔的地方官和朝廷正式任命的州县官与这三类特殊地方官之间，存在哪些联系？有何区别？也许做这样的结合，才能深入考察这三类特殊地方官对唐中央与地方关系的具体影响程度。

第三，在研究完这三类特殊地方官后，作者得出了唐朝中央权威在后期日趋下降的结论，诚然如此。但中央权威下降，另一方面其实表现为地方权威或区域权威上升。因为正是在晚唐藩镇基础上，才有日后五代十国兴起，而北宋统一后，又出现集权王朝，甚至比唐朝的中央集权更为巩固。那么，如何看待这种中央权威下降导致地方权威上升，从而最终形成更加巩固的中央集权，尚需从更多方面予以考虑。

当然，作者已逝，上述问题，只能留待生者努力。

在本书下编占了大量篇幅的是藩镇问题。作者硕士学位论文本身即对泽潞镇的研究，单篇论文中《再论安史之乱的平定与河北藩镇重建》（第205—220页）、《书评：张正田〈"中原"边缘——唐代昭义军研究〉》（第281—290页）也涉及藩镇问题。就泽潞镇而言，除了绪论中列出的2006年前的学术史（第151—154页），经过八年时间，又有一批论文问世。[①] 当然，由于本书是在作者去世之后由他人整理成书，故未能增补新成果，仅能通过作者抽出来单独发表的论文进行补充，是为憾事。

---

① 郎洁：《唐中晚期昭义镇研究》，硕士学位论文，中央民族大学，2007年；吴文良：《泽潞刘氏的兴亡与唐代中后期的政治》，硕士学位论文，首都师范大学，2007年；卢向前：《卢从史出兵山东与唐宪宗用兵河朔三镇之关系》，《中华文史论丛》2007年第3辑；王韵：《论唐、五代昭义镇的地理环境和种族文化》，《唐都学刊》2009年第1期；李向菲：《唐武宗君臣讨伐泽潞原因新论》，《史学月刊》2009年第12期；王振芳：《论唐武宗平泽潞》，三晋文化研讨会会议论文，2010年9月13日。作者搜集学术史亦偶有失收，如李文才《"唐武宗平泽潞"之再评价》，《晋阳学刊》1994年第4期。

综观作者对泽潞镇的研究，虽然在硕士论文中依然延续传统路径，探讨了泽潞镇建置、沿革、扩建及地位，与唐中央关系，以及在中晚唐史上的作用。（第151—204页）但在此之后并未陷入个案研究泥沼。在2012年发表的对张正田一书的书评中，作者说道："目前的藩镇个案研究似乎有点类似于当下中古时期的家族个案研究中所呈现出来的跑马圈式的研究模式。举凡如今的藩镇个案研究，结构上大同小异。不外乎先从本镇的自然环境、交通状况、战略形势甚至地理沿革谈起；其次论及本镇与中央的关系，抑或是本镇的军队构成；最后论及本镇的地位、作用。研究者选取任一藩镇进行研究时，似乎已经预先设计好了想要论述的框架。那么，从这种大同小异的论述框架入手，得到的有关藩镇的认识也几乎是一致的，因为学术界早已对藩镇问题进行了许多概论性的研究。"（第284—285页）

随后，作者进一步提出了他自己对藩镇个案研究的两点看法："第一，对本镇进行研究，将其较为系统、深入、细致地勾勒、展示出来。比如对藩镇中某一事件的前因后果、来龙去脉或某藩镇的发展、演变的过程的揭示。这是最基本的部分；第二，借此抽绎出藩镇研究某些规律性的认知，或重建、复原当时复杂的历史样貌，这是个案研究最核心的部分。在检索系统日益发达的今天，做到第一点并不难，那么如何取得第二点的突破，就需要注意研究思路、研究路径。"（第285页）对此，作者特别举例陆扬、仇鹿鸣的研究[1]能够"在细致描述历史过程中，展现出所论事件之当时，复杂的历史语境，或抽绎出藩镇研究某些原则，而不是简单地套用一些模式去研究"（第285—286页）。

事实上，作者《再论安史之乱的平定与河北藩镇重建》一文亦从细

---

[1] 陆扬：《从西川和浙西事件论元和政治格局的形成》，荣新江主编《唐研究》第八卷，北京大学出版社2002年版，第225—256页；陆扬：《从新出墓志再论九世纪初剑南西川刘辟事件及其相关问题》，荣新江主编《唐研究》第十六卷，北京大学出版社2011年版，第331—356页；仇鹿鸣：《从"罗让碑"看唐末魏博的政治与社会》，《历史研究》2012年第2期。

节入手。作者首先列举前人对于安史之乱平定的研究，并总结道："在诸多学者看来，安史叛乱的结束并非因朝廷军队本身之强大实力所致。"（第206页）但在深入研读史籍情况下，作者并不认可这一观点。于是，作者首先分析昭觉寺一役，认为正是通过此役，官军认识到回纥军队参战并非不可或缺。（第206—207页）随后，唐廷官军在没有回纥军队协助情况下，进一步追击叛军，在魏州大败叛军，最终迫使邺郡节度使薛嵩投降，另三镇也在史朝义死后投降。（第208—209页）作者还分析了战争尾声阶段，唐朝官军对比安史叛军，在士气、数量、战略等方面的优势。（第209—211页）至于为何唐朝官军不进一步彻底铲除安史余党，作者着重分析了前人研究所否认的仆固怀恩树党自固，认为仆固怀恩确有树党自固行为。（第211—214页）正是这一行为导致了本来颇为顺从的河北藩镇，最终在永泰（765—766）以后走上割据之路。（第218页）

可以发现，综观作者对藩镇问题的研究，始终围绕中央与地方这一主题，这也促使他在读博期间选择直接以中央与地方关系问题撰写博士学位论文，并反过来关注藩镇问题。当然，藩镇问题并非着眼中央与地方关系方能研究，藩镇本身即中央与地方冲突之下的产物，藩镇境内一切事物，自始至终受到藩镇与中央关系影响。即便如今藩镇研究已经"视角下移"，关注社会层面[①]，始终需要回到政治层面，方能对藩镇本身予以更深入理解。特别是对于泽潞镇来说，其出现本身，就是唐廷在归顺藩镇和割据藩镇之间，试图使其起到缓冲和监视作用，故不能轻视与唐廷关系。因此，作者对藩镇研究的视角，并不偏倚。

就泽潞镇而言，虽作者已逝，笔者依然期待将来学者能从以下两点深入探讨：第一，有效区分泽潞和昭义的差别，盖泽潞就统治地域而言，且偏重太行山以西泽州、潞州一带，而昭义不仅仅是泽潞镇的军额，在早期是相卫节度使军额，在唐末五代则分裂为泽潞、邢洺磁两镇，各有昭义军额。因此，对两者有效区分，可以更好地梳理一些史事，确立"昭义"这一名号本身对唐廷所具有的重要意义。第二，不可否认，泽潞

---

[①] 冯金忠：《唐代河北藩镇研究》，科学出版社2012年版，第2—3页。

镇也需要视角下移的研究，为更深入的探讨打下基础。特别在上党地区大量出土墓志的当下，梳理泽潞镇普通将领、士兵、民众等阶层的社会样态，值得进一步关注。

除了以上所论本书两大主题之外，作者还就玄武门事变、踏歌、刺史考证、皇后籍贯等议题撰写了论文，并写过历史普及性质的"清正廉洁的唐代陕西人"。因篇幅较短，暂不予评论。总之，作者在其短暂的学术生涯中，致力于以地方官制和藩镇为主，集中于探讨唐代中央与地方关系的研究，实实在在地取得了一定的成果，希望后来人能够在作者的基础上进一步深入下去。

附记：本文原刊《西安文理学院学报》2015年第3期，谨此怀念已故硕士师兄南安陈翔博士！

# 中古史学术工作坊的新成果

## ——童岭主编《皇帝·单于·士人：中古中国与周边世界》读后

近年来，中国中古史学界青年学者之间流行举办读书班、研究班、联谊会或工作坊（沙龙），借以方便不同学校、不同学科之间的青年学者之互相交流。这些学术共同体，大致可以分为以下四类：

1. 读书班以某一部经典著作或史料作为研读对象，通常有时间期限，读完后即解散或转为其他形式，较有名的如北京大学中古史中心荣新江组织过的长安学读书班、中国社会科学院的《天圣令》读书班等。此外，在各大高校研究生，特别是同一导师门下的同门之间，也较为流行这一最基本的读书模式。管俊玮曾整理过北京地区的读书班。[①] 其他地方，尚有上海地区华东师范大学牟发松门下弟子组织的《唐六典》读书班等。

2. 研究班是在读书班基础上发展而来的一种形式，并不局限于读一部史料，而是加入论文发表环节等其他内容。比如复旦大学历史学系余欣老师组织的中古中国共同研究班，即以中古史为话题，以复旦大学历史系、文史研究院、中文系、古籍所、史地所等院系的年轻学者为主干

---

① 清华大学人文学院历史系博士生管俊玮曾于2014年5月整理过一份"北京现有读书班与沙龙活动清单"，由侯旭东先生补充，见http：//www.wangf.net/vbb2/showthread.php？s=&threadid=27069。

成员，并邀请兰州大学、北京大学、首都师范大学等学校的年轻学者作为通讯学者，2009年至今，以每两周报告一篇论文，附以轮流对《天地瑞祥志》的点校，一直活跃于中古史研究的前沿，近年又推出了"中古中国知识·信仰·制度研究书系"。这一研究班的形式，国内类似的还有兰州大学的敦煌读书班，此虽名为读书班，但实际为研究班的形式，每次由两三位学者发表论文，目前已经进行到第36期（2015年7月17日）；兰州大学还有西北出土文献与中古历史研读班，也是以报告论文的方式维持，目前已经进行到第19期（2015年7月5日）。

3. 联谊会则类似于学会，但又不同于以断代史为特点的全国性官方学术团体如中国魏晋南北朝史学会、中国唐史学会等，而是主要在团结青年学人之间跨学科、跨断代之交流，如团结了中国大陆、中国台湾、日本、韩国等地中古史青年学人的中国中古史青年学者联谊会。他们每年在不同高校举办一次联谊会，并出版学术集刊《中国中古史研究》，借以激扬学术。近几年，则有结合历史、文物、考古、历史地理、民族史等不同方向和学科的中国中古史前沿论坛，每年一次学术会议，并出版学术集刊《中国中古史集刊》。作为一个新兴的中古史青年学者团体，起到了与联谊会之间的互相补充作用，颇有并驾齐驱之感。

4. 至于工作坊（沙龙），形式更加自由，一般为某青年学人凭借自己所在高校发起成系列或成主题的小型学术研讨会，比如首都师范大学孙正军老师一直参与组织的"首都师范大学历史学院史学沙龙"系列，即经常拟定一个主题，邀请相关领域的青年学者参与。最近，西安地区一系列沙龙也引人关注，如长安中国中古史沙龙，团结西安地区各个机构的中古史青年学者，推进西安地区的中古史研究。本文所要评议的由南京大学文学院副教授童岭博士主编的《皇帝·单于·士人：中古中国与周边世界》（中西书局2014年版）一书，则是在2014年3月8日举办的同名国际青年学者工作坊基础上成书的，与沙龙的区别仅仅是尚未形成系列。

所谓工作坊，由顾涛、孙妙凝统稿的《中国社会科学报》所刊会议纪要中即指出："工作坊（workshop）一词，早在英国16世纪即有之。表示学习活动始自20世纪30年代,那是包豪斯(Bauhaus)最初建立并兴盛的时代,后者将'作坊'(德语Werkstatt)概念用于高等教育。目前已经成为了欧美学界流行多年的学术交流方式。"并认为:"工作坊的最大特色在于:短小精悍,学术评议多是短兵相接、真刀真枪,场面异常激烈,纯以批评和互动为主,不作'乡愿',不一味'说好话',对于正在求学途中的硕士生、博士生有良好的学术示范作用"。[1] 就规模而言,这样的有主题但又能够结合各个学者之所长的工作坊,既不同于学会年会之大杂烩,亦不同于小型学术报告会之单一,颇能各取所需,或将成为日后青年学者之间学术交流的主要形式。

该书虽然总体上是在工作坊基础上形成的论文集,但内容颇有出入。具体情况,有心者可以对比该书目录和工作坊议程。大体而言,除了依照作者要求,或编入,或撤出,或更换相关论文外,还增加了三类内容:第一类即书前张伯伟致辞之后所列入的徐兴无《天子与皇帝》和张学锋《扬州曹庄隋炀帝墓札记》两文,这是作为前辈学者的锦上添花之作,亦契合工作坊主题和最新学术动态,相当于一般学术研讨会在领导致辞之后,小组讨论之间举行的著名学者之大会主题报告[2];第二类是该书下编所收三篇译文,皆与工作坊主题有一定关联,根据童岭《编后记》所述,这三篇译文的两位原作者韩大伟(David B. Honey)和柯睿(Paul W. Kroll)或因事未能赴会,或听闻工作坊之后极力赞成这一活动,故编入他们的论文亦属友情相助,并增加了论文集的国际化色彩;第三类是本书附录所收《中国社会科学报》和《早期中国史研究》两种报刊的纪要各一篇,以及工作坊议程、论文集作者和校译者所属单位等,这些是与工作坊有关的报道和信息介绍,属于学术动态或学术规范范畴。以下,笔者就本书主体部分和增加的三类内容,谈一点读后感:

本书主题部分,主要是上编和中编所收论文,一共14篇,其中在工作

---

[1] 顾涛、孙妙凝等:《"皇帝·单于·士人:中古中国与周边世界"国际青年学者工作坊纪要》,《中国社会科学报》2014年4月1日。

[2] 其中徐兴无一文,据文末附记,正是准备作为工作坊主题报告的底稿。

坊发表过的有 9 篇，与工作坊论文不一样的有 5 篇。鉴于 9 篇工作坊论文在两篇纪要中已经有简述，本文先对 5 篇不一样的论文内容稍作简介，至于在工作坊上发表过的那 5 篇，因笔者当时并未在场，本文不便做具体讨论。

余欣、周金泰《敬授民时之往复：汉唐敦煌的皇家〈月令〉与本土时令》

时令研究是敦煌学一项重要内容，这从此文对相关学术史的梳理可以看出来。此文可以说是第一作者余欣一直以来所倡导的"民生宗教社会史"[①] 的一个个案，其特色在于把汉唐时期敦煌地区皇家《月令》和本土时令放在一起考察，以从宏观角度展现当时当地时令知识与地域政治和日常生活之关联。另外，作者坦言，此文始终坚持一个原则："尽可能地突出敦煌时令文献的地域特色。"（第 60 页）即："一方面，以《诏条》和《御刊定》为代表的皇家《月令》被贯彻到了敦煌，从而以政令的形式树立起中央的权威。另一方面，《月令》经由敦煌本土文献的改造而衍化为一般知识，并在民间生活中发挥了实际功用。"（第 60 页）对此，笔者并不谙敦煌学，无从置喙。不过想提出一个比较常见的疑问，即敦煌材料能够得以保存至今，原因十分特殊，由此得出的结论是否普遍适用于当时敦煌以外地区？作者在此文中写道："值得注意的是，敦煌之外的中原地区始终未见任何为玄宗改定本《月令》作注的文献，据此推断《御刊定》可能在敦煌地区拥有更高的流通度。"（第 47 页）不知作者何以判断中原地区始终未见？又何以推断敦煌地区更高流通度？类似这些把敦煌与敦煌以外地区做对比的论述，行文之时恐怕依然需要随时注意。

赵立新《平壤安岳三号墓（冬寿墓）的研究回顾》

众所周知，朝鲜地区考古成果并不容易为外界所知，导致相关历史信息也很难为读者所了解。因此，此文对相关学术史的了解，无疑做了一个很好的梳理。作者提交工作坊的论文是《由冬寿官历论四、五世纪

---

[①] 余欣：《神道人心：唐宋之际敦煌民生宗教社会史研究》，中华书局 2006 年版。

间朝鲜半岛北部的政治支配》，此文大概是工作坊论文的学术史梳理。此文作者本以六朝政治史研究起家①，近年来转入半岛三国史研究，但仍未脱离政治史路径。可惜在半岛北部地区墓葬资料奇缺情况下，很难进一步探讨冬寿此人相关历史信息。不过，作者提及韩昇师从大陆移民史角度对冬寿墓加以思考的看法（第78—79页），或有助于进一步思考此墓。就此而言，笔者更感兴趣"冬"这一"姓族"②的迁徙，而在作者学术史梳理中，仅武田幸男、宿白两位学者猜测或与"佟"氏有关（第73、75页）。故对于冬氏或佟氏本身源流的梳理，尚待进一步发掘。其实，冬氏和佟氏的情况，与2012年5月复旦大学中国中古史共同研究班上讨论的《天地瑞祥志》作者为萨氏还是薛氏的情况略同。当时，并未就萨氏还是薛氏得出统一结论。事实上，根据葛继勇考察，"薛"字在日本早期文书中确实被写作一个容易被误认为"萨"的字，而非当时真有"萨"这一姓氏。③那么，冬氏从佟氏或其他形似"冬"字的姓氏衍变而来，也是有可能的。这样，或许可以为进一步考察冬寿此人的族群来源提供更多可思考的方向，从而有助于对冬寿墓的分析与判断。

徐冲《"铁弗"新解》

此文大概是作者提交工作坊的论文《关于铁弗匈奴历史地位的思考》一文的成熟部分，予以率先发表。此文也确实有较新观点，对长期以来

---

① 赵立新：《西晋末年至东晋时期的"分陕"政治——分权化现象下的朝廷与州镇》，花木兰文化出版社2009年版；赵立新：《南朝宗室政治与仕宦结构：以皇弟皇子府参军为中心》，博士学位论文，台湾大学，2009年。

② 笔者曾定义"姓族"为某一姓氏的所有族人，此一范围涵盖或可有助于全面梳理早期中国史研究中的家族、世族、士族、宗族等各类父系血缘群体的发展衍变。笔者曾以韩氏为例予以个案考察，然尚待后续思考。参见胡耀飞《中古韩氏"姓族"的分阶段考察——以颍川、南阳、昌黎三支为例》，董劭伟、王莲英、秦进才、孙继民主编《秦皇岛地域历史文化专题研究》，经济科学出版社2014年版，第237—245页；胡耀飞《墓志所见北朝韩氏"姓族"考——以安定、广宁、太安、河南四支为例》，赵力光主编《碑林集刊》第20辑，三秦出版社2015年版，第286—294页。

③ 葛继勇：《〈续日本记〉所载赴日唐人研究》，博士学位论文，浙江大学，2006年。

学界所普遍认为的从部族名演化为姓氏"铁弗"一词的再认识,认为仅是"一种蔑称",而非"自我称呼"。(第 108 页)笔者对此素无研究,不便置评。不过这种对历史上部族名号的再阐释,确实需要被更广泛地运用。不仅部族名,人名和地名都是如此。春秋战国时期吴越争霸所涉及的诸多人名和地名,就存在用汉字音译越语,后人不复核查,以汉字字义来理解,从而遮蔽了越语原意的情况。

石洋《战国秦汉间"赀"的字义演变与其意义》

此文与作者提交工作坊的论文《早期帝制中国的财产调查制度:以秦汉时期为例》颇有关联,但关注范围有所缩小,即具体到"赀"字字义演变。当然,就这一个字义,即可产生很多关联考察,意义十分深远。之所以能得到这种观察,与秦汉简牍出土分不开。由此出发,也可以进一步考察各种在《说文解字》中与在传世文献中互有歧义的字的字义,从而便于更好地理解历史诸多细节。

黄楼《唐代"元和"系宦官与穆、敬、文、武四朝皇位之更迭》

晚唐五代宦官问题研究是近年学界关注热点之一,相关单篇论文和学位论文乃至专著层出不穷,此文作者即其中佼佼者。其博士学位论文《中晚唐宦官政治研究》(武汉大学,2009 年)是关于中晚唐宦官研究的综合体现,收入此书的《唐代"元和"系宦官与穆、敬、文、武四朝皇位之更迭》则脱胎于博士学位论文第七章《穆敬文武四朝皇位的更迭》。此文摆脱了通常所认为的把宦官视为一个政治群体的片面看法,揭示出宦官内部的分化,或因年龄层不同,或因所属神策左右军不同,而各有目的,并进一步影响到皇位更迭。关于宦官内部派系分化,赵雨乐《两神策与两枢密:唐代北司权力领导新探》[1] 一文亦曾注意到通常所说"四贵"之中两枢密与两神策中尉之间的合作与纠纷。不过赵文并未进一步区分两神策中尉

---

[1] 赵雨乐:《两神策与两枢密:唐代北司权力领导新探》,武汉大学中国三至九世纪研究所编《魏晋南北朝隋唐史资料》第二十七辑《唐长孺先生百年诞辰纪念专辑》,武汉大学人文社会科学学报编辑部 2011 年版,第 331—345 页;收入氏著《文才武略:唐宋时期的国家危机与管治精英》,香港三联书店 2014 年版,第 77—102 页。

之间的竞争，黄文即可起到补充作用。事实上，宦官集团内部之间不仅有以代际、职位为基准的矛盾，也有不同家族之间的矛盾。关于晚唐宦官世家的研究，始于陈仲安（1922—1993）《唐代后期的宦官世家》一文，盛于杜文玉师的一系列论文，颇可成为日后宦官研究深入方向之一。① 而以陆扬②为代表的对晚唐宦官外朝化的研究，以赵晨昕③为代表的对唐代宦官职权的研究，也值得注意。另外，笔者最近读到潘子正《唐僖宗朝前期（873—880）的政治角力分析》一文，作者对于唐后期宦官主导下的皇位传承制度有别样看法，认为与唐前期为禁军势力所左右的皇位传承具有相同境遇。他以僖宗即位为例论述道："与其将刘、韩拥立唐僖宗视为神策中尉再次宰制天子的故事，不如视为保持帝国稳定的程序。'拥立'所能包含的意义，应不只是两位中尉基于自身利益指派某位皇子成为皇帝，而是帝国需要两位中尉保护某位皇子成为皇帝，并辅助少不经事或说欠缺资本的新皇帝，能顺利地着手管理帝国的朝廷。"④

---

① 陈仲安：《唐代后期的宦官世家》，中国唐史学会编《唐史学会论文集》，陕西人民出版社 1986 年版，第 195—224 页。杜文玉师早期的相关论文有《唐代宦官世家考述》（《陕西师范大学学报》1998 年第 2 期）、《高力士家族及其源流》（《唐研究》第四卷，北京大学出版社 1998 年版）、《唐代权阉杨氏家族考》（韩金科主编《98 法门寺唐文化国际学术讨论会论文集》，陕西人民出版社 2000 年版）、《唐代宦官刘光琦家族考》（《陕西师范大学学报》2000 年第 3 期）、《唐代宦官婚姻及其内部结构》（《学术月刊》2000 年第 6 期）；近年来，随着一些宦官墓志的出土，又有几篇新作问世，如《唐代权阉杨玄价夫人党氏墓志铭考略》（《唐史论丛》第十四辑，陕西师范大学出版社 2012 年版）、《唐代宦官〈孙子成墓志铭〉考释》（《唐史论丛》第十八辑，陕西师范大学出版社 2014 年版）、《唐代吴氏宦官家族研究》（《唐史论丛》第二十辑，三秦出版社 2015 年版）等。

② 陆扬：《从碑志资料看 9 世纪唐代政治中的宦官领袖——以梁守谦和刘弘规为例》，《文史》2010 年第 4 辑。

③ 赵晨昕：《唐代宦官权力的制度解析——以宦官墓志及敦煌本〈记室备要〉为中心》，博士学位论文，首都师范大学，2012 年。

④ 潘子正：《唐僖宗朝前期（873—880）的政治角力分析》，硕士学位论文，台湾师范大学，2013 年。

也就是说，宦官并非因为本身的跋扈而控制皇位传承，而是宦官对神策军的掌握，使得他们成为保持皇位传承稳定所需要倚靠的力量。这一观点学术价值如何尚待检验，但无疑为重新观察晚唐宦官专权提供了新的思路。

至于与工作坊上宣读论文相一致的 9 篇文章，其中上编阿部幸信《从官印格式来看汉代"内臣""外臣"概念——〈西汉时期内外观的变迁〉补论》、王安泰《皇帝的天下与单于的天下——十六国时期天下体系的构筑》、胡鸿《纸币驯铁骑：当草原征服者遇上书面语》、童岭《释〈晋书·慕容儁载记〉记石虎所得玉版文——读十六国北朝文史札记之一》四文，皆涉及两汉魏晋时期胡汉关系和各自不同的话语体系。中编小尾孝夫《永嘉之乱后的江淮士族与地域社会——以对广陵的探讨为中心》、范兆飞《魏末城民新考》、陆胤《"哀六朝"：晚清士大夫政教观念的中古投影》、孙英刚《李承乾与普光寺僧团》、仇鹿鸣《碑传与史传：上官婉儿的生平与形象》五文，涉及地域社会史、观念史、历史书写等话题。无论是作者还是论文内容，多是当前中古史青年学者群中一时之选，学界自有公论。限于学力，不再一一置评。

该书增加的三类内容，除附录之外，徐兴无、张学锋二文和韩大伟、柯睿三文是全新的内容，但所论与工作坊主题亦密切相关。

徐兴无《天子与皇帝》一文，讨论了秦汉时期"天子""皇帝""单于"三个概念。该文先对"天子"与"皇帝"进行区分，"天子"作为爵称，"皇帝"作为德号，各有含义与用途。其中特别重要的是"天子"作为君临天下的象征，能够作为对外夷使用的名号，从而统摄了匈奴为代表的北族系统内部所使用的"单于"。作者认为，这有别于《周礼》所规定的"天子"仅是对"诸侯"所使用的名号，从而显示出汉家天子的空间权威。（第 10 页）

张学锋《扬州曹庄隋炀帝墓札记》一文，讨论了新近发现于扬州曹庄的隋炀帝、萧后异穴合葬墓。这一墓葬的发现作为 2013 年全国十大考古发现之一，不仅吸引了考古、历史学界的关注，因墓主人身份显赫，各种媒体也纷至沓来。随之而起的便是争议不断，正如此前曹操墓的发现一样。不过，由于有《随故炀帝墓志》，以及代表隋炀帝身份的玉璋、十三环金玉带（䚢䚢）和编钟、编磬等随葬品出土，相关争论逐渐消弭。张学锋此文，即与此前胡阿祥《有关扬州隋炀帝陵"质疑"的质疑》[①]一文一样，都是对相关疑点予以回应和澄清的专业学术文章。

笔者对隋炀帝墓的兴趣，来源于此前撰写过的《杜儒童及其〈隋季革命记〉辑考：兼论隋末唐初王统三分问题》[②]一文。在该文中，笔者把隋炀帝离开长安、洛阳两京之后，在各地巡游以及大部分时间主要居住于江都的这一现象，称为"江都王统"，以有别于留守长安的代王侑所代表的"长安王统"和留守洛阳的越王侗所代表的"洛阳王统"。隋炀帝在江都遇难，虽不代表江都王统的断绝，却导致了各地群雄对此一王统的觊觎，宇文化及和窦建德即先后承袭了江都王统的遗产。唐高祖、太宗所承袭的长安王统若需要统一全国，即需要对洛阳王统和江都王统予以合并，方可谓真正实现革命。因此，无论唐太宗如何以隋炀帝滥用民力为借鉴，依然需要继承隋朝王统。对隋炀帝和萧后予以礼葬，即承认其曾经之身份的体现。张学锋一文中对于"大业十四年"的探讨（第24—25页），即在于说明隋炀帝作为"天下共主"在隋末唐初所拥有的地位。

近日，笔者读到此前未曾寓目的朱振宏《隋炀帝储位问题研究》一文，他亦说道在隋炀帝被弑杀之后，"当时欲争夺帝位，除地方各割据群雄之外，隋朝宗室中，仍具号召力并成为各方豪杰竞相依附以取得正统地位者，尚有三股力量，一为江都的秦王杨浩，二为东都留守越王杨侗，

---

① 胡阿祥：《有关扬州隋炀帝陵"质疑"的质疑》，《南京晓庄学院学报》2013年第4期。

② 胡耀飞、谢宇荣：《杜儒童及其〈隋季革命记〉辑考：兼论隋末唐初王统三分问题》，杜文玉主编《唐史论丛》第十八辑，陕西师范大学出版社2014年版，第129—148页。

三为京师留守代王杨侑。此外，在唐高祖武德二年（619）四月后，又有另一股势力，即东突厥所拥立的杨暕遗腹子——杨政道"①。朱文所说三股力量，即相当于笔者所说三分王统。至于笔者未曾考虑到的杨政道，其作为隋炀帝之孙，突厥处罗可汗从窦建德手中迎之，可作为江都王统在突厥的延续。处罗可汗于武德三年（620）二月立杨政道为隋主，则更进一步使江都王统予以一定程度恢复。武德三年十一月，东突厥发兵南下直指并州，用以安置杨政道，惜因处罗可汗突然死亡而止。随后，形势逆转，唐太宗于贞观四年（630）正月从颉利可汗手中夺取萧后与杨政道，最终实现了统一。②

有意思的是，作为突厥可汗，却遵立隋朝宗室，即相当于代表农耕文明的中原皇帝与代表游牧文明的北族可汗需要同时并立。这一并立有时候是对等的，有时候则是中原皇帝作为天子临制北族可汗，有时候则是北族可汗压制中原皇帝。或亦类似于汉代以来天子与单于之间的消长，甚至五代两宋与辽金元之间的关系。

除了并立时期，尚有另外一种情况，即该书所收韩大伟两篇论文探讨的十六国时期正统观。根据韩大伟的论述，刘渊通过宣称自己是冒顿之后，来宣示自己作为单于的正统性，从而超越了仅以呼韩邪单于作为祖先。即"刘渊通过共同的祖先和道德力量吸引了拓跋鲜卑与之结盟，进一步使其摄取中原之主的行为正当化"，并且"效仿汉人礼制，而非以游牧民族为榜样，特别是对早期汉王朝架构的遵循"。（第323页）韩大伟认为："刘渊最初表现为一名旧秩序下遵循传统游牧之道的单于，但当其被尊为大单于之后，便立即偏离了这一轨道，他着力于使自己的地位在游牧部落与汉人中同样合法化，以准备领导胡人与汉人。"（第322—323页）可惜刘渊虽有这种合二为一的想法与实践，但其所统治区域并不大，实力也并非最强，终究在后人

---

① 朱振宏：《隋炀帝储位问题研究》，氏著《隋唐政治、制度与对外关系》，文津出版社2010年版，第35页。

② 同上书，第39—42页。

眼中沦为十六国之一。

综观全书所收文章，基本围绕工作坊主持人童岭所设定的"皇帝·单于·士人"这一主题进行讨论。这一主题固然契合中古史这一时段，即从两汉到隋唐。其实也契合唐后期至元末明初的历史，只要把"单于"换为"可汗"（唯女真人不称可汗）即可（谨慎一点，"士人"也需要换作"士大夫"），这是笔者更感兴趣的时段。至于此书，以一己之愚见，只能谈一些粗浅的读后感，尚祈方家指正！

附记：本文原刊程章灿主编《古典文献研究》第18辑上卷，凤凰出版社2015年版，第297—303页。

# 书评：曲景毅《唐代"大手笔"作家研究》

近三十多年来，唐代文学研究空前繁荣，产生了一大批优秀成果，但也出现了选题重复、后来者无题可选的现象。在这种情况下，想要在此领域找到一个好题目，已经十分困难。但正如葛晓音在序一中所说："曲景毅君的《唐代'大手笔'作家研究》却与此不同，虽然不能说是首次拈出'大手笔'的题目，但确实是找准了唐代文学研究中的一大块空白，其开创性意义是应当充分肯定的。"（序1页）本文即就曲景毅《唐代"大手笔"作家研究》（中国社会科学出版社2015年版）一书予以述评。

该书除了葛晓音、王基伦两序，附录《唐代"大手笔"作家现存文章著录汇考》，以及"本书相关论文发表一览""后记"外，主要分绪论、结论、参考文献和五章正文。其中正文部分，前四章按时间先后，讨论了作者认定的颜师古（581—645）、岑文本（595—645）、崔融（653—706）、李峤（645/646—714/715）[①]、张说（667—731）、苏颋（670—727）、常衮（729—783）、李吉甫（758—814）、李德裕（787—

---

[①] 李峤生卒年，据傅璇琮考证，当在贞观十九、二十年间（645—646）生，开元二、三年间（714—715）卒，年七十。参见傅璇琮主编《唐才子传校笺》，中华书局1987年版，第120—125页。因《新唐书》卷一二三《李峤传》记载李峤卒时"年七十"（第4371页），则其生卒年当标记为645—714或646—715。马茂元即考得前者之说，参见马茂元《唐诗札丛·李峤生卒年辨证》，《中华文史论丛》1979年第4辑。而作者在本书中标记为"645—715"（第36页），得年七十一，似有不妥。

850）等"大手笔"作家的文学与事功,最后一章则对"大手笔"作家群体予以综论。

综观该书,其学术贡献主要在于以下几个方面:

首先,作者从被称为"大手笔"的唐代作家入手,第一次全面梳理了这些传统唐代文学史语境下被忽略的作家之文学与事功。在该书中,被作者认定为"大手笔"作家的除了主要加以讨论的上述作家之外,还有陈叔达（约573—635）、崔行功（？—674）、李怀俨（生卒未详）、苏瓌（639—710）、令狐楚（766—837）、韩愈（768—824）、皇甫湜（777—835）等人。（列表在第12页）在这些人中,至少在作者完成该书雏形博士学位论文的2010年之前,特别针对这些作家"大手笔"名声的研究十分少见。虽然该书主要论述对象是颜师古等9人,但在材料准备阶段,作者将陈叔达等其余7人同等视之。在绪论中,作者根据《全唐文》《唐文拾遗》《唐文续拾》《隋唐五代墓志汇编》《唐代墓志汇编》《唐代墓志汇编续集》《全唐文补遗》第1—8辑、《全唐文补遗·千唐志斋藏志专辑》《全唐文补编》等唐文整理本,统计了所有16位作家之现存文章篇数,列表"唐代'大手笔'作家现存文章数量一览",以及除去令狐楚、韩愈、皇甫湜三个特例和未见文章的李怀俨①之后的列表"新旧《唐书》12位'大手笔'作家著述一览"。（第14—15页）在附录,则详列绪论统计的文献基础,汇为《唐代"大手笔"作家现存文章著录汇考》一文。虽然这些统计不免有所遗漏,比如未能利用毛汉光《唐代墓志铭汇编附考》（"中央研究院"历史语言研究所1993年版）,但总体而言有助于后来者在此基础上继续梳理这些作家现存文本整体面貌。

其次,作者开创性地将"大手笔"视为评判作家文笔的一个标准,并将所有16位有"大手笔"之誉的作家放在一起讨论。在此之前,对唐

---

① 根据池丽梅的研究,李怀俨即给《法苑珠林》作序的李俨,参见池丽梅《达官李俨与名僧道世——〈法苑珠林〉成书考》,"中古世界的佛法与王法"国际学术研讨会,复旦大学,2013年10月10—11日。则李怀俨并非没有文章传世。

代作家的研究，或从家族角度，或从地域角度，或从身份角度，或从文体类别角度，或进行个案研究，虽然已经积累了丰富的研究成果，但从"大手笔"视角尚属首次。而对"大手笔"的认定，实际上是身份（掌制诰）和文体类别（制诰诏敕等，详参该书第17—18页）的结合。另外，其中部分"大手笔"作家，比如苏瓌、苏颋父子，李吉甫、李德裕父子，事实上也有家族因素在其中。而这样的身份和文体的结合，更能把握作家本人的写作水平和态度，而非在同一家族、地域、身份或文体类别之下再区分水平高低和态度差异。正如作者所说："在整个唐代，'大手笔'含义仍然不出'荷明天子旨'的范围，诸'大手笔'作家在文章风格上也呈现出一定的相似性。故以这一称谓为中心将唐代号称'大手笔'的作家勾连在一起进行断代的文章学研究，具有相对稳定的指向性与操作上的可行性。"（第13页）

最后，王基伦在该书序二中已指出："从'作家研究'走入'文本研究'，才是文学研究的重心。"（序6页）又说道："作者似乎还有一个企图心，想从'文本研究'走入'文学史研究'。"（序7页）综观该书，确实可以发现作者在"作家研究""文本研究"和"文学史研究"三方面颇下功夫。就"作家研究"而言，作者不仅对相关"大手笔"作家的生平、作品都有整理，也在具体论述时处处兼及唐代政治史，来看时局对作家生平和作品的影响。就"文本研究"而言，作者不仅对"大手笔"作家的应用文进行了分析，看他们之所以被誉为"大手笔"的原因，也涉及这些作家在其他文体创作方面的水平和贡献，从而侧面体现这些作家的声望之形成。就"文学史研究"而言，作者在研究了"大手笔"作家之外，也进一步通过这些作家在后世的受容（第288—306页），来看他们文学影响的消解，从而关照当下唐代文学史研究对这一群体的疏忽。

总而言之，该书不仅在文献梳理方面颇为全面，研究视角方面十分新颖，也能真正从"文本研究"走入"文学史研究"。

当然，就笔者愚见，该书在取得成就的同时，也有一些值得指出的问题，需要作者及后来人加以注意：

首先，在唐代文学文献整理、文学研究日益繁荣的今天，该书并未充分利用学界已有的文献整理成果和文学研究成果。

就文献整理而言，该书最大的一个问题就是全书普遍使用《全唐文》，而非出处更早的《文苑英华》或唐人文集。虽然一些小作家并无文集传世，但就大作家而言，也未引用或参校相关整理本文集，颇为不妥。具体来说，在作者所征引的"大手笔"作家中，在该书 2015 年出版之前相关点校本有：

尹占华、杨晓霭点校：《令狐楚集》，甘肃人民出版社 1998 年版。

熊飞点校：《张说集校注》，中华书局 2013 年版。

而在该书行文中，对其他唐代作家的文章，引《全唐文》而不引《文苑英华》或整理本别集者，所在多有，比如白居易（第 25 页）、刘禹锡（第 27、164 页）、李商隐（第 36、167 页）、张九龄（第 72 页）、梁肃（第 89 页）、元稹（第 141、194 页）等。即便是有整理本文集的李德裕诸人之文，亦引《全唐文》，而非参考文献中列出的傅璇琮、周建国《李德裕文集校笺》（河北教育出版社 2000 年版）。此外，还有王禹偁（第 29 页）等宋代作家、刘熙载（第 202 页）等清代作家的征引，也未能比对整理本。

就文学研究成果而言，该书对于相关作家的研究史未能穷尽。比如对于作者所认定的"大手笔"作家，该书未能参考的论著有：

罗香林：《唐颜师古先生籍年谱》，台湾商务印书馆 1982 年版。

张金霞：《颜师古语言学研究》，齐鲁书社 2006 年版。

申屠炉明：《孔颖达颜师古评传》，南京大学出版社 2006 年版。

王广：《颜师古学术思想研究》，山东人民出版社 2013 年版。

福田俊昭：《李嶠と雜詠詩の研究》，汲古書院 2012 年版。①

高木重俊：《張說：玄宗とともに翔た文人宰相》，大修館 2003

---

① 关于李峤，学界多重视其诗作，除了此书，尚有：徐定祥《李峤诗注·苏味道诗注》，上海古籍出版社 1995 年版；张庭芳《日藏古抄李峤咏物诗注》，上海古籍出版社 1998 年版。

年版。

徐静庄：《张说与开元文坛》，花木兰文化出版社 2011 年版。

熊飞：《张说年谱新编》，花木兰文化出版社 2012 年版。

周睿：《张说——初唐渐盛文学转型关键人物论》，中华书局 2012 年版。

陈钧：《李白与苏颋论考》，山西古籍出版社 2001 年版。

尹楚兵：《令狐楚年谱·令狐绹年谱》，上海古籍出版社 2008 年版。

游寿：《李德裕年谱》，《北方论丛》编辑部 1985 年版。

王炎平：《牛李党争》，西北大学出版社 1996 年版。

冯建林：《李德裕评传》，河北教育出版社 2005 年版。

方坚铭：《牛李党争与中晚唐文学》，中国社会科学出版社 2009 年版。

李润强：《历史、社会与文学：牛李党争研究的新视野》，人民出版社 2012 年版。[①]

此外，关于韩愈的研究就更多了，不惮一一列举。以上笔者所列，虽非一定与相关作家的"大手笔"文字有关，但至少就相关背景而言，确实需要备查。

其次，作者虽然开创性地将"大手笔"视作评判作家文笔的一个标准，并提出相关理由来论述将他们放在一起讨论的原因。但是，就唐代三百年而言，这些所谓"作家"，并不能真正视之为一个群体。乃至是否真的适合以"作家"这种当代观念来称呼古代士大夫，也值得疑问。就"大手笔"而言，毕竟这是一种评价之辞，其主观性较为强烈。并非被称为"大手笔"者即真正无人出其右，也并非未被称为"大手笔"者就技不如人。正如作者指出，苏瓌、李吉甫被李德裕尊为"大手笔"作家，主要是李德裕想通过对苏瓌的推崇，为推崇自己父亲李吉甫寻找借口。（第 155 页）因此，虽然苏瓌、李吉甫在事功方面有类

---

[①] 关于 2010 年前的牛李党争研究，参见竹内洋介《唐代「牛李黨爭」關係研究文獻目錄（1927—2010 年）》，東洋大學アジア文化研究所 2011 年版。

似于其他"大手笔"作家的地方，但是否就能与其他典型"大手笔"作家相提并论，颇令人踌躇。而那些仅通过一篇文章，即被认为"大手笔"者，比如令狐楚、韩愈、皇甫湜等人，被作者归类为"大手笔"作家中的特例（第163—166页），怕也需要谨慎对待。与此类似的是唐代制举中的手笔俊拔科，也是以"手笔"好坏为标准来评价一个人。荣膺此科者，有许景先、席豫、孙逖等人①，皆曾典制诰，其中孙逖更被称为"文儒"，并且三世典制诰。② 事实上，如果抛开对"大手笔"一词的具体着眼，转而单纯从身份和文体来归纳有唐一代所有"代王言者"，恐怕能得到一个范围更为广泛的群体，将作者也曾讨论到的未被称为"大手笔"的陆贽等人（第19—20页）纳入范围，并从相关分析中得到更多的信息。

最后，该书篇幅庞大，虽有作者之勤勉，亦不免存在校勘未精处、征引不当处。如引李峤《为杭州崔使君贺加尊号表》"抚干轴而正坤维"（第39页）当作"抚乾轴而正坤维"。引《新唐书·崔行功传》叙崔行功家世，其"祖父崔谦之为北齐宦官"（第54页），当作"北齐官宦"③。引张说《请许王公百官封泰山表》"道德仕义"（第80页）当作"道德仁义"。引苏颋"《陕西龙兴寺碑》"（第83页）当题"《陕州龙兴寺碑》"。引韩愈"《答李翊书》"（第85页）当作"《答李翱书》"。《大赦

---

① 《新唐书》卷一二八《许景先传》，第4464页；《新唐书》卷一二八《席豫传》，第4467页；《新唐书》卷二〇二《孙逖传》，第5760页。其中《席豫传》记载席豫"为中书舍人，与韩休、许景先、徐安贞、孙逖名相甲乙"，《孙逖传》记载"开元间，苏颋、齐澣、苏晋、贾曾、韩休、许景先及逖典诏诰，为代言最，而逖尤精密，张九龄视其草，欲易一字，卒不能也"。可知三人手笔之水平。

② 关于孙逖文儒身份的研究，参见臧清《唐代文儒的文学与历史承担——从张说到孙逖》，《郑州大学学报》（哲学社会科学版）2004年第4期；欧阳明亮《论孙逖"文儒"身份形成之渊源》，《皖西学院学报》2007年第6期。关于孙逖家族三世典制诰及孙氏文儒兼修的门风，参见《新唐书》卷二〇二《孙简传》，第5761页；张卫东、陈翔《唐代文儒孙逖家族研究》，《江西社会科学》2010年第9期。

③ 作者此处"北齐宦官"一语未见崔行功本传，或来自网络上对崔行功的介绍文字，而误为乙倒。

京畿三辅制》"加之广有贸易之,夺人贿利"(第 134 页)当作"加之广有贸易,夺人贿利"①。引徐铉《常公行状》作为徐铉对常衮的评价(第 136 页),实则徐铉所行状之人为南唐大臣常梦锡。② 引元稹《制诰自序》"辄以古道千丞相"(第 141 页)当作"辄以古道干丞相"③。引《旧唐书·李吉甫传》"中书史滑浼"(第 159 页)当作"中书小吏滑浼"④。引赵翼《廿二史札记校证》"太子承干"(第 178 页)当作"太子承乾"。提及"周季重"(第 274 页)时当作"周季童"。⑤ 引《宋史·姚铉传》介绍姚铉时,"知潭州湘乡市"(第 291 页)当作"知潭州湘乡县"⑥。引《旧唐书·张嘉贞传》"源干曜"(第 303 页)当作"源乾曜"。参考文献第 49 条,"唐文粹、姚铉编:《郭麐补遗》"当作"姚铉编,郭麐补遗:《唐文粹》"。综括这些致误之由,部分由于仅凭《全唐文》,未及核对别集所致;部分由于繁简字体转换所致,皆需引以为戒。

然而,瑕不掩瑜,就笔者感兴趣的内容而言,该书在一些方面值得后来人进一步深入下去。比如:

第一,唐人中兴观念。作者在第三章论述走向经世致用的常衮与李吉甫时,以"安史乱后的中兴梦与经世致用风气的形成"来作为第一节小标题,并开篇即说:"唐人有一种中兴理念显现于各个时代。"(第 117 页)确实如此,该书虽然仅仅着眼于安史之乱后王言之中的中兴理念,但在整个唐代乃至五代后唐,"中兴"一直是一个十分重要的话

---

① 常衮:《大赦京畿三辅制》,《唐大诏令集》卷八四,商务印书馆 1959 年版,第 483 页。

② 徐铉:《故朝散大夫守礼部尚书柱国河内县开国男食邑三百户赐紫金鱼袋常公行状》,《徐铉集校注》卷二〇,中华书局 2018 年版,第 883—886 页。

③ 元稹:《制诰序》,《元稹集》卷四〇,中华书局 1982 年版,第 442 页。此文《全唐文》题《制诰自序》,即该书作者所引。

④ 《旧唐书》卷一四八《李吉甫传》,中华书局 1975 年点校本,第 3993 页。

⑤ 作者其实已经指出《大周故京兆男子杜并墓志铭并序》中的"周季童"可纠正传世文献的"周季重"(第 98 页),但在第二次出现时仍然误书。

⑥ 《宋史》卷四四一《姚铉传》,第 13054 页。

题。无论是（武）周（李）唐鼎革，（后）梁（后）唐鼎革，恢复李唐皇室地位所带来的中兴，还是安史之乱后、王（仙芝）黄（巢）之乱后社会重新安定所带来的中兴，都牵动着唐代文人士大夫的中兴理想。他们不仅在自己文章中表达这种理念，还通过起草王言，刻石铭颂等动作来宣传这种理念。因此，对相关内容的深入了解，能够从中得到唐人这一理念。

第二，唐代后期儒术治国的理念与现实。作者在第三章提及中唐开始的对儒家思想中经世致用思想的推崇，这与"大手笔"作家如常衮、李吉甫等人的极力倡导有关（第120—121页）。具体而言，作者认为："应用文原有的实用价值在中唐出于现实的需要而越来越突出，在扭转乱世后的社会秩序，重建儒家轨范中发挥重要作用。"（第124页）事实上，这种经世致用的倾向，早在张说时代即已出现。根据陆扬新近研究，上官婉儿作为在武则天时期奠定以"文"为核心的政治文化过程中发挥重要作用的人物，其死后地位也经由为其撰写《昭容上官氏碑铭》和《中宗上官昭容集序》的张说所阐扬。[①] 在该书中，虽然作者一度从文学笔调传奇性角度提及《中宗上官昭容集序》一文对上官婉儿诞生的叙述（第111页），但并未进一步关照张说实是从对上官婉儿的褒扬，来强调"文"的经国之用。因此，若要深入对"大手笔"作家的研究，或曰深入对唐代王言的研究，在辨析王言之文学手法，强调文与儒结合为"文儒"（第76、132—138页）之外，尚需看其在政治文化方面的影响。而像上官婉儿、张说这样的王言"大手笔"，或像苑咸这样的"文诰之最"[②]，在唐代后期更进一步发展为"词臣"群体，比

---

[①] 陆扬：《上官婉儿和她的制作者》，《东方早报·上海书评》2014年3月30日，收入氏著《清流文化与唐帝国》，北京大学出版社2016年版，第264—282页。

[②] 计有功撰，王仲镛校笺：《唐诗纪事校笺》卷一七《苑咸》，中华书局2007年版，第579页。原文为："唐人推咸为文诰之最。"此为宋人记载唐人对苑咸的评价。关于苑咸的文学成就，参见胡可先《新出土〈苑咸墓志〉及相关问题研究》，《清华大学学报》（哲学社会科学版）2009年第4期。

"文宗"(第13页)、"文伯"(第73页)、"文儒"等人深刻地影响了唐宋之际的政治脉络。①

第三，唐代书籍史、阅读史的研究。作者在第四章中特别提及李德裕对《汉书》的偏好，以及唐人对《汉书》的相关研究著作（第178—179页），可知《汉书》作为唐人常置案头的书，可以作为阅读史的良好材料。此外，通过余欣的研究，可以知道《汉书》中记载的内容在敦煌、吐鲁番地区已经深入各种类书、变文、蒙书，并成为构筑经典与大众之间的一座桥梁。② 由此，可以想见《汉书》在其他地区的传布。这样的例子，也存在于其他典籍之中，虽然不一定那么广泛和深入，毕竟《汉书》本身是典故渊薮。关于书籍史、阅读史的研究，目的在于两点：一是认识当时文人的知识结构，二是反映当时社会环境变迁。就这两点而言，通过对"大手笔"作家的文本，以及所有其他王言中出现典故的分析，颇能够得到更充分的认识。此外，对于征引具体典籍之外的典故，多涉及当朝、先朝乃至前朝"故事"，作者对此亦有讨论，将"故事"分为三类，并看作典章制度。③ 对这类典故的了解，其实也在阅读史研究范围之中，需要加以注意。

此外，作者在该书中提及的其他一些问题，也值得进一步思考，比如唐代作家入蜀问题（第72页），又如崔行功、崔融对墓志文体结构的改变（第54—59页）和常衮以议论、制文手法入墓志（第146—152页）所体现的墓志与王言之间的关系。当然，该书毕竟是文学史著作，并非

---

① 陆扬：《论唐五代社会与政治中的词臣与词臣家族——以新出石刻资料为例》，《北京大学学报》（哲学社会科学版）2013年第4期，收入氏著《清流文化与唐帝国》，北京大学出版社2016年版，第283—304页；赖瑞和《唐后期三大类词臣的升迁与地位——以白居易、元稹、权德舆、李德裕为例》，《学术月刊》2014年第9期。

② 余欣：《史学习染：从〈汉书〉写本看典籍传承》，氏著《中古异相：写本时代的学术、信仰与社会》，上海古籍出版社2011年版，第29—73页。

③ 对于"故事"中包含法令制度的考察，亦可见徐志卿《唐故事为"不成文法"说质疑》，《史学月刊》2009年第7期。

历史学著作，故在笔者看来，许多历史学想法未必契合作者思路。因此，即便笔者对于该书题目中以"作家"二字来称呼这些"大手笔"感觉不妥，但就文学史而言，该书已经足够优秀，值得在进行基本修订之后，增加更多历史学因素。

附记：本文原刊《汉学研究》第 34 卷第 2 期，2016 年 6 月，第 337—343 页。

# 政局与路线的互动

## ——读朱德军、王凤翔《长安与西域之间丝绸之路走向研究》

古今中外，除了欧洲文明大航海时代产生的各种环球航线外，大概没有哪条路线，能像丝绸之路（Silk Road）那样受人瞩目。因此，中外学界相关研究也非常丰富。除了陆上丝绸之路，还有海上丝绸之路。[1] 而以欧亚大陆东西文化交流为特征的这些道路，近20多年来一些学者又觉得仅有丝绸尚不足以概括其内涵，故又有所谓"茶马古道"[2]"玉石之路"[3]"陶瓷

---

[1] 关于海上丝绸之路的研究十分丰富，包括以海上丝绸之路为名的研究，以及以海上中外交通史为名的研究，仅次于对陆上丝绸之路的研究。相关学术史梳理，参见龚缨晏主编《中国海上丝绸之路研究百年回顾》，浙江大学出版社2011年版。

[2] 关于"茶马古道"的研究，有王士元、王明珂、陈保亚、木霁弘主编《茶马古道研究集刊》第一辑，云南大学出版社2010年版；第二辑，云南大学出版社2012年版。另有相关专著，如：木霁弘《茶马古道考察纪事》，云南教育出版社2001年版；李旭《茶马古道：横断山脉、喜马拉雅文化带民族走廊研究》，中国社会科学出版社2012年版；蒋文中编《茶马古道文献考释》，云南人民出版社2013年版；蒋文中《茶马古道研究》，云南人民出版社2014年版。

[3] 玉石之路的概念，最早由臧振提出，参见臧振《"玉石之路"初探》，《人文杂志》1994年第2期；修订后收入氏著《古史考论——西雝集》，商务印书馆2016年版，第337—360页。近年的关注，参见骆汉城《玉石之路探源》，华夏出版社2005年版；叶舒宪《玉石之路踏查记》，甘肃人民出版社2015年版；叶舒宪、古方主编《玉成中国：玉石之路与玉兵文化探源》，中华书局2015年版。

之路"①"丝瓷之路"②"金属之路"③等概念的出现。总体而言，都是以商贸交易中的物品作为命名对象，对这些路的研究，也主要集中于对这些物以及运输这些物的人的研究。包括对丝绸、茶叶、马匹、玉器、陶瓷的研究，以及对商队、商船、商业交易等内容的梳理，和对沿路族群、文化、经济形态等方面的探讨。

相应地，对于路本身的研究不够丰富。即便是已有对于路本身走向的研究，也存在诸多不足之处。正如本文所要评论的朱德军、王凤翔《长安与西域之间丝绸之路走向研究》（三秦出版社2015年版）一书《前言》（朱德军执笔）所说："此前虽不乏论著对丝绸之路部分线路与时段进行研究，但将其走向的变迁置于历代中原王朝经略西北框架下，以千年的维度进行长时段、全方位的系统探讨，至少目前依然暂付阙如。"（第1页）因此，该书正是基于这一点，进行了新的讨论。

该书除前言、结语外，正文分上编、下编。其中上编为对具体丝绸之路走向的考证，共计两章，分隋唐以前和隋唐（唐玄宗即位前）两部分。下编为对丝绸之路走向与政治关系的揭示，特别是先秦至隋唐中原王朝经略西北政策的变迁对丝绸之路走向所产生的影响。下编共分五章，按时间先后，分别讨论了隋朝以前、隋朝（581—618）、唐朝高祖·太宗朝（618—649）、唐高宗朝（649—684）和武后·中宗·睿宗三朝

---

① 此由日本学者最早提出，参见三上次男《陶磁の道：東西文明の接点をたずねて》，岩波書店1969年版；中译本题《陶瓷之路》，李锡经、高喜美译，蔡伯英校订，文物出版社1984年版。

② 关于丝瓷之路的研究，主要参见余太山、李锦绣主编《丝瓷之路——古代中外关系史研究》第一辑，商务印书馆2011年版；第二辑，商务印书馆2012年版；第三辑，商务印书馆2013年版；第四辑，商务印书馆2014年版；第五辑，商务印书馆2016年版。

③ 关于金属之路，参见杨建华、邵会秋、潘玲《欧亚草原东部的金属之路——丝绸之路与匈奴联盟的孕育过程》，上海古籍出版社2016年版。

(684—712) 等阶段经略西北地区的军政动向，与丝绸之路走向之间的互动关系。

总体而言，该书的优点体现在以下几点：

首先，该书对于先秦到隋唐（唐玄宗即位以前）时期的丝绸之路走向进行了全面的梳理，在时间上涵盖了丝绸之路最兴盛的一个时间段，即隋唐。在空间上，则具体深入丝绸之路各条走向。具体来说，该书上编为具体考证部分，从整体上专门讨论先秦至唐代的丝绸之路走向。"主要分两大时段（即先秦至隋代以前、隋唐）、四大区域（关中、北疆、河陇、西域）进行"（前言第 2 页）。其中，作者用力最勤的是隋唐时期丝绸之路，经作者考证，其东段和中段，可具体分为三部分：秦陇丝绸之路、北疆草原丝绸之路、西域丝绸之路。而在这三部分中的前两部分，又分别各包括三部分，即秦陇丝绸之路包括南线、中线、北线，北疆草原丝绸之路包括关中丝路通回纥道、草原丝路回纥通金山道和草原丝路通河西西域道。最后一部分西域丝绸之路，则分为东西走向的北线、中线、南线，以及南北走向的沟通南线与中线，中线与北线的道路。（前言第 2—3 页）这一宏观综合性的概括，是在详细考证基础上得到的，颇能成为了解丝绸之路走向的建设性意见。

其次，该书将中原王朝与西域政权之间的政治互动加以考虑，借此考察丝绸之路的走向变迁问题。这方面的内容，主要体现在下编。作者通过时间线的梳理，先后讨论了隋朝以前、隋朝、唐朝高祖·太宗朝、唐高宗朝和武后·中宗·睿宗三朝经略西北与丝绸之路走向的关系。特别是唐代前期各个皇帝统治期间的情况，作者论证十分详尽。通过讨论，作者认为，丝绸之路"通过一代代商旅、使节、僧侣等不断探索与开拓，在沿袭前代开辟的道路基础上，经过长期多层次、多渠道、分阶段，由间接到直接，由小规模到大范围的交流，也由民间流通上升为官方的往来，道路逐渐发展为由多条主干线路和众多支线纵横交错的点、线、面共同构成的网状结构"（第 485 页）。就历史发展进程而言，则是丝绸之路的"繁荣与萧条、畅通与壅遏，实际上取决于中原王朝国力的盛衰"。在分裂时期，"河陇'大丝路'严重受阻，而丝路的辅道，如草原丝路、丝路吐谷浑道则出现相对的繁荣";在汉唐盛世,则"在客观上实现了长安与西域之间'丝绸之路'全面畅达的辉煌壮举,并最终形成'天可汗'名义下'协和万邦'的天下秩序"。(第486—487页)亦即,无论中原地区处于分裂时期,还是统一时期,各类、各条丝绸之路都是东西方之间交流的要道。

此外,在具体写作方面,该书还在具体考证基础上,提供了许多作者重新加以标注的地图,便于读者直观了解考证结果。根据笔者统计,该书所附插图大部分在上编两章,共计7+44幅图。这些图中,除了大部分丝绸之路沿线照片能够让读者体会历史沧桑之外,重要的是包含了该书上编所考证过的所有丝绸之路各条线路的走向示意图,两章共计3+9幅图。其中,除了图2—图40完全利用计算机制图软件重新设计制作外,其余11幅图都是作者在谭其骧《中国历史地图集》基础上重绘,或加道路走向示意线,或加驿站示意点。

当然,该书也明显存在一些不足之处。

第一,由于该书篇幅庞大,故而作者所选取的时间段并不包括唐代开元(713—741)、天宝(742—756)及以后。因此,对于丝绸之路在开元、天宝及以后的走向,以及与唐代和西域诸国政治之间的关系,无法得到一个整体的了解。这对于一部贯通性历史著作来说,一来不便于读者获得完整阅读体验,二来也难以在具体内容方面得到完整呈现。特别是安史之乱以后,随着唐朝在西域驻军的撤回,导致整个西域和河西走廊地带相继沦丧,成为吐蕃政权盘中餐。这一发展态势,直到9世纪下半叶敦煌归义军重新回归唐朝,方才得到遏止。[①] 这一重要政治动向,一方面中断了陆上丝绸之路畅通,另一方面则将东西方之间文化交流的很大一部分内容转移到草原丝绸之路和海上丝绸之路。自此以后,草原丝绸之路进一步发展,最终成就了13、14世纪蒙古帝国对欧亚大陆东西交

---

[①] 关于安史之乱对西北军政格局影响的最新研究,参考李碧妍《危机与重构:唐帝国及其地方诸侯》,北京师范大学出版社2015年版,第114—249页。

通的全面打通。而海上丝绸之路,则促进了广州、泉州等南方港口的兴起,并开启了中华民族对南洋的开发。而该书无论是对开元、天宝的盛唐时期,抑或是对中晚唐领土内缩时期,都未能予以下笔,颇为遗憾。

第二,也是因为篇幅原因,该书所涉丝绸之路的地域范围,只在长安与西域之间,即通常意义上丝绸之路东段和中段。这一方面与该书所属丛书《丝绸之路中国段文化遗产研究》的限定有关,即在中国这一侧的所谓"丝绸之路中国段"①;另一方面恐怕也是作者精力有限所致。虽然说目前国内大多数关于丝绸之路的论著,限于各位作者语言能力和学术领域的局限,也仅仅局促于东、中段。但在学界已有的对丝绸之路西段研究成果基础上,依然不难勾勒整个丝绸之路走向问题。② 当然,在该书篇幅已经很大的情况下,就需要将来进一步深入了。此外,已有对中段、东段丝绸之路的整理,也需要再思考一些细节问题。比如作者在讨论唐朝西域丝路北线瓜州→伊州道时,根据严耕望(1916—1996)"诸驿

---

① 这套书的内容限定,源于2014年6月22日第38届世界遗产大会上批准的"丝绸之路:起始段和天山廊道的路网"世界遗产名录报告。基于此,这套书的定位即丝绸之路的起始段和天山廊道,也就是相当于丝绸之路东段和中段。参见该书前所载杜文玉《丝绸之路中国段文化遗产研究·总序》,第1—4页。

② 中外学界关于西域以西的学术成果汗牛充栋,此不赘述。近年来,国内出版界在丝绸之路研究繁盛的局面下,出版的一些处于学术与通俗之间的丛书,因每本书都契合相关领域学者本人的学术特长,颇成为学界与大众对相关内容进行了解的入门书。比如兰州大学出版社在2010—2015年间出版的《欧亚历史文化文库》,已有100多种;又如甘肃教育出版社在2013年出版的《敦煌讲座书系》,亦有20多种。此外,对于西段丝绸之路的研究,国内学者以余太山为最。该书参考文献虽列有余太山《西域通史》(中州古籍出版社1996年版)、《嚈哒史研究》(商务印书馆2012年版)等两种著作(第490—491页),但遗漏尚多。在余氏所出版的著作中,讨论西域以西的著作还有:余太山《塞种史研究》,中国社会科学出版社1992年版;余太山《古代地中海和中国关系史研究》,商务印书馆2012年版;余太山、李锦绣主编《古代内陆欧亚史纲》,兰州大学出版社2014年版。

大抵皆置戍，与驿同名"① 这一论断，即通过敦煌文献中有瓜州至伊州之间的广显驿、乌山驿、双泉驿、第五驿，来推测当时"必有广显戍、乌山戍、双泉戍、第五戍等"（第39页）。而实际上，严耕望原文即已指出敦煌文献中已有"广明戍（即广显）、乌山戍、双泉戍、第五戍、冷泉戍、赤崖戍"等，并以此推导出"诸驿大抵皆置戍，与驿同名"。② 因此，这种驿、戍之对应，其实也并非作者发明，而是严氏早已有之的论断。作者其实更应该指出这几个驿、戍之间如何——对应，方能在严氏基础上更进一步。

第三，就具体内容而言，作者并未能够充分参考学界已有成果。比如作者在论述到先秦时期丝绸之路时，关于《穆天子传》所载周穆王西征并与所谓西王母相会之事，只是简单提及"《穆天子传》虽带有浓厚的神话色彩，但也部分地反映了某些历史的真实性。《穆天子传》关于西征相关地理的记述，目前已为许多考古发掘所证实。穆王西征至昆仑之丘以及他会见西王母的传说，象征着内地与西域友好交往的历史源远流长，司马迁甚至将此载入一代信史《史记》中，足见此事绝非空穴来风"（第5页）。姑且不论周穆王西征是否真的是"内地与西域友好交往"，以及司马迁《史记》是否真的就是"信史"。仅就周穆王西征这一事件本身，以及这一事件所主要依据的史料《穆天子传》这部书而言，学界的研究十分丰富，而作者并无相关讨论。③ 此外，关于先秦时期的另一次所谓"西征"，作者引用了一条史料，认为齐桓公"逾太行拘秦夏"，其中"秦夏"二字，作者

---

① 严耕望：《唐代交通图考》第二卷《河陇碛西区》，上海古籍出版社2009年版，第445页。

② 同上。

③ 关于《穆天子传》的研究，特别是涉及路线问题的考察，主要参见岑仲勉《〈穆天子传〉西征地理概测》，《中山大学学报》（社会科学版）1957年第2期；李崇新《〈穆天子传〉西行路线研究》，《西北史地》1995年第2期；余太山《〈穆天子传〉所见东西交通路线》，收入《早期丝绸之路文献研究》，上海人民出版社2009年版。

说："一般认为即大夏。"又以此论述齐国等国"有力阻止了北方游牧民族的南下，迫使居住在河西地区的戎人和部分大夏人西迁至伊犁河流域与楚河流域"。（第138页）但首先，这里的"逾太行拘泰夏"出自《管子·小匡》，原文为"悬车束马，踰大（太）行。与卑耳之貉，拘秦（泰）夏"。①而作者未能指出来源并给出正确引文，且以《管子》这样本身真实性尚待验证的诸子百家之言直接作为史料，并不合适。其次，虽然作者并未直接认定齐桓公征服了大夏，但不免给人一种这样的印象，而事实上，据学者考证，齐桓公最远也只是到达了今天的晋西南地区。②这样的话，以齐桓公的例子来论证先秦时期的丝绸之路，恐怕值得再作考虑。

此外，该书尚有几点遗憾，比如所有附图并无一个图表目录作为索引，从而不便读者翻阅，以及所有地图之外的附图（主要是各种丝绸之路上古代遗址的照片）并无标明图片来源，使读者难以了解这些图片是作者本人所摄照片，还是转载自其他论著。又如在引用一些史料时，仅标注二手文献，而不标史料原始出处。这样的情况有：上编第一章引用宋人乐史《太平寰宇记》时，给出的出处却是张英莉、戴禾合撰《丝绸之路述论》一文。（第14页）乃至无法求证引文出处者，比如作者在讨论五六世纪的"吐谷浑道"时，先引用了张星烺（1889—1951）观点："梁时，中央亚细亚大陆诸国，如滑、周古柯、胡密丹等，亦皆由陆道经魏国以通于梁也。"并标注出处为"张星烺：《中西交通史料汇编》第一

---

① 黎翔凤撰，梁运华整理：《管子校注》卷八《小匡》，中华书局2004年版，第425页。其中，"大行"当即所谓"太行"。而"秦夏"，据校勘记，黎翔凤（1901—1979）同意晚清戴望（1837—1873）的看法，即《管子·封禅》所云"西伐大夏，涉流沙"之"大（泰）夏"，第434页。

② 王守春认为齐桓公甚至到达了今天的新疆，参见王守春《齐桓公至新疆试证》，《西域研究》1999年第1期。但事实上，这在春秋时期，是完全不可能的事。合理的推论是齐桓公最远到达晋西南地区，参见周书灿《有关齐桓公西征的几个地理问题》，《齐鲁文化研究》第一辑，山东师范大学学报编辑部2002年版。

册，中华书局2003年版，第60页"。（第30页）但在《中西交通史料汇编》第一册第60页中，笔者并未找到相应原文。类似表述，出现于第四册《梁》部分，且行文更为繁复。① 可见作者于此未能仔细核对原文，殊为遗憾。即便在具体史料的引用方面，也不免鲁鱼之讹，如引用法显《佛国记》关于敦煌以西沙河的记载时，引原文曰"行十七里"（第21页），而原文其实是"行十七日"。② 诸如此类，皆须仔细核对。

当然，总体而言，该书在学术价值方面，已经在自我限定范围内，达到了既定目标，即对长安与西域之间丝绸之路东、中段道路走向问题，予以全面梳理，并结合先秦至唐开元以前政治局势进行政局与路线互动研究。这其中，核心议题就是政局与路线互动关系。在笔者看来，基于该书所做开创性工作，依然需要在以下两点进一步深入讨论：

首先，关于交通路线走向，一个大前提是人类活动。如果没有了人类活动，即使曾经存在过的道路，也毫无意义了。因此，就路线走向而言，有其自身时效性。就丝绸之路而言，只能讨论历史时期曾经存在过的丝绸之路，而不能强行将这条路在当下时代背景中还原出来。另一个前提，则是路线本身的存在价值，即人类为何要使用通过这个地方的这样一条道路而非另一条道路。对丝绸之路来说，其本身的价值就是便于东西方之间商贸交往，特别是丝绸贸易。在这两个前提下，从狭义而言，丝绸之路指的是历史时期确曾承担过商贸功能的东西交通路线。而之所以要明确这个狭义概念的丝绸之路，则是为了与目前各类与丝绸之路无关，却假借丝绸之路名声的泛滥研究相区别，避免混淆丝绸之路真正的内涵。就此而言，该书对于具体路线的研究正是一个开端。希望学界能够以此为基础，进一步具体深入丝绸之路本身的研究。

其次，对于政局与路线的互动关系，需要明确一点，虽然政局的好

---

① 张星烺编注，朱杰勤校订：《中西交通史料汇编》第四册《梁》，中华书局1978年版，第71—73页。

② 法显撰，章巽校注：《法显传校注》，上海古籍出版社1985年版，第7页。

坏与丝绸之路的畅通与否存在一定关系。但路是人走的，也是人所选择的，即便政局不利，人们为了商业利益，也依然会取道成本最低的路线，而非一定要绕远路。如此，政局与丝路走向，基本不能完全画等号。更何况，如果抛开国家、民族视角，那些在作者看来游牧民族"凭借弯弓烈马"角逐而得到的"丝绸之路"（第486页），虽然阻隔了中原汉地与西域之间的贸易，却反而成为游牧民族与西域乃至西方之间的沟通桥梁。因此，对丝绸之路的研究，应该放在更为广阔的背景之下，同时重视东西方文化之间的直接和间接交流，而非单纯强调中原与西域之间的直接交流。

附记：本文原刊《关东学刊》2016年第6期，第155—160页。

# 王黄之乱的社会史意义

——读 Nicolas Tackett 著 *The Destruction of the Medieval Chinese Aristocracy*

有幸承担谭凯（Nicolas Tackett）大著 *The Destruction of the Medieval Chinese Aristocracy*［Cambridge（Massachusetts）and London：Harvard University Asia Center, 2014］的翻译，使我对该书内容有了一个全面了解，虽然不敢说完全理解作者的精髓，但借此提供一些粗浅的想法，供作者和读者批评，也是很难得的机会。由于该书影响较大，或者说所论相关问题此前并未在国内外学界引起过重点注意，所以对该书的书评也已经有许多篇。其中有些是介绍性的，有些是讨论性的，涉及世族社会升降、墓志数据库运用等，各有侧重。[①] 对此，笔者将在这些书评基础上，进一

---

[①] 孙英刚：《书评：Nicolas Tackett, *The Destruction of the Medieval Chinese Aristocracy*》，荣新江主编《唐研究》第二十卷，北京大学出版社 2014 年版；Michael Hoeckelmann, review of *The Destruction of the Medieval Chinese Aristocracy*, (review no. 1807), DOI：10.14296/RiH/2014/1807；Song Chen（陈松），"*The Destruction of the Medieval Chinese Aristocracy* by Nicolas Tackett (review)," *Harvard Journal of Asiatic Studies*, Vol. 75 (2015), No. 1；殷守甫：《书评：Nicolas Tackett, *The Destruction of the Medieval Chinese Aristocracy* 中国中世贵族的解体》，包伟民、刘后滨主编《唐宋历史评论》第一辑，社会科学文献出版社 2015 年版；王晶：《重绘中古士族的衰亡史——以 *The Destruction of the Medieval Chinese Aristocracy* 为中心》，《中华文史论丛》2015 年第 2 期；Linda Walton（万安玲），*The Destruction of the Medieval Chinese Aristocracy* by Nicolas Tackett (Book Review), *Monumenta Serica: Journal of Oriental Studies*, Vol. LXIII (2015), No. 2；Thomas J. Mazanec, *The Destruction of the Medieval Chinese Aristocracy* by Nicolas Tackett (Book Review)，《饶宗颐国学院院刊》第二期，2015 年 5 月。

步探讨该书核心议题，也就是黄巢起义对世家大族所造成的毁灭性打击。

谭书包括绪论、正文五章、结语，附录 A、B、C，参考文献、人名索引、综合索引等内容。由于对谭书已有多篇书评在前，多有介绍该书内容，所以本文不拟再费笔墨于此。简单而言，该书前面两章利用传世史料和丰富的墓志，对 9 世纪门阀大族的定义、人口数量和地理分布等（第一章），对京城精英（Capital Elites）、地方精英（Provincial Elites）的区分和内涵等（第二章），进行展现。随后两章，先对京城精英婚姻网络、京城社会景观等予以描述（第三章）。然后对地方上，特别是藩镇体系下的地方精英向上流动渠道以及藩镇体系本身，进行梳理。（第四章）这几章的主要贡献，首先在于利用作者自制的"唐五代人物传记与社会网络数据库 1.0 版"（tbdb010.mdb）数据库，对数量庞大的世家大族成员各种背景信息进行数据处理和归类分析，这是以前学者从未着手的一项工作，非常值得肯定，这与气贺泽保规等日本学者出版的纸本墓志索引可以互补。① 其次则是对京城和地方不同类精英的区分，并分别梳理了京城精英的婚姻网络与社会资本，以及地方精英在藩镇体系下的社会流动。

不过对该书而言，最后一章才是作者所要论述的重点，前面几章的铺垫都是为了最后一章而展开。其核心议题在于黄巢对 9 世纪世家大族的毁灭性打击，包括京城和地方。在作者看来，这一毁灭性打击的到来是突然的，之前并无预见性征兆。因此，作者对黄巢的描述给人的印象，一个是其突发性，另一个就是其残酷性。就突发性而言，主要是指在 9 世纪大部分时候，世家大族尚且生活于承平之世，延续着累世仕宦传统，却在王黄之乱时突然跌入谷底。这一突发性内涵在于，如果没有王黄之乱，世家大族依然会继续 9 世纪承平状态。就残酷性而言，主要指在王

---

① 氣賀澤保規編：《新版唐代墓誌所在総合目録（増訂版）》，明治大学東アジア石刻文物研究所 2009 年版。遗憾的是，谭书未提及气贺泽氏此书，而后者所收录的唐代墓志范围与前者不相上下，乃至超过前者。

黄之乱过程中一系列反人类屠杀甚至吃人行为,已经超出了单纯的军事行动范围。这对世家大族而言,其影响在于大范围肉体消灭,直接将世族社会网络予以摧毁。

关于这两种印象,分别涉及中古史的两大传统主题:世家大族和农民战争。以下分别就学术史现状进行简要阐发。

首先,世族(士族)研究是中古史学界热门话题之一,甚至已经泛滥。因此,许多学者希望能够转换模式和视角,重新开辟新的学术增长点。仇鹿鸣对士族研究的展望有以下五个方面:其一是对士族这一概念及其边界的重新思考,比如对唐中期以后科举精英的认定;其二是对士族谱系构造与身份认同的重新检讨,特别是士族郡望背后的社会流动和阶层升降;其三是中古史上是否存在过一个超越民族界限的士族身份认同,即探讨虏姓士族如何形成对士族身份与文化的自觉认同;其四是在尽可能小的区域尺度内展现小区域社会网络的图景和权力构造;其五是跨越考古与历史的界限,从墓葬本身来理解墓志的史料价值。[1] 这五个方面谭书或多或少都有一定体现。比如谭书探讨了对士族身份认同问题,这对依靠数量统计来进行研究的谭书来说十分有必要,直接关系到每组数据的准确程度。在这方面,作者最强有力的证据是引入人口统计原理,来看待 9 世纪墓志所见频率颇高的墓主对自己大族身份之声称。(p. 41)

而谭书的贡献主要涉及仇氏所说第一个方面,即对唐后期特别是 9世纪士族概念和边界的重新思考。陈松也认为,在对唐宋变革期世家大族如何消亡进行研究之前,首先需要界定世家大族这一概念本身。[2] 一般而言,学者多将士族社会限定于魏晋南北朝,特别是东晋南朝。[3] 不过世

---

[1] 仇鹿鸣:《士族研究中的问题与主义——以〈早期中华帝国的贵族家庭——博陵崔氏个案研究〉为中心》,《中华文史论丛》2013 年第 4 期。

[2] Song Chen, "*The Destruction of the Medieval Chinese Aristocracy* by Nicolas Tackett (review)," p. 237.

[3] 最典型的莫过于田余庆仅将东晋一朝目之为门阀政治时代,参见田余庆《东晋门阀政治》,北京大学出版社 1989 年版,2012 年再版。

家大族一直到唐中后期依然活跃，特别是北朝以降北方大族各自相高，虽然没有南朝王谢的身份和地位，依旧是李唐皇室（特别是武则天）的防范对象。只不过大家都觉得，世族在唐朝处于渐趋式微的态势，皇权势力日益增长。① 然而在作者来看，9 世纪世家大族，特别是两京（长安、洛阳）和两京走廊地带的世族，通过各种因缘（科举、联姻、仕宦）得到加固。即便是地方上拥有国家精英（National Elite）祖先的家族，也在尽力维持与京城的联系。（以地方藩帅为例，可参见谭书对拥有仕宦家族史的藩帅之整理，即 figure 4.4 所示）② 相反，在魏晋南北朝时期经常用来标榜的郡望，则已经不再是 9 世纪世族的重要认同。若非王黄之乱，这种情况依然会持续下去。王晶曰："依作者之推论，如果没有黄巢的动荡，那么中古贵族势必会继续维持下去，中古贵族的崩溃又似乎只是由于一次偶然的外部因素所导致的意外事件。"③ 因此，对于该书的意义，与其说揭示了 9 世纪世家大族因王黄之乱而导致的肉体消亡，不如说是如同 9 世纪这样和平环境下的世家大族之仕宦环境和社会网络，因王黄之乱而已经不复存在。

其次，再来看被称为"农民战争"的王黄之乱。众所周知，前人对于"黄巢起义"的研究，是站在阶级斗争理论基础上，以农民战争研究模式来进行关注。其中虽然不乏超越阶级史观的看法，但不免普遍落入窠臼，这也影响到了对于具体史实的考证。因此，在阶级史观没落之后，王黄之乱也不再有人关注。故笔者近年试图结合藩镇格局，重新看待王

---

① 孙英刚：《书评：Nicolas Tackett, *The Destruction of the Medieval Chinese Aristocracy*》，荣新江主编《唐研究》第二十卷，北京大学出版社 2014 年版，第 524 页。

② 对于京城精英在地方的影响力，作者使用了"殖民"（colonize）等词（p.178），这在殷守甫看来并不一定合适，尚有商榷的余地。参见殷守甫《书评：Nicolas Tackett, *The Destruction of the Medieval Chinese Aristocracy* 中国中世贵族的解体》，包伟民、刘后滨主编《唐宋历史评论》第一辑，社会科学文献出版社 2015 年版，第 274 页。

③ 王晶：《重绘中古士族的衰亡史——以 *The Destruction of the Medieval Chinese Aristocracy* 为中心》，《中华文史论丛》2015 年第 2 期，第 386 页。

黄之乱的意义。① 当然，就与世家大族消亡的关系而言，笔者尚未注意到这一层面。不过从有限的梳理来看，虽然学者多赞同王黄之乱对社会经济的严重破坏，但出于对"农民起义"的维护，并不特别渲染其残酷性。② 这与千年来普通民众关于黄巢和王黄之乱的印象相去甚远。无论是传为黄巢本人科举不第后所写的"待到秋来九月八，我花开后百花杀"③之句，还是"黄巢杀人八百万"④ 等夸张之词，甚至正史中耸人听闻的"舂磨寨"⑤ 之记载，都反映了在后世大众口耳相传之下，人们对黄巢的形象的认识与接受。

因此，谭书即就此出发，对王黄之乱期间发生的许多残酷行为，从各种史料，特别是当时亲历者笔记和诗文中予以发掘，比如韦庄各种诗文（pp. 219 - 224）。此外，更从作者本人墓志数据库统计出发，揭示出9世纪80年代后期长安和洛阳地区并未发现一方墓志。（p. 225）从而证实经过王黄之乱的破坏，两京和两京走廊地带人烟稀少。不过正如Thomas J. Mazanec 所指出的，在第五章反而不见在前四章中经常出现的具体墓志材料引证。⑥ 亦即，作者仅描述了王黄之乱期间及此后20年间社会动乱之表象，却未深入分析动乱之后世族遗存情况。虽然作者在第五章最后几段提及幸存之人对日后10世纪地方政治的影响

---

① 胡耀飞：《黄巢之变与藩镇格局的转变（875—884）》，博士学位论文，复旦大学，2015年。

② 关于王黄之乱研究的学术史，参见胡耀飞《百年来王黄之乱研究综述（附：王黄之乱学术史编年录）》，林淑贞主编《中国唐代学会会刊》，第21期，2015年12月，第69—107页。

③ 黄巢：《不第后赋菊》，彭定求等编《全唐诗》卷七三三，中华书局1960年版，第8384页。

④ 吴翌凤（1742—1819）：《逊志堂杂钞》庚集，中华书局2007年版，第94页。然吴氏已曰"世传黄巢杀人八百万"，知其说之出尚在此前。

⑤ 《旧唐书》卷一九下《僖宗纪》，中华书局1975年点校本，第717页；《旧唐书》卷二〇〇下《黄巢传》，第5397页。

⑥ Thomas J. Mazanec, *The Destruction of the Medieval Chinese Aristocracy* by Nicolas Tackett（Book Review），p. 407.

(pp. 231－234），但并未像前四章那样充分利用墓志材料进行仕宦、联姻等社会网络的统计和分析。这可能是受制于篇幅原因，或者作者另有计划续写10世纪历史。① 但却使得第五章与前四章之间产生了明显隔阂，从而冲淡了第五章关于王黄之乱残酷性的描述。陈松也指出，作者既然认为9世纪京城精英垄断了从中央到地方的官职（p.180），却并未考虑到大量在地方任职的京城精英应该并未受到王黄之乱在两京地区那样大规模蹂躏的冲击，与此类似的就是侯景之乱时在地方任职的琅琊王氏人物王褒即幸免于难，并在乱后重续琅琊王氏的辉煌。② 无论如何，作者对王黄之乱残酷性的揭示，已经足以带动学界对"农民起义"负面形象的正面关注。

弄清楚谭书两个核心议题，再来看该书能够提供的启示。近年来，学界对中晚唐五代的关注日渐增长，对这一时间段的各种传统议题，比如藩镇问题③等，都有新的展开。不过相关话题深入探讨依然不够，谭书意义在于通过传统世族议题，重新带动相关研究。就谭书而言，笔者认为还可以在以下几点作深入思考：

首先，如何看待墓志材料。目前来看，在传世文献，包括《元和姓纂》和《新唐书》诸表（包括宗室世系、宰相世系）记载有限的前提下，只能通过出土墓志之发掘，来补充相关世系缺环。④ 作者在书中统

---

① 作者关于10世纪的观点，主要集中于河朔一地的独特文化在五代时期逐渐随着北方的统一而展开，参见谭凯《晚唐河北人对宋初文化的影响：以丧葬文化、语音以及新兴精英风貌为例》，荣新江主编《唐研究》第十九卷，北京大学出版社2013年版。

② Song Chen, "*The Destruction of the Medieval Chinese Aristocracy* by Nicolas Tackett（review），" p. 236.

③ 张达志：《唐代后期藩镇与州之关系研究》，中国社会科学出版社2011年版；李碧妍：《危机与重构：唐帝国及其地方诸侯》，北京师范大学出版社2015年版。

④ 近年致力于此的研究参见吴炯炯《新刊唐代墓志所见家族世系考订及相关专题研究》，博士学位论文，兰州大学，2012年。

计过一个数字,即 9 世纪每个时间段,大约有 19700 人在世。这个数字的得出,是作者通过对已出土墓志的计算,即先计算《新唐书》宗室世系、宰相世系二表中提及的九世纪人物中已出土墓志之人所占比例,分别是 2.39% 和 2.59%;然后在宰相家族成员并不比其他京城精英家族成员更容易出土墓志的原则下,取二者平均数,即 2.49% 作为所有京城精英已出土墓志比例;最后,根据作者写作时所得到的已出土京城精英墓志资料,除以 2.49%,便得到作者所统计的 19700 人这一数字。(p. 249) 言下之意,作者可能还认为,随着时间的推移,这 19700 人中还会出土更加多的墓志,可以印证他的推算;或曰这 19700 人大部分都有墓志,可以作为日后的史料期待对象。不过这样的展望,并不一定能够得到目前墓志出土现状的支持。根据笔者所接触到的西安、洛阳两地考古、文博人士,大家都有墓志越出越少的印象。这一现象的原因大体有二:一是配合基础建设的考古发掘项目日益减少,导致墓志出土机会减少;二是政府对于盗墓和文物贩卖的持续打击,一定程度上减少了盗掘墓志的大量出现。① 因此,日后唐代世族研究面对材料的枯竭,便需要抛开对墓志的过度依赖。② 此外,陈松指出,即使利用墓志,特别是墓志中的世系,也需要注意世系并不是万能的,无法解释所有现象。③

  其次,如何看待世族在王黄之乱前后的断裂和延续问题。这其实涉及史料因社会动荡而缺失,故难以像九世纪那样通过不间断出土的墓志来观察。虽说墓志出土量急剧下降,可以作为世族社会网络破碎的直接体现,但破镜是否就没办法重圆了呢?仇鹿鸣对五代崔协夫妇墓志的研

---

① 相关信息主要得自笔者在汪篯先生百年诞辰纪念会(西安场)上的见闻,陕西师范大学,2016 年 12 月 31 日—2017 年 1 月 1 日。

② 孙英刚也提及,墓志并未能够提供太多关于文化、宗教信仰方面的线索,从而导致作者未能就此过多着墨。参见孙英刚《书评:Nicolas Tackett, *The Destruction of the Medieval Chinese Aristocracy*》,第 530 页。

③ Song Chen, "*The Destruction of the Medieval Chinese Aristocracy* by Nicolas Tackett (review)", p. 240.

究，很好地揭示了王黄之乱后世族之间的通婚情况，认为"无论面对科举取士还是晚唐兵乱的冲击，士族的人际网络依然在持续而稳定地发挥着作用"①。类似情况，应该还有许多内容等待发现。虽然仇氏立论所依靠的一个方面依然是几方墓志材料，这显示出其实还是无法离开墓志来还原当时的婚姻网络。但仇氏所依靠的另一个方面是历史书写模式，即针对正史中关于崔协等人的负面记载，认为"一旦士族垄断历史书写的局面趋向瓦解，加之在晚唐五代的政治动荡中，习惯于在稳定的官僚体制下平流进取的士族子弟缺乏适应乱世所急需的吏干与军事才能，其表现出来的举止乖措，转而动摇了整个社会对于士族门第的敬意，在这种情况下，五代史中充斥着对于世家大族的负面表述亦不足为奇"；并认为"一旦这种社会声誉受到质疑，整个社会不再以模仿士族为荣，那么其对士族社会的打击恐怕要更甚于科举、战乱这些刚性的冲击"②。相比之下，谭书在第五章中所利用的罗隐、韦庄等人的诗词都是士人所撰，其基于自身的立场，对于黄巢这样的下层民众所发动的战争，不可避免地会渲染其残酷程度。当然，作者也提出："为何在肉体消灭了旧时世家大族之后，一种新兴的门阀未能在随后的宋朝出现？"并简要回答道："随着唐朝的灭亡和旧时京城社会网络的解体，整个旧的文化世界也相应崩溃。"（p. 241）要进一步回答作者的问题，历史书写所体现的五代宋初以后士人思维观念之转变也很重要。在笔者看来，五代宋初所形成的吏治官僚体系对9世纪世族社会有一种抱有敌意的态度并反映在《旧五代史》等史书的历史书写上③；而宋初以后科举出身的士人虽然抛弃了吏治官僚体系的偏见，却也刻意与9世纪世族保持着距离。于是，在肉体消灭的基

---

① 仇鹿鸣：《新见五代崔协夫妇墓志小考》，杜文玉主编《唐史论丛》第十四辑，陕西师范大学出版总社有限公司2012年版，第242页。

② 同上书，第243页。

③ 仇鹿鸣观察到："《旧五代史》所描述的士族子弟，无论是豆卢革、韦说、卢程还是崔协，几乎都是徒有虚名的代名词。"仇鹿鸣：《新见五代崔协夫妇墓志小考》，杜文玉主编《唐史论丛》第十四辑，陕西师范大学出版总社有限公司2012年版，第243页。

础上,文化与思维观念也进一步远离了9世纪。

总而言之,谭书对于理解王黄之乱的影响,起到了十分重要的推动作用。无论是9世纪士族社会的形成,还是王黄之乱对士族的肉体消灭,都显示出士族和黄巢的重要性。不过世族社会是否因经历王黄之乱这一突发性和残酷性事件后,肉体被消灭而一蹶不振,尚需更多探讨。[1] 对于王黄之乱本身的过程和影响,也是本书之后的努力方向。此外,在笔者看来,若要讨论唐宋之际的社会变迁,如何看待社会动荡之后,一波波往南迁徙的移民在新环境下的生存问题,更是值得继续探讨的。[2] 这不仅牵涉到北宋时期南方官员的兴起,更开启了后世延续上千年的南方文风。

附记:本文原刊范兆飞主编《中国中古史集刊》第4辑,商务印书馆2017年版,第459—468页。

---

[1] 陈松认为,土地私有市场的发展,南方地区财富的积累,以及印刷术的普及,也是世族社会消亡的重要原因。参见 Song Chen, "*The Destruction of the Medieval Chinese Aristocracy* by Nicolas Tackett (review)," p. 239.

[2] 就此而言,前人对于移民史的研究中,已经涉及这方面大量内容。特别是顾立诚《走向南方:唐宋之际自北向南的移民及其影响》(台湾大学出版委员会2004年版)一书,顾氏主要运用了宋人文集和南方地区各种方志,来考察唐宋之际北方人向南迁徙的类别分布和户口变化等信息。此外,陈弱水指导的学位论文也专门讨论了唐宋之际南方地区新型官僚的形成,参见黄玫茵《唐宋间长江中下游新兴官僚研究(755—960A. D.)》,博士学位论文,台湾大学,2006年;黄庭硕《唐宋之际的东南士人与政治——以杨吴、南唐为中心》,硕士学位论文,台湾大学,2012年。

# 藩镇时代的启幕：读李碧妍
# 《危机与重构：唐帝国及其地方诸侯》

唐史研究历来偏重前期，对于中后期关注不够，不过这一现象近年来多有改观。就专著而言，先有谭凯（Nicolas Tackett）关于世族衰亡的高论，后有陆扬对于晚唐清流文化的阐发。[①] 前者关注魏晋南北朝以来世家大族在晚唐的消亡问题，认为黄巢对长安的占领和屠杀从肉体上摧毁了这一阶层。后者主要从对唐代中后期世族中潜行的清流文化进行揭示，看其政治文化在唐后期五代的赓续问题。总体而言，这两本书的观点是相左的，前者强调黄巢集团的暴力行为对世族消亡产生的重大影响，后者强调世族自我更新的生命力。

无论哪一种对唐代中后期的研究，其实都绕不开两次重大事件，也就是安史之乱和王黄之乱。这两次事件之所以成为唐中后期的时间界限，主要在于对整个政治制度、社会经济和文化思想所产生的深远影响。基于此，学界对两次事件本身的相关研究十分丰富。[②] 此外所涉及的问题，

---

[①] Nicolas Tackett, *The Destruction of the Medieval Chinese Aristocracy*, Cambridge (Massachusetts) and London: Harvard University Press, 2014；陆扬：《清流文化与唐帝国》，北京大学出版社 2016 年版。

[②] 关于安史之乱和王黄之乱学术史，分别参见王炳文《从胡地到戎墟：安史之乱与河北胡化问题研究》，博士学位论文，清华大学，2015 年；胡耀飞《百年来王黄之乱研究综述（附：王黄之乱学术史编年录）》，林淑贞主编《中国唐代学会会刊》第 21 期，中国唐代学会，2015 年，第 69—107 页。

则是普遍存在于唐朝中后期的藩镇及其割据现象。这是讨论唐中后期历史所绕不开的问题，近年来对此相关研究也逐渐增加。① 而在人们接受了唐代中后期藩镇这一现象普遍存在的情况下，如何认识整个藩镇时代的兴衰，也就成了题中之意。对此，50 多年前王赓武《五代时期北方中国的权力结构》一书可作为对藩镇衰落之势的代表性研究，至今无人超越。② 而本文所评新近出版的李碧妍《危机与重构：唐帝国及其地方诸侯》（以下简称"李书"）一书则可作为研究藩镇启幕目前最全面的成果。

一

《危机与重构》是一部政治、军事史著作，是作者李碧妍在其复旦大学博士学位论文的基础上修改而成。李书除了绪论、结语（《藩镇时代的意义》）和附录（《李怀让之死》）外，共分四章内容。关于李书大致内容及作者写作心路，作者已经在一次公开对谈中予以详述。③ 不过出于书评体例，以下还是先就笔者理解，对李书内容略作介绍。

首先，作者在绪论中先就该书整体结构，即作者的研究动机、路径、手段和步骤予以概述，然后梳理和反省中外学界藩镇研究成果。就成果而言，作者根据两种基本思路整理，即藩镇与中央关系、藩镇内部权力构造。前者多为中国学者所关注，后者多为日本学者所关注（第 5—14

---

① 相关研究史及代表性专著，参见张达志《唐代后期藩镇与州之关系研究》，中国社会科学出版社 2011 年版；冯金忠《唐代河北藩镇研究》，科学出版社 2012 年版。

② Wang Gungwu, *The Structure of Power in North China during the Five Dynasties*, Kuala Lumpur: University of Malaya Press, 1963；中译本见王赓武《五代时期北方中国的权力结构》，胡耀飞、尹承译，中西书局 2014 年版。

③ 李碧妍、仇鹿鸣座谈，王子恺整理：《安史之乱为何没有导致唐朝灭亡》，澎湃新闻"私家历史"栏目，2015 年 11 月 21 日，网址 http://www.thepaper.cn/newsDetail_forward_1397122。

页)。作者本人计划,则要打通和兼顾这两方面。当然,一般著述绪论多先介绍学术史,再概述全书结构。所以,作者若能换个顺序,在学术史基础上,就该书所要论述的内容进行介绍,应该会更加合理。

其次,作者分四章分别讨论了河南、关中、河北、江淮四个大区域之中,随着安史之乱爆发而产生的种种动向。特别是各藩镇的最初创设和撤销,藩镇辖区的分割与合并,藩镇军力来源多样化,以及藩镇节帅和将领乃至基层军士各种心态变化。

第一章《河南:对峙开始的地方》。正所谓"渔阳鼙鼓动地来"[1],安史之乱爆发于幽州,逐渐波及整个北方。但作者显然并不是专门研究安史之乱,而首先将目光聚焦于安史之乱战场所在地,特别是闻名遐迩的睢阳保卫战发生地——河南道。并由睢阳之战的惨烈情况,揭示其背后的唐廷与地方军事力量之间纵横捭阖之势。当然,睢阳之战只是一个开篇,本章重要内容包含三点:一是通过梳理唐廷先后任命的李光弼(708—764)、王缙(700—781)和裴冕(703—770)三任"河南副元帅"(第43—55页),以及历任河南节度使(第32页),揭示了因安禄山叛乱的前车之鉴,导致功高震主的平叛将领在此后不再受信任,以及逃亡蜀地的唐玄宗(685—762,712—756年在位)和称帝灵武的唐肃宗(711—762,756—762年在位)之间的人事矛盾;二是通过梳理河南节度、永平军这两个最终一步步被切割的藩镇之兴衰,揭示安史之乱后已经形成割据之势的河朔和淮西藩镇对河南道藩镇格局逐渐定型所产生的重大影响(第57—74页);三是对平卢系藩镇的再次探讨,特别是平卢军被一分为三,是元和(806—820)中兴的一件大事,故而得到历代学者充分关注,但作者这里更想要强调的是在早期藩镇分合基础上逐渐出现的新型藩镇,经过平卢系将领不断消亡,而慢慢走上"骄兵"主导政治的道路。(第104—111页)

第二章《关中:有关空间的命题》。此章着重梳理了安史之乱及其后

---

[1] 白居易:《长恨歌》,《白居易集》卷一二《伤感四》,中华书局1979年版,第238页。

京西北八镇的形成过程,长安、洛阳两京之间三个据点(河阳、陕、潼关)的兴起,和神策军兴起及对关中兵力的填充。就朔方军而言,作者认为,前辈学者对朔方军的研究,或"多集中在肃、代、德三朝"(第115 页),或即便整体考察京西北八镇,"有关这些藩镇发展的历史性回顾却消失了"(第116 页)。亦即,作者认为早期朔方军和后期的京西北八镇,这两者之间进行转换的"动态过程"(第117 页)未能被学者予以揭示。虽然笔者认为,出现这种现象的原因,与各位学者文章所要讨论的重心分不开,各自立场和视角的差异决定了所研究内容之不同。但作者所选取的这一视角,确实能够从她的角度来揭示这样一种因党项、吐蕃入侵而设置京西北八镇的动态过程。就长安、洛阳之间三个据点而言,这三个据点在安史之乱期间显示出重要的战略价值,日后逐渐发展为河阳、陕虢、同华三个藩镇,成为唐廷与河北割据藩镇之间沟通的一个中间地带。具体而言,河阳为守卫洛阳的前线,陕虢有"藩垣二京"(第205 页)的作用,同华则不久即分为两个只领一州的"非完全节镇"(第207 页),以保证关中东大门的畅通。就神策军而言,因为涉及中晚唐禁军的形塑,乃至五代、北宋时期禁军的膨胀,也吸引了诸多学者关注。作者对此的研究,主要侧重于神策军在关中驻军点的分布,及其反映的唐廷对于防止吐蕃侵犯的考虑。特别是对于神策军驻地在空间上所呈现出来的三条并行线的揭示,颇为直观。(第211 页)

第三章《河北:"化外之地"的异同》。河北是燕政权安禄山(703—757,756—757 年在位)、史思明(703—761,759—761 年在位)的大本营,以及日后典型割据藩镇所在地,故而引起了非常多的关注。作者对此的研究,主要侧重于安史之乱时期和乱后初期的河北地缘政治结构的变动。由于河北道范围广大,民族成分复杂,每个州境所体现的功能皆有不同。所以作者多次划分河北地区。或以幽州为坐标,分为燕南、燕和燕北三部分,其中燕指幽州和从幽州分出来的蓟州,燕北指妫州、檀州、营州、平州、安东都护府,幽州以南的其他地方总称为燕南。(第261 页)或以是否"边州"为标准,将燕、燕北诸州归为边州地区,恒州、定州、易州、莫州、瀛州、沧州归入次边州地区,再往南则为河北南部地区。(第267页)这两种不同角度的划分,为作者进一步对安史之乱期间河北地区军政动向的分析提供了基础。即经过作者梳理,安禄山军团主要来源于边州地区蕃人(第271—274页),而普遍设置团结兵的燕南诸州相对而言不受安禄山军团所控制(第274—278页),故而造成安史之乱初期河北地区朝叛之间激烈冲突。之后,作者更进一步梳理了后安禄山时代河北军政动向,特别是揭示史思明利用礼仪手段努力整合已经散布于河北各地,且具有离心倾向的各路叛军。(第286—288页)不过这种努力并未能够在史朝义(？—763,761—763年在位)时期得到持续,最终也因史朝义的失败以及各地不同将领的向背,而使得河北地区在名义上回到唐廷统治之后,分裂为不同藩镇。在梳理了河北藩镇成立史的基础上,作者方才进一步探讨这些藩镇后续性格特征之奠定情况。当然,由于对之后河朔藩镇的研究,学界已有许多精湛分析,故作者沿袭较多。值得重视的发明则是在渡边孝的基础上,对"安史旧部型藩镇"和"新兴的地域型藩镇"这两类藩镇形态的进一步区分,颇有说服力。(第328—335页)

第四章《江淮：新旧交替的舞台》。安史之乱爆发于北方,主要战场也局限于北方,但不可避免会引起北方人士南下避乱,以及唐廷出于经济需求想要极力确保南方安定。因此,无论南北都是需要关注的。李书第四章即讨论了南方地区在安史之乱期间和之后的历史中所呈现出的一些历史面相。首先是永王璘(720？—757)事件,作者通过对永王璘南下赴镇途中与地方士人的交往入手,讨论了在唐玄宗尚在蜀地,唐肃宗已然即位于灵武前后,各方人士政治动向。其中特别值得赞赏的是作者对各类诏令颁布时间的质疑,以及所颁诏令本身之真伪的分析,从而揭示了肃宗通过利用篡改史料来塑造自己的合法性。(第393—398页)永王璘事件,实际上可视作唐廷不欲将对安史旧部的妥协手段(设置藩镇)用在江淮地区。这主要是为了确保财运畅通,避免藩镇跋扈影响财政收入。随后,作者先后讨论了刘展(？—761)之乱、韩滉(723—787)"骄志"(第485页)和李锜(741—807)叛乱三次事件。在笔者看来,作者通过对三次事件始末的揭示,论述了唐廷不欲在南方地区纵容类似北方节度使体制的意愿，即致力于将"节度使体制"转化为"观察使体制"，并最终取得了成功。至于此章最后一节对松井秀一所谓"平静期"（第523页）的探讨，其核心在于揭示土豪层的兴起及其对唐末五代南方历史的影响。

以上四章内容之后，作者以《藩镇时代的意义》为题写了一篇"代结语"，揭示从安史之乱到宋初这么一个"藩镇时代"的存在意义。目前学界对于藩镇时代的存在，已有比较明确的认识。不过虽然最早在民国时期，即有于鹤年对"藩镇"意义的提示①，但至今对藩镇的研究仍旧是重中晚唐，轻五代十国。

## 二

综观李书的全部内容，可以看到作者以熟练的史料、优美的笔调，给大家呈现了一幅安史之乱期间及之后半个多世纪，甚至延伸到唐末五代的波澜壮阔的历史场景。对于李书的贡献，主要体现在从动态过程来展现安史之乱的不同面向，因为这场乱事并不是一部预先安排好的剧本。这一点，书评人维舟已有较好评论："如果转换成历史社会学的思路，在我看来，那这段历史差不多是 Richard Lachmann 提出的'精英斗争理论'的典型案例，其历史走向取决于不同精英群体（代表唐廷中央的皇帝、宦官、贵族、官员等，与代表藩镇的节帅、骄兵悍将）之间斗争的结果，最终产生的新局面是不同行动者之间权力博弈的结果，而这一结果很可能是他们自己都无法预见到的。"②笔者对安史之乱并不熟稔，但读完全书之后，基本能勾勒出唐中期政治、军事动向。是为此书一大功劳。当

---

① 于鹤年：《唐五代藩镇解说》，《大公报·史地周刊》第25期，1935年3月8日。

② 维舟：《另一种"唐宋变革说"》，《经济观察报》2015年10月27日。笔者参考的是维舟自己在豆瓣贴出的网络增补本，网址 https: //book.douban.com/review/7657544/，2015年11月13日。

然，作为书评，也需要对"瑕不掩瑜"之"瑕"予以指出，以期继续完善。

首先，作者在第一章开篇提及了《新唐书·忠义传》所载宋真宗（968—1022，997—1022 年在位）东巡事件（第 15—16 页），又在把张巡（708—757）之事梳理一遍后进一步指出宋真宗在大中祥符元年（1008）未经过当时应天府（唐代的睢阳），从而展示出《新唐书》编者欧阳修（1007—1072）的一种"杜撰"。（第 33—34 页）然而，根据河南大学历史文化学院刘本栋博士的意见，作者误将宋真宗"东封"泰山比附为"东巡"亳州。即宋真宗曾于大中祥符元年十月至十一月东封泰山①，也曾于大中祥符七年（1014）正月东巡亳州并在回程途中经过应天府②。如此，李书根据错误印证所绘制的图 2"宋真宗大中祥符元年东巡路线图"（第 34 页）也就张冠李戴了，而欧阳修关于宋真宗东巡经过应天府的记载也并非"子虚乌有"（第 34 页）。③ 明确这一点，作者在欧阳修虚构基础上进行的各种推论，也就不成立了。

其次，需要讨论地名（特别是地域名、藩镇名）的断句问题。在没有现代意义上标点符号的古代，断句并不是大问题。这类问题的出现，始于古籍点校的需要，以及中华书局等古籍类出版社在出版繁体竖排点校本时画专名线的需要。而学者目前又严重依赖于点校本，故而点校本的点校以及专名线的标注，一定程度上影响了读者对史料的理解。在李书中，作者所引史料标点，可以说基本按照点校本进行。不过，点校本的断句和专名线并非没有瑕疵，使用时尚需谨慎对待。就李书而言，主

---

① 李焘：《续资治通鉴长编》卷七〇，真宗大中祥符元年十月辛卯条至十一月丁丑条，中华书局 1995 年点校本，第 1568—1577 页。李书引用《长编》此段史料时，脚注误作"卷 90"（第 34 页）。

② 《续资治通鉴长编》卷八二，真宗大中祥符七年正月壬寅条至二月辛酉条，中华书局 1995 年点校本，第 1862—1865 页。

③ 以上意见和史料参考刘本栋在豆瓣上对李书的网络书评《"东巡"非"东封"：有关〈危机与重构：唐帝国及其地方诸侯〉一书的一点意见》，2015 年 12 月 18 日，网址 https：//book.douban.com/review/7695793/。

要涉及两方面：

一是地域名的断句。比如作者在第一章讨论四镇之乱时的运路危机时，引用了《资治通鉴》建中二年（781）六月的一段记载，中华书局点校本作："时内自关中，西暨蜀、汉，南尽江、淮、闽、越，北至太原，所在出兵，而李正己遣兵扼徐州甬桥、涡口，梁崇义阻兵襄阳，运路皆绝，人心震恐。江、淮进奉船千余艘，泊涡口不敢进。"① 作者引文则为："时内自关中，西暨蜀、汉，南尽江、淮、闽、越，北至太原，所在出兵，而李正己遣兵扼徐州甬（埇）桥、涡口，梁崇义阻兵襄阳，运路皆绝，人心震恐。"（第81页）可见，作者除了给"甬"字括注可通用的"埇"字，以及未引最后一句外，其余内容皆从《资治通鉴》标点，只是去掉专名线。亦即，作者并未认识到，或并未在此指出，其实"蜀、汉""江、淮""闽、越"，都不必用顿号顿开，即应该是"蜀汉""江淮""闽越"。这里的情况，反映的是对某个大地域范围的概称，即"蜀汉"是以蜀地的蜀州、汉州合称，作为对整个剑南西川镇的指代；"江淮"是指长江、淮河之间的地区，也就是淮南镇；"闽越"则指代福建地区，其称呼当取自秦汉时期闽越国。其中，笔者之所以将"蜀汉"视为西川代称，是因为"汉"字也可以指代汉水两岸山南东道，如作者在论述唐德宗（742—805，779—805年在位）让淮西节度使李希烈（？—786）讨伐山南东道节度使梁崇义（？—781）时，即引《资治通鉴》，谓李希烈"加汉南、汉北兵马招讨使"（第79页），根据上引文，提及"蜀汉"等地域，是指这些地方"所在出兵"，而当时梁崇义既然站在唐廷对立面，自然不可能出兵。另外，"江淮"之所以指代淮南镇，也涉及作者未引的最后一句"江、淮进奉船千余艘"，盖若断开"江""淮"，以之为二藩镇名，则并无相应藩镇对应，亦无所谓"江州、淮州进奉"之理。至于"闽、越"断开，亦不辞，盖若以"闽"指代福建地区福、建、泉、漳、汀五州，则时有浙东镇越州，不知"越"将指越州及其所属浙东镇，抑

---

① 《资治通鉴》卷二二七"唐德宗建中二年六月"条，中华书局1956年点校本，第7302页。

或整个先秦越国地域范围，乃至百越地区？因此，作者此处袭用《资治通鉴》断句而未能加以辨析，是稍感遗憾之处。

此外，对于地域名的断句，除了与理解原文表面意思有关，也涉及唐人地域观念。比如再来看上面这条引文，其中将"关中"纳入"内"的范围，将"蜀汉"纳入"西"的范围，将"江淮、闽越"纳入"南"的范围，将"太原"纳入"北"的范围，一定程度上反映了唐德宗时期唐人对于王朝自身统治地域广度的认识。即以关中为核心，所谓"内"；以外的地方，则从对三个方向上的相关地域来确定整个王朝统治地域的范围。从这一范围来看，唐德宗时期的唐王朝，其所能控制的地域基本也是如此。第一点，因当时已经失去河西走廊地带①，故而"西"的方向从西域转移到西川；第二点，其中未能加入"东"这个方向，乃是当时正处于四镇之乱，最能代表"东"这个方向的平卢镇正在对抗朝廷；第三点，"北"的方向以"太原"即河东镇为代表，反映出河朔三镇其时早已自立；至于"南"的方向，范围更加广泛，原本地理上最南端应该是安南都护府，但安南都护府本身并无多少军力，此时也不可能出兵援助，故而以当时大概确有出兵的"闽越"，即福建观察使所辖作为最南的代表。② 总的来说，可以从这里的方位与地域的对应，看出唐德宗时期，唐人对于王朝统治地域的认识随着政局和领土的变动而改变，这也影响到唐人对于东南西北方位认识的调整，以及对于内外之别的认定。当然，更可以结合作者在书中关于"关中本位政策"和"中央本位政策"的探

---

① 河西走廊诸州陷于吐蕃之时间，参见刘子凡所绘制"唐朝西北州县陷蕃图"，氏著《瀚海天山：唐代伊、西、庭三州军政体制研究》，中西书局2016年版，第321页。

② 福建观察使派兵支持朝廷平叛的情况，在此时虽然没有直接史料体现，在几十年后唐宪宗平定淮西吴元济时确有证据。根据唐末福建观察使陈岩（849—892）的墓志，陈岩曾祖父陈宏"为当府司马，时淮西逆命，帅军讨之"。其中所指，即陈宏作为福建观察使府行军司马，率兵参与对淮西的征讨。参见胡耀飞《〈颍川郡陈府君墓志〉所见陈岩家族对福建的统治（884—893）》，裴建平主编《纪念西安碑林930周年华诞学术研讨会论文集》，三秦出版社2018年版，第327—349页。

讨（第536—543页），进一步发掘其意义。

二是藩镇名（以及节度使）断句。藩镇时代的藩镇名，早期多以地名（道名、州郡名）命名，比如范阳、河东等。故而当藩镇日渐散布于内地之时，也多以地名特别是所辖地域最主要的两个州（其中前一个一般为节度使治所州）名之连称，作为对这一藩镇的一种通俗性称呼，比如泽潞、魏博、淄青、陕虢等；或者以节度使治州（府）作为对这一藩镇的称呼，比如镇州、河中等。同样，节度使衔也是如此。比如早期的范阳节度使、河东节度使，后来的泽潞节度使、魏博节度使、同州防御使、河中节度使等。这样的书写，大多数是在纪传体史书如《旧唐书》《新唐书》的列传或编年体史书《资治通鉴》等行文之中出现。在官方文书行文中，对藩镇名和节度使名的称呼则有差异。以出镇制文为例，《唐大诏令集》有上元二年（761）六月《李鼎陇右节度使制》，其中记李鼎原有职衔为"开府仪同三司行凤翔尹兼御史大夫充本府及秦陇兴凤成等州节度观察使保定郡开国公"①。这条职衔中，"行凤翔尹""充本府及秦陇兴凤成等州节度观察使"是李鼎真正就任的实职。可以看到，李鼎当时首先是凤翔府府尹，其次是凤翔府及秦、陇、兴、凤、成等州节度使、观察使。再来看作者在书中对李鼎职衔的记载，她从凤翔镇辖境扩大的角度写到上元元年（760）首任凤翔节度使"崔光远的职名又称'秦陇节度使'"，以及当年底第二任"李鼎的职名又称'兴凤陇等州节度使'"。（第138页）作者所引之"秦陇节度使""兴凤陇等州节度使"出自《旧唐书·肃宗纪》，原文据中华书局点校本，分别为"以太子少保崔光远为凤翔尹、秦陇节度使"②，"以右羽林军大将军李鼎为凤翔尹、兴凤陇等州节度使"③。可见，作者基本遵从了点校本的断句，将"秦陇节度使"和"兴凤陇等州节度使"分别与"凤翔尹"区分开来，并根据点校本所用的顿号，视之为并列关系。然而，从前引《李鼎陇右节度使制》可知，

---

① 宋敏求编：《唐大诏令集》卷五九，商务印书馆1959年版，第318页。
② 《旧唐书》卷一〇《肃宗纪》，中华书局1975年点校本，第258页。
③ 同上书，第260页。

李鼎所任之"凤翔尹"外,实为"本府及秦陇兴凤成等州节度观察使"。亦即,凤翔府本身也在节度、观察之列,而非将凤翔尹与所谓"秦陇节度使"和"兴凤陇等州节度使"并列。当然,作者原文所要讨论的内容并不在此,也并不一定有将"秦陇节度使"和"兴凤陇等州节度使"视之为单独节度使名称的看法。但是,根据中华书局点校本而来的这种断句,显然影响到了作者对史料的使用,而作者将所谓"秦陇节度使"和"兴凤陇等州节度使"单独列出来,也会影响读者的判断。事实上,《旧唐书·肃宗纪》的这两条记载,应该再加上"本府"二字。这一点,《旧唐书·肃宗纪》上元元年八月己卯条的记载就比较准确,其载"以将作监王昂为河中尹、本府晋绛等州节度使"[①]。河中尹所治仅河中府,故另加"本府晋绛等州节度使",即河中府、晋州、绛州等州的节度使。

上段详论凤翔节度使名,主要是想说明两点:第一点是作者对点校本的使用,很大程度上会误导读者的观感,导致对藩镇名和节度使名的误解。比如作者在讨论建中三年(782)七月李希烈兼任平卢节度使讨伐李纳(?—792)时,引用点校本《资治通鉴》曰:"以淮宁节度使李希烈兼平卢、淄青、兖郓、登莱、齐州节度使,讨李纳。"(第83页)其之所以在"平卢""淄青""兖郓""登莱""齐州"这五组词之间加顿号,是依从了点校本《资治通鉴》原文对"平卢""淄青""兖郓""登莱""齐州"这五组词分别画专名线[②],即点校者大概认为这五组词分别代表五个藩镇或五个节度使。事实上,这里首先不必在《资治通鉴》原文上断作五组,而是除了"平卢"之外,其余"淄青兖郓登莱齐"可分别划专名线,即表示"淄、青、兖、郓、登、莱、齐"等州;其次,李希烈所兼其实就一个藩镇节度使,也就是俗称的平卢淄青节度使,而其下辖有淄、青等州。第二点想要说明的是,在作者所讨论的时代范围内,藩镇体制尚未完全定型,无论是藩镇地域范围,还是藩镇名,都处在变化

---

[①] 《旧唐书》卷一〇《肃宗纪》,中华书局1975年点校本,第259页。
[②] 《资治通鉴》卷二二七"唐德宗建中三年七月"条,中华书局1956年点校本,第7333页。

之中。藩镇名基本是随着藩镇地域变化而变化,藩镇地域变化,则取决于唐廷对安史之乱以及此后其他乱事的应对策略。因作者重在对应对策略的考察,即如何在面临危机时重构权力格局,故虽对随之而来的藩镇地域之演变多有讨论,但对更进一步产生影响的藩镇名演变,颇有遗漏。其实,藩镇名的演变,在安史之乱期间,一切都是出于平叛策略而定,故当时所命节度使多以地域名来命名,并取该地域中的治所州和其他重要的州作为这一新设藩镇的简称或俗称。而当各种乱事平定之后,随着各个藩镇辖地的渐渐固定,另外出于对跋扈藩镇的羁縻作用和对顺命藩镇的激励作用,会赏赐各种赋予美好意涵的军号,作为该藩镇正式美称,并固定下来。比如"昭义",即表昭示忠义;"宣武",即表宣扬武功等。作者谈到河南藩镇格局在唐德宗贞元四年(788)前后全部完成之时,也集中描述了新设置的河南藩镇如义成(785)、武宁(805)、忠武(804)、彰义(798)等军号之赐予。(第98—99页)总而言之,通过对藩镇名和节度使名的考察,可以得到藩镇从临时到固定的一个发展过程,从而在名号问题上确立了整个藩镇时代的格局。

最后,地名除了断句不同会造成混乱外,对固定地名内涵的不同理解和使用,也会产生一些误区。就李书来说,因为涉及大量历史地理问题,对地名含义的准确定位便十分重要。而在李书中的使用问题,主要是指古今地名混用,以及对通用地名内涵的不同解读。对这两个问题的提出,始于笔者对作者关于党项部落分布问题的讨论。在第二章中,作者引用《册府元龟》的一段话,谓永泰元年(765)二月,"河西党项永定等一十二州部落内属,请置公劳等一十五州,许之"①。作者在引用之后,又于脚注中写道:"'河西'无疑指黄河以西,因此我推测此处的'河西党项'当指陕北一带的党项部落。"(第121页)在这里,作者提到了"河西""陕北"两个地名,亦即涉及古已有之的地名"河西"的含义,和完全是明清以来方有的地名"陕北"。作者认为"河西"是指黄河

---

① 《册府元龟》卷九七七《外臣部·降附门》,凤凰出版社2006年点校本,第11313页。

以西的"陕北"地区，又在其他行文中多次提及"陕北党项"（第120页），以及"陕北的夏、绥、银、延、麟诸州"（第121页），可见其将数百年后明清时期地名概念等同于夏、绥、银、延、麟等唐代的州，并进而将"陕北"一词加诸于散处于这一地带的党项部落。

然而，就"河西"而言，此词内涵虽有不同的解读，但在唐代所指应该是河西节度使之河西，而非今陕西省和山西省交界之黄河中段以西。河西节度使的设置，本身即为了隔断吐蕃和突厥之间的交通。但安史之乱以后，随着河西节度使兵力的内退，其地逐渐为吐蕃所侵逼，在此地的党项部落内属，自在情理之中。如果按照作者的解释，河西指所谓"陕北"地带，本身不在吐蕃直接侵扰范围内，又何必内属呢？而且，河西党项此前有永定等12个羁縻州的规模，内属后分为公劳等15个羁縻州，可知其活动范围应该经历了一次空间转换，并且借此调整了部落数量。① 若是在"陕北"地带，恐怕也不必如此费力。另外，作者所指的"河西"地区"陕北党项"，当指根据郭子仪（697—781）的建议从盐州、庆州等处东迁至"陕北的夏、绥、银、延、麟诸州"的党项。（第121页）然而盐州、庆州等地的党项，根据作者之前所引胡三省（1230—1302）注的解释，应该是早在贞观以后即存在的"党项拓跋诸部"，他们既然已经在此地生活了一百多年，又何必再次内属呢？所以，作者此处混淆了两个"河西"概念，导致对党项活动范围的误解。

此外，就"陕北"而言，作者多次在行文中使用此词，似不恰当。"陕北"之名，大概起自元代陕西行中书省设置之后。虽然作者在讨论时涉及的鄜、坊、丹、延等州属于鄜坊节度使辖境，自成一个地理单元，且可以在地域上约等于今陕北地区。然而毕竟古今有别，今天陕北地区有其具体行政区划范围，贸然使用于讨论唐代历史的论著中，似非严谨。类似情况，也出现于作者其他相关讨论，最明显的就是书题中"帝国"

---

① 关于关内道羁縻州分布，郭声波有详细探讨，参见郭声波《中国行政区划通史·唐代卷》，复旦大学出版社2012年版，第1065—1125页。但因为属于李书作者2011年博士毕业之后出版，故未能及时参考。乃附见于此，不作讨论。

二字，这虽非地名，却也是一个现代概念，并不适合用于讨论王朝国家时期的历史中。

## 三

虽然书中有尚待改进之处，但李书的贡献无疑是巨大的。在此基础上，若要百尺竿头，更进一步，则只能从李书论述体系之外的层面加以考虑。此外，结合笔者本人兴趣，李书所涉问题中可以进一步阐发的，尚有如下几点：

首先，中兴理念的存在。

中国古代作为一个王朝社会，政治生活最重要的主题就是王朝兴衰。由于王朝基本是一家一姓状态，在家族内部世袭，故而一旦家族传承中断，该王朝也就灭亡了。因此，历代王朝在遭受一次重创之后，都十分重视对"中兴"的期待和书写。对于唐代的这种理念，往远了说可以追溯至"少康中兴"，近一些的榜样则是"光武中兴"。不过中兴也有分别，少康中兴、光武中兴可以算作本朝被他人僭取统治权几十年后再次反正的现象，类似于唐中宗（656—710年、683—684年、705—710年先后在位）恢复大唐国号，以及后唐灭后梁后对唐朝国号的重拾；另一种中兴，则是本朝国势，特别是皇权一度衰微，但尚未完全亡国，此后经过数年努力，使国势重现光芒。前一种中兴，由于前后两个时段之间相隔较久，甚至可以目为两个朝代。后一种中兴因并未中断，故尚处于一个王朝之内。就唐朝而言，后一种中兴又可分为两类现象：一类是安史之乱、黄巢之乱等长安被攻占之后，唐朝皇帝出逃数年又返回长安并平定战乱；一类是对于藩镇势力的压制，从而得以再次伸张皇权，比如"元和中兴"。安史之乱是这后一种中兴的第一类现象；而唐德宗时期对藩镇的压制或可算作第二类现象，但不如唐宪宗的元和中兴更具典型。

李书对于中兴并未具体关注，但由于所论内容本身主要包含三次中兴（肃代中兴、德宗中兴、宪宗中兴），故而后来者可以在此基础上进一步结合唐人中兴理念来观察唐后期这类中兴现象。对此，以元和中兴关注最多，或者说最愿意把"中兴"二字摆出来。① 当然，肃、代、德等宗也有自我而中兴的意思。对此，孙英刚关于唐肃宗通过无年号与改正朔的努力来塑造自己中兴之主的形象，已有较好研究。② 后来人需要更进一步阐发的，则是每位皇帝对谁是真正"中兴"之祖的认定，及由此所涉对各位皇帝统治理念的探讨。在笔者看来，这两大类中兴，前一种接续中断之王统的中兴，可目之为"当然中兴"；而后一种在王朝统治遭受重创情况下努力追求重现辉煌的中兴，可目之为"主动中兴"。通过这样的区别，可以进一步解释何以唐中宗会禁言中兴，即对于大唐王朝来说，中宗反正是理所当然的中兴，但出于亲情，唐中宗并不想把武周与大唐截然分开。③ 而在安史之乱后各位唐朝皇帝，则不存在类似唐中宗的顾虑，故而他们极力将自己塑造成中兴之祖，并积极追求中兴业绩，从而或多或少影响到藩镇时代历史进程。

其次，行营组织的设置。

随着府兵制日渐衰落，唐前期盛行的行军体制也不再流行，直至睿、玄之际节度使体制起步，新的驭边策略乃至战争动员机制开始出现。在安史之乱以前，主要地处边疆地区的节度使，承担了唐王朝与边境诸政权的作战职能。随着战果的扩大，边疆地区节度使日益成为手握重兵的将领，严重威胁到唐廷权威。最终，经过安史之乱及其应对，又将节度使体制扩展到内地。藩镇的普遍设置，一方面是为了尽快稳定局势，另一方面也有分而治之的目的。不过这时已经无法行用府兵制和行军制，取而代之的便是行营制。行营的出现可追溯至安史

---

① 李树桐：《元和中兴之研究》，中国唐代学会编《唐代研究论集》第三辑，新文丰出版公司1992年版；郑学檬：《"元和中兴"之后的思索》，中国唐史学会编《中国唐史学会论文集》，三秦出版社1993年版。

② 孙英刚：《无年号与改正朔：安史之乱中肃宗重塑正统的努力——兼论历法与中古政治之关系》，《人文杂志》2013年第2期。

③ 对于唐中宗禁言中兴，亦可参考张达志的研究，因属未刊论文，故不便直言其结论。张达志：《唐中宗禁言中兴相关问题考论》，"中古新政治史研究"：第四届中国中古史前沿论坛国际会议，上海师范大学，2016年7月23—24日。

之乱以前，但却在安史之乱期间从泛称转为专称。① 此后，每当唐廷征讨某个具有不臣倾向的藩镇时，即会组织由其他各道或神策军组成的行营。

唐后期行营有两类情况，一类是神策军在各驻地的神策军行营，一类是战争期间具有临时性质的行营。黄寿成对于河北地区神策军行营的梳理②，以及黄楼和李书作者李碧妍对关中地区神策军城镇的整理（第209—248页）③，都是前一类行营。目前关注较少的是后一类行营，李书虽然也涉及，但并未深入。笔者曾就自己关注的唐末这一时段，探讨了唐廷镇压黄巢期间所设置的行营④，晚唐在代北地区设置的代北行营⑤，以及唐末唐廷征讨蔡州秦宗权的蔡州行营⑥。然而，对于晚唐时期其他时段的各类行营，尚需更多个案研究。就李书而言，作者在讨论关内振武军藩镇时（第129页），曾提及一段史料："陛下各以其地及其众授之，尊怀光之官，罢其权，则行营诸将各受本府指麾矣。"⑦ 这段话很好地传

---

① 孟彦弘：《论唐代军队的地方化》，《中国社会科学院历史研究所学刊》第一集，社会科学文献出版社2001年版，第264—291页。

② 黄寿成：《唐代河北地区神策行营城镇考》，《中国历史地理论丛》2004年第2期。

③ 黄楼：《唐代京西北神策诸城镇研究》，武汉大学中国三至九世纪研究所编《魏晋南北朝隋唐史资料》第27辑，武汉大学人文社会科学学报编辑部2011年版，第346—380页。此文虽然版权时间为2011年，但直至2014年方才正式印行，故而该书作者撰写博士学位论文期间未能及时参考并进行对话，情有可原。

④ 胡耀飞：《传檄天下：唐廷镇压黄巢之变的七阶段行营都统（招讨使）考》，董劭伟、柴冰主编《中华历史与传统文化研究论丛》第3辑，中国社会科学出版社2017年版，第53—85页。

⑤ 胡耀飞：《从招抚到招讨：晚唐代北行营的分期与作用》，苍铭主编《民族史研究》第12辑，中央民族大学出版社2015年版，第192—211页。

⑥ 胡耀飞：《从平叛到扩张：唐末蔡州行营的设置及其意义》，董劭伟主编《中华历史与传统文化研究论丛》第1辑，中国社会科学出版社2015年版，第65—80页。

⑦ 《资治通鉴》卷二三〇"唐德宗兴元元年二月"条，中华书局1956年点校本，第7409页。

达出了后一类行营的内涵，即各藩镇出兵，由一人统领由诸道兵组成的行营。而当行营统帅被罢，则行营诸将也就回到原来所在藩镇，行营随之解散。在这类行营内部，行营统帅和行营诸道兵之间，以及与唐廷之间组合成的各种关系，就成了观察当时（特别是战争期间）朝藩关系和藩镇格局的最佳窗口。

最后，藩镇时代的延续。

所谓藩镇时代的延续，不仅是指全国大部分地方在行政体制上以藩镇体制为主导，也指各地在经济社会及文化上存在的藩镇思维。可以说，自安史之乱以后，开启了一个在政治、军事、经济、文化等各方面都迥异于唐前期的"藩镇时代"。这样的一个藩镇时代，不仅在于藩镇数量和边界的日渐固定，也在于藩镇地域文化的慢慢形成。这一时代起始于安史之乱结束前后，终结于北宋最终统一全国大部分地区，约两百年。其中最为典型的时间段，即从安史之乱结束前后到王黄之乱结束。王黄之乱改变了旧有藩镇格局，使得部分藩镇日渐走上兼并和统一战争的轨道，这不在李书主要讨论范围之内，本文也暂不涉及。

作者在代结语《藩镇时代的意义》中，已经阐发了藩镇时代所带来的两大影响：一是地方政策从"关中本位"到"中央本位"；二是地方基层势力的崛起。（第536—546页）在这两大影响中，更重要的是地方基层势力的崛起，这也是笔者想要强调的。对于典型藩镇时代的地方势力，作者在第三章对河北藩镇两种军事构造模式的区分，即为很好的研究。当然，无论是作者对于河北道燕南·燕·燕北的划分，还是边州、次边州和南部地区的划分，乃至对于"安史旧部型藩镇"和"新兴的地域型藩镇"的区别，都不可避免涉及地域文化差异。这种差异虽在安史之乱以前即存在，但在安史之乱以后藩镇割据状态下被加强了。这方面，陈磊的研究已经注意到唐后期河北地区文化分区和社会分群，惜作者未能就此文进行对话。[①] 目前来看，虽然由于对藩镇个案的雷同性研究已经过

---

① 陈磊：《唐代后期河北地区的文化分区与社会分群》，李鸿宾主编《隋唐对河北地区的经营与双方互动》，中央民族大学出版社2008年版，第179—240页。

多,导致大家深感疲惫。① 但依然需要在更全面地借鉴和利用已有藩镇研究成果基础上,进一步深入挖掘藩镇时代之下各个藩镇内部的具体动向,特别是地方势力的日渐崛起和地域文化的不断发展对后世的影响。②

以上,为笔者通过对李书内容的阐发,揭示了该书在研究藩镇时代启幕这一问题上的重要意义。启幕之后,是藩镇时代的具体展开,这方面还需更多关注,希望本文能够起到抛砖引玉的作用。

附记:本文原刊包伟民、刘后滨主编《唐宋历史评论》第3辑,社会科学文献出版社2017年版,第350—365页。

---

① 陈翔、秦中亮:《书评:张正田〈"中原"边缘:唐代昭义军研究〉》,收入《陈翔唐史研究文存》,花木兰文化出版社2013年版,第284—286页。
② 对于藩镇时代的各类研究视角,笔者也稍有思考,参见本书中编。

# 使职之国:读赖瑞和《唐代高层文官》

来自马来半岛的唐史学家赖瑞和先生,常年致力于唐代官制研究,目前已经完成其文官三部曲计划,分别为:《唐代基层文官》(联经出版事业公司2004年繁体版;中华书局2008年简体版)、《唐代中层文官》(联经出版事业公司2008年繁体版;中华书局2011年版)、《唐代高层文官》(联经出版事业公司2016年繁体版;中华书局2017年简体版)。笔者由于专业兴趣,一直是赖先生作品的忠实读者,并且对其另外两部散文著作也曾拜读:《杜甫的五城:一个火车迷的中国壮游》(尔雅出版社1999年繁体版)(简体版更名为《杜甫的五城:一位唐史学者的寻踪壮游》,清华大学出版社2008年版;相同主题但有更多照片的版本是《坐火车游盛唐:中国之旅私相簿》,中华书局2009年版)、《男人的育婴史》(中华书局2010年版)。

作为台湾大学外文系英美文学专业本科毕业生,赖先生文笔优美,行文流畅,自然不在话下。更重要的是,他作为普林斯顿大学杜希德(Denis Twitchett,1925—2006)的高足[1],在熟练掌握唐史史料之余,颇为擅长利用西方社会科学方法和西方历史上类似现象来解析和比附中国历史。此外,赖先生的英美文学功底也使他便于通过语言学、修辞学理论来讨论中国古人对于各种词汇的认识与使用。这种东西方跨文化视域的掌握,使得赖先生的唐代制度史研究

---

[1] 参见赖瑞和《追忆杜希德教授》,《汉学研究通讯》第26卷第4期,2007年11月,第24—34页。

比他人更具广阔视野，也更加细致入微。这方面，在这两年出版的《唐代高层文官》（本文以经过修订的中华书局 2017 年版为据）有集中体现。

从目录来看，《唐代高层文官》主要分为导言和六大部分正文，末附"唐职事官和使职特征对照表"（第 439—440 页）。其中导言主要解释为何该书以使职为切入点，以及为何挑选宰臣、词臣、史官、财臣、牧守这五大类官员。正文第一部分用三章篇幅，分别讨论使职的起源及其与职事官的互相演变，从钱大昕（1728—1804）对唐代使职的认识出发探讨使职的定义，以及唐代职官书不记载许多使职的前因后果。从第二部分至第六部分，即分别讨论宰臣（宰相）、词臣（中书舍人·知制诰·翰林学士）、史官（史馆史官）、财臣（聚敛之臣·三司使等）、牧守（刺史·都督·节度使等）这五大类官员的"使职特征""使职化"或"使职本质"，且不乏整体关照和个案研究并存的视角。

关于此书内容，中华书局版责任编辑胡珂曾有《三本书厘清唐代仕宦人生》一文予以介绍①。作者本人在接受《晶报》"深港书评"栏目记者伍岭采访时，也曾大略谈到该书的主要观点。② 伍岭自己也有一篇名为《唐代高官的使职化命运》的书评③。因此，本文不再做更多介绍，读者只要把握该书核心思路——大部分握有实权的高层文官都是使职（或都要当作使职来看待）——即可。虽然笔者简略概括这一核心思路不免有简单化之误导，但确实是该书的主轴。但也正因此点核心思路太过凸显，使得读者对该书尚有许多疑虑需要进一步解决。以下，笔者主要从三点来谈：

---

① 胡珂：《三本书厘清唐代仕宦人生》，"深港书评"微信公众号，2017 年 12 月 2 日。

② 赖瑞和：《把史料当诗读，有种解谜的快乐》，"深港书评"微信公众号，2017 年 12 月 2 日。

③ 伍岭：《唐代高官的使职化命运》，《晶报》2017 年 10 月 22 日。

第一，使职的起源问题。

作者对于使职的强调，导致其将使职远远追溯至上古时期人类社会。并认为使职的出现远在固定官职出现之前，"人类先有使职，后有职事官"，"使职远远早于正规的职事官员编制"（第22页）。作者为了证明这一观点，引用了许多体质人类学研究，数万年前人类社群组织"游群"（band）中的"狩猎特使""长矛特使"等，用来讨论最原始的"使职"。（第22—23页）乃至利用灵长类动物学中对黑猩猩（Pan troglodytes）的研究来说明只有人类才有"差遣任命"的能力（第24页）。这些诚然可以说明在职事官，或者说正规的官职出现之前，有过人类各种各样的差遣活动。但仍然不能说明那些差遣活动就是"使职"，或者是"使职的起源"。

此外，在讨论了远古人类之后，作者一下子跳入秦汉史领域，来讨论使职产生以及与职事官的互相演变；然后又一下子跳入唐代，讨论从职事官向使职的转变。这两次跳跃，恐怕还是需要一定的内容来衔接。比如从远古人类到秦汉史，完全可以利用目前十分热门的出土文献所见古文字相关研究来充实"使""职"等字含义演变，而非简单引用《说文解字》的解释（第23页）。至于秦汉与隋唐之间的魏晋南北朝史领域相关制度史演进问题，就更加多了。特别是阎步克关于品位与职位的相关讨论，即有助于理解作者所说官（职事官）、职（使职）之间的区别（第213页）。

第二，使职与职事官的转化。

使职的出现，虽然并不一定早于职事官，但却与职事官之间有着千丝万缕的关联。特别是使职和职事官之间互相转化，是作者一直特别强调的方面，经常谓之"使职化"。不过正如豆瓣网上一位网友指出的，"使职化"这个词常常会引起歧义。[①] 亦即，在职事官与使职互相转换过程中，"使职化"指职事官权力被架空，还是使职侵夺职事官职权？比如

---

[①] 豆瓣网友"野次马"的"广播"，网址 https：//www.douban.com/people/RAKA/status/2064700697/，2017年11月13日发布，2017年12月23日浏览。

以中书舍人充任翰林学士和知贡举等使职,作者认为是"中书舍人使职化最明显的一个征兆"(第144页),这似乎表明职事官权力被架空表明该职事官"使职化"。但在讨论史官时,又将以他官兼修国史的这一过程称为"唐代史官的使职化"(第246页),也就是该使职"使职化"。这两种表达方式,颇难让读者适从,还需要进一步规范一下。

也许"使职化"应该指一个过程,即某一项权力从职事官转入使职。这一过程完成,标志着"使职化"的结束。如此,则不能简单地说某个职事官"使职化",或某个使职"使职化",而要充分考虑在"使职化"这一过程两端具体各是什么"职"和"使职"。反过来,也要考虑从"使职"到"职"的转变,这在作者讨论使职起源时也涉及。比如作者讨论了汉代"校书郎中"这一"使职"向后魏(北魏)"校书郎"这一职事官的演变。(第26—30页)这当然是一个转变过程,但是否也可以进一步探讨"使职化"之后的"制度化"(引作者语,第30页)呢?

第三,对使职的认识。

这里所说对使职的认识,主要指如何去看待作者所说"隐性使职"。该书最大的贡献,在于揭示了"隐性使职"的使职地位,并将之与"显性使职"予以区分。(第44页)在作者所针对的一般唐史学者而言,这些"隐性使职"在后者看来并不是使职,或者说并不将之作为使职来看待和处理。虽然作者一再强调一般唐史学者的误解,乃至在行文中引用2010年他与自己的硕士生徐梦阳的口试委员之一的争辩(第211—212页),来说明这一情况。诚然这位口试委员的看法并不足取,但是否一般唐史学者的认识也不恰当呢?在笔者看来,与其强调"隐性使职"的使职性质,不如追索何以"隐性使职"不以"显性使职"面目出现?或者说,为什么古人要把"隐性使职"隐藏起来?

比如作者在第一部分讨论的宰臣,认为宰相也是使职,因为符合"没有官品的实职官位"(第46页)这个特征。但宰相的特色不一定是"使"字,若非要将其使职性质揭示出来,强调其受皇帝信任程度对其权力大小的影响,恐怕会忽略对宰相本职的定位。事实上,宰相并非仅仅是"使",更多的是"相"。作为"相",其展示给人的印象更多的是皇帝辅佐,百官总领,皇帝和百官之间政务运行中枢。因此,作者在讨论到宰相被解职的书写时所引用的"罢相"和"罢知政事"这类用法(第89页),反而更能体现宰相的"相"之含义,以及对"政事"的强调。虽然宰相与皇帝之间的私人关系往往会影响某位宰相本人的仕途,但就宰相这一职位或群体而言,其是朝政运行过程中必不可少的关键环节,这是与其他无事则罢的使职的根本性差异所在。不仅宰相,其他隐性使职,如翰林学士、史官等,也都更加强调这些职务本身的功能,即起草诏令和编修史书。

行文至此,也有必要发扬一下该书的闪光点,颇值得读者进一步思考其他史学问题。

第一,要重视修辞学的修养。

作为英美文学出身的唐史学者,作者在解读史料方面具备了海外汉学家所擅长的深入细致地理解史料中每个字词的长处。特别是具有深厚中文功底的汉学家们,无论是日本学者还是欧美学者,通常以外文直译中文史料作为最基本学术训练之一,由此再进行深入研究。这决定了他们必须对每一个中文字词的含义予以充分理解和把握,才能准确传达古人意思,再将此转呈给外文读者。这比中文学者将史料直接拿来引用而不去深究每一个字词的意思来得更加科学和严谨。虽然在古籍整理方面,中文学者具有不可替代的母语优势,但今人对古人行文的语言隔膜和现代标点符号所带来的语义隔断,仍然会造成各种各样对史料的误读。比如作者在解释"兼修国史"的"兼"字含义时,即从修辞角度来讨论"兼"字并非"兼任""兼职"的意思,而是"同时"的意思,从而对中华书局本二十五史的点校提出了新看法,即不必在"兼"字前加逗号或顿号,连读即可。(第248—251页)①

---

① 作者在此处另外提及"兼"字可与当下的"暨"字合观,诚然如此。在笔者看来,更适合的解读和比附应该是"并"字,即中古时期墓志铭中常常出现的"某某某墓志铭并序"。

第二，对于私人关系的强调。

虽然作者对使职的关注可能过于凸显"使"的重要性，而忽略了一般行政事务常规的运作。但就中国古代官制演变史而言，更常规的或者说内在主导性原则，确实是私的成分更多。正如作者对翰林学士和宦官的判断，认为他们是"实际（de facto）宰相"（第111页），这类依靠与皇帝私人关系抬升政治地位的使职，以及其他各类大大小小显性和隐性使职，都是私人关系的体现。正如作者在讨论宰相使职性问题时提到的那样，"皇帝和宰相的关系，重点在'信任'两字，讲求一定程度的私关系"（第104页）。无独有偶，近期秦汉史研究领域，也有侯旭东在考察汉代君臣之间"信—任"型关系，并冠以"宠"这一个提炼核心含义的字。① 可见，古代历史上同类现象确实值得关注，也需要互相发明。

第三，从古人的思维去把握历史。

作者在论及刺史使职帽子时，提到对各类州等级的定位问题，总结出"地望定位"的两大原则："优先级定位"和"户数定位"。（第349—351页）② 在此基础上，作者进一步论证刺史的职望与选任标准，并讨论了刺史"税官"（tax collector）的角色。（第374页）这便是从古人的实际政务运作中去把握某一官职核心功能。随后，作者进一步论证了刺史诸多"使职帽子"的含义，并借此讨论行政区划研究史上颇受学者关注的二级制、三级制抑或四级制问题。认为"对唐朝廷来说，它的地方行政区划，到底是二级制还是三级制，恐怕一点儿也不重要。这个行政区划，是在现代学科（历史地理学和地方政府）专业下产生的新问题，恐怕从来不是唐朝廷关心或思考过的课题。……他们最关心的是，新任命的官职，比如都督、节度使和经略使，是否足以应付地方

---

① 侯旭东：《宠：信—任型君臣关系与西汉历史的展开》，北京师范大学出版社2018年版。

② 其中"户数定位"并非原文表达，而是笔者总结之词。

所需"（第414—415页）。这个论断便是在充分理解古人思维的基础上，把握到了历史的精华。

附记：本文刊于李军主编《中国中古史集刊》第5辑，商务印书馆2018年版，第419-428页。

# 后　　记

　　本书可算作我的第一本论文集，似乎出版得太早，也太仓促了。事实上，书中所收录的文章，也多是学习过程中的习作，有幸通过各种途径发表了出来。在我2008年读研初期的设想中，为了突破本科三、四年级治五代十国史（特别是杨吴史）的局限，拟在读研期间涉猎其他断代和领域，故而在主攻唐末五代政治史之外，开启了各种尝试。而如今2018年，我已经工作三年，时间和精力都已经大不如前，故又准备收缩战线，回到五代十国史领域，继续深耕细作。因此，本书可以视作对于过去十年漫游各个领域的一个阶段性总结。当然，本书集中于晚期中古史阶段，且仅仅选取了一些我将来可能不会再深入研究的文章。其他想要继续深入的方向，比如唐宋家族史、军事史、文献整理，以及唐宋之际各政权的系列文章等，留待日后继续研究和慢慢结集。

　　本书所收文章编排，上编为晚唐五代相关专题论文，中编主要是与"藩镇时代"研究相关的学术史思考，下编为陆续应各位师友之请和出于自己的兴趣而撰写的书评。从大部分文章所涉时间而言，主要集中在晚唐五代，即所谓"藩镇时代"。但确实又有并非直接涉及藩镇的文章，故而用"晚期中古"这一时间断限来归纳，以此为书名，我觉得比较合适。至于所收诸文撰写缘由和原发表情况，已经在每篇文章末尾附注呈现，此处不再赘述。由于这些文章的发表时间和平台各不相同，故而此次统一进行了技术处理，包括但不限于使用新版史料和论著进行核对，以及修改错漏和增补材料。

　　总之，本书虽然成书匆匆，但还是有两点私心：一则抛砖引玉，期待读者诸君对我进行批判，促进相关领域的深入；二则纪念十年来的求学经历，并向家人和各位师友表达谢意！未来，我希望能够在五代十国史本业之外，继续旁敲侧击一些不同领域和断代。如果十年后可以再次结集为一册，诚为幸事也。

德清胡耀飞子羽<br>
戊戌立夏后一日<br>
长安城南矛坡居